Andrea Komlosy

GRENZEN

Bibliografische Information der Deutschen Bibliothek
Die Deutsche Bibliothek verzeichnet diese Publikation in der Deutschen Nationalbibliografie; detaillierte bibliografische Daten sind im Internet über http://dnb.ddb.de abrufbar.

2., unveränderte Auflage 2018

Gestaltung und Satz: Gregor Kneussel
Umschlaggestaltung: Gisela Scheubmayr
Druck: CPI – Clausen & Bosse, Leck
Printed in Germany
ISBN: 978-3-85371-434-8

Fordern Sie einen Gesamtprospekt des Verlages an:
Promedia Verlag
Wickenburggasse 5/12
A-1080 Wien
E-Mail: promedia@mediashop.at
Internet: www.mediashop.at

ANDREA KOMLOSY

Grenzen

Räumliche und soziale Trennlinien im Zeitenlauf

PROMEDIA

Die Autorin:

Andrea Komlosy, geboren 1957 in Wien, ist Professorin am Institut für Wirtschafts- und Sozialgeschichte der Universität Wien. Sie arbeitet zu Themen der Globalgeschichte und ihrer Verflechtung mit regionalen Beziehungen. Zuletzt ist von ihr bei Promedia erschienen: *Arbeit. Eine globalhistorische Perspektive. 13. bis 21. Jahrhundert* (4. Auflage 2015).

Inhalt

Einleitung 7

Begriffe 13

1. Chronologie der Territorialität 17

1.1. Mensch und Territorialität 18
1.2. Stadtstaaten und Imperien (bis ins 13. Jahrhundert) 21
1.3. Das Mittelalter: Kaleidoskop der Territorialität (13. bis 15. Jahrhundert) 29
1.4. Neuzeitliche Flächenstaatlichkeit und kolonialstaatliche Erweiterung (16. bis 19. Jahrhundert) 38
1.5. Nationalstaatliche Territorialität in Zentrum und Peripherie (18. bis 20. Jahrhundert) 48
1.6. Territorialität und globale Ökonomie (1980er-Jahre und folgende) 63
1.7. Die Wiederkehr des Staates? 76
1.8. Clouds und virtuelle Räume (seit 2000) 82

2. Typologie der Grenzen 91

2.1. Elementare Grenzen 92
2.2. Politische Grenzen 98
2.3. Militärgrenzen 105
2.4. Kolonialgrenzen 121
2.5. Fronten 125
2.6. Phantomgrenzen 127
2.7. Kulturelle Grenzen 131
2.8. Wirtschaftliche und soziale Grenzen 141

3. Grenzregime und Politik der Grenze 151

3.1. Waren- und Kapitalverkehr 151
3.2. Personenverkehr 169
3.3. Sozialer Auf- und Abstieg 205
3.4. Kulturelle Grenzen: Identifizierung, Zuschreibung, Überschreitung 214

Vom Gebrauch der Grenze: Rückblick und Ausblick 227

Literaturliste 235

Einleitung

Seit dem Fall des Eisernen Vorhangs triumphierte über lange Jahre die Ideologie der Grenzenlosigkeit: Die von den staatssozialistischen Regierungen gezogenen Barrieren zum Westen waren endlich weg, innerhalb der EU-Schengen-Staaten folgte die Aufhebung der Binnengrenzen, bald würde es überhaupt keine Grenzen auf der Welt mehr geben.

Seit einigen Jahren kippt die proklamierte Grenzenlosigkeit. Sie hat dem Ruf nach Wiedererrichtung von Grenzen Platz gemacht: gegenüber den in der EU und den USA Zuflucht suchenden MigrantInnen, gegenüber chinesischen Firmenübernahmen, gegenüber einer Islamisierung der europäischen Gesellschaft u. v. a. m.

Diese Tendenzen geben Stimmungen wieder. Mit den real existierenden Grenzen haben sie rein gar nichts zu tun. Denn das Zeitalter der offenen Grenzen beruhte auf einer rigiden Abschottung gegenüber Menschen aus Drittstaaten. Die Grenze war nicht aufgehoben, sondern lediglich an die EU-Außengrenze verlagert und – mit der Verlagerung nach außen – in ihrer Wirkung potenziert worden. Umgekehrt bedeutet das aktuelle Revival der Grenzen keineswegs ein Ende der grenzenlosen westlichen Einmischung in aller Welt. Die westlich dominierten internationalen Finanzorganisationen verordnen Kapitalverkehrsfreiheit, Freihandel und Nichtdiskriminierung. Sie nehmen damit den Regierungen des globalen Südens die Instrumente aus der Hand, ihre Märkte zu schützen und ihren BürgerInnen Arbeit und Einkommen zu verschaffen. Aufkeimende Bemühungen nachholender Entwicklung und überregionaler Integration in Westasien, Afrika oder Lateinamerika wurden und werden politisch delegitimiert oder sogar militärisch destabilisiert. Mannigfaltige Interventionen produzieren immer mehr Opfer; Flüchtlinge suchen ihr Heil im reichen Norden. Dort errichtet man unter dem euphemistischen Titel eines »Migrationsmanagements« Schleusen, wo sich die Zentrumsländer unter denjenigen, die die Grenzen überwunden haben, die Gefügigsten und am besten Ausgebildeten aussuchen können, während die anderen dem illegalen Arbeitsmarkt oder der zwangsweisen Rückführung anheimfallen.

Vor diesem Hintergrund vertieft sich der Riss auch in den Wohlfahrtsgesellschaften des globalen Nordens. Quer durch alle weltanschaulichen Lager bricht ein Konflikt zwischen den zwei Fraktionen auf: »Grenzen zu«, verlangen die einen, »No border«, skandieren die anderen. Die Protagonisten stehen einander unversöhnlich und verständnislos gegenüber. Hinter den unterschiedlichen Ideologien verbergen sich handfeste Interessen: Von Unternehmerseite wird die Deregulierung des Arbeitsmarktes begrüßt; die neue Mittelschicht freut sich über die Multikulturalisierung der Gastronomie und die kostengünstige Verfügbarkeit häuslicher Dienste; die alte Arbeiterklasse, die von der Konkurrenz auf dem Arbeitsmarkt bedroht ist, hofft, dass höhere Grenzzäune die Unerwünschten abhalten. Ob xenophob oder xenophil, die beiden Lager weisen eine Gemeinsamkeit auf: Sie instrumentalisieren die Grenze in Hinblick darauf, wie sie dem Wohlergehen der eigenen Gruppe in der Gesellschaft bzw. der jeweiligen Vision davon nutzt.

Einmal als ein Instrument, das an der Staatsgrenze, der EU-Außengrenze oder ubiquitär überall dort, wo böse Fremde vermutet werden, hochgezogen werden soll, um so soziale Errungenschaften, kulturelle Eigenheiten, die Sicherheit und das vermeintlich friedliche Zusammenleben der Einheimischen zu gewährleisten. Auf der anderen Seite wird die Grenze selbst zum Feindbild stilisiert, die die Freiheit des Austauschs, der Bewegung und des Aufenthalts bedroht, und durch das Wunschbild des freien Pulsierens von Menschen, Waren, Kulturen und Werten ersetzt, das durch Vermischung Bereicherung und Auffrischung bringt.

Es handelt sich beim Wunschbild Grenze und beim Feindbild Grenze um eine Überbewertung dessen, was Zäune, Mauerbau, Passerteilung, Visa, Einwanderungs-, Arbeitsmarkt- oder Asylquoten bzw. ihre Abschaffung bringen können. In die Grenze werden ebenso wie in die Grenzenlosigkeit Hoffnungen projiziert, die diese niemals erfüllen können. Umgekehrt stellen Grenzen tatsächlich Mechanismen bereit, mit denen Staaten und Staatenbünde wirtschaftliche und politische Weichen stellen und Vor- und Nachteile für Bürger und Arbeitskräfte erwirken können.

Wer welche Politik der Grenze als vorteilhaft erachtet, hängt stark von der sozialen Lage und der wirtschaftlichen Tätigkeit ab: Interessenvertretungen von Unternehmern, Lohnabhängigen, aber auch von bestimmten Branchen oder Regionen setzen die Regierungen unter Druck, ihre diesbezüglichen Forderungen umzusetzen. Auch MigrantInnen und Schutzsuchende bedienen sich der Grenze, um Unbill, Not oder Verfolgung durch Ortswechsel zu entgehen. Diese Akteure können die Grenzen durch ihren Gebrauch nur indirekt beeinflussen, insofern sie durch ihre Mobilität Verschärfung oder Liberalisierung hervorrufen, sich ansonsten aber dabei den Grenzregimen anpassen und den für sie günstigsten Weg wählen.

Grenzen sind kein Ausnahmezustand, sondern eine Grundkonstante im Zusammenleben von Menschen und Gemeinwesen. Dabei treten Grenzziehungen und Grenzüberschreitungen in mannigfaltigen Erscheinungsformen auf. Es gibt politisch-administrative, militärische, ökonomische, soziale, kulturelle, geschlechtliche und weltanschauliche Grenzen, um nur die wichtigsten zu nennen. Sie alle haben vielerlei Ausprägungen, ob es sich um den Raum der Politik, der Wirtschaft, der Sozialordnung und der Einkommensverteilung, der kulturellen Identität und der Repräsentation handelt. All diese Bereiche verbinden sich unter unterschiedlichen historischen Umständen in ganz spezifischer Weise im Raum, wo sie uns als zusammengesetzte Grenzen gegenübertreten. Nicht immer handelt es sich dabei um geographisch festmachbare, zusammenhängende Räume. Jede physisch-geographische Grenze im Raum ist jedoch Ausdruck und Spiegel politischer Machtverhältnisse, ökonomischer Kräfteverhältnisse, sozialer Ungleichheit und kultureller Differenz.

All diese Grenzen sind Gegenstand von Interessenkonflikten, politischer Gestaltung sowie individueller und kollektiver Praxis – schon im Moment ihrer Entstehung ebenso wie in ihrer Handhabung, etwa bei der Auseinandersetzung um Nutzung und Eigentum, um staatsbürgerliche Rechte, um sozialen Aufstieg, bei den Bemühungen um nachholende Entwicklung, bei der Verteidigung kultureller Eigenheit oder bei der Akkulturation: Überall geht es um Fragen der Grenzziehung und Grenzüberschreitung. Ohne Grenzen kann nichts bewahrt und nichts überschritten werden.

Die Praxis der Grenze ist viel komplexer, als es die Wunschbilder von »Grenzen zu« und »No border« wahrhaben wollen. Grenze ist ein Instrument in der Ausgestaltung menschlicher Beziehungen und kann somit in jedem Sinne benutzt werden. Es lässt sich ebenso wenig abschaffen wie das Bedürfnis nach räumlicher Bindung und Identifikation – Territorialität –, die im Laufe der Geschichte ebenfalls ganz unterschiedliche Ausprägungen erfuhr.

Der Gebrauch der Grenze schafft Inklusion und Exklusion, er unterliegt Machtverhältnissen, Aushandlungssystemen, gesellschaftlichen Interessen und Entwürfen. Art und Ausformung von Grenzen sind also immer umstritten; ihre Form ebenso wie der Konflikt über ihre Formgebung zeigen regionale Unterschiede und ändern sich im Verlauf der Geschichte. Dabei ziehen sich Grundmuster, die aus globaler Ungleichheit und sozialen Gegensätzen vor Ort entstehen, durch den Diskurs über die Grenze. In diesem Diskurs wird Grenze zu einer zentralen Kategorie der Vorstellungswelt der Zeitgenossen. Grenze existiert nicht nur als Strukturierungselement von Raum und sozialer Ordnung, sondern auch in den Köpfen und Emotionen. Dieser Diskurs reflektiert die Spaltung in die einen, die Grenzen abschaffen und die anderen, die sie hochziehen wollen.

Das vorliegende Buch will ein verwickeltes Phänomen ordnen und durchschaubar machen. Da Grenze für viele Hoffnungen und Ängste herhalten muss, wird sie in verschiedenste Richtungen stilisiert, hochgejubelt, dämonisiert, verschleiert. Es ist geradezu paradox, wie in Zeiten, in denen schwerwiegende Fortifikationen von Grenzen vorgenommen werden – zwischen den Wohngegenden der Reichen und Armen, an Staats-, Block- und Wohlstandsgrenzen – der Mythos der Grenzenlosigkeit die herrschenden und die widerständigen Interessen gleichermaßen im Banne hält.

Die Autorin schreibt gegen die Stilisierung der Grenze zum Wunschbild oder zum Feindbild an. Sie zeigt die Entwicklung von Grenzen und deren wechselhaften Gebrauch im Laufe der Geschichte auf und lotet damit sowohl das Herrschaftspotenzial als auch das Schutz- und Befreiungspotenzial von Grenzen aus.

Last but not least zeigt das Nachdenken über Grenzen, dass Grenze nicht bloß Gegenstand, sondern auch Methode ist: Methode beim Erkennen von Ungleichheit, ihrer Durchsetzung und Verschleierung, und Methode beim Entwickeln und Umsetzen sozialer Gerechtigkeit. In diesem Sinn ist jede Politik eine Politik der Grenze. Eine zentrale Aufgabe besteht darin, Fremdbestimmung durch Grenze durch Selbstbestimmung der Grenze zu ersetzen.

Aufbau

Das Buch beginnt mit einer kurzen begriffsgeschichtlichen Einführung. Es folgen die drei Hauptabschnitte »Chronologie der Territorialität«, »Typologie der Grenzen« und »Grenzregime und Politik der Grenze« sowie ein Ausblick.

Den Ausgangspunkt bildet die Territorialität des Menschen. Die Darstellung greift in die Frühzeit der Menschheitsgeschichte aus und zeigt in einem chronologischen Abriss die Entwicklung räumlicher Ordnung, Zugehörigkeit und Markierung von Patchwork-artigen, überlappenden Personenverbänden bis hin zum linear begrenzten modernen Staatsbürgerstaat. Gleichzeitig wird der Konflikt zwischen überregionalen Netzwerken und flächenhaften Herrschaftsansprüchen behandelt, der auch den aktuellen Auseinandersetzungen um ungehinderten Güter- und Kapitalverkehr auf der einen Seite, und Schutzmaßnahmen im Interesse regionaler Gemeinwesen auf der anderen Seite zugrunde liegt.

In einem nächsten Schritt wird Ordnung in die Vielfalt von Grenzen gebracht. Eine Typologie ordnet Grenzen verschiedenen Typen zu und zeigt diese anhand von Beispielen aus der europäischen Geschichte auf. Elementare Grenzen des Menschseins werden ebenso behandelt wie politische, kulturelle, wirtschaftliche und soziale Grenzen. Dabei stellt sich die Frage, wie verschiedene Formen politischer Grenzziehung mit sozio-ökonomischen und kulturellen Grenzen zusammenspielen, einander gegenseitig bedingen oder miteinander in Widerspruch geraten.

Das nächste Kapitel ist Grenzregimen und den Auseinandersetzungen um die Ausgestaltung einer Politik der Grenze gewidmet. Ob im Waren- und Personenverkehr, beim sozialen Auf- und Abstieg, bei der kulturellen Abgrenzung oder beim Kulturtransfer: Grenzen dienen der Markierung von Zugehörigkeit und Zusammengehörigkeit, sie werden als Herrschaftsmittel zur Erlangung und Absicherung einer sozial und ökonomisch privilegierten Position einer Gruppe oder eines Gemeinwesens eingesetzt. Ebenso können sie auch als Mittel zur Befreiung aus Abhängigkeit dienen – einerseits, indem sie überschritten werden, andererseits, indem sie der Bevormundung einen Riegel vorschieben und Freiraum für eigenständige Entwicklung eröffnen. Grenzen im Dienst der stärksten ökonomischen Akteure steht eine Politik der Grenze als Instrument der kleinräumigen Selbstbestimmung im Dienste selbstbestimmter regionaler Integration gegenüber.

Das Bedürfnis nach Zugehörigkeit und Zusammengehörigkeit wird in immer wieder neuen Konstellationen von den Herrschenden ausgenutzt, um soziale Ungleichheit innerhalb einer Gesellschaft auszublenden und statt einer Politik des globalen Ausgleichs Fremde oder AusländerInnen als Sündenböcke abzustempeln. Das Bedürfnis nach Solidarität mit Entwurzelten und Zwangsmobilisierten wird in immer neuen Konstellationen von den Herrschenden ausgenutzt, um die Entwurzelung ebensolcher Menschen weiterhin betreiben zu können. Der grenzenlose Zugriff auf die globale Arbeitskraft verbindet sich mit dem grenzenlosen Hilfsangebot der westlichen Helfer. Eine Lösung der globalen Ungleichheit, die über Grenzen vermittelt wird, kann nur in der Anerkennung des Rechts aller Menschen und Gemeinwesen bestehen, in ihren Grenzen leben und die Politik der Grenze selbst bestimmen zu dürfen.

Das Buch holt – mit Ausnahme einiger Exkurse in die ältere Geschichte menschlicher Gemeinwesen – ins europäische Hochmittelalter aus. Es ist in seinen historischen Rückgriffen jedoch stets an gegenwärtigen Fragestellungen orientiert. Es will keine geschlossene Erzählung liefern, sondern bietet historische Perspektiven auf Grenzen in ihrer Vielfalt und Verbindung. Die Erzählung folgt den Entwicklungen der europäischen Geschichte. Sie kann sich freilich nicht auf diese begrenzen, liegen die historischen Ursprünge von

Stadtstaaten und Reichen doch im eurasischen Altertum und die Ursprünge der linearen Abgrenzung nationalstaatlicher Territorien im Konflikt über die Aufteilung der kolonialen Einflusssphären europäischer Großmächte begründet. Seit sich europäische bzw. westliche Prosperität auf weltweite Einflussnahme stützt, haben sich die westlichen Zentren nach außen der globalen Grenzenlosigkeit verschrieben: durch koloniales Ausgreifen, durch Beherrschung von Technologie, Finanzen und Kommunikation, durch Festlegung der Regeln, welche Politik der Grenze zur Anwendung kommen darf. Die westlichen Staaten und Staatenbündnisse selbst wurden und werden dabei allerdings nur soweit für Waren, Kapital und Personen aus dem globalen Süden geöffnet, wie es den eigenen Interessen entsprach.

Die globale Erweiterung europäischer Präsenz und Deutungshoheit führt die LeserInnen immer wieder in andere Weltregionen – nicht zuletzt auch deshalb, weil die Folgen der europäischen Durchdringung, aber auch die antikolonialen und postkolonialen Bemühungen um eigenständige Entwicklung ständig auf Europa bzw. den Westen zurückwirken.

Der Text baut auf zahlreichen wissenschaftlichen Kontroversen, Handbüchern, Internetressourcen und Zeitungsberichten sowie auf Vorarbeiten der Autorin zum Thema Grenzen auf. Im Unterschied zu diesen stehen hier nicht regional und zeitlich begrenzte Fallstudien im Vordergrund, sondern eine breite Auseinandersetzung mit dem Phänomen Grenze. Die Referenzen sind sparsam gehalten und beziehen sich auf Werke, deren Ideen und Resultate direkt in den Text eingeflossen sind. Für Daten und Fakten, die zum Allgemeinwissen zählen und in Lexika und Handbüchern nachgeschlagen werden können, erfolgt kein Quellennachweis. Das Buch zielt in erster Linie auf eine wissenschaftlich fundierte, jedoch allgemein verständliche Verknüpfung verschiedener Themenbereiche, ohne die Grenzen in ihrer Vielfalt und Komplexität nicht zu begreifen sind. Die wesentlichen Inspirationen stammen von Gesprächen und Debatten mit FreundInnen, KollegInnen sowie Studierenden, ohne die ich das Buch nicht schreiben hätte können. Mein ganz besonderer Dank gilt Hans-Heinrich Nolte für seine Hinweise und Kritik. Das Buch versteht sich nicht nur als Hintergrundinformation, sondern auch als eine klare Stellungnahme in der Auseinandersetzung um zukünftige Politiken der Grenze. Dafür liegt die Verantwortung allein bei der Autorin.

Andrea Komlosy
Wien, im Jänner 2018

Begriffe

Diesem Buch liegt ein weiter Grenzbegriff zugrunde. Es wäre also irreführend, die Bedeutung von »Grenze« nur auf ihre räumliche Erscheinungsform zu beschränken. Wir bleiben in unseren Betrachtungen jedoch insofern am Boden, als uns die Wirkungsweise politischer, kultureller, sozialer und wirtschaftlicher Grenzen im Raum interessiert. Darüber hinausgehende abstrakte Vorstellungen von Grenzen sowie metaphorische Verwendungen des Grenzbegriffs bilden keinen Gegenstand der Untersuchung, können auf der Ebene der Begrifflichkeit jedoch nicht ausgeklammert werden.

Der räumliche Niederschlag von Grenzen leitet zu einem anderen zentralen Begriff über, zur Territorialität (vgl. Kapitel 1). Territorialität wird in diesem Buch nicht auf die flächenhafte Staatlichkeit beschränkt, die im Europa der Frühen Neuzeit herausgebildet wurde und durch die koloniale Erweiterung global ausgriff. Territorialität dient vielmehr als Oberbegriff, in dem Menschen im Allgemeinen, vor allem aber soziale Gruppen und politische Gemeinwesen ihre Vorstellungen von Gemeinsamkeit mit einem bestimmten Territorium verbinden. Territorialität kann kleinräumig oder großräumig verstanden werden, sich auf einen Ort, eine Verbindungslinie, ein Netzwerk oder ein flächenhaftes Gemeinwesen beziehen; sie kann räumliche Exklusivität beanspruchen und in Konflikt mit anderen Territorialitätsvorstellungen geraten oder in einander überlagernden Räumen koexistieren. Wir legen den verschiedenen Begriffen für »Grenze« und »Begrenzung« unterschiedliche Territorialitätsmuster zugrunde, die die Menschheitsgeschichte von der Jäger-und-Sammlerinnen-Zeit über antike Imperien, das kaleidoskop-artige Mehrebenensystem mittelalterlicher Personenverbandsherrschaft, über moderne Flächenstaaten bis hin zu den globalen Assemblagen von Staat und multinationalen Güterketten der letzten Jahrzehnte prägen. Vor dem Hintergrund dieses Wandels erschließt sich uns die Notwendigkeit, den Sprachgebrauch immer wieder an neue Territorialitätsregime anzupassen. Heimtückischerweise bleiben die bereits existierenden Begriffe meist erhalten, sodass wir zwischen älteren und neueren Wortbedeutungen unterscheiden müssen.

Der Begriff »Grenze« (Granitz, Gränitz, Grenitz) kam in der deutschen Sprache zu einem Zeitpunkt auf, als der Deutsche Orden im 13. Jahrhundert den baltischen und slawischen Stämmen in Nordosteuropa militärisch die Stirn bieten und sein Herrschaftsgebiet im Raum fixieren konnte (Nolte 2004:55). In dieser Situation der Konfrontation (von lat. *frons* »Stirn«) fand das slawische *granica* Eingang in die deutsche Sprache. Martin Luthers Schriften trugen maßgeblich zur Verbreitung bei. Es dauerte allerdings mehrere Jahrhunderte, bis das Wort »Grenze« seinen zonalen Charakter im Sinn von »Landmark« verlor und die Bedeutung von »Grenzlinie« annahm. Im 18. Jahrhundert wurde »Grenze« zunehmend als Ausdruck verwendet, »der von dem raum jenseits der grenze mehr oder weniger absieht und das wort so den bedeutungen ›schranke, abschlusz, ziel, ende‹ nähert« (Grimm 1999, Bd. 9, Sp. 134).

Da wir uns nicht auf die lineare Bedeutung von »Grenze« beschränken, wird das Wortfeld in seiner gesamten Bandbreite angesprochen. Bevor »Grenze« seit dem 16. Jahrhundert die älteren Bedeutungen überlagerte und verdrängte, waren andere Begriffe vorherrschend: Saum, Bord, Mark. Sie bezogen sich auf politische Abgrenzungen, die nicht in einer Linie, sondern in einem mehr oder weniger breiten, politisch nicht eindeutig zuordenbaren Grenzgebiet zu Tage traten. Diese Gebiete konnten auch zu befestigten Grenzzonen ausgebaut werden, die auf Herrschaftsexpansion zielten: die Marken. Grenzstreifen zwischen Feldern benachbarter Grundbesitzer bezeichnet man bis heute als »Rain«. Lineare, markierte Grenzen fanden sich im Mittelalter vor allem als Besitzgrenzen. Im politischen Bereich war die wichtigste lineare Grenze die durch Sonderrechte, Mauern und Befestigungen gekennzeichnete Stadtgrenze. Zahlreiche deutschsprachige Bezeichnungen für privatrechtliche sowie politische Grenzziehungen leiten sich von lateinischen Wurzeln ab.

Die lateinische Sprache zeigt ein ausdifferenziertes Begriffsinstrumentarium. Es entwickelte sich, wie Helene Breitenfellner (2016:18–22) herausgearbeitet hat, aus dem römischen Privatrecht: *finis* und *limes* bezeichnete die Vereinbarung zweier Besitzer über die Abgrenzung ihrer Besitzungen. Öffentliche Grenzen betrafen vor allem die administrativen Unterteilungen zwischen Provinzen des Reiches, während das Reich in der Republiks- und frühen Kaiserzeit grundsätzlich einen universellen, sprich grenzenlosen (*infinitum* lat. unendlich) Geltungsanspruch hatte. Die Vorstellung einer territorialen Begrenzung des Imperiums kam erst im 2. Jahrhundert unserer Zeitrechnung mit der Errichtung der Befestigungsanlagen am Limes auf.

(Rufin 1993:160). »Limes« bezeichnet seither eine lineare politische Grenze, auch wenn diese im Römischen Reich einen zonalen und mitunter expansiven Charakter hatte. Die Begriffe für verschiedene Arten von Abgrenzungen und Grenzräumen (*limen* – Grenzwege; *limes* – Reichsgrenze, *finis* – Grenze eines Territoriums; *fines* – von Grenzen eingeschlossene Fläche; *terminus* – Grenzrain, Trennung von Besitz; *termini* – Grenze, Mark; *confinium* – Grenzstreifen; *frons* – Stirnseite, vordere Schlachtreihe) erfassten auch die Unterteilung der Zeit sowie die Ordnung abstrakter Gedanken und Prozesse. Sie fanden in zahlreiche andere Sprachen Eingang, etwa definieren – Definition, limitieren – Limit, terminisieren – Termin; konfrontieren – Front, Konfrontation u. a. m. im Deutschen.

Jede Sprache deckt die Breite des Wortfeldes auf spezifische Art und Weise ab, für die regionale historische und kulturelle Entwicklungen Ausschlag gebend waren (siehe die lexikalische Entsprechungstabelle von Begriffen in Latein, Deutsch, Englisch und Französisch). Dabei kam es immer wieder zu begrifflichen Übernahmen aus anderen Sprachen, wie etwa das deutsche Lehnwort Grenze aus dem Slawischen (*granica*) aufzeigt. Das Wortfeld und die Verwendung der einzelnen Begriffe veränderten sich mit der politischen Verfassung der Gemeinwesen und den sich verändernden Vorstellungen von Territorialität. Dabei tauchten neue Begriffe auf, etwa »Grenze«, oder aber ältere Begriffe änderten ihre Bedeutung und verdrängten Bezeichnungen, die nicht mehr zu den jeweils vorherrschenden Vorstellungen einer Grenze passten (Medick 1993:200). Mit der Herausbildung flächenhafter Staatlichkeit in der Frühen Neuzeit löste im Deutschen »Grenze« das ältere »Mark« ab.

Im Französischen löste das ursprünglich stark militärisch konnotierte *frontière* das ältere *limite d'état* als Bezeichnung für Staatsgrenze ab, verschmolz seit dem 16. Jahrhundert mit der Vorstellung »natürlicher« Grenzen des Staates und steht seit der Französischen Revolution für die »nationale« Grenze (Fèbvre 1988; Nordman 1986:58). Im Englischen steht seit dem 19. Jahrhundert der *frontier*-Begriff im Zeichen von Eroberung und Siedlungskolonisation des amerikanischen Westens. Als Bezeichnung für die moderne Staatsgrenze haben sich *boundary* oder *border*, das ursprünglich eher eine zonale Bedeutung hatte, etabliert (Anderson 1996:9f; Prescott 1978:31). *Frontier* wurde in der Folge auf andere Erweiterungs- und Erschließungsvorgänge übertragen, die entweder apologetisch als zivilisatorischer Fortschritt oder kritisch als Kolonisierung, Zurichtung und Aneignung im Dienste von politischer Herrschaft oder ökonomischer Ausbeutung gefasst wurden (Komlosy 2016:37; Moore 2015:51).

Sprachfeld »Grenze«: Saum, Zone, Linie, Erweiterung, Ende

Typus	Latein	Deutsch	Englisch	Französisch
Grenzzone im Sinn von Zwischenraum	*confinium* *termini* *limes* im Sinn von Querweg	Saum Bord Rain	*border(land)* *bounds* *confines*	*marche* *confins*
Besitzgrenze Linie Mauer	*finis* *terminus* *limes* im Sinn von Besitzgrenze *murus* *vallum*	Grenze Schwelle Mauer Wall	*boundary* *limit* *wall*	*limite(s)* *mur*
Umstrittene Grenzräume, befestigte Grenzzonen, Erweiterungsraum	*limes* *frons*	(Althochdeutsch: *marcha*) Mark Front (franz. Lehnwort 16. Jh.)	(Altengl: *mearc*) *frontier* (franz. Lehnwort 16. Jh.), US *frontier* wird im 19. Jh. zum Inbegriff der Erweiterungsgrenze	*frontière* (militärisch; verbindet sich im 16. Jh. mit der »natürlichen« Staatsgrenze)
Lineare (politische) Grenze	*finis* *limes* (seit 2. Jh. u. Z.)	Grenze (slaw. Lehnwort, ersetzt ab 16. Jh. das ältere *Mark*)	*boundary* *border*	*limite d'état* (wird im 16. Jh. zunehmend von *frontière* ersetzt)
Potenzial Endlichkeit Begrenzung	*termen* *terminus* *linia*	Limit Schwelle Schranke Grenze Begrenzungslinie Ende	*limit* *(de)limitation* *finality* *bounding* *(de)termination* *end(line)*	*limite* *limitation* *fin* *terme*
Grenzzeichen	*termen* *terminus*	Grenzstein Grenzmarkierung	*border stone* *border mark* *demarcation bounds*	*borne* *démarcation*

Quellen: Anderson 1996; Bauer/Rahn 1997; Breitenfellner 2016; Fèbvre 1988; Grimm 1999, Bd. 9; Medick 1993; Nordman 1986; Prescott 1978.

1. Chronologie der Territorialität

»Die Grenze ist nicht eine räumliche Tatsache mit soziologischen Wirkungen, sondern eine soziologische Tatsache, die sich räumlich formt.« Gemäß diesem Befund von Georg Simmel (2006:23) erfordert die Annäherung an das Phänomen »Grenze« die Untersuchung der sozialen, wirtschaftlichen und kulturellen Trennlinien, die Menschen voneinander unterscheiden, sowohl als Ausdruck von Zugehörigkeit als auch von Herrschaft. Kapitel 2 dieses Buches ist diesen Trennlinien gewidmet. Dieses Kapitel nähert sich der Grenze vom Raum her. Dabei handelt es sich nicht um eine Bevorzugung der physischen Geographie, im Gegenteil: Der soziale Charakter des Raums ist unbestritten, Räume werden gemacht. Es geht um die Erzeugung des Raumes, seine Gewordenheit, Strukturierung, wie Menschen ihn wahrnehmen und sich mit ihm in Beziehung setzen. Der Bezug zum Raum gibt überhaupt erst den Ausschlag dafür, welche Grenzen sich in bestimmten historischen Verhältnissen herausbilden.

Die flächenhafte Ausgestaltung, die mit der europäischen Expansion in die Kolonien getragen wurde und von dort die flächenhafte Territorialisierung der Mutterländer dynamisierte, hat zu einer Engführung der Vorstellung von Territorialität geführt. Territorialität ist mit flächenhafter staatlicher Autorität und Rechtsprechung als Ausdruck von Souveränität verschmolzen. Diese Gleichsetzung ist seit dem Umbruch der Weltwirtschaft in den 1980er-Jahren, der auch unter dem Begriff »Globalisierung« firmiert, im Aufbrechen begriffen. Die Beschleunigung von Staatsgrenzen überschreitender Interaktion, transnationale Unternehmensorganisation und *Global Governance* schränken die Souveränität der Staaten ein. Territorialität muss deshalb als ein Phänomen angesehen werden, das sich unter unterschiedlichen historischen Bedingungen immer wieder neu und anders ausprägt.

Im Gegensatz zu einem engen, am modernen Flächenstaat orientierten Verständnis, das bis vor kurzem die Regel darstellte, wird Territorialität hier als weiter, universeller, aber wandelbarer Begriff verwendet: Menschen sind territoriale Wesen, die Räume mit Ansprüchen auf Nutzung und Eigentum, Zugehörigkeit und Identifikation ausfüllen und physisch und symbolisch als »ihre« markieren. Diese Aneignungspraxis von Raum wird als Territorialität gefasst (Diener/Hagen 2012:27). Wenn der Mensch als räumliches Wesen bezeichnet wird, das mit der Zuordnung immer auch Grenzen setzt, soll damit keinem biologistischen Muster von »natürlichem« Raumverhalten das Wort geredet werden. Im Gegenteil, Territorialität kann höchst unterschiedliche Ausgestaltung erfahren. Sie ist weder per se flächenhaft noch exklusiv. Die Geschichte zeigt sowohl Tendenzen zur ausschließlichen, flächenhaften Beschlagnahme von Räumen wie von überlappenden, multiplen Territorialitäten. Zu ein- und demselben Zeitpunkt koexistieren sesshafte Lebensweisen, die mit der Inbesitznahme eines Territoriums verbunden sind, und mobile, nomadische Lebensweisen, die sich Territorien nur insoweit aneignen, als und solange sie diese nutzen. Territorialität wird also nicht als Platzgehabe aufgefasst, sondern als eine soziale Praxis räumlicher Inbeziehungsetzung von Mensch und Umwelt.

Auf dieser Grundlage wird in diesem Kapitel das menschliche Grundbedürfnis von räumlicher Zuordnung und Aneignung betrachtet, das von kleinräumiger Gruppenbildung und Vergemeinschaftung zu komplexen Formen politischer Verfassung reicht.

1.1. Mensch und Territorialität

Hier geht es um die Frage, ob der Mensch ein territoriales Wesen ist, ob die räumliche Verortung und Zuordnung eine biologische Voraussetzung hat und von welcher Beschaffenheit die davon erfassten Räume sind. Die Überprüfung unseres persönlichen Verhaltens kann erste Anhaltspunkte liefern. Wir wissen bereits in den kleinsten Dingen des alltäglichen Lebens, wo wir unsere persönlichen, familiären oder Gruppen-Grenzen ziehen. Ob wir uns in eine Menschenmenge einordnen, unser angestammtes Fleckchen im Kleiderschrank verteidigen, unser Badetuch am Strand oder den Gebetsteppich neben der Autobahnstation auflegen: wir stecken ständig Bereiche ab und ziehen Trennlinien zwischen uns und andere. Leben bedeutet, auf allen möglichen Ebenen Grenzen zu setzen (*bordering*). *Bordering* ist eine menschliche Eigenschaft. Warum das so ist, darüber ringen biologistische, sozio-biologische und sozio-konstruktivistische Theorien um die Deutungshoheit (Greverus 1969).

VerhaltensforscherInnen beziehen ihre Argumentation aus Platzverhalten und Raumanspruch im Tierreich und schließen daraus auf den Menschen. Der biologischen Determination wurde lange Zeit die menschliche Vernunft als wesentliches Unterscheidungsmerkmal gegenüber gestellt. Diese Grenze ist im Zeitalter der Auseinandersetzung um Tierrechte teilweise ins Wanken geraten. Die beiden Komponenten, Determination und Freiheit, erscheinen nicht mehr als einander ausschließend. Aus entwicklungspsychologischer Perspektive zeigt sich, dass menschliche Territorialität an keinen von vornherein vorgegebenen Raum gebunden ist. Lern- und Erfahrungsraum erweitern sich im biologischen Reifeprozess und – abhängig von Kommunikations- und Bewegungsmöglichkeiten – mit dem Grad der intellektuellen Aufnahmefähigkeit. Darüber hinaus hat die historische und die kultur- und sozialanthropologische Forschung empirisches Anschauungsmaterial für die Vielfalt der Möglichkeiten territorialen Verhaltens bereitgestellt.

Wenn es also unbestreitbar ein Bedürfnis nach räumlicher Identifikation gibt, sind die Weisen, in der Menschen Raum als »ihren« definieren und markieren, höchst unterschiedlich. Wie die Beziehung einer Gruppe zum Raum geregelt wird, hängt maßgeblich mit dem historischen Kontext, den materiellen Bedürfnissen, Lage und geopolitischen Konstellationen zusammen. Beispiele aus der Zeit früher Jäger- und Sammlerinnen-Kulturen zeigen den Möglichkeitsraum auf, der in manchen Fällen in exklusiven Ansprüchen von Haushalts- und Familiengruppen auf Land- und Ressourceneigentum zum Ausdruck kommt, während in anderen Fällen Ressourcen erst dann beansprucht werden, wenn sie genutzt werden. Dies schließt multiple Nutzer ein, die einander gegenseitig respektieren und durch Beziehungspflege sicherstellen, dass keiner der Nachbarn ausgegrenzt wird. Ein Bindeglied zwischen exklusiver und von Anlass und Bedürfnis abhängiger Nutzung sind Zwischenräume, die als Puffer von keiner Gruppe beansprucht werden (Diener/Hagen 2012:20f).

Zentrale Bedingungsfaktoren für die Ausprägung des territorialen Verhaltens stellen Macht- und Herrschaftsverhältnisse dar, die das bei allen Menschen vorhandene Bedürfnis nach räumlicher Ein- und Zuordnung in konkrete politische und soziale Mechanismen zur Aufrechterhaltung von Kontrolle, Zugang und Ausschluss überführen. Es kann also keinen Zweifel geben, dass Raum und Grenze vom Menschen gemacht sind und je nach historischen Umständen einer ständigen Transformation unterliegen.

Territorialisierung und Grenzsetzungen wiesen im Lauf der Geschichte höchst unterschiedliche Gruppen- und Raumgrößen auf. Territorialität korrespondiert mit Abgrenzung: Diese Grenzen gehen durchaus durch das von der Gruppe selbst bestimmte Territorium hindurch und schließen Nicht-Integrierte als »Andere« von der Territorialität einer bestimmten Wir-Gruppe aus. Das kann bis zur Stigmatisierung gehen, was bei den Ausgegrenzten unter Umständen ihrerseits territoriale Erfahrung erweckt und ein Selbstverständnis als Minderheit bewirkt, die eigene Räume belegt.

Territorialität ist demnach weder ein allumfassender noch ein exklusiver Raumbezug, sondern Ergebnis subjektiver und kollektiver Verortung, die mehrere, einander überlappende, gleichzeitig aber auch durchbrochene

Räume aufweist. Der Raumbezug schließt in seiner Reichweite verschiedene Stufen von der Familien-, Haushalts- und Stammesgruppe bis hin zu größeren und komplexeren Gemeinwesen ein. Dichte und Intensität von Austausch und Kommunikation können variieren. Unterschiedliche Sachverhalte können einen Raum schaffen, der durch einander überlagernde, mehr oder weniger flächenhaft verstandene Netzwerke gekennzeichnet ist. Solche Herrschafts-, Aktions- und Identifikationsräume sind nach außen, also zur Welt, potenziell offen. Ob und wieweit überregionale Verortungen wahrgenommen werden, hängt vom Erfahrungshorizont ab.

Hier wird also ein Territorialitätsbegriff verwendet, der nicht an bestimmte soziopolitische Formationen, wie den modernen Staat, gebunden ist, sondern vom menschlichen Bedürfnis nach räumlicher Verortung von Aktivität und Identität ausgeht, die zwischen den Polen Sicherheit und Begrenzung einerseits, Öffnung und Erweiterung andererseits oszilliert. Verändern sich die Umstände der territorialen Einbettung, wird Territorialität dem neuen Rahmen angepasst. Die Weltgeschichte ist voll solcher Anpassungen. Dies kann zu neuen Einschreibungen einzelner Gemeinwesen ins größere Ganze führen, etwa das in modernen Staaten entstehende Nationalbewusstsein, oder das in Industriegesellschaften entstehende Arbeiterbewusstsein; eine andere Gruppe von Menschen mag sich – mit positiver oder negativer Konnotation – als »vaterlandslos« oder »heimatlos« definieren oder »überall zu Hause« fühlen. Erfahrungs- und Identitätsraum im Sinne einer grenzenlosen »Weltgesellschaft« entsteht dabei allenfalls für eine kleine Elite. Als philosophische Denkmöglichkeit besteht eine solche räumlich nicht eingeschränkte Utopie (wörtlich: jenseits des Ortes) freilich und manifestiert sich von der internationalen Solidarität des Proletariats bis hin zum Kosmopolitismus globaler ExpertInnen und Manager. Es ist im Prinzip zwar möglich, wie es etwa durch die Erweiterung der Europäischen Union passiert, die Wir-Gruppe auszuweiten und die Grenze zwischen dem Eigenen und dem Fremden auch auf der Ebene der politischen Souveränität in immer weitere Ferne zu verschieben: Der Unterschied zwischen drinnen und draußen wird damit freilich an den äußeren Grenzen akzentuiert und erhöht. Wenn die Ungleichheit wächst, nimmt das Aggressionspotenzial zu. Eine Alternative zur ständigen Erweiterung wäre die Wahrnehmung der Möglichkeiten einer erneuten »Beheimatung« des Menschen in kleineren Satisfaktionsräumen. Die Kulturwissenschaftlerin Ina-Maria Greverus (Greverus 1969:25) plädiert als Alternative zur kosmopolitischen Grenzenlosigkeit für einen »planetarischen Humanismus«, der sich durch »die Belassung der notwendigen Grenzen der ›Eigenwelten‹

und eine Erweiterung der Kontakte durch Wissen um andere Eigenwelten« auszeichnet.

Territorialität des Menschen ist mithin eine durch biologische Determinanten beeinflusste anthropologische Konstante, deren spezifische Ausprägung unterschiedliche Sozialgruppen, Gemeinwesen und Räume hervorbringt. Die territoriale Verortung schafft Sicherheit, erzeugt jedoch auch Konflikte, die auf allen sozialen und räumlichen Ebenen Aggression sowie Abwehr und Verteidigung produzieren. Konflikte werden durch den ungleichen Zugang zu Macht und Ressourcen bestärkt, umgekehrt können sie durch Verteilungsgerechtigkeit und Mechanismen zur Konfliktbereinigung abgebaut werden.

1.2. Stadtstaaten und Imperien (bis ins 13. Jahrhundert)

Dieses Kapitel beschäftigt sich mit der Entstehung politischer Gemeinwesen, die über die lokale Stammesgesellschaft hinausreichten. Materielle Voraussetzung dafür stellte die Erwirtschaftung eines Mehrproduktes dar, das über die unmittelbare Bedürfnisbefriedigung vor Ort hinausging und sowohl berufliche als auch soziale Differenzierung einleitete. Unter diesen Voraussetzungen kam es im Neolithikum erstmals zur Herausbildung von politischen Herrschaftsträgern, die mit Gewaltandrohung und gegen Schutzversprechen das Mehrprodukt abschöpften und dabei ihren Herrschaftsraum ausdehnten. Welche Variationsbreite von überregionalen Herrschaftsverbänden gab es und wie gingen diese mit Raum und Fläche um?

Im Wesentlichen gab es drei Typen früher Staaten bzw. politischer Gemeinwesen: Überregional agierende Stammesgesellschaften, Stadtstaaten und Imperien (Diener/Hagen 2012:25). Die Territorialität von überregionalen Stammesgesellschaften beruht auf Beweglichkeit und ihrer militärischen Überlegenheit, sesshafte Stämme ihrer Oberherrschaft zu unterwerfen; sie beschränkt sich weitgehend auf die Kommunikationskanäle und -knoten. Ein Stadtstaat ist ein souveränes Gemeinwesen mit beschränktem Einzugsgebiet, das aus einem städtischen Kern mit umliegenden, Ackerbau betreibenden Dörfern besteht. Ein Imperium entsteht, wenn ein expandierender Stadtstaat oder eine nomadische Gruppe ihre Herrschaft über ein größeres, aus mehreren Stammesgesellschaften bestehendes Territorium ausdehnen kann. Diese Entwicklungstendenz zum Imperium ist jedoch nicht zwingend, können Stadtstaaten doch auch Handels- und Kommunikationsnetze mit großräumigem Einzugsbereich bilden, ohne imperiale Herrschaft zu begründen. Auch mobile Stammesgesellschaften können ihre Handels- und Kommunikationsnetze durch Überfälle und systematische Kontrolle sesshafter Gesellschaften zu einem imperialen Herrschaftsverband ausbauen. Die drei Arten von Gemeinwesen weisen also keine zwingende Abfolge auf. Sie traten in unterschiedlichen Kombinationen und Abfolgen als Grundformen politischer Vergemeinschaftung bis in die Neuzeit auf.

Die Entwicklung sozial differenzierter Gemeinwesen nahm ihren Ausgangspunkt in den klimatisch begünstigten, fruchtbaren Zonen der Welt, die bis heute das genetische Regenerationsreservoir der Nahrungspflanzen bilden. Sie werden nach dem russischen Botaniker, der sie in den 1920er-Jahren identifizierte, als Wawilow'sche Zentren bezeichnet und erstrecken sich von Mittelamerika und den Anden über den Mittelmeerraum, Westasien und Nordindien bis Südostasien und China. Als ältester Stadtstaat der Welt gilt Sumer (seit 4000 vor unserer Zeitrechnung), in der Folge entstanden weitere Stadtstaaten an Tigris und Euphrat. Als ältestes Reich der Weltgeschichte gilt das Akkadische, das sich im 24. Jahrhundert v. u. Z. ebendort herausbildete und mehrere bestehende Stadtstaaten inkorporierte. Andere bekannte Stadtstaaten entstanden bei Phöniziern, Griechen und Philistern im Mittelmeerraum, Yoruba in Westafrika, Malaien in Südostasien, Maya und Azteken in Zentralamerika (Diener 2012:25ff). Prominente Imperien mit dauerhaftem Bestand waren das Assyrische, das Persische, das Sassanidische, das Ägyptische, das Römische, das Chinesische und das Aztekische Reich. Aramäer, Amoriten, Skythen, Hunnen, Awaren oder später Mongolen kontrollierten als Reiternomaden und Viehzüchter Verbindungsräume zwischen den Sesshaften, konnten durch militärische Kompetenz und Beweglichkeit jedoch auch entlang der Handels- und Verkehrswege Mehrprodukt abschöpfen und zumindest vorübergehend in politische Herrschaft umsetzen.

Alle Typen und Fälle von staatlichen Gemeinwesen benötigten Instrumente, um Land, Wege, Menschen und Ressourcen zu kontrollieren und auf diese Weise Mehrprodukt abzuschöpfen, mit einem Satz: Ihre Herrschaft beruhte auf Territorialität. Im Stadtstaat war diese von begrenzter Reichweite; in der Föderation von Stadtstaaten und im mobilen Stammesverband bestand sie aus einem Netz von strategisch im Raum verteilten Punkten; im Imperium nahm der politische Zusammenhalt den stärksten flächenhaften Charakter an. Nomadische Territorialität konzentrierte sich auf den Zugang zu Weidegründen für das Vieh. Wenn daraus ein dauerhafter Herrschaftsverband resultierte, kam es darauf an, Wegenetz, Kreuzungen, Karawansereien und Außenposten zu kontrollieren. Es ging nicht um Fläche oder Außengrenzen, sondern um Punkte, Adern und Netze, die den Raum aufspannten. Im Stadtstaat, dessen Fläche begrenzt war, beruhte die Territorialität auf dem Vermögen, in seinem Einzugsbereich Ackerland zu sichern. Dafür gab es je nach Lage und Wirtschaftsgrundlage ganz unterschiedliche Lösungen. In der griechischen *Polis* etwa ging es darum, den Küstenstreifen vom ertraglosen Hinterland abzugrenzen; zwischen den *Poleis* lag in der Regel neutrales, herrschafts- und besitzmäßig nicht zugeordnetes Land, dessen Nutzung als Weidefläche gegenseitig vereinbart wurde. Zwischen den Stadtstaaten der Maya in Mexiko, den *Ahawel*, wurden aufgrund der intensiven landwirtschaftlichen Nutzung keine Zwischenräume gelassen, sondern genaue Aufteilungen vorgenommen. Die malaische *Negeri* lag in der Regel an der Mündung eines Flusses ins Meer, von wo aus der Oberlauf als Zubringer für Nahrung und Tribute erschlossen wurde: Die Herrschaft dünnte in Richtung Landesinneres aus und verzweigte sich entlang der Zuflüsse. Diese Beispiele zeigen, dass die territorialen Praxen den Bedürfnissen von Herrschafts- und Wirtschaftsweise angepasst waren (Diener/Hagen 2012:27–32).

Auch frühe Reiche bildeten keine territoriale Geschlossenheit, sondern bestanden im Wesentlichen aus einer losen Klammer. Grenzen waren fluide und beweglich, und wichtiger als der Rechtstitel war der Zugriff auf Land, Ressourcen und Arbeitskräfte. Die zentrale Aufgabe des Imperiums bestand darin, die politische Stabilität zu gewährleisten, damit Wege und Bewässerungsinfrastruktur gesichert werden konnten. Insbesondere bei großen Reichen reichten die der Staatsmacht zur Verfügung stehenden Kräfte nicht aus, die Randgebiete zu sichern, sodass diese als *frontiers*, als Übergangszonen gegenüber nicht zentral beherrschten Gebieten bzw. ebensolchen Zonen benachbarter Herrscher angesehen werden müssen. Die kleineren Stadtstaaten konnten den Zugriff auf ihr Territorium und ihre Untertanen hingegen straffer und eindeutiger organisieren.

Grundsätzlich kämpfte jede Zentralmacht mit adeligen Geschäftsträgern, die Verteidigung und Steuereinhebung organisierten und, je ferner sie vom Zentrum waren, eine Tendenz zur Verselbständigung aufwiesen. Dementsprechend war die Staatsmacht entweder zentralistisch geregelt und hielt den Adel kurz, oder sie räumte dem Adel mehr dezentrale Eigenmacht ein, sodass der Zugriff auf Untertanen und Ressourcen stärker mediatisiert war. Herrscherpersönlichkeiten bezogen ihre Legitimation von der religiösen Autorität.

Die Absenz von allgegenwärtiger Präsenz von Staatsmacht kann nicht als mangelnde Territorialität begriffen werden: Vielmehr waren auch in den Gemeinwesen vor dem modernen Staat die Reichweite und der Wirkungsbereich der Staatsmacht klar im Raum verankert. Die Zeichen der Souveränität, Legitimität und Sakralität der Herrschaft waren bewusst platziert und erlaubten Einheimischen, Fremden und Nachbarn, sich der jeweiligen Herrschaft durch Zugehörigkeit, Unterwerfung bzw. Anerkennung zuzuordnen – oder Krieg gegen sie zu führen.

Europa war an die fruchtbaren eurasischen Agrargebiete und ihre Hochkulturen lediglich über den östlichen Mittelmeerraum angebunden. Die Entstehung überregionaler Gemeinwesen war durch Kontakt und Austausch mit den westasiatischen und nordafrikanischen Zentren geprägt. Griechenland und sein Nachfolger Rom spiegeln die Variationsbreite in der Entwicklung politischer Gemeinwesen idealtypisch wider. Seit dem 8. Jahrhundert v. u. Z. bildeten sich auf der griechischen Halbinsel Stadtstaaten (*Polis*, Mz. *Poleis*) heraus und bezogen die lokal wirtschaftenden Haushalte und Dörfer in ihr Herrschaftsgebiet ein. Mit der weiträumigen Kolonisation überzog das Netz der *Poleis* fast die gesamten Küsten des östlichen Mittelmeerraums. Diese betrieben untereinander wirtschaftlichen Austausch. Ein politischer Zusammenschluss erfolgte nur, wenn äußere Bedrohung diesen vorübergehend nahelegte, wie in den Kriegen mit Persien im 5. Jahrhundert, als sich unter Führung Spartas und Athens See- und Kampfbünde bildeten.

Trotz unterschiedlicher politischer und gesellschaftlicher Verfassungen entstand aufgrund der kulturellen Hochblüte der *Poleis* die Vorstellung kultureller Überlegenheit gegenüber weniger entwickelten Stammeskulturen, den sogenannten »Barbaren«, die sich oft auch auf fremde Hochkulturen übertrug. Im Gefolge von Machtkämpfen und militärischen Auseinandersetzungen im Peloponnesischen Krieg ergriff der makedonische König im Jahr 338 v. u. Z. die Macht über die griechischen Stadtstaaten und errichtete ein Imperium. Die Phase des Weltreichs Alexanders des Großen, der binnen kurzer Zeit Persien und Ägypten unterwarf und integrierte, währte nur kurze Zeit. Aus ihm gingen die Nachfolgereiche Makedonien, das ptolemäische Ägypten und das Seleukidenreich hervor, die die griechische Kultur in Form des Hellenismus im gesamten östlichen Mittelmeerraum und Westasien verankerten. Im zweiten und ersten Jahrhundert übernahm das Römische Reich die Herrschaft über diese Regionen, 325 u. Z. verlegte es die Reichshauptstadt von Rom nach Konstantinopel.

Rom war von einer Stadt, die im 6. Jahrhundert v. u. Z. die etruskische Oberherrschaft abgeschüttelt hatte, zu einem Stadtstaat geworden. Es brachte im 3. Jahrhundert die Stämme der Apenninenhalbinsel unter seinen Einfluss und sicherte seine Herrschaft durch ein Netz stadtrömischer Militärkolonien. Eroberungskriege führten zu einer gewaltigen Machtausdehnung, die mit der republikanischen Staatsform in Widerspruch geriet. Bürgerkrieg und Diktatur markierten 44 v. u. Z. den Übergang zum Kaisertum.

Auch wenn die Kaiser um die Endlichkeit ihres Einflusses Bescheid wussten und ihre Nachbarn und Gegner kannten, beanspruchten die alten Imperien Weltherrschaft (Nolte 2017:46ff). In den vom Imperium nicht erfassten Weltregionen entbehrte die postulierte Territorialität der räumlichen Grundlage. Sie war als abstrakter, universaler Anspruch auf ungeteilte und unbegrenzte Herrschaft definiert; in der Praxis reichte diese soweit, wie dieser Anspruch auf Tribute gegenüber Vasallen oder Nachbarn durchgesetzt werden konnte. Niederschlag fand die Reichweite der tributären Beziehungen beispielsweise in den Bildprogrammen von Palastanlagen, wie z. B. jene der achämenidischen Herrscher in Persepolis aus dem 5. und 4. Jahrhundert v. u. Z., die die Gaben darreichenden Gesandten aus fernen Provinzen des Reiches quasi als Beleg für dessen räumliche Erstreckung abbilden. In chinesischer Perspektive schloss das Reich »alles unter dem Himmel« (*tiānxià*) ein, war also unbegrenzt definiert – unabhängig davon, ob die reale Macht diese Winkel der Welt erfasste oder nicht. Reiche waren freilich nicht unangefochten und mussten sich permanent gegen innere und äußere Widersacher verteidigen. Solche universalen Imperien werden auch »Imperien erster Ordnung« genannt (Nolte 2008:6). Das chinesische Kaiserreich hielt an dieser Konzeption bis ins 18. Jahrhundert fest, als es Geschenke englischer Gesandter als Abgaben im Rahmen seines imperialen Tributsystems interpretierte – ein Missverständnis, das sich spätestens in den Opiumkriegen (1842–1860) als fatal erwies.

Eine Zäsur in der Territorialität des römischen Souveränitätsanspruchs stellte der Übergang von der Republik zum Kaisertum dar. Rom war nun so groß und mächtig, dass es keinen äußeren Feind zu fürchten brauchte. Damit entfiel eine wesentliche Quelle des Zusammenhalts. Ein neuer Feind musste her, wie es der französische Politologie Jean-Christophe Rufin in Anspielung auf das Ende des Kalten Krieges formulierte (Rufin 1993). Er erstand in Form des »Barbaren«, der bereits in Griechenland eine stehende Metapher zur Selbstvergewisserung der eigenen Überlegenheit geworden war. Mit dem Limes, der ab dem 2. Jahrhundert u. Z. an den Außengrenzen des Reiches in Angriff genommen wurde, zog man eine klare Linie, die die Reichweite der Herrschaft im Terrain markierte und befestigte. Sie schien ein Ende zu bedeuten. Die infrastrukturelle Erschließung der Provinzen, die rechtliche und kulturelle Durchdringung mit römischem Recht und römischer Lebensart definierte Herrschaft nicht mehr als universelles, sondern als gebundenes Phänomen, das in seiner Reichweite auf das Reichsgebiet und in seiner Zuständigkeit auf die römischen Bürger beschränkt war. Dieses imperiale Rom übte auf das Selbstverständnis späterer europäischer Herrschaft eine unvergleichliche

Vorbildwirkung aus. Es inspirierte spätere Staatsbildungen, die ihre Legitimation aus der Kontinuität mit dem *Imperium Romanum* schöpften. Tatsächlich erlebte nach der Reichsteilung von 395 der westliche Teil einen raschen Verfall. Für imperiale römische Kontinuität sorgte Ostrom im Byzantinischen Reich, wo die Eliten allmählich eine Gräzisierung erlebten, bis zur Eroberung der Hauptstadt Konstantinopel durch die Osmanen 1453.

Jedes Imperium, vor allem wenn es erfolgreich expandiert, ist mit Überdehnung, Schwäche, Rivalitäten und Problemen der Nachfolge konfrontiert. Niedergang oder Eroberung können zur Etablierung eines Folgeimperiums führen; dabei werden die Auseinandersetzungen um die Nachfolge manchmal von sogenannten *Interregna* unterbrochen. In Zeiten ohne allseits anerkannten Hegemon können sich vorübergehend kleinere Königreiche (*Regna*) herausbilden, deren Herrscher im Zuge der Konsolidierung des Imperiums wieder zu Vasallen oder subimperialen, dem Reichszentrum untergeordneten Regenten werden. So bilden sich in der imperialen Transition Ansätze für Mehrebenensysteme von Herrschaft und Selbstverwaltung, bei denen eine Zentralmacht mit regionalen Herrschaftsträgern koexistiert.

Ostrom-Byzanz erlebte solche geteilte Herrschaft nach dem Zerfall Westroms bis zur Eroberung durch die Osmanen insbesondere auf der Balkan- und der Apenninenhalbinsel, wo örtliche Fürsten unter der Oberhoheit des Kaiserreichs regionale Selbstverwaltung genossen. Unter der osmanischen Nachfolgeherrschaft konzedierte der Sultan den nicht-muslimischen Bevölkerungsgruppen (orthodoxe Christen, Armenier, Juden) zwar keine politische, jedoch eine religiöse Selbstverwaltung im sogenannten Millet-System. Die ostslawische Rus überstand die Zeit der mongolischen Fremdherrschaft und erneuerte sich im Moskauer Staat des 15. Jahrhunderts, der den tatarischen Adel in seine Verwaltungsstrukturen integrierte; die östlichen Teile der Rus gerieten unter polnisch-litauische Herrschaft.

Überdehnung und Schwäche können aber auch zum gänzlichen Zerfall eines Reiches führen und eine Phase einleiten, in der bestehende Mächte um Nachfolge konkurrieren, freie Zonen und herrschaftsfreie Räume entstehen, in denen sich regionale Stammesführer politisch konsolidieren. Es entsteht Freiraum für neue Staatsbildungen. Eine solch chaotische, unüberschaubare Situation charakterisierte die Zeit vom 5. bis zum 8. Jahrhundert auf dem Gebiet des ehemaligen weströmischen Reiches. Verschiedene germanische Stämme drangen in das ehemalige Reichsgebiet ein, wo sie ihre Stammesherrschaften zu kleinen Königreichen ausbauten. Hunnischen und awarischen Reiternomaden gelang es nur kurzfristig, ihre Einfälle nach Zentraleuropa in dauerhafte

Herrschaftsbildung vor Ort umzusetzen – anders als im 10. Jahrhundert den Magyaren, deren pannonisches Reich Bestand hatte. In Osteuropa siedelten seit dem 6. Jahrhundert slawische Stämme. Im awarischen Reich etwa stellten sie bis zu dessen Eroberung durch die Franken die bäuerliche Basis, die die Tribute für die Reiternomaden erwirtschaftete. Das alltägliche Leben der Menschen wurde durch Beute- und Kriegszüge, Migrations- und Kolonisationsbewegungen immer wieder in Mitleidenschaft gezogen. Dabei gewann die politische Organisation auf lokaler Ebene – Verwandtschaftsgruppen, Dorfgemeinschaft, Stammesfürstentum – die wichtigste Bedeutung für das Überleben. In einer solchen Phase herrschaftlicher Zersplitterung und ungesicherter Lebensumstände ging eine auf überregionaler Herrschaft basierende Territorialität verloren, der Raumbezug der Menschen bewegte sich in den schon bekannten elementaren Formen.

In den folgenden Jahrhunderten entstanden aus den Stämmen zahlreiche kleinere Gemeinwesen mit einem König an der Spitze; manch einer konnte durch Bündnisse und Siege eine Vorrangstellung einnehmen. Während Süditalien byzantinisch blieb, etablierten sich auf dem nördlichen Apennin im 6. Jahrhundert die Langobarden. In Gallien und im germanischen Zentraleuropa kristallisierten sich die Franken als herrschende Dynastie heraus. Nach ihren Siegen über die Westgoten ab 711 gliederten die Araber die iberische Halbinsel in das Kalifat ein. England wuchs unter angelsächsischer Führung zusammen, bevor im 11. Jahrhundert Normannen die Krone übernahmen.

Überall im mittelalterlichen Westeuropa legitimierte sich das zentralisierte Königtum über die Bestätigung durch das Papsttum. Römisches Kaisertum und orthodoxes Christentum als Staatsreligion waren im byzantinischen Reich als unzertrennliche Einheit fest etabliert; da Konstantinopel mit dem *Imperator Augustus Romanorum* als Konkurrent für die neuen Herrschaftsbildungen im Westen angesehen wurde, erwies sich der Papst in Rom als Legitimationsquelle. Die Päpste hatte sich im Gefolge des Niedergangs Westroms als Territorialherren der Stadt Rom etabliert und konnten in den Wirren der Völkerwanderungszeit den Primat des römischen Bischofs über die Kirche im Abendland ausüben, weil die politischen Führer sie in diesem Anspruch unterstützten. Der fränkische Herrscher Pippin III. machte sich mit Hilfe des Papstes 754 zum König und bestätigte diesen im Gegenzug an der Stelle des oströmischen Kaisers als *Patricius Romanorum*. Sein Sohn Karl der Große ließ sich 800 in Rom zum Kaiser krönen. Auch Otto I. ließ sich 962 in der Metropole der Westkirche, in Rom, zum *Imperator Romanorum* krönen, obgleich seine Machtbasis in Norddeutschland lag. Im Doppelspiel von Königen und

Papsttum war so ein westliches Kaisertum konstruiert worden. Kaiser und Heiliger Stuhl positionierten sich trotz verschiedener diplomatischer und kirchenpolitischer Annäherungsversuche mit dem Großen Morgenländischen Schisma 1054 klar als Gegenspieler von Konstantinopel.

Die Kontinuität der Ländernamen bestärkt leicht die Vorstellung, die heutigen Staaten Frankreich, England oder Deutschland hätten damals ihre Gestalt angenommen. Tatsächlich waren die mittelalterlichen Reiche Kristallisationsbecken für spätere Staatlichkeit. Abgesehen vom geringen Grad der Durchdringung mit königlicher Zentralgewalt waren auch die räumlichen Konturen sehr unbestimmt. Die spätere Ausformung war damit keineswegs vorprogrammiert. Das französische und das deutsche Reich hatten bis zur Reichsteilung in ein Westfränkisches (→ Frankreich) und ein Ostfränkisches (→ Römisch-Deutsches Kaiserreich) eine gemeinsame Geschichte. Frankreich und England waren nicht nur mit der Übernahme der englischen Krone durch ein normannisches Geschlecht, sondern auch durch deren französische Nachfolgeherrscher dynastisch so eng verwandt, dass die territoriale Erstreckung und Grenzziehung zwischen den beiden Reichen bis über den Hundertjährigen Krieg (1337–1453) hinaus umstritten war. Alle drei großen Reiche verstanden sich als weströmische Nachfolgestaaten und räumten dem Papsttum eine zentrale Rolle in ihrer Kirchenorganisation ein – ein Umstand, der überall zu andauernden Konflikten zwischen einem universellen Religions- und einem territorial begrenzten Staatsverständnis führte. Die territoriale Begrenzung stand den jeweiligen Ambitionen zur Reichsexpansion durch Eroberungen, Heiratspolitik und Kolonisation nicht entgegen; im Gegenteil: Die Könige und Kaiser versicherten sich dabei der kirchlichen Rückendeckung.

Eine besondere Legitimierung bezog das ostfränkische, dann römische und deutsche Reich aus der *translatio imperii*, also der Vorstellung, das Römische Reich lebte in dem von den Päpsten auf die deutschen Könige übertragenen Kaisertum fort. Der Reichsgedanke des Heiligen Römischen Reiches orientierte sich am *Imperium Romanum*, eine symbolische Territorialität, die mit der geographischen Erstreckung und der tatsächlichen Art der Machtausübung im römisch-deutschen Reich nichts gemeinsam hatte. England und Frankreich lösten sich mit der Zentralisierung der königlichen Machtstrukturen rascher vom Einfluss des Papsttums, auch wenn der Rom-Vergleich immer wieder als Zielsetzung und zur Selbstvergewisserung bemüht wurde. Die deutschen Kaiser hingegen unterlagen dem Papst im Investiturstreit – das heißt, dass sie diesem die Besetzung der kirchlichen Ämter im Reich überlassen mussten. Dadurch existierte neben der weltlichen eine von Päpsten und dem Kirchenstaat gelenkte kirchliche Reichsadministration. Die Stadtstaaten in Norditalien und auf dem Apennin hatten sich der Unterordnung unter den römisch-deutschen Kaiser bald entzogen; als auch der Versuch der Staufer, Süditalien dem Kaiser zu unterstellen, scheiterte, erwies sich die römische Verankerung des deutschen Kaisertums als eine – bis zur Auflösung des Heiligen Römischen Reiches 1806 – gehegte Fiktion. Neben dem Konflikt zwischen Kaiser- und Papsttum führten auch die im 13. Jahrhundert immer stärker werdende Macht der Territorialfürsten und die Einführung des Wahlkönigtums zur Dezentralisierung der Herrschaft im Heiligen Römischen Reich.

Der Stadtstaat war mithin nicht im Reich aufgegangen. Er erlebte später nicht nur in den italienischen Stadtrepubliken, sondern auch in Form der freien deutschen Reichsstädte bzw. der kleinen Fürstenstaaten ein Revival. So entstanden in West-, Zentral- und Südeuropa ganz unterschiedliche Traditionen in der Erfahrung von Staatlichkeit und Territorialität.

1.3. Das Mittelalter: Kaleidoskop der Territorialität (13. bis 15. Jahrhundert)

Das europäische Mittelalter erscheint aus der Perspektive der späteren flächenhaften Staatlichkeit als eine Zeit ohne Territorialität. Es war durch zersplitterte Herrschaftsverhältnisse und geteilte und überlappende Souveränitäten gekennzeichnet. Zersplitterte Herrschaft bedeutet, dass die Gebiete eines Herrschaftsberechtigten kein räumliches Ganzes darstellten, sondern sich aus mehreren Einheiten zusammensetzten, die durch andere Herrschaftsgebiete unterbrochen waren: So entstand ein Gemisch an Berechtigungen mit Enklaven und Exklaven, das auch als Patchwork beschrieben werden kann. Geteilte Herrschaft heißt zudem, dass sich mehrere Inhaber die Herrschaft über einund dasselbe Gebiet teilten, indem sich ihre Berechtigung auf unterschiedliche Bereiche des sozialen Lebens ihrer Untertanen – Abgaben, Pflichten, Rechtsprechung – bezog. Es existierten mehrere einander überlagernde Ebenen der Macht. Da diese einander aber weder passgenau in Bezug auf dasselbe Territorium noch auf dieselbe Untertanenschaft überlagerten, sprechen wir von Überlappung der Rechte und Ansprüche. Das Patchwork stellte sich also nicht als nahtlos ineinander greifende Teilflächen dar, wie ein Mosaik oder ein Puzzle, sondern eher als ein Flickenteppich oder eine Hose, der im Laufe ihres Einsatzes immer wieder neue Flecken aufgenäht wurden, die einander in mehreren Schichten überlappten.

Die Felder der Macht bestanden aus politischen Rechten, die je nach Agrarverfassung und Untertänigkeitsverhältnis Abgaben, Arbeitsleistung oder im Falle von Leibeigenschaft das Verfügungsrecht über die Person des Untertanen selbst beinhalteten. Diese politischen Rechte vermischten sich mit wirtschaftlichen Rechten, stellten die Abgaben und Arbeitsleistungen der Untertanen doch gleichzeitig die ökonomische Grundlage eines adeligen Wirtschaftsbetriebes dar. Darüber hinaus hatte der Grundherr unter Umständen die niedere Gerichtsbarkeit über seine Untertanen über; in der Regel war dieses Recht jedoch an eine bestimmte Größe und Bedeutung von Herrschaft gebunden und war den Landgerichten vorbehalten, die über die Untertanen mehrerer Grundherrschaften Recht sprachen, während die höhere Gerichtsbarkeit Gerichten höherer Ordnung auf Landes- oder Reichsebene vorbehalten war (Bruckmüller 1985:91).

Ein Mehrebenensystem von Herrschaftsrechten existierte nicht nur im Bereich der Justiz. Auch die politische und die wirtschaftliche Herrschaft fügten sich in eine Verwaltungsschichtung ein, in der einander kleinere und größere Herrschaftsgebiete überlagerten und jede Herrschaft in diesem System konzentrischer Kreise mit unterschiedlichen Kompetenzen ausgestattet war – und zwar sowohl in sachlicher Hinsicht als auch in Bezug auf den Adressatenkreis, der je nach Stand und Beruf in die eine oder andere Zuständigkeit fiel. Die Hierarchie der Herrschaftsebenen, die dafür gebräuchlichen Bezeichnungen sowie die Regelung der Kompetenzen wiesen große regionale Unterschiede auf. Gemeinsam war dem feudalen Mehrebenensystem der mittelalterlichen Gesellschaft der indirekte Charakter der höheren Herrschaftsinstanzen. Der Kaiser, König oder Landesherr an der Spitze hatte in der Regel keinen direkten politischen und wirtschaftlichen Zugriff auf die Menschen an der Basis der gesellschaftlichen Pyramide. Diese unterstanden in der Ständeverfassung ihrem jeweiligen Oberherren, der seine Ansprüche mit anderen Herrschaftsberechtigten teilte: Gegenüber dem Landesfürst oder König jedoch fungierte der Oberherr als Zwischeninstanz, als Mediator. In dieser Funktion war er durch Gesetze und Verfassungen auf Landes- bzw. Reichsebene eingeschränkt. Da die Zentralmacht jedoch über keine Exekutivgewalt auf der Ebene der örtlichen Herrschaft verfügte, waren die Machtbefugnisse örtlicher, meist adeliger Herrschaftsträger weitreichend.

Wollte der zentrale Herrscher mehr Soldaten oder besondere Steuern, musste er dies mit dem Grundherrn regeln. Die Herrschaftsträger erhielten das Recht, sich entsprechend ihres Herrschaftstyps in Ständeversammlungen zu organisieren, die eigene Abteilungen (Kurien) für höheren und niederen Adel, Städte und Klerus aufwiesen; wo freie Bauern in Landgemeinden organisiert waren, gehörten auch diese zur Ständeversammlung (Landtag, *diet*, *diète*). Könige und Landesherren waren auf deren Genehmigung oder Zustimmung angewiesen und mussten diesen im Gegenzug Zugeständnisse in Bezug auf Rechte und Kompetenzen machen. Auch wenn diese Ständeparlamente vom Wohlwollen der zentralen Macht abhängig waren, waren sie aufgrund ihrer Verhandlungsmacht die Kristallisationsorte für die Herausbildung von Landesbewusstsein. Alle anderen Menschen blieben ohne politische Mitsprache; ihr Status war nicht nur durch das Untertänigkeitsverhältnis zum Grundherrn, sondern auch durch die hausväterliche Autorität, die der Hausvater über Familienangehörige, Gesinde und andere Mitwohnende ausübte, bestimmt.

Die zersplitterte, geteilte und überlappende Herrschaft bezog sich also nicht auf ein geschlossenes Territorium und alle diesem Territorium zugeordneten BewohnerInnen. Sie hatte einen sachkontext- und einen personenbezogenen Charakter, je nachdem welche rechtliche und ökonomische Stellung ein Bewohner oder eine Bewohnerin in der ständischen Gesellschaft einnahm. Um diese ungewöhnliche Sozialordnung zu begreifen, ist es sinnvoll, sie auch aus der Perspektive der Untertanen zu betrachten. Es gibt dafür kein allgemeines Muster, sah die nach Geschlecht, Familien- und Haushaltsstatus, Besitz und Beruf geschichtete Gesellschaftsordnung doch keine einheitliche Formel für Abhängigkeit vor. Ein Knecht war z. B. von seinem bäuerlichen Hausvater abhängig, der die Untertänigkeit gegenüber dem adeligen Herrschaftsinhaber mediatisierte: Der untertänige Bauer befriedigte durch Mithilfe seiner familieneigenen und familienfremden Haushaltsmitglieder die Ansprüche verschiedener adeliger Herrschaftsinhaber: so lieferte er etwa den Getreidezehent an Grundherrn A, leistete Robot und Spanndienste für Grundherrn B, lieferte außerdem Kartoffel, Flachs und Eier an Grundherrn C und – nicht zu vergessen – zahlte auch regelmäßig an den Pfarrer. Er bildete eine Ehe- und Wirtschaftsgemeinschaft mit seiner Frau, der Bäuerin, die wahrscheinlich über alle diese Verpflichtungen Bescheid wusste und Arbeit und Verantwortung mit ihm teilte; sie unterstand trotz ihrer Rolle als weiblicher Haushaltsvorstand seiner hausväterlichen Autorität und Vertretungsbefugnis gegenüber Herrschaft und Dorfgemeinde.

Aus städtischer Perspektive stellten sich die Abhängigkeitsketten anders dar. Das Privilegium des Stadtrechts enthob die städtische Bürgerschaft nicht der adeligen oder landesfürstlichen Oberherrschaft. Kleine Landstädte unterstanden oft einem Grundherrn, dem die Bürger abgabepflichtig waren; dieser konnte die Bürger auch dazu zwingen, statt ihre eigenen die herrschaftlichen Wirtschaftsbetriebe, wie Mühlen oder Tavernen zu benutzen und dafür zu bezahlen – ein Umstand, der immer wieder Anlass zu Konflikten, Aufständen und Kompromissen bot. Die freien Bürger verfügten über politische Selbstverwaltung im Rat, die eng mit der wirtschaftlichen Selbstverwaltung in den Gilden und Zünften der Händler und Handwerker verbunden war. Dementsprechend waren Städte oft auch in der Ständeversammlung vertreten. Abhängige Familienangehörige, Dienstboten und Tagelöhner waren auch in der Stadt von ihrem Hausvater abhängig. Die durch Stadtmauer und Stadttore hervorgerufene Vorstellung von der Geschlossenheit und Einheitlichkeit der städtischen Existenz hält der sozialen und rechtlichen Zersplitterung der StadtbewohnerInnen nicht stand. Auch hier war Herrschaft zersplittert, geteilt und überlappend.

Dies mag für uns heute verwirrend und schwer nachvollziehbar sein. Der fragmentierten, personalen Herrschaft die Territorialität abzusprechen, nur weil die Personenverbände und Herrschaftsgebiete keine räumliche Geschlossenheit aufweisen, wäre dennoch unangemessen. Vielmehr hat die Territorialität unter den Bedingungen zersplitterter, geteilter und überlappender Herrschaft einen anderen Charakter. Während im ungeteilten Staatsgebiet die Festlegung und Verortung von Rechten und Pflichten verallgemeinernd geregelt werden kann, bedarf die territoriale Definition unter fragmentierten Herrschaftsverhältnissen einer umso genaueren Festschreibung. Was aus der Distanz als vage und unbestimmt erscheint, ist durch ständische Ordnung und Zuordnung von Rechten, Pflichten und Zuständigkeiten entlang von Status und Stand ganz klar geregelt. Es ergibt sich daraus keine homogene Fläche, sondern ein punktueller Raumbezug, in dem sich einzelne Elemente zu unterschiedlichen Konglomeraten und Netzen zusammenfügen. Die kaleidoskopische Territorialität sei an den Beispielen des Zunftsystems der Handwerker sowie der kaufmännischen Vereinigungen und Städtebünde genauer illustriert.

Zünfte

Auf der kommunalen Ebene sind Zünfte eine Interessenorganisation der Handwerker einer bestimmten Branche, die ihre Interessen oft im Kampf gegen ein Patriziat in die Politik des Magistrats einbringen (Dilcher 1996:179ff). Zünfte verfügen über einen festgelegten regionalen Wirkungsbereich, in dem sie auf der Basis der Zunftordnung die Zulassung zum Gewerbe, die Zahl der Meister und Betriebe, Arbeitsordnung und Qualität kontrollieren dürfen. Dabei beruht ihre Durchsetzungskraft im Wesentlichen auf den städtischen Magistraten, während diese in Dörfern und Streusiedlungen oft nicht ausreicht, unzünftische Landhandwerker, die von ihnen so bezeichneten »Störer«, an ihrer Tätigkeit zu hindern. Die Territorialität der Zunftordnung kann also nur an den städtischen Netzknoten, nicht jedoch in der Fläche umgesetzt werden. Auch der landesfürstliche Hof oder mächtige Adelsgeschlechter unterminieren mitunter die Autorität der Zünfte, indem sie bestimmte Handwerker von der Zunftordnung befreien.

Darüber hinaus ermöglicht das Netz der Zünfte die überregionale Handwerkerwanderung, die Teil der Ausbildung und Berufserfahrung von Lehrlingen und Gesellen darstellt. Hier kooperieren Zünfte aus verschiedenen Städten, indem sie für die wandernden Handwerker Reisedokumente, Arbeitsvermittlung, Herberge und Ausbildung bereitstellen. Diese Netze speisen sich aus persönlichen Kontakten, Verwandtschaftsbeziehungen und beruflicher Kooperation. Sie variieren in ihrer Reichweite nach dem Spezialisierungsgrad und der Bedeutung einzelner Branchen: In Gewerben des alltäglichen Bedarfs sind sie kleinräumig, in Spezialhandwerken weit reichend – wobei führende Exportgewerbezentren als Anziehungspunkte und Drehscheiben für Fachkräfte und Fachwissen fungieren. Die Handwerkerwanderung zeichnet sich somit sowohl je nach Branche durch klare räumliche Einzugsbereiche als auch räumliche Hierarchien aus, die den Beteiligten bewusst sind und Prioritäten in der Wahl der Routen, Orte und Betriebe bewirken. Die Berufsorganisation stellt den reisenden Handwerkern mit den sogenannten Kundschaften Reiselegitimationen aus, die ihnen gegenüber politischen Behörden Schutz und freies Geleit bieten.

Kaufmännische Vereinigungen

Die wohl bekannteste und weitreichendste kaufmännische Vereinigung stellt der Städtebund der Hanse dar, der im 13. Jahrhundert mit der freien Reichsstadt Lübeck an der Spitze gegründet wurde. »Hanse« bedeutet im Althochdeutschen »Schar, geschlossene Vereinigung« (Grimm 1999, Bd. 10:462) und setzte sich als Bezeichnung für eine Interessengemeinschaft von Städten und Kaufleuten bei der Errichtung von Handelsstützpunkten, beim Schutz der Vertriebswege und gegenüber ausländischen Konkurrenten durch. Dies wurde durch Verhandlungen und Verträge mit politischen Herrschern, und wenn dies nicht ausreichte, durch Boykott, Blockade sowie den Einsatz militärischer Mittel erzielt. Erste Hansen stellten die Kölner Englandfahrer oder die Hanse der 17 Städte auf Gotland im 12. Jahrhundert dar. Im 13. und 14. Jahrhundert kontrollierte die Lübecker Hanse den Land- und Seehandel von Lübeck bis zu den Städtegründungen im Deutschen Ordensgebiet im Baltikum. Sie begründete Institutionen, die Hanse-Tage, und die dort gefassten Beschlüsse, die

Hanse-Rezesse, verliehen dem Netzwerk, dem zeitweise 170 Städte angehörten, Verbindlichkeit und Durchsetzungskraft. Der Grund für diese Initiative liegt in der wachsenden Bedeutung der Ostsee im Austausch westeuropäischer Gewerbeprodukte gegen Pelze, Bernstein, Honig und Marinebedarfsgüter wie Holz und Teer aus Osteuropa, in dem sich die norddeutschen Kaufleute etablieren wollten. (Strzelczyk 2008:55–59).

Das Hanse-Netzwerk agierte auf unterschiedlichen räumlichen Ebenen. Zum Ersten der Raum, der durch das Netz der beteiligten Städte im Norden Deutschlands und im Baltikum aufgespannt wurde. Zum Zweiten der Raum, der durch die Kontore der Hanse in London und Brügge, in Bergen, Kalmar und Stockholm sowie in Nowgorod eröffnet wurde, von wo aus das jeweilige Hinterland als Bezugs- und Absatzraum der Hanse-Mitglieder erschlossen wurde. Der Anspruch auf Kontrolle bezog sich lediglich auf handelsrelevante Fragen. Die Autorität der Hanse kollidierte dabei mit der Macht der örtlichen Landesherren, etwa mehrfach militärisch mit dem Königreich Dänemark um die strategische Beherrschung des Sunds, der Meeresverbindung zwischen Nord- und Ostsee. Auch innerhalb der Hanse konkurrierten regionale Bünde und versuchten, die Gegner durch direkte Vereinbarungen mit ausländischen Kontoren zu umgehen, etwa wenn der Deutsche Orden, auf dessen Gebiet Danzig und die baltischen Hansestädte lagen, Lübeck umging, um über Brügge direkt mit England und den Niederlanden zu handeln. Die Konflikte innerhalb des Handelsnetzwerks fügten sich somit direkt in die fragmentierte politische Herrschaft ein, und es gelang dem Kaufmannsbündnis niemals, den Austausch in seinem Einzugsbereich vollständig zu kontrollieren. Ihre Bedeutung verlor die Hanse schließlich, als ihr seit dem 15. Jahrhundert englische und niederländische Kaufleute und Handelsgesellschaften Konkurrenz machten und sie schließlich aus dem Ostseehandel verdrängten.

Auf weniger institutionalisierte Weise gestalteten Fernhändler auch nach dem Niedergang der Hanse ihre Beziehungen entlang der großen überregionalen Fernhandelsrouten. Sie bildeten Händlernetzwerke, die oft auf familiären Beziehungen aufbauten und über Religion und Ethnizität bestärkt wurden (Gassert 2001). Obwohl es hier keine institutionalisierte Mitgliedschaft gab, wusste jeder Beteiligte, welche Knoten im Netz seinen Beziehungen nützlich waren. Diese Fernhändlernetze standen oft in einem Konkurrenzverhältnis zu örtlichen Kaufleuten und Handwerkern. Städtischen Magistraten entlang der Handelsrouten oblag es, die Rechte der Fernhändler auf Messen und Märkten und ihre Beziehungen mit den lokal ausgerichteten Händlergruppen zu regeln.

Das Verbindende an diesen Beispielen ist die territoriale Klammer, die sich aus einem netzwerkartigen Zusammenhang ergibt. Netzwerk wird als eine Spielart von Territorialität ansehen.

Eine europäische Besonderheit?

Stellt die Buntscheckigkeit und Instabilität der politischen Landschaft ein allgemeines Charakteristikum vormoderner Herrschaft dar oder kann sie als eine europäische Besonderheit angesehen werden, die sich aus der Zersplitterung des Römischen Reiches erklärt? Nur in den Nachfolgeregionen Roms bildete sich nach den Wirren der Migrationen der sogenannten Völkerwanderungszeit und der gescheiterten Reichsbildungsversuche der Feudalismus heraus. Er zeichnet sich durch konkurrierende adelige Herrschaften, die große Autonomie gegenüber der nur schwach ausgeprägten Zentralmacht besitzen, und einen strukturellen Machtkonflikt zwischen Kaiser, intermediären Machtinhabern und Kirche aus, der auch als »europäischer Sonderweg« bezeichnet wird. Der post-weströmische Teil Europas wird immer als das eigentliche Europa angesehen und konnte diese Sprachregelung auch in der Geschichtsschreibung sowie in der politischen Praxis durchsetzen. Es seien die mittelalterlichen Grundlagen dieses weströmisch-westeuropäischen Sonderwegs, die zur führenden Weltstellung Europas in der Neuzeit beigetragen hätten, so die These prominenter Autoren wie Max Weber oder Michael Mitterauer. Den westlichen Teil Europas als pars pro toto bzw. als Europa überhaupt darzustellen und dieses Europa gleich auch zum Modell und Maßstab für Fortschritt und Entwicklung der Menschheit zu machen, ist Ausfluss eines bereits im Mittelalter grundgelegten West-Europa-Zentrismus.

Um eine westeuropäisch universalisierende Engführung zu vermeiden, werden im Folgenden kurze Blicke in die europäischen Teilregionen im Südosten und Nordosten geworfen. Um es vorwegzunehmen: Auch dort treffen wir auf bunt schillernde Kaleidoskope von Territorialität. Umgekehrt trat im Westen früher als anderswo der Übergang zur flächenhaften Homogenisierung der politischen Macht im modernen Nationalstaat in Kraft.

Südosten

Südosteuropa lag im Hochmittelalter im Einzugsbereich der byzantinischen Macht. Diese zeichnete sich durch ein Kaisertum aus, das in Symbiose mit der Staatskirche herrschte und durch die zentrale Einsetzung von Amtsträgern die Herausbildung und Verselbständigung lokalen Adels verhinderte. Es handelte sich mithin um tributäre Herrschaft in Kontinuität des römischen Reiches, die zwar auf der lokalen Ebene große unkontrollierbare Freiräume beließ und Sonderentwicklungen erlaubte, aber nicht zur Fragmentierung von Herrschaft wie im Feudalsystem führte (Kaser 1990:70ff). Dieses Herrschaftssystem übertrug sich im Zuge der Ausbreitung des orthodoxen Christentums nach Nordosteuropa auch auf die Regionen im Einflussgebiet der Kiewer Rus, bis diese im 13. Jahrhundert im Osten unter mongolische Herrschaft gelangte.

Eine Überlappung von Herrschaftsmustern entstand, als die im Zuge der Kreuzzugsbewegung von den Wendenkreuzzügen im Ostseeraum bis zur Eroberung von Konstantinopel und zahlreichen Mittelmeerinseln ehemals imperial-byzantinischen Regionen unter den Einfluss des westlichen Feudalismus gerieten. Mit der Ankunft fränkischer Siedler zogen Lehenswesen, feudale Konkurrenz und mediatisierte Herrschaft im Mehrebenensystem in das Lateinische Kaiserreich, das Venedig nach der Eroberung Konstantinopels von 1204 bis 1261 errichtete, ein. Auch Zypern, Kreta, Sizilien sowie eine Reihe kleinerer Mittelmeerinseln gerieten unter römisch-katholische Herrscher. Die katholische Bekehrung erreichte die einheimische Bevölkerung jedoch nur teilweise, sodass das orthodoxe Christentum ein zentraler Bezugspunkt blieb. Enklaven auf der lokalen Ebene stellen eine besondere Ausprägung der Patchwork-Territorialität in den westeuropäischen Kolonisationsgebieten im Byzantinischen Reich dar.

Eine ganz besonderen Blüte erreichte die fragmentierte Herrschaft des westlichen Feudalismus in den Kreuzfahrerstaaten, die von fränkischen Adelsabkömmlingen vom 11. bis 13. Jahrhundert in Syrien errichtet wurden, das im 11. Jahrhundert unter seldschukische Herrschaft geriet, bis aus den Auseinandersetzungen um die Nachfolge in der zweiten Hälfte des 13. Jahrhunderts die Mameluken die Macht übernahmen. In den Kreuzfahrerstaaten überlagerte das Lehenswesen der römisch-katholischen Landeskolonisatoren eine ethnisch, sozial und religiös heterogene Bevölkerung aus Arabern, Aramäern und Griechen, Sesshaften und Nomaden, aus syrisch-orthodoxen und griechisch-orthodoxen Christen, aus sunnitischen und schiitischen Muslimen, die unter muslimischer Oberherrschaft ihre religiöse Selbstverwaltung genossen. Das Problem mit den Kreuzfahrern war für die arabischen Herrscher nicht die Religionsfreiheit, die Pilger im Heiligen Land ohnehin genossen, sondern der Anspruch auf politische Herrschaft, der gleichwohl ohne die Kooperation mit den Einheimischen nicht umzusetzen war. Die Kreuzfahrerstaaten zerbrachen an der Fragilität ihrer Herrschaft; sie ließen durch den Souveränitätsanspruch über die Kreuzfahrerburgen, die der französische Staat bis 1948 (!) aufrechterhielt, jedoch einen Fuß in der durch die

Machtübernahme der Osmanen im 16. Jahrhundert erneut politisch umgestalteten Landschaft der Levante.

Nordosten

In Nordost- und Ostmitteleuropa wurden die nach byzantinisch-tributärem Muster gestalteten Reiche in Polen, Ungarn, Siebenbürgen und Kroatien durch die deutsche Ostkolonisation ebenfalls einer feudalen Zersplitterung unterzogen. Im Fall der Pruzzen, Balten und Ostseeslawen (Wenden) verlief die Ostkolonisation als ein Akt kriegerischer Eroberung unter Führung von Kreuzritterorden; im Fall von Polen, Böhmen, Ungarn, Siebenbürgen und Kroatien kamen deutsche Kolonisten auf Einladung der lokalen Herrscher. Durch die Mitnahme deutscher Rechtsformen, Agrar- und Siedlungstechniken, die einzelnen Städten und Siedlern gewährt wurden, entstand eine besondere Form durchbrochener Herrschaft. Sie hatte insofern kolonialen Charakter, als den Neusiedlern privilegierte Sonderrechte zugestanden wurden, die die Einheimischen nicht genossen. Auf diese Weise wurde das Abhängigkeitsverhältnis zwischen Grundherrn, Stadtbürgern und Untertanen durch separate Rechts- und Eigentumsordnungen einzementiert. Ein herausragendes Beispiel fragmentierter und gleichwohl überlappender Territorialität stellt die Verfassung der *Unio trium nationum* in Siebenbürgen aus dem Jahr 1438 dar. Sie wies den drei ethnisch definierten Ständen (Nationen) der Ungarn, Siebenbürger Sachsen und Székler geschlossene Herrschaftsgebiete mit spezifischen Privilegien, Aufgabenbereichen und sozialen Rechten zu. Die galten jedoch nur für die Ungarn in ihrer Funktion als adelige Grundbesitzer, die Sachsen als Stadtbürger und die Székler als Wehrbauern. Für ungarische und sächsische Bauern galten sie nur in abgestuftem Maße, während landlose griechisch-orthodoxe Rumänen sowie die Roma-Minderheit in der Verfassung überhaupt keine Berücksichtigung fanden. Sie lebten zwar auf dem gleichen Territorium, jedoch in rechtlicher Unterordnung: Sie waren von Eigentumsrechten ebenso ausgeschlossen wie vom Leben in der Stadt (Roman/Hofbauer 1996:43).

Westeuropa

In England und in Frankreich machte das komplizierte, fragmentierte und überlappende Prinzip der feudalen Ordnung bereits im Spätmittelalter einer territorialen Bereinigung Platz. In England vollzog sich diese Bereinigung durch die Verwandlung der Rentengrundherrschaft, in der mehrere Eigentümer Ansprüche auf Land und Untertanen besaßen, in ein agrarkapitalistisches

Pachtsystem: Hier war die rechtliche Unterscheidung zwischen Eigentum und Nutzung nicht durch eine verwickelte Beziehung, sondern durch ein vertraglich abgesichertes Machtverhältnis zwischen Eigentümer und Pächter geregelt. In Frankreich kam der Übergang zu flächenhafter Territorialität in der Konzeption der Staatsgrenze zum Ausdruck. Bernard Guenée (Guenée 1986) hat die Ergebnisse seiner Untersuchung der französischen Grenze mit dem Reich unter das Motto des Übergangs von den *limites féodales* zu den *frontières politiques* gestellt: Diese folgten im Mittelalter dem Erfahrungswissen der an der Grenze lebenden Adeligen mit all der Ungenauigkeit und Fluidität, die dem Gewohnheitsrecht innewohnte; bereits im 14. Jahrhundert setzte die königliche Zentralmacht jedoch auf die Ergebnisse der vom König beauftragten wissenschaftlichen Geographie, die mit der Festlegung des Grenzverlaufs auch die Territorialität des Staates neu konstituierte.
In den westeuropäischen Königreichen setzte damit eine Entwicklung zur Entflechtung und Vereinheitlichung der mittelalterlichen Buntscheckigkeit ein, die in Frankreich die Zentralmacht stärkte und in England Marktbeziehungen an die Stelle feudaler Abhängigkeits- und Gegenseitigkeitsbeziehungen setzte. Dies hatte zur Folge, dass die kaleidoskopartige Territorialität geteilter Machtverhältnisse bis zur Auflösung des Heiligen Römischen Reiches 1806 und die Rentengrundherrschaft bis zur endgültigen Aufhebung von Untertänigkeit bzw. Leibeigenschaft 1848 in Kraft blieben. Damit wird deutlich, dass auch in den Reichen in der Nachfolge Westroms kein einheitliches Raum- und Territorialitätsmuster gegeben war.

1.4. Neuzeitliche Flächenstaatlichkeit und kolonialstaatliche Erweiterung (16. bis 19. Jahrhundert)

Die Ausgangsposition im ausgehenden Mittelalter war durch die Heterogenität der europäischen Teilräume geprägt, sodass keine gemeinsame Erzählung möglich ist. Während sich im Osten und Südosten in Russland und dem Osmanischen Reich starke Dynastien etablierten, deren Staatlichkeit sich mithilfe von Dienstadel und Steuerpächtern als lose Klammer über eine weiträumig zerstreute, ethnisch, sozioökonomisch und religiös vielfältige Bevölkerung legte, war das weströmische Erbe durch Nationalmonarchien sowie das Machtkonglomerat des Heiligen Römischen Reiches Deutscher Nation mit seiner multiplen landesfürstlichen Staatlichkeit gekennzeichnet. Trotz scharfer politischer und kultureller Konkurrenz gab es zwischen dem europäischen Westen, Russland und dem Osmanischen Reich wechselnde Kooperationen, so zwischen den west- und ostchristlichen Mächten im Kampf gegen das osmanische Sultanat, oder zwischen Sultan und westlichen Herrschern zur Schwächung konkurrierender Bündnispartner. Russland anerkannte die Überlegenheit deutscher Technik und bemühte sich um Handwerkeransiedlung und Wissenstransfer in seinen Metropolen. Das Osmanische Reich hingegen war selbst industrielles Kompetenzzentrum, das christliche Minderheiten im Exportgeschäft mit Westeuropa einsetzte.

Im europäischen Westen resultierte der Systemwechsel, der auch durch den Übergang vom Feudalismus auf den Kapitalismus charakterisiert werden kann, in der spätmittelalterlichen Agrarkrise. Die Ertragsfähigkeit der Böden stieß aufgrund steigender Bevölkerungszahlen an Grenzen, führte zu sinkenden Einnahmen der Grundherren, die unter dem Druck bäuerlicher Forderungen die Zentralgewalt der Könige bzw. Landesfürsten zu akzeptieren bereit waren. Die zentralstaatliche Machtkonsolidierung ebnete auch den Weg für Handels- und Siedlungsexpansion, die sowohl im Interesse adeliger Machterhaltung als auch industrieller Marktinteressen lag.

Nun waren die Voraussetzungen dafür nicht überall gleich, und es machte einen großen Unterschied, ob hinter der flächenstaatlichen Konsolidierung eine Großmacht oder ein Kleinstaat stand, ob es ein lokales Exportgewerbe gab, das Bezugs- und Absatzmärkte im Rahmen internationaler Arbeitsteilung wahrnehmen konnte (z. B. in Flandern, Oberdeutschland oder Venedig), ob das Handwerk für das örtliche Publikum produzierte (z. B. in Niederösterreich oder in Sachsen) oder ob eine Region rein auf agrarische Exporte spezialisiert war (z. B. in Polen). Trotz dieser Unterschiede und vieler Ausnahmen gab es einen übergreifenden Trend in Richtung der flächenhaften Konsolidierung staatlicher Macht, die mit Markterweiterung einherging. Der Übergang war nur manchmal abrupt, setzte in den einzelnen Regionen zu unterschiedlichen Zeiten ein und verlief in der Regel als langfristiger Prozess vom 16. bis zum 19. Jahrhundert, wobei er sich gegen Widerstände und Rückschläge durchsetzen musste.

Was können wir uns darunter vorstellen, dass fragmentierte personale Beziehungsnetze in flächenhaft gestaltete Territorialität übergingen und der Landesherr auf und in der Fläche durchgriff? Für Grundherren bedeutete dies, dass sie in ihren Rechten auf ihre Untertanen eingeschränkt wurden: in Bezug auf Abgaben, Arbeitskraft, Freizügigkeit, soziale Mobilität. Die Untertanen hatten davon meist nicht viel, denn was der Fürst dem Grundherrn an Ressourcenaneignung abschnitt, lenkte er in seine eigenen Kassen und Unternehmen: Er wollte selbst Steuern einheben, Soldaten ausheben, Arbeitskräfte außerhalb der adeligen Grundherrschaft rekrutieren, z. B. für den Städte- und Straßenbau, die Trockenlegung von Sümpfen, als Dienstboten oder für Manufakturen. Die Untertanen waren nun zwischen zwei Instanzen eingezwängt, die Abgaben einforderten. Dazu kam, dass der Adel selbst zu Steuerleistungen herangezogen werden sollte, wogegen er sich zwar lange zur Wehr setzte, schließlich aber doch einwilligen musste. Um Besteuerung und Rekrutierung geschweige denn Infrastrukturausbau überhaupt umsetzen zu können, bedurfte es des spezifischen Wissens des Staates über Land, Leute und Ressourcen. Dieses zu entwickeln und sich anzueignen, sodass Einwohnerlisten, Landkarten, topographische Beschreibungen und Kataster angelegt und Ertrags- und Bedürfnislagen regelmäßig erfasst waren, dauerte seine Zeit.

Neben der Grundherrschaft wurde auch der Zugriff auf die Städte geplant. Deren Stadtrecht hatte ihnen ja politische Selbstverwaltung eingeräumt, die sie zur Entwicklung von Handwerk, zur Regelung des Markt- und des Transportgeschehens einsetzten. Dies waren nun Belange, die der sich konsolidierende Fürstenstaat selbst regeln wollte: die städtische Autonomie wurde daher eingeschränkt.

Besonders anschaulich manifestierte sich der flächenhafte Anspruch im Handel. Wurden Zölle und Mauten zu Beginn der Neuzeit an zahlreichen Stellen entlang der Routen im Landesinneren eingehoben, wanderten die Zollstellen im Laufe des 17. und 18. Jahrhunderts an die Außengrenzen der Staaten; Mauten beschränkten sich auf Straßenbenützungsgebühren. Auch wurden die Abgaben vereinheitlicht. Dies führte zeitweise zu sehr komplizierten Regelungen in Bezug auf einzelne Warengattungen. Mit der Verlegung an die Außengrenzen wurde das Staatsgebiet jedoch zu einem Territorium, das als einheitlicher Wirtschaftsraum angesehen wurde. Zu dessen Förderung und infrastruktureller Erschließung ergriff man weitere Maßnahmen, u. a. die Akzeptanz von mehreren in Umlauf befindlichen bis hin zu einer einzigen gültigen Währung. Städtebünde und Händlernetzwerke, die über die Staatsgrenzen hinweg agierten, sahen sich durch diese Maßnahmen in ihrer Tätigkeit beeinträchtigt. Entweder verloren sie mit der Einpassung der wirtschaftlichen Aktivitäten in die Grenzen der Staaten an Bedeutung oder sie mussten sich dem neuen Territorium anpassen, also den Umbau von einem Netzwerk auf eine Nationalökonomie vollziehen. Dass wir den neuen flächenhaften Raum des Staates »Nationalökonomie« nennen, verdanken wir der westeuropäischen, insbesondere der französischen Begrifflichkeit, die das Staatsgebiet mit der Nation gleichsetzte. Eine neutralere Bezeichnung wäre »politische Ökonomie«, weil sie lediglich den Anspruch des Staates ausdrückt, diesen Raum wirtschaftlich zu gestalten.

Für das Heilige Römische Reich, wo es viele, oft sehr kleine politische Ökonomien, aber kein nationales Territorium gab, ist der Begriff »Nationalökonomie« nicht passend.

Zusammenfassen lassen sich die Prinzipien der Flächenhaftigkeit durch den Gültigkeitsbereich der Gesetze, die Unmittelbarkeit der Herrschaft, also des direkten Zugriffs der Zentralmacht auf den einzelnen Untertan, sowie eine flächenhafte Ausstattung des Staatsgebiets mit Institutionen der Zentralmacht (Behörden, Gerichte, Transportwege), um Erfassung der Wirtschaftsleistung, Besteuerung, Kontrolle des Warenverkehrs und der Bewegung der BewohnerInnen durchsetzen zu können. Dies verband sich mit Maßnahmen der Sozialdisziplinierung und Erziehung. Die Widerstände waren mannigfaltig, und die Transformation der alten Reiche in den neuen Typus des Territorialstaates nahm mehrere Jahrhunderte in Anspruch.

Durch die Verankerung der kaiserlichen Zentralmacht des Heiligen Römischen Reichs in der Papstkirche bediente sich der fürstliche und ständische Widerstand gegen die Zentralisierungsbemühungen des Protestantismus. Mit der Forderung nach einer volksnahen Kirche hatte der Machtkampf zwischen Fürsten, Städten, Ständen auf der einen, kaiserlicher Zentralmacht auf der anderen Seite, nicht wirklich etwas gemeinsam. Der Protestantismus im Reich vergrößerte lediglich die Handlungsmacht der anti-kaiserlichen Fürsten, und durch ihr Bündnis mit der ebenfalls protestantischen schwedischen Monarchie, dem damals stärksten Konkurrenten im Ostseeraum, konnten sie den Kaiser zwar nicht besiegen, aber einen Frieden durchsetzen, der dort, wo die Protestanten siegreich waren, ihre fürstliche Macht sicherte. Eine Nationalmonarchie auf protestantischer Grundlage, wie sie in Schweden oder in England geschaffen wurde, entstand auf dem Gebiet des Heiligen Römischen Reichs auch nach dem Westfälischen Frieden (1648) nicht. Es blieb ein Konglomerat von Fürstentümern, das jedes für sich die flächenhafte Ausgestaltung betrieb, die es von der Lage, Größe und Wirtschaftskraft her jedoch nicht mit den westlichen Monarchien aufnehmen konnten. Lediglich jene Fürsten innerhalb des Reiches, die Macht über mehrere Länder besaßen und diese zu einem unteilbaren Länderkomplex zusammenschmieden konnten, wie die Habsburger oder die Hohenzollern, setzten Staatsbildungsprozesse in Gang, die jenen der westlichen Monarchien vergleichbar waren.

Frankreichs Teilnahme auf Seiten der Protestantischen Union zeigt deutlich den machtpolitischen Charakter der Religionskriege. Die Verbindung des habsburgischen Imperiums mit der spanischen Krone (1519) hatte eine starke Gegnerschaft Frankreichs gegen das Heilige Römische Reich hervorgerufen.

Der französische König Heinrich IV., der selbst Calvinist (Hugenotte) war, bevor er zum Katholizismus übertrat, ließ es eine Zeitlang offen, ob die französische Monarchie auf katholischer oder protestantischer Grundlage stand und räumte im Toleranzedikt von Nantes (1598) Religionsfreiheit ein. Auf diese Weise konnten die hugenottischen Unternehmer im Interesse der französischen Nationalökonomie tätig sein. Die religiöse Toleranz, die den Bewohnern die Religion frei stellte, war mit der Homogenisierungstendenz der Staatsbildung jedoch offenbar nicht vereinbar. So wie in den österreichischen und böhmischen Ländern nach 1620 wurden nach der Aufhebung des Ediktes von Nantes (1685) auch in Frankreich die Hugenotten des Landes verwiesen und fanden, wie andere protestantische Glaubensflüchtlinge, Aufnahme beim Markgrafen von Brandenburg. So vollzog sich die Konfessionalisierung, also die flächenhafte Durchsetzung des religiösen Bekenntnisses auf dem Staatsgebiet, sowohl innerhalb des Reiches wie zwischen den europäischen Staaten. Auch England blieb davon nicht verschont, wo sich der Religionskrieg zwischen reformierter Anglikanischer Nationalkirche und Katholizismus sowohl in die Auseinandersetzungen um die dynastische Nachfolge, den Machtkampf zwischen Krone und Parlament als auch in das Verhältnis zu Schottland einschrieb, das seit 1603 in Personalunion regiert und 1707 mit dem englischen Königreich zu Großbritannien vereinigt wurde.

In England nahm der Konflikt zwischen königlicher Zentralmacht und den Ständen, die bereits viel früher weitgehende parlamentarische Rechte durchgesetzt hatten, einen besonders turbulenten Verlauf. Die Monarchie wurde durch Oliver Cromwell außer Kraft gesetzt, der sich kurz darauf als Lordprotektor auch über das Parlament hinwegsetzte (1649). Dass es in England schlussendlich zu keinem Absolutismus kam, sondern die Restauration der Monarchie durch Wilhelm von Oranien (1687) die Rechte des Parlaments durch die *Bill of Rights* sogar stärkte, hängt mit der starken ökonomischen Stellung des agrar-, des handels- und des finanzkapitalistischen Bürgertums zusammen, ohne deren Steuerkontributionen die militärische Stärkung des Staates nicht möglich gewesen wäre – die Voraussetzung für die britische Rolle im Überseehandel sowie in der Industriellen Revolution (Nolte 2004:52). In den meisten anderen europäischen Staaten war, unabhängig von ihrer Größe, die Stärkung zentralstaatlicher Machtbefugnisse mit der Ausschaltung bzw. Zurückdrängung ständischer Mitbestimmung verbunden. Da sich die Krone dabei vom Konsens der Stände löste (lateinisch: *absolvere*), wird dieser Prozess der machtpolitischen Konzentration beim obersten Herrscher auch als Absolutismus bezeichnet. Dieser Übergang fand in Frankreich 1614 statt und inspirierte die nachfolgenden Absolutismen in Dänemark, Schweden, in der Habsburgermonarchie, Preußen und Russland.

In den römisch-katholischen Staaten bestand zwischen den räumlichen Einheiten der Verwaltung, die im Zuge der Durchstaatlichung des Territoriums geschaffen worden waren, und den älteren Einheiten der Kirchenorganisation eine erhebliche Divergenz. Dazu kam, dass die Diözesen, die Klöster und ihre Amtsinhaber einer Autorität unterstanden, dem Vatikan, die außerhalb des Staatsgebietes lag. Diese Abweichung vom Modell bewog die absolutistischen Herrscher im 18. Jahrhundert zu einem Angriff, der darauf abzielte, auch die Kirche räumlich und weisungsmäßig in das staatliche Korsett zu zwingen. Wie bereits früher in protestantischen Gebieten kam es zur Aufhebung zahlreicher Klöster. In der Habsburgermonarchie wurden die Diözesen nach den Vorgaben Kaiser Josephs II. neu eingerichtet und die Pfarren mit staatlicher Sozialpolitik betraut; die Oberhoheit des Vatikans über Kirchenhierarchie und Kirchenverwaltung und damit die Durchlöcherung der staatlichen Souveränität durch den Kirchenstaat konnte in Österreich allerdings bis heute nicht beseitigt werden. In Russland stellte die Abschaffung des Patriarchats und die Unterwerfung der Kirche unter staatliche Autorität (1721) unter Peter I. einen wichtigen Schritt in der Umsetzung des Absolutismus dar, der sich maßgeblich am französischen Modell orientierte. Die staatskirchliche Ermächtigung ging mit dem Verbot einer religiösen Proteströmung einher, den sogenannten Altgläubigen, die eine in der Staatskirche vollzogene Kirchenreform ablehnten. Da die Staatsmacht in den Randregionen nicht durchgriffsfähig war, zogen sich die Altgläubigen dorthin zurück.

Der Vereinheitlichung der Staatsmacht im Inneren entsprach in den internationalen Beziehungen die territoriale Arrondierung des Staatsgebietes. Die staatliche Monopolisierung der Außenpolitik erforderte Neuordnungen in der Organisation und Finanzierung der Armeen. Tausch, Krieg, Eroberung und Heiratspolitik standen nun im Dienst der Herstellung einer kompakten, abgerundeten Fläche. Auf diese bezogen sich die Verwaltungsgliederung, die Verkehrserschließung, die Industrieförderung, die Währungs- und Finanzpolitik, die Ausstattung mit staatlichen Institutionen im Bereich von Sicherheit, Kontrolle, Gesundheit, Erziehung, Kultur und Bildung. Die solcherart in der Fläche verankerten Staaten taten alles nur Erdenkliche, ihrer geschlossenen räumlichen Gestalt in den Köpfen des gebildeten und zu bildenden Publikums Präsenz zu verleihen. Es entstanden, auch wenn die politische Partizipation selbst in parlamentarischen Systemen nur einen kleinen Teil der Bevölkerung einschloss, Vorformen des Landes- und Staatsbewusstseins.

Die territoriale Begrenzung der staatlichen Souveränität steht scheinbar in krassem Gegensatz zur räumlichen Expansion, die seit den kolonialen Expansionen im Ostsee- und im Mittelmeerraum – unter dem Schutz von Privilegien und Militär – in Form von Handel, Entdeckungsreisen, wirtschaftlicher Erschließung von Bezugs- und Absatzmärkten sowie von Siedlungskolonialismus betrieben wurde. Welcher Staat und welche seiner Akteure sich in welcher Form an dieser Globalisierung beteiligten, hing maßgeblich von Lage, Größe, Kapazität und Interessen ab. Im Mittelalter war die europäische Expansion maßgeblich in Richtung heidnisch-slawischer, griechisch-orthodox-slawischer und muslimisch beherrschter iberischer sowie ostmediterraner Welt gerichtet. In Westeuropa galten die kolonialen Vorstöße Irland und den Inseln vor der afrikanischen Küste, im Nordwesten Grönland.

Mit der Konsolidierung des Osmanischen Reichs in Westasien (1453 ff) und dem Abschluss der spanischen Conquista (1492) wandten sich die westeuropäischen Seemächte nach Übersee. Auch einige Reichsstädte und Fürstenstaaten im Binnenraum des Heiligen Römischen Reiches beteiligten sich seit dem 17. Jahrhundert am Atlantik- und Asienhandel, hatten aber kaum Kapazitäten für Landnahmen und lediglich ein beschränktes Interesse an Siedlungskolonialismus, z. B. in der Auswanderung in die neuenglischen Kolonien. Die Länder des Heiligen Römischen Reiches, aber auch Polen oder Ungarn, waren hingegen über Ostkolonisation und Osthandel eng mit dem östlichen Europa verbunden. In diese Richtung ging auch die Gebietserweiterung, die im Fall von Polen in Konkurrenz mit Russland, im Fall von Ungarn mit Kroatien und Serbien, im Fall von Österreich mit Böhmen, Ungarn und dem Osmanischem Reich erfolgte und zu wechselnden Kriegen, Frontlinien und Grenzziehungen führte.

Da im kontinentalen Osten die Grenzen zwischen Reichserweiterung und Kolonisierung oft nicht eindeutig gezogen werden können, werden Expansion nach Übersee und Expansion nach Osteuropa bzw. im eurasischen Raum üblicherweise als getrennte Kapitel der Geschichte abgehandelt. In Hinblick auf die innere Konsolidierung der ausführenden Staaten hatten sie allerdings dieselbe Funktion.

Da die flächenhafte Ausgestaltung der modernen Staatsformation im Landesinneren auf viele Widerstände stieß und sich in der Umsetzung als äußerst zäh darstellte, da auf vielerlei Interessen Rücksicht genommen werden musste, kann die territoriale Erweiterung als ein Instrument angesehen werden, diese Widerstände zu umgehen. Dies gilt sowohl für koloniale Landnahme und Besiedlung, für die ökonomische Erschließung und Ausbeutung von Rohstoffen und Plantagen, die Arbeitskräfterekrutierung als auch für den Aufbau von Kontroll- und Verwaltungsinstitutionen in Kolonien und Erweiterungsgebieten. Der Vorstoß in eine Weltgegend, die als rückständig und unzivilisiert galt, wo das Eindringen mithin als zivilisatorischer Fortschritt dargestellt werden konnte und für Verheerung, Ermordung, Ausbeutung oder Entrechtung gegenüber niemandem Rechenschaft abgelegt werden musste, war ein willkommenes Experimentierfeld für die flächenhafte Durchsetzung von Techniken der Herrschaft und der Modernisierung. Hier konnte Herrschaft unabhängig von bestehenden Traditionen und Rechtsverhältnissen in der Fläche aufgebaut werden. Und diese Erfahrung ließ sich im Mutterland anwenden.

Die flächenhafte Territorialisierung im Inneren der europäischen Staaten und in den Kolonien und Erweiterungsgebieten spielte dabei in mehrfacher Hinsicht zusammen und verstärkte sich wechselseitig. Die Initialzündung kam zweifelsohne den inneren Triebkräften der Territorialisierung zu: einerseits den staatlichen Zentralmächten, die Steuerquellen und Handlungsfelder für die zu Hause an die Kandare genommenen Adeligen suchten, andererseits die städtische Handelsbourgeoisie, die ihre Geschäftsfelder erweitern, die Rohstoffbasis vergrößern und Absatzmärkte erschließen wollte. Die spezifischen Umstände und Voraussetzungen dafür unterschieden sich erheblich. Die formale Kolonisierung, also die institutionalisierte Überlagerung und Ersetzung einheimischer Gesellschaftsordnung durch Fremdherrschaft, hatte sowohl kontinentale als auch überseeische Schauplätze. Neben Osteuropa erfolgte diese Verwandlung von eigenständigen Regionen mit unterschiedlichen Wirtschafts-, Sozial- und politischen Systemen in abhängige Zulieferer unverarbeiteter Rohstoffe insbesondere in Lateinamerika und in der Karibik, an der nordamerikanischen Ostküste sowie in Südostasien. Hier wurde eine abhängige Version des Territorialstaates errichtet. Je enger und freundschaftlicher die Beziehungen mit einem Erweiterungsgebiet waren, desto weniger leicht war dies möglich. Dies erklärt unter anderen, vor allem ökonomischen Faktoren, warum westeuropäische Kolonialmächte in der modernen Staatsbildung erfolgreicher waren als zentraleuropäische Landmächte, die nach Osteuropa expandierten. Am Beispiel Polen, das 1772, 1775 und 1795 zwischen Preußen, Österreich und Russland aufgeteilt wurde, kann gezeigt werden, dass selbst ein kulturell und mentalitätsmäßig den Teilungsmächten sehr nahe stehendes Gebiet zu einem Experimentierfeld in Sachen Unterordnung und Eingliederung lokaler Eliten wie untertäniger Bevölkerungsgruppen in die politische Ökonomie der jeweiligen expandierenden Staatsmacht werden konnte.

Die Kolonie bzw. die innere Peripherie hatte einen Demonstrationseffekt, sie machte Schule.

Der Aufbau von Handelsstützpunkten entlang der afrikanischen Küsten, in Süd- und Ostasien hingegen blieb den einheimischen Großreichen und kleineren Gemeinwesen im Wesentlichen äußerlich; der Handel war im Idealfall für beide Seiten vorteilhaft; eine Peripherisierung fand vor dem 18. Jahrhundert lediglich im Fall des portugiesischen *Estado da Índia* sowie in Indonesien statt, wo die Niederlande Kolonialherrschaft etablierten. Im Gegenteil: Handelskontakte europäischer Kaufleute mit asiatischen Partnern bewirkten vielfältige Formen des Kultur- und Technologietransfers aus Übersee in die europäische Metropole. In der Organisation des Transports und der Aufteilung der Märkte kam es zwischen den europäischen Händlern allerdings sehr wohl zu Konkurrenz, die zur flächenmäßigen Absteckung ihrer Ansprüche führte. Portugiesische Schiffe erhoben exklusiven Anspruch auf ihre südasiatischen Emporien inklusive ihrer Handelspartner. Die englische *East India Company* erhob einen Monopolanspruch auf den Ostindienhandel, der konkurrierende Händler dazu brachte, unter ausländischen Flaggen zu operieren (Fürber 1976). Als die von Ostende aus operierende österreichische Ostindienkompanie 1722 ins Asiengeschäft eintreten wollte, zwangen die etablierten westeuropäischen Seemächte die Habsburger zum Rückzug. Sie setzten dies durch, indem sie die Anerkennung der weiblichen Erbfolge, die später die Thronbesteigung durch Maria Theresia ermöglichte, im Wiener Vertrag (1731) an die Bedingung knüpften, fortan keinen Handel mit Ostasien zu treiben (Benedikt 1965:52).

Die außenpolitische Expansion der europäischen Staaten begründete ein sukzessives, bis ins 19. Jahrhundert die gesamte Welt einbeziehendes Weltsystem, das durch eine ungleiche überregionale Arbeitsteilung gekennzeichnet ist. Seine Flexibilität in der Auswahl und Zusammensetzung von Handelspartnern, Produktionsstandorten, Arbeits- und Warenmärkten beruhte auf der Konkurrenz sowie der Kooperation von Staaten. Eine lückenlose Aufteilung der Welt unter die koloniale Staatlichkeit der Mutterländer war dafür keine Voraussetzung; sie wurde seitens europäischer Akteure oft auch explizit zurückgewiesen bzw. als Belastung der Staatsfinanzen dargestellt. Allerdings förderte *à la longue* die Ausweitung des Fernhandels die staatliche Territorialisierung. Den Anstoß dazu gab das merkantilistische Bestreben der europäischen Staaten nach einer Substitution der asiatischen und afrikanischen Fertigwarenimporte, die den Hauptgegenstand des maritimen und terrestrischen Asienhandels dargestellt hatten, durch Fertigwaren aus europäischer

Produktion. Einerseits hatten die hohe Qualität der asiatischen Importwaren und das Loch in der staatlichen Handelsbilanz, das deren Import hervorrief, das Interesse europäischer Regierungen an einer Fabrikation vor Ort geweckt, andererseits waren die europäischen Fabrikanten daran interessiert, asiatische Regionen nunmehr als Absatzmärkte für ihre Industriewaren zu gewinnen. Zu diesem Zweck galt es den einheimischen Markt gegen asiatische Gewerbeimporte zu schützen; gleichzeitig entstand zwischen den westeuropäischen Staaten verschärfte Konkurrenz. Diese betraf nicht nur die jeweiligen Binnenmärkte, sondern auch die Bezugsmärkte für Rohstoffe, sowie die Exportmärkte. Die industrielle Revolution trieb also die Konkurrenz um die Weltmärkte an. Die in nationalökonomischen Kreisen damals wie heute erörterte Frage, ob die Erschließung der Märkte besser durch reine Marktbeziehungen oder durch koloniale Inbesitznahme erfolgen sollte, erübrigte sich durch die zunehmende Konkurrenz. Diese setzte eine Dynamik innerimperialistischer Konkurrenz in Gang, die bereits in den See- und Landblockaden, mit der Engländer und Franzosen einander in der Zeit der Kontinentalsperre von Rohstoffnachschub und Absatz fernhielten, den Charakter eines Weltkrieges annahm.

Mit dem Wiener Kongress (1814/1815) versuchten die europäischen Großmächte, die Staatenkonkurrenz durch Festschreibung ihrer Kolonien und Einflussgebiete zu befrieden. Infolge von Krisen und Konjunkturen, technologischem Wandel, dem Aufkommen neuer Player, Nachholprozessen und Ungleichzeitigkeiten in der wirtschaftlichen Entwicklung einzelner Staaten und Branchen im 19. Jahrhundert ließ sich die Konkurrenz jedoch nicht einfrieren. Der Zwang zur Expansion, dem alle Industriemächte aufgrund struktureller Krisen ausgesetzt sind, eskalierte im Wettrennen um die koloniale Aufteilung der Welt. Mit wenigen Ausnahmen, wo sich örtliche Herrscher zumindest formal behaupten konnten, erfasste diese nun auch jene Gebiete, wie China oder Afrika, die bis ins 19. Jahrhundert ihre Souveränität gegenüber den europäischen Mächten behauptet hatten.

Die Ausdehnung des Flächenstaats in überseeischen Kolonien und kontinentalen Erweiterungsgebieten, die zur Aufteilung der gesamten Welt entlang von europäischen Interessen führte, konnte nur funktionieren, wenn die globalen wirtschaftlichen Akteure über Kommunikation, Medien, Transportkapazitäten und Finanztechniken verfügten. Formelle oder informelle Kolonisierung stellten also keine Gegensätze dar, sondern überlagerten und ergänzten einander, ohne deckungsgleich zu sein. Großbritanniens hegemoniale Position kam nicht zuletzt darin zum Ausdruck, dass es nicht nur den größten

Prozentsatz kolonialer Fläche auf sich vereinigte, sondern auch den höchsten Anteil an informellen Herrschaftsmitteln, das heißt Transport-, Finanz- und Kommunikationskapazitäten (Frank 2015:168). Auch diese begründeten Herrschaft über Raum, ließen sich aber nicht in Staatsfläche und Staatsgrenze fassen. Die Koexistenz und Verschränkung der beiden Kontrollebenen, deren Inkongruenz zu neuerlichen Machtkonflikten Anlass gab, charakterisiert das kapitalistische Weltsystem als eine Verschränkung zwischen flächenhafter politischer Herrschaft und einer räumlich nicht festzumachenden Kontrolle von Netzwerkknoten und Finanz- und Informationsflüssen.

Für die Souveränität und Eigenständigkeit vorkolonialer Reiche bestand dadurch immer weniger Spielraum: Um überleben zu können, mussten sie sich europäischen Schutzmächten unterordnen oder sich ihrer versichern, was ihr Territorium deren quasi-kolonialem Einfluss öffnete, wie zum Beispiel das chinesische oder das persische Kaiserreich. Sie wurden unter Druck gesetzt, Unternehmen oder Einnahmen versprechende Bereiche staatlicher Hoheit (z.B. Postwesen, Zolleinhebung, Banknoten) an ausländische Mächte abzutreten. Im Fall Chinas betraf dies nach der Niederlage in den Opiumkriegen die sogenannten *treaty ports*. In Shanghai nahmen die den ausländischen Mächten zugewiesenen Stadtteile, die sogenannten »Konzessionen«, den Großteil des Stadtgebiets ein; sie verfügten über eigene Steuer- und Gerichtshoheit, die sich auch auf jene Chinesen erstreckte, die in den exterritorialen Enklaven lebten (Pilz 2007:219f).

1.5. Nationalstaatliche Territorialität in Zentrum und Peripherie (18. bis 20. Jahrhundert)

Eine Folge des direkten zentralstaatlichen Zugriffs auf die Untertanen war deren rechtliche Angleichung. Trotz der bis ins 19. Jahrhundert fortbestehenden ständischen Schichtung entstand in west- und zentraleuropäischen Staaten ein Untertanenverband, der nicht mehr (in erster Linie) persönlich vom adeligen Grundherrn abhängig war, sondern einen staatlichen Untertanenverband bildete. Aufgrund des Absolutismus fehlte diesen Untertanen allerdings jede Ebene der politischen Partizipation, und auch dort, wo ständische Parlamente existierten, verfügte nur ein kleiner Prozentsatz der Bevölkerung über politische Berechtigung. Die Herausbildung nationaler Identität, also die Identifikation der Bevölkerung mit dem Gesamtstaat, war auf eine kleine privilegierte Schicht beschränkt.

Die zahlreichen in den Archiven überlieferten Rechtsakte in Bereichen alltäglicher Verrichtungen zeigen, dass das 18. Jahrhundert eine Periode intensiver staatlicher Evidenz und Erfassung der Untertanen war. Die staatliche Durchdringung von immer mehr Lebensbereichen, Schul- und Militärpflicht, Ehegesetzen, Überwachung des Aufenthalts und der Bewegung mit ihrer Vielzahl administrativer und rechtlicher Instanzenwege bei der Bewilligung, der Bestrafung bei Übertretung und des Einspruchs waren dazu angetan, ein Bewusstsein der Untertanen für ihre Zugehörigkeit zum Staat zu wecken. Dieses war keinesfalls affirmativ und ungebrochen, und es konnte durchaus den Charakter einer Flucht aus administrativen Zwängen und der Umgehung von Vorschriften haben. Nichtsdestotrotz wurde damit eine Identifikation mit dem Staat, das Wissen über Gesetze und Institutionen, administrative Zuständigkeiten und Grenzen hervorgerufen. Der zentrale Staat, gerade in seiner Verkörperung durch den Monarchen, wurde von den Untertanen aber oft auch als Schutz- und Rekursinstanz gegenüber den Zu- und Übergriffen der adeligen Grundherrn sowie der Herrschaftsämter angesehen, die in vielen Staaten in die unterste Ebene der Administration verwandelt worden war. Sich mit dem Staat zu identifizieren, konnte außerdem auch in der Forderung eines sich emanzipierenden Bürgertums nach Grundrechten und politischen Freiheiten gipfeln. Mit der Französischen Revolution waren Freiheit, Gleichheit und Brüderlichkeit zu geflügelten Worten geworden, die auch anderswo eine Triebkraft für Veränderung darstellten.

Die Festschreibung von Grundrechten in bürgerlichen Gesetzbüchern ging der Erweiterung der politischen Berechtigung im kontinentaleuropäischen Bereich voraus. Auf diese Weise war gewährleistet, dass die wichtigste Voraussetzung der bürgerlichen Gesellschaft, das von Ansprüchen Dritter unbehelligte Privateigentum, als Grundrecht verankert wurde, bevor gewählte Parlamente darüber befinden hätten können. Einige bürgerliche Gesetzbücher gehen auf den französischen *Code Civil* (1804) zurück, der die wesentlichen Errungenschaften der Französischen Revolution in Gesetzesform goss. In Preußen entwickelte sich das bürgerliche Recht aus dem *Preußischen Allgemeinen Landrecht* (1794), das *Allgemeine Bürgerliche Gesetzbuch* des Österreichischen Kaiserstaates stammt aus dem Jahr 1811. Anders im anglo-amerikanischen Raum, wo das Zivilrecht nicht kodifiziert, sondern im *Common Law* verankert war.

Die Reste der feudalen Eigentumsordnung, die in den meisten europäischen Staaten in der Untertänigkeit der bäuerlichen Bevölkerung, aber auch in den Besitzrechten der Bauern am herrschaftlichen Obereigentum weiterhin bestanden, standen im Widerspruch zum bürgerlichen Recht. Es bedurfte daher weiterer bürgerlicher Revolutionen, um die Reste der feudalen Ordnung sukzessive abzuschaffen. Einen wichtigen Einschnitt stellte die Abschaffung der Leibeigenschaft und anderen aus dem personalen Untertänigkeitsverhältnis resultierenden Rechten des Adels dar – in Preußen 1807 und 1848, in Österreich und Ungarn 1781 und 1848/1853, in Russland 1861 und 1906. In der Habsburgermonarchie wurde diese Reform aus der grundherrlichen Perspektive als »Grundentlastung« bezeichnet, denn sie entlastete das adelige Eigentum von bäuerlichen Ansprüchen auf Nutzung. Die Bauern nannten und erinnern sie als »Bauernbefreiung«, setzte sie doch Abgaben und Diensten an die Herrschaft ein Ende. Möglich wurde sie durch einen Kompromiss, der die Ablöse des Bauernlandes von der Herrschaft durch Übernahme der Kosten zu je einem Drittel durch Bauern und Staat ermöglichte, während die Herrschaft auf ein Drittel verzichtete. Die Eigenwirtschaften des Adels waren davon nicht betroffen (Krammer/Rohrmoser 2012:39f). Auch anderswo war die Aufbringung der Geld-Ablösen eine schwere Belastung, die viele kleine Bauern in die Verschuldung oder zur Aufgabe des Hofes trieb: Sie und ihre Nachkommen standen dem Arbeitsmarkt nun als »freie« Arbeitskräfte zur Verfügung. Außer in den osteuropäischen Nachfolgestaaten der Reiche nach 1918 bzw. 1945, wo Landreformen den adeligen Grundbesitz abschafften bzw. Besitzobergrenzen einführten, wurden die aus dem Feudalismus hervorgehenden Besitzrechte des Adels nirgends vollständig aufgehoben. Die Grundlage dafür bestand ironischerweise in der Grundfeste der bürgerlichen Ordnung, der Unantastbarkeit des Eigentums.

Die Kodifizierung bürgerlicher Rechte verwandelte den Staatsuntertan in den Staatsbürger. Dieser war freilich nur vor dem Gesetz gleich, denn die unterschiedliche Ausstattung mit Grundbesitz, Immobilien, Geld- und symbolischem Kapital ließ, nach dem Wegfallen der patriarchalen herrschaftlichen Sicherheitsnetze, die sozialen Unterschiede anwachsen. Auf diese Weise war die Verfügbarkeit von Arbeitskräften, die keine Subsistenzmittel besaßen, gewährleistet. Da sich diese in der Regel nicht dort aufhielten, wo sie auf Baustellen, in Fabriken, Büros und Haushalten gebraucht wurden, setzte die bürgerliche Umgestaltung der Gesellschaft eine massive Wanderungsbewegung in Gang, die landwirtschaftliche Intensivregionen, Industriereviere und Städte mit temporären oder dauerhaften Arbeitskräften versorgte. Die Auswanderung stand diesem Ziel entgegen, weshalb es anfangs überall Auswanderungsverbote ins Ausland gab; Ausnahmen gab es lediglich dann, wenn die Untertanen bzw. Bürger aus politischen oder religiösen Gründen nicht erwünscht waren; die Restriktionen wurden aufgehoben, als die Überseemigration in der zweiten Hälfte des 19. Jahrhunderts sogar ein willkommenes Ventil für die aufgrund der sogenannten demographischen Transition anwachsende pauperisierte ländliche Bevölkerung darstellte. Die Blaupause bildete auch hier die französische Verfassung von 1791, die den Bürgern die Freiheit zugestand, »zu gehen, zu bleiben, zu reisen« (*la liberté à tout homme d'aller, de rester, de partir;* http://www.verfassungen.eu/f/fverf91-i.htm, 20. November 2017; Torpey 2003:75). In Österreich-Ungarn, in Preußen und den Staaten der Norddeutschen Konföderation wurde die Auswanderung 1867 liberalisiert.

Mit den bürgerlichen Gesetzbüchern wurde das Prinzip der Staatsbürgerschaft eingeführt. Dieses legte die individuellen Rechte und Pflichten jedes einzelnen Bürgers fest. Die Staatsbürgerschaft hatte zunächst aufgrund der Koexistenz mit feudalen Privilegien und sozialer Ungleichheit nur eine geringe Bedeutung. Sie war und ist bis heute von zahlreichen Ausnahmen und Einschränkungen behaftet. So gab es, als im Laufe des 19. Jahrhunderts in fast in allen europäischen Staaten das Wahlrecht eingeführt wurde, Einschränkungen, die Frauen und untere Einkommensklassen betrafen; zudem gewichtete das Kurienwahlrecht die Stimmen in den eigentums- und steuerkräftigeren Wählerklassen stärker als jene der Mittelklassen. Auch in der Frage der Armenhilfe, die insbesondere für MigrantInnen trotz des niedrigen Leistungsniveaus von wesentlicher Bedeutung sein konnte, stellte im 19. Jahrhundert in vielen Staaten nicht die Staatsbürgerschaft, sondern das Heimatrecht die entscheidende Zugangsvoraussetzungen dar (Komlosy 2006:105–109; Torpey 2000).

Nichtsdestotrotz kristallisierte sich die Staatsbürgerschaft im Laufe der Zeit zu einem zentralen In- und Exklusionsmechanismus heraus (Brubaker 1994; Burger 2000). Sie ordnete jeden Menschen rechtlich verbindlich einem bestimmten Staatswesen zu und sicherte ihm dort die jeweils damit verbundenen Rechte; einem Bewohner die Staatsbürgerschaft zu verweigern, war eine besondere Form der Diskriminierung, die im Völkerrecht schließlich auch sanktioniert wurde. Einem Bürger die Staatsbürgerschaft zu entziehen und ihn damit zum Staatenlosen zu machen, stellte eine besonders harte Strafe dar. Fremde konnten eine Aufenthaltsgenehmigung erlangen, blieben aber von politischer Teilnahme und Ansprüchen auf soziale Versorgung ausgeschlossen. Im Sinne einer allgemeinen Durchsetzung des Prinzips Staatsbürgerschaft, freilich unter Absehung der großen Unterschiede im Leistungs- und Rechtsniveau, war der Fremde in seinem Staat als Bürger berechtigt.

Das 19. Jahrhundert ging somit über die bereits in der frühen Neuzeit eingeführte flächenmäßige, infrastrukturelle und institutionelle Ausgestaltung der Staatlichkeit hinaus: Es verhalf der nationalstaatlichen Territorialität zum

Durchbruch. Die Verdichtung in der Fläche ging weiter voran, sie verband sich jedoch in einer neuen Form mit der Einbindung des Individuums in diesen Staat: als Arbeiterin, als mobile Person, als SchülerIn, als Soldat, als Armenhilfebeziehende, als Wähler, als Mitglied der sogenannten Zivilgesellschaft, die ihre Interessen in Vereinen, Gewerkschaften und politischen Parteien zum Ausdruck brachte ... All dies schuf Identität; zur staatsbürgerlichen Identität wurden diese persönlichen Rollen durch einen Rechtsakt, der den Bürger / die Bürgerin verbindlich zum Teil dieses und nur dieses einen Staates erklärte. Damit war die Verbindung zwischen Staatsvolk und Staatsterritorium gegeben, die konstitutiv für staatliche Souveränität ist. Ihre Übereinstimmung lag der modernen Definition von Nation zugrunde.

Frankreich

Im Folgenden wird erörtert, wie sich die nationalstaatliche Territorialität in verschiedenen Teilen Europas und der Welt durchsetzte und was sie unter unterschiedlichen Bedingungen bedeutete. Wir beginnen dort, wo sich das Prinzip der Staatsbürgerschaft als erstes herausbildete, also dort, wo der Herrscher den Ständen eines Landes politische Mitsprache in autonomen Parlamenten zugestand. Dieses Recht oblag den verschiedenen mittelalterlichen Ständeversammlungen; auch wenn sie im Absolutismus wieder ausgeschaltet wurden, hielten sie ihre Ansprüche aufrecht. Am weitesten vorangeschritten war die parlamentarische Mitsprache in den Niederländischen Generalstaaten und im englischen Parlament im 17. Jahrhundert (Nolte 2004:49–52). Wenn in dieses Recht auch der Dritte Stand der Bürger und Bauern, der nach Adel und Geistlichkeit den dritten Platz einnahm, eingesetzt wurde, wie es die Französische Revolution bewerkstelligte, war die Schwelle zur Staatsbürgerschaft überschritten. Selbst unter revolutionären Umständen schloss diese Frauen aus, auch wenn Frauen wie Olympe de Gouges ihre staatsbürgerliche Gleichheit während der Revolution massiv einforderten. Die Sklaven und Farbigen der Kolonie auf Sainte Domingue konnten ihre Inklusion nur vorübergehend durchsetzen. Die Grenze zwischen Mutterland und Kolonien wurde auch nach der Abschaffung der Sklaverei im Jahr 1848 nicht aufgehoben, die kolonialen Untertanen erlangten die französische Staatsbürgerschaft damit nicht.

Nationalité (Staatsbürgerschaft) gab es nur für Bürger aus jenem Frankreich, das mit den *frontières nationales* übereinstimmte. Sie wurden zu *citoyens*, während die BewohnerInnen der französischen Kolonien, die »Eingeborenen«, als französische Untertanen (*sujets*) galten. Sie unterstanden einem eigenen Strafgesetzbuch, dem *Code de l'indigénat*. Dieser rechtliche Unterschied wurde in der Verfassung von 1875 festgeschrieben und blieb bis 1946 in Kraft. Zunächst in Algerien, wurde der *Code* auf sämtliche afrikanischen, karibischen und melanesischen Kolonien ausgeweitet. Er schloss nahtlos an den *Code noir* an, der 1685 das Leben der Sklaven in den französischen Kolonien regelte und 1848 mit der Sklaverei aufgehoben wurde. Der Status der BewohnerInnen der Kolonien differierte danach, ob sie Mutterland-Franzosen, Einheimische (Eingeborene), die aufgrund ihrer Religion (Muslime) oder Rasse (Schwarzafrikaner) kategorisiert wurden, oder Bürger eines anderen europäischen Staates waren.

Als Juden in Frankreich 1870 die Gleichberechtigung erlangten, übertrug sich dies auch auf die Juden der algerischen *départements*. Die einheimischen Untertanen hatten keine Bürgerrechte: Sie waren keine Rechtspersönlichkeiten, durften keinen Boden besitzen, konnten zu Zwangsarbeit herangezogen werden, besaßen keine Versammlungsfreiheit, durften das Gemeindegebiet nicht ohne Erlaubnis verlassen, waren aber als Männer zum Militärdienst zugelassen. Der personalen Unterteilung entsprach in der Kolonie Algerien eine räumliche: Während die Gebiete an der Küste 1848 zu französischen *départements* wurden, blieb die Sahara mit ihrer Berber- und Tuareg-Bevölkerung unter Militärverwaltung (Bennoune 1990).

Wie die konstruktivistischen Theoretiker der Nationsbildung überzeugend aufzeigten, gibt es keine ewigen, primordialen Nationen, sondern diese wurden zu jenem Zeitpunkt, als sie die gewünschte staatliche Verfasstheit unterstützten, »erfunden« (Anderson 1988). In Frankreich war dieser Prozess der Uminterpretation der politischen in nationale Grenzen, die nun auch als natürliche Grenzen verstanden wurden und in den Ansprüchen gegenüber Nachbarn zum Ausdruck kamen, bereits seit dem 16. Jahrhundert im Gange (Nordman 1986:63ff; Nordman 1998:88). Dies wurde durch die starke ökonomische Stellung des Landes, die erfolgreiche Durchstaatlichung im königlichen Absolutismus und deren Fortsetzung durch die Gebietsreform der *départements* während der Revolution vorangetrieben (Ouzouf-Marignier 1992). Eine wichtige Rolle spielte in dieser flächenmäßigen Territorialisierung des Staates die französische Sprache. Auch in Frankreich wurde nicht überall (nur) Französisch gesprochen: Erstens gab es Italienisch, Deutsch, Bretonisch, Baskisch und Flämisch als Minderheitensprachen, und außerdem klang das Französische in den einzelnen Regionen oft sehr unterschiedlich, wie zum Beispiel das Okzitanische im Süden. Die politische Zentralisierung war der Durchsetzung der französischen Sprache jedoch sehr dienlich; mit entsprechenden Anreizen und – wenn dies nicht half – mit Zwang wurde Französisch als vermeintlich immer schon gegebene Staatssprache durchgesetzt

(Nordman 1998:473ff). Diese Assimilation bewirkte die Herausbildung eines einheitlichen Staatsuntertanen- und – mit der Erlangung politischer Berechtigung – eines Staatsbürgerverständnisses. Die politische Nation war damit, ganz nebenbei, auch eine Sprachnation. Die Erfindung der Nation kam, wenn auch nicht gerade bei den deutschsprachigen Elsässern, die sich dem Assimilationsdruck widersetzten, so doch bei anderen Völkern im 19. Jahrhundert gut an. Das französische Beispiel wurde zum Modell.

Deutschland – Österreich-Ungarn

Im Heiligen Römischen Reich herrschte bis zu seinem Ende 1806 politische Zersplitterung in zahlreiche Kleinstaaten und einige aspirierende Großmächte. Die deutsche Sprache, die zahlreiche Dialektvarianten kannte und vor allem im Osten des Reiches mit verschiedenen slawischen und baltischen Sprachen koexistierte, erleichterte zwar die Kommunikation, begründete aber keinerlei politische Nation. Der im 15. Jahrhundert aufkommende Zusatz »Deutscher Nation«, der niemals in den offiziellen Namen des Reichs und dem Titel des Kaisers Eingang fand, war kein Bekenntnis zur Nationalität, sondern diente der zeitlichen und geographischen Unterscheidung zwischen dem (neuen) Deutschen und dem (alten) Römischen Reich. Als damit im 18. Jahrhundert auch nationale Ansprüche der Deutschen auf das multinationale Reich angemeldet wurden, hatte das Reich seine politische Bedeutung längst an das im Westfälischen Frieden von 1648 geschaffene Europäische System abgetreten (Nolte 2017:190). Die nationalstaatliche Territorialisierung wurde dem Heiligen Römischen Reich durch den napoleonischen Vormarsch, der das imperiale Konglomerat sprengte, von außen aufgezwungen; und sie entstand von innen, indem die ebenso wie in Frankreich von Durchstaatlichung und rechtlicher Homogenisierung erfasste Bevölkerung nach einer Staatsform suchte, die den Erfordernissen der Bourgeoisie nach Vereinheitlichung des Wirtschaftsraumes und der Arbeitskräftemobilität angemessen war. Da der Raum auch nach der Auflösung des Reiches 1806 kein staatliches Territorium dafür bereitstellte, sondern ein Konglomerat aus Kleinstaaten blieb, erwies sich die Sprache als Triebkraft für die – auch auf flächenhafte Territorialität abzielende – Nationsbildung. Der Unterschied zu Frankreich bestand nicht im Sprachnationalismus, sondern in der unterschiedlichen räumlichen Gestalt der beiden Nationen.

Dazu kam die Rivalität der beiden Großmächte, die aus dem Heiligen Römischen Reich hervorgegangen waren, des Kaiserreichs Österreich und des Königreichs Preußen, um die Führung im Deutschen Bund (1815–1866), der eine noch losere Klammer als das alte Reich darstellte. Das österreichische Kaiserreich, dessen Staatsgebiet weit über das ehemalige Reichsterritorium hinausreichte, verfolgte ein dynastisches, multiethnisches Prinzip der Staatsbildung. Es unterlag dem Königreich Preußen militärisch im Krieg von 1866. Preußen, das auch in dem nach dem deutsch-französischen Krieg 1871 gegründeten Deutschen Kaiserreich eine »versteckte Hegemonie« ausübte, forcierte die Vereinheitlichung in deutsch-nationaler Hinsicht. Durch die getrennte Entwicklung des Deutschen Reiches und Österreich-Ungarns konnte die Vereinigung aller Deutschen in einem Staat, wie sie die bürgerlichen Demokraten in den Revolutionen von 1830 bis 1848 gefordert hatten, nicht realisiert werden. Die Forderung blieb allerdings auf der Tagesordnung der Deutsch-Nationalen aller politischen Couleurs und wurde 1918 erfolglos und 1938 – vorübergehend – wiederbelebt. Im Deutschen Kaiserreich vollzog sich die nationalstaatliche Territorialisierung nach französischem Vorbild durch Assimilierungsdruck auf nicht-deutsche Minderheiten, insbesondere Polen, Sorben sowie – im 1871 von Frankreich annektierten Elsass-Lothringen – Franzosen. Österreich-Ungarn entschärfte seinen Konflikt mit den nach staatlicher Unabhängigkeit strebenden Ungarn durch Trennung und »Ausgleich« (1867) der beiden Reichshälften: Die ungarische Regierung konnte so den Weg der politischen Nationsbildung auf der Basis des Magyarentums beschreiten, der auf die Assimilierung der nicht-magyarischen Nationalitäten der Deutschen, Slowaken, Rumänen und Serben sowie der Juden abzielte. Das österreichische Staatsgrundgesetz von 1867 schrieb in Artikel 19 die Gleichberechtigung aller »Volksstämme« fest und duldete bzw. förderte im Behördenverkehr, vor Gericht, im Schulwesen und in der öffentlichen Kommunikation die sprachliche Vielfalt (Burger 2000:170). Dies rief vor allem dort Konflikte hervor, wo die ethnisch-sprachliche Differenz einer sozio-ökonomischen entsprach, also etwa in den böhmischen Ländern, wo sich das deutschsprachige Stadtbürgertum gegen die Gleichberechtigung der tschechischsprachigen Landbevölkerung zur Wehr setzte und die 1897 geplante Gleichstellung der beiden Landessprachen im inneren Amtsverkehr, also in der internen Behördenkommunikation, in seltener Einhelligkeit aller politischen Lager zu verhindern wusste (im äußeren Amtsverkehr, also im öffentlichen Parteienverkehr, war Tschechisch zu diesem Zeitpunkt bereits gleichberechtigt). Gleichstellung auch im inneren Verkehr hätte bedeutet, dass sämtliche Beamte auch in rein deutschsprachigen Bezirken Tschechisch beherrschen hätten müssen, eine Mehrsprachenfertigkeit, die für die Tschechischsprachigen gang und gäbe war und sie bei der Bestellung eindeutig bevorzugt hätte. Um auch im äußeren Amtsverkehr der Zweisprachigkeit zu entgehen, betrieben die Parteien der Deutschen in Böhmen im Zuge der Zuspitzung des Nationalitätenkonfliktes die Neuziehung der Bezirksgrenzen nach sprachlichen Kriterien, um gemischt-sprachige Bezirke nach Tunlichkeit zu vermeiden. Tschechisch-Nationale, die für landesweite sprachliche Gleichberechtigung eintraten, bekämpften dies als »Landeszerreißung«: Daraus wird ersichtlich, dass es um territoriale Besitzstände ging, die sowohl von – privilegierter – deutsch-böhmischer Seite verteidigt als auch von tschechisch-böhmischer Seite im Kampf um ihre nationalen Rechte ins Treffen geführt wurden (Hoensch 1992:393f). Im Kronland Galizien, das die Habsburger im Zuge der polnischen Teilungen 1772/1795 eroberten, verlief die Konfliktlinie in Überlappung ethnischer und religiöser Zuordnungen zwischen (katholischem) polnischem Adel und Stadtbürgertum, (unierten griechisch-katholischen) ruthenischen (ukrainischen) Bauern und Landarbeitern sowie im Handel und Kleingewerbe tätigen Kleinstadtjuden. Der soziale Aufstieg der Ruthenen, der auch den Wunsch nach Kodifizierung ihrer im Übergangsbereich zwischen West- und Ostslawisch verankerten Umgangssprache mit sich brachte, war von der politisch dominierenden polnischen Seite nicht gewünscht; und da der polnische Nationalismus in seiner Vision einer Wiederherstellung der polnischen Staatlichkeit auch von Wien als Gefahr angesehen wurde, ergab sich – auch mit einem Blick auf die Russifizierungstendenzen in der russländischen Ukraine – eine Unterstützung für die sprachpolitischen Ambitionen der österreichischen Ukrainer (Ruthenen) (Wendland 2001; vgl. auch Budnikova 2009).

Für die Deutschsprachigen in der österreichischen Reichshälfte – aufgrund der Lage (von Wien aus gesehen) diesseits des Grenzflusses Leitha auch »Cisleithanien« genannt – brachte die Trennung von Ungarn eine Verstärkung ihres Bevölkerungsanteils. In der Frage ihrer nationalpolitischen Zugehörigkeit waren sie gespalten. Ein Teil sympathisierte mit der deutschen Einheit, die in der Revolution von 1848 gefordert und kurzfristig im Frankfurter Parlament realisiert wurde, und setzte sich auch, obwohl eine gesamtdeutsche Perspektive nach 1866 nicht mehr auf der Tagesordnung stand, für die Vereinigung mit dem Reich ein; ein anderer Teil fand sich mit der Minderheitsposition in Cisleithanien ab bzw. favorisierte diese sogar, zumal die deutsche Sprache trotz des konstitutionellen Bekenntnisses zur Gleichberechtigung de facto Vorrang im Staatsdienst, in Wissenschaft, Kunst und Medien genoss und als ein Instrument des sozialen Aufstiegs zu einer schleichenden Assimilation Anderssprachiger führte. Mit der Zeit nahm der auf eine großdeutsche Lösung abzielende Deutsch-Nationalismus also ab, während sich eine auf die Vorherrschaft des Deutschen im Rahmen der Habsburgermonarchie zielende

Position herausbildete. Diese Deutsch-Österreicher betonten die nationale Überlegenheit über slawische »Völker ohne Geschichte« und verließen sich auf die pragmatische Durchsetzungskraft des Deutschen als gemeinsame Verkehrssprache im Inland und im deutschsprachigen Ausland.

Nationales Erwachen

Es wurde bereits darauf hingewiesen, dass jene nicht dominanten Nationalitäten, die unter preußisch-deutscher, österreichischer, osmanischer oder russländischer Fremdherrschaft lebten, in ihren Vorstellungen von nationaler Territorialität vom französischen Nationsmodell inspiriert waren. Dabei kann keineswegs vorausgesetzt werden, dass ethnische, sprachliche oder ethno-religiöse Differenz automatisch ein Gruppenbewusstsein geschweige denn Rechtsansprüche oder territoriale Ambitionen mit sich brachte. Solche Vorstellungen entwickelten sich erst unter dem Eindruck des Übergangs von lokal, ständisch und paternalistisch organisierten Gesellschaften zu zentral organisierter flächenhafter Staatlichkeit heraus. Dabei wirkten Vorbilder wie die französische Nation oder international viel beachtete Aufstände wie jene der Polen gegen Teilung und Annexion inspirierend auf gesellschaftliche Eliten, die in ihrem Umfeld ebenfalls die Idee einer ethnisch-sprachlich fundierten Existenz als nationale Gruppe propagierten. Dies war keineswegs selbstverständlich, und das Zusammenleben unterschiedlicher ethnischer Gruppen funktionierte selbst in Zeiten zugespitzter Nationalitätenkonflikte. Es gab also keine vorgegebene Entwicklungslinie von der örtlich verankerten zur nationalen Identität.

Im Wesentlichen können wir zwischen zwei Arten der Nationalbewegung unterscheiden. Die einen bezogen sich in ihren Vorstellungen »nationalen Erwachens« auf die Existenz eines historischen Staates, dessen »Wiedergeburt« sie in der Nationalbewegung manifestiert sahen, etwa das alte Serbien, Kroatien, Bulgarien, Böhmen, Mähren, Ungarn oder Polen, auch wenn die moderne Bewegung mit dem alten Reich nichts gemeinsam hatte. Insbesondere Polen war ein starker Exponent dieser Richtung, da das Königreich Polen-Litauen ja erst vor relativ kurzer Zeit durch die Teilungen 1772–1795 von der Landkarte verschwunden war: Eine Wiederherstellung schien im Bereich des Möglichen. Es gab mehrere Anknüpfungspunkte, von der langen Existenz polnischer Reiche über das frühe Verfassungsexperiment von 1791, den legendären Widerstand gegen die zweite Teilung unter Tadeusz Kościuszko 1793, die Errichtung des Herzogtums Warschau unter Napoleon I. sowie die Kette von Aufständen (1830, 1846, 1848, 1863). Polen war durch seine Emigration nach Frankreich und in deutsche Staaten ein wesentlicher Bezugspunkt für nationale Bewegungen.

Die zweite Variante des »nationalen Erwachens« vollzog sich in ethnisch-sprachlichen Gruppen, die ihre Gemeinsamkeit erst entdecken und unter Beweis stellen mussten. Sie konnten sich auf kein altes Reich, keine Annexion oder spezifische nationale Unterdrückung berufen, da sie ihre Unterprivilegierung als Bauern, Landarme, Dienstboten oder Taglöhner erlebt hatten und nicht aufgrund von ethnisch-sprachlicher Differenz. Diese nationalpolitische Indifferenz trifft allerdings auch auf viele Angehörige der ersten Variante zu, vor allem am unteren Ende der sozialen Pyramide. Zum Typus »Neugeburt« gehörten Slowaken, Rumänen, Slowenen, Ukrainer (in der Habsburgermonarchie »Ruthenen« genannt).

Auch die Entdeckung des Judentums als Nationalität mit einer eigenen Sprache, die manche im Jiddischen, andere im Hebräischen sahen, fällt in gewissem Sinn in diese Kategorie; der Zionismus war insofern eine »Neugeburt«, als er das Judentum von einer Religion zu einer Nation erhob – freilich ohne ein Territorium, auf das sich die angestrebte Staatlichkeit hätte stützen können. Im Fall der Serben und Kroaten gab es zwar alte staatliche Bezugspunkte, die die serbische Identität als serbisch-orthodoxe, die kroatische als katholische geprägt haben. Die Sprache unterschied sich jedoch außer in der Verwendung des kyrillischen Alphabets von Serben und des lateinischen Alphabets von Kroaten nicht wesentlich. Dies veranlasste den serbischen Sprachwissenschaftler Vuk Karadžić zur Kodifizierung einer gesamtserbischen Sprache, für die sich in der Folge der Begriff »Serbokroatisch« durchsetzte. Im Zuge der »Wiedergeburt« seit dem Zerfall von Jugoslawien 1991 bemühen sich die sprachpolitischen Exponenten der Nachfolgestaaten, die Unterschiede auch in der Sprache zu verankern.

Der tschechoslowakische Historiker Miroslav Hroch hat bei den Nationalbewegungen der kleinen Völker Ost- und Südosteuropas das folgende Ablaufschema identifiziert: Auf eine erste Phase, in der exponierte Vertreter der Volksgruppe, oft Priester, Lehrer oder Juristen, die Begründung für den Anspruch einer nationalen Besonderheit geliefert hatten, folgte eine zweite Phase, in der das Projekt Nation in ein nationalpolitisches Aktionsprogramm übersetzt wurde. In einer dritten Phase entwickelte sich daraus eine Massenbewegung, die sich in verschiedene weltanschauliche Flügel und politische Parteien verzweigte (Hroch 2005:103–108). Die Realisierung hing von der Reaktion der Zentralmacht und Titularnation, den Angeboten von Kompromissen und Autonomielösungen im bestehen politischen Rahmen sowie von der Art der Repression gegen die Aktivisten ab. Unter dem Eindruck starker Unterdrückung, aber auch weit gehender Autonomierechte sowie wirtschaftlicher

Vorteile der eigenen Eliten im Gesamtstaatsverband konnte das Ziel der nationalen Souveränität in den Hintergrund treten.

Das Gegenüber der Nationalbewegung waren dabei nicht immer die im Gesamtstaat hegemoniale Nationalität, sondern jene ethnisch-sprachlichen Mehr- oder Minderheiten, die im jeweiligen Siedlungsgebiet die herrschende Schicht stellten, also etwa Deutsche in den böhmischen Ländern, Polen in Galizien, Magyaren in der Slowakei (Oberungarn), in Transsilvanien und im Banat. Da es das Land, auf das sich die nationale Ambition bezog, aktuell nicht als politisches Territorium gab, wurden Mythen, historische Staatlichkeit, symbolische Orte und ethnische Mehrheitsverhältnisse zur Untermauerung der Vorstellungen und Ansprüche aktiviert. Der Erfindungscharakter der Nation mag aufgrund der Tatsache, dass er in die Vergangenheit und in die Zukunft gerichtet war und die Gegenwart aussparte, stärker ins Auge springen als bei Nationen, die geringeren Rechtfertigungsbedarf für die Existenz und die Grenzen ihres Staates hatten. Umgekehrt trugen die »vorgestellten Nationen«, die es lediglich in der Imagination ihrer Protagonisten gab, den Anspruch auf Befreiung mit sich und waren damit den real existierenden Staaten – auch jenen, deren Freiheitsversprechen bereits unter die Räder der Realpolitik gekommen waren – moralisch überlegen. Die Nationalbewegungen inspirierten daher auch die Anhänger der Revolution in den älteren europäischen Staaten, spornten dort erneut Aufstände und Revolutionen an oder gemahnten zur Einhaltung von Zielen und Versprechen. Die Nationalbewegungen der unterdrückten Völker, der Nationen ohne Staat, lösten im Europa des 19. Jahrhunderts eine Welle der internationalen Solidarität aus, die sie als Ausdruck einer miteinander in Beziehung stehenden Revolutionswelle erscheinen lässt. In diese Welle fügten sich auch die antikolonialen Bewegungen in Kolonien und abhängigen Staaten der außereuropäischen Welt ein, oft unter direkter gegenseitiger Bezugnahme. So standen etwa die antikolonialen Bewegungen in Irland und in Indien in engem Kontakt miteinander. Die im bewaffneten Kampf errungene Unabhängigkeit der Republik Irland (1922) rückte dieses Ziel für den Indischen Nationalkongress und die Muslim-Liga in greifbare Nähe.

Der Moment für die Umsetzung der Forderung nach Unabhängigkeit im Nationalstaat war besonders günstig, wenn Reiche im Kriegszustand oder außenpolitisch geschwächt waren. Der Gegner profitierte davon, wenn er die inneren Widersprüche ausnützte und Sezessionisten unterstützte; die Erfolge der antibritischen Unabhängigkeitsbewegung in Nordamerika beruhten maßgeblich auf der Kooperation der aufständischen Kolonisten mit Frankreich, das mit England einen Kolonialkrieg führte. Die Aufstände der Balkanvölker gegen die osmanische Herrschaft im 19. Jahrhundert führten nur dann zur Unabhängigkeit, wenn diese in die Gleichgewichtsdiplomatie der europäischen Großmächte passte; das gleiche gilt für die Staatsgründung des Königreichs Jugoslawien nach 1918 sowie der Republiken in der Nachfolge der Föderativen Volksrepublik Jugoslawien nach 1991.

Weitere Momente, die die Chance auf nationalstaatliche Territorialität eröffneten, waren internationale Neuordnungen nach großen Kriegen (Napoleonische Kriege, Krimkrieg, Erster und Zweiter Weltkrieg). Friedenskonferenzen waren die Geburtsstunde für neue Staatengründungen, auch wenn die Grenzziehungen den territorialen Vorstellungen der jungen Staaten oft keineswegs entsprachen. Die Existenz von Minderheiten widersprach dem französischen Mythos und den von US-Präsident Wilsons Prinzip des Selbstbestimmungsrechts der Völker genährten Vorstellungen nationalstaatlicher Homogenität. Die Folge waren Grenzkonflikte, Umsiedlung, Vertreibung, so dass der Keim für neue Konflikte – und deren Instrumentalisierung – gelegt wurde. Der große Plan zur Neuordnung Europas unter nationalsozialistischer Führung ist nicht nur ein Ausdruck imperialer, großdeutscher Reichsambitionen, sondern wusste sich der Begehrlichkeiten und Rivalitäten der von den in den Pariser Friedensverträgen verfügten Grenzziehungen enttäuschten osteuropäischen Staaten zu bedienen.

Auch die Entkolonialisierung im Globalen Süden hat mit dem Ausgang der Kriege und der Neuordnung der internationalen Beziehungen zu tun. Die ehemaligen spanischen Kolonien in Lateinamerika waren bereits im Gefolge des Wiener Kongresses in die Unabhängigkeit entlassen worden, weil diese der Hegemonialmacht Großbritannien besseren Zugriff auf deren Ressourcen erlaubte als unter spanischer Dominanz. Als letztes erlangte Kuba dank einer Intervention der USA in den Befreiungskampf 1902 seine Unabhängigkeit.

Während in Lateinamerika, Ost- und Südosteuropa die Zwischenkriegszeit im Zeichen des postimperialen bzw. postkolonialen Nationalstaates stand, blieben die Überseeimperien der europäischen Großmächte in Afrika und Asien vorerst unangetastet. Die massenhafte Mobilisierung von Soldaten und Hilfstruppen aus englischen und französischen Kolonien auf den Schlachtfeldern des Ersten Weltkrieges hatte deren Repräsentanten dazu ermutigt, größere Selbstbestimmung einzufordern; durch die Neuordnung in Ost- und Südosteuropa gewann auch die Option der nationalen Unabhängigkeit an Bedeutung. In den arabischen Provinzen des Osmanischen Reiches waren Nationalbewegungen und Aufstände der einheimischen Bevölkerung gegen die Hohe Pforte von Großbritannien ermutigt und unterstützt worden; die vom britischen Hochkommissar in Ägypten, Henry McMahon, gegenüber dem Sherif von Mekka, Hussein, in der Korrespondenz der Jahre 1915 und 1916 geäußerte Perspektive eines zukünftigen arabischen Nationalstaates in den ehemaligen Provinzen des Osmanischen Reiches scheiterte jedoch daran, dass Großbritannien und Frankreich diese Gebiete im sogenannten Sykes-Picot-Abkommen 1916 untereinander in Einflusszonen aufteilten. Dazu kam, dass Großbritannien in der Balfour-Erklärung 1917 das in ihrer Zone gelegene Palästina der zionistischen Bewegung als Raum für einen Judenstaat versprach. Frankreich verstand sich hingegen als Schutzmacht für die Christen im Libanon und Syrien. Diese überlappenden, einander aber gleichwohl ausschließenden Vorstellungen nationalstaatlicher Territorien waren – so schien es – lediglich unter imperialer Oberherrschaft vereinbar, weshalb die osmanischen Provinzen vom Libanon bis zum Persischen Golf unter der Ägide des Völkerbundes 1922 zu Protektoraten Großbritanniens und Frankreichs erklärt wurden; die Provinzen in Nordafrika waren bereits zuvor in die Kolonialreiche inkorporiert worden (Schulze 1994:63–82). Zur Realisierung unabhängiger Staatlichkeit von Libanon, Syrien, dem Irak und Jordanien kam es erst nach dem Zweiten Weltkrieg. Die Teilungslinien aus der Kolonialzeit lassen die Region bis heute nicht zur Ruhe kommen.

Die im Vertrag von Sèvres 1922 vereinbarten Protektorate Syrien (Frankreich), Mesopotamien/Irak und Palästina (Großbritannien) stellen herausragende Beispiele kolonialstaatlicher Territorialisierung dar. Besonders deutlich kommt dies in der Praxis der Grenzziehung zum Augenschein. Die Außengrenzen der Mandatsgebiete regelten die Einflusszonen der Kolonialmächte. Das französische Mandatsgebiet wurde in vier formal souveräne Staaten (Libanon, Aleppo, Damaskus, Alawitenstaat) und zwei Sonderverwaltungsgebiete (Alexandrette, Drusenstaat) untergliedert. Der Libanon war unter französischem Druck bereits im Osmanischen Reich 1861 als selbstverwaltete Provinz mit Sonderrechten für die mit Rom unierten, maronitischen Christen eingerichtet worden (Traboulsi 2007:43). Die Alawiten – auch nach dem Stifter ihrer schiitischen Religionsgemeinschaft Nusayrīs genannnt – sind eine relativ kleine Gruppe im gebirgigen Hinterland von Latakia, die als Kleinbauern keinerlei Anspruch auf staatliche Eigenständigkeit besaßen. Durch Zuerkennung eines autonomen Staatsgebietes, wenn auch mit eingeschränkter Selbstverwaltung, entstand eine loyale Bevölkerungsgruppe, die durch den Einsatz im Militär gesellschaftliche Aufstiegschancen erhielt (Trimmel 2016:33). Politischen Sonderstatus erhielten auch die Drusen, eine andere schiitische Sekte. Diese ethno-religiöse Unterteilung war nicht zuletzt dazu angetan, den

Ansprüchen der vor allem in Damaskus aktiven arabischen Nationalbewegung auf die Schaffung eines unabhängigen Staates entgegenzuwirken und Frankreich loyale Bevölkerungsgruppen zu schaffen.

Auch Großbritannien betrieb eine Teile-und-herrsche-Politik. In Mesopotamien/Irak und in Transjordanien, das 1921 von Palästina abgetrennt wurde, setzte London arabische Herrscherhäuser aus der Dynastie der Haschemiten ein. Palästina war dem Jüdischen Weltkongress in der Balfour-Deklaration als »nationale Heimstätte des jüdischen Volkes« versprochen worden (Hollstein 1984:83). Eine arabische bzw. palästinensische Nationalbewegung gab es zu diesem Zeitpunkt nicht. Die Einwanderung jüdischer Siedler unter dem Schutz der Kolonialmacht stieß bei den lokalen Stammesführern dementsprechend auf keinen Widerspruch; arabische Führer hatten 1919 sogar ihr Einverständnis mit der Balfour-Deklaration erklärt, damals allerdings noch in Erwartung eines unabhängigen arabischen Staates. Das schwach besiedelte Wüstengebiet schien groß genug für beide Bevölkerungsgruppen, zumal viele Araber als Nomaden lebten, während die einwandernden Juden sich vor allem in Küstenstädten niederließen. Auch wenn es nicht gleich zum Konflikt kam, standen einander zwei konträre Auffassung von Territorialität gegenüber: auf der arabischen Seite eine mobile, der bäuerlich-nomadischen Lebensweise angepasste Territorialität ohne nationalpolitische Ambitionen, die keinen exklusiven Besitzanspruch auf das Land erhob und Siedler daher bis zu einem gewissen Grad begrüßte bzw. tolerierte; auf der jüdischen Seite eine jüdisch-nationale Territorialität, die die Einwanderung als Vorhut für die Bildung eines jüdischen Nationalstaates betrachtete.

In dem Maße, wie die Zahl der Siedler stieg und diese ihren nationalen Anspruch durch gezielten Landerwerb untermauerten, musste dies zum Zusammenprall führen: So entstand auch in der palästinensischen Bevölkerung eine nationale Identität. Die internationale Unterstützung für die jüdische Einwanderung und der militärische Erfolg des jüdischen Befreiungskampfes gegen die britische Mandatsmacht seit 1944 drängten die Palästinenser nach der Teilung und der Gründung des Staates Israel 1948 in einen Pseudostaat im Westjordanland und Gazastreifen ab, der formal unter jordanischer bzw. ägyptischer Hoheit stand und seit der Besetzung im Krieg von 1967 direkter israelischer Kontrolle untersteht. Der Konflikt durchläuft seither verschiedene Phasen und spielt in sämtliche Auseinandersetzungen zwischen Verfechtern arabischer Selbstbestimmung und westlicher Hegemonie in der Region hinein.

Die Unabhängigkeitsbewegungen in Afrika und Asien nach dem Zweiten Weltkrieg erzielten ihre Erfolge aufgrund des Übergangs vom territorialen

Kolonialstaat auf politisch souveräne, ökonomisch abhängige, postkoloniale Territorialität. Dies lag insbesondere im Interesse der USA, die nach dem Zweiten Weltkrieg die alten Kolonialmächte als globale Ordnungsmacht abgelöst hatten. Nur wenige, kleinere Kolonialgebiete retteten sich als territoriale Anhängsel ihres Mutterlandes in die Nachkriegsordnung.

In Europa knüpfte die Friedensordnung nach dem Zweiten Weltkrieg einerseits an den Vorkriegsgrenzen an, die die im Zuge der deutschen Expansion okkupierten bzw. veränderten Staaten wieder herstellte, andererseits an der Frontlinie zwischen den Westalliierten und der Sowjetunion. Durch die auf den Alliierten Konferenzen geschlossenen Abkommen wurde das Territorium der Sowjetunion nach Westen verschoben, während Polen durch ostdeutsche Gebiete kompensiert wurde; die baltischen Staaten wurden okkupiert und zu Sowjetrepubliken gemacht, während Finnland unabhängig blieb. Nach den großen Grenz- und Bevölkerungsverschiebungen der Kriegs- und Nachkriegszeit erschien der nationalstaatliche Bezugsrahmen in der Wiederaufbauzeit als Pol der Ruhe und der Sicherheit. Die Vereinten Nationen bekräftigten das Prinzip der nationalstaatlichen Souveränität, dem der Völkerbund in der Zwischenkriegszeit nicht zum Durchbruch verhelfen konnte. Der Schutz der Grenze und der nationalstaatliche Wiederaufbau genossen allgemeine Priorität.

Dieses nationalstaatliche Prinzip wurde durch die kulturelle Systemgrenze und die militärischen und ökonomischen Blockbildungen im Zuge der bipolaren Nachkriegsordnung zwar überlagert, den beiden Blöcken aber gleichzeitig eingeschrieben. Auch die Bewegung der Blockfreien und Paktungebundenen, die sich 1955 auf der Konferenz von Bandung formierte, hielt gerade aufgrund ihrer Distanznahme von den Großmächten das Prinzip der nationalstaatlichen Territorialität als Prinzip hoch. Es war die Voraussetzung für die Entkolonialisierungswelle der 1960er-Jahre und Grundlage der Bemühungen der Entwicklungsländer, im Rahmen der UN-Organisation für Handel und Entwicklung (UNCTAD) eine das Nord-Süd-Gefälle überwindende Neue Internationale Wirtschaftsordnung durchzusetzen.

1.6. Territorialität und globale Ökonomie (1980er-Jahre und folgende)

Der um Kapital konkurrierende, weltwirtschaftlich führende Nationalstaat der westlichen Industrieländer, dessen BürgerInnen seit dem Ende des 19. Jahrhunderts in wachsender Anzahl in bezahlte Beschäftigung, Bildung und soziale Absicherung integriert werden konnten, ist seit den 1980er-Jahren von mehreren Seiten unter Druck gekommen. Zusammen mit dem Spielraum der staatlichen Politik büßten auch die Staatsgrenzen an Bedeutung ein. An der Wurzel des Funktionswandels des Staates steht ein neues Arrangement in der internationalen Arbeitsteilung der Weltwirtschaft und ihrer Steuerungsmechanismen.

Wiederaufbau nach dem Zweiten Weltkrieg und Entkolonialisierung hatten die alte Arbeitsteilung zwischen den westlichen Industriestaaten, die sich auf (wertschöpfungsintensive) Fertigwarenproduktion spezialisierten, und den Entwicklungsländern, die auf die Zulieferung von Agrargütern und Rohstoffen festgelegt waren, fortgeschrieben. In Ersteren brachte die enge Verflechtung zwischen den Wirtschaftssektoren eine diversifizierte, breit gefächerte Wirtschaftsstruktur hervor, die unterstützt durch staatliche Anreize die Investition im Inland ermutigte und so eine hohe Übereinstimmung zwischen dem Raum der Politik und der Raum des wirtschaftlichen Geschehens hervorbrachte (Becker 2002). Demgegenüber war die Wirtschaft der Entwicklungsländer zerklüftet: Ressourcengewinnung und die damit verbundenen Agro-, Bergbau- und Transportunternehmen waren auf den Export spezialisierte Sektoren, losgelöst von der Binnenökonomie, die mit Subsistenzwirtschaft, kleiner Warenproduktion und informellen Sektoren für Nachschub und Versorgung der in den Exportenklaven tätigen Arbeitskräfte sorgte. Eine auf den Binnenmarkt gerichtete nationale Industrie existierte gar nicht oder nur in geringem Ausmaß; Luxus- und Konsumgüter, die vor allem die schmale Oberschicht nachfragte, wurden aus den Industrieländern importiert (Senghaas 1974:22f). Diese Zerklüftung der Ökonomie, die ihren Widerpart in der sozialen Heterogenität der Bevölkerung und der Ausrichtung des postkolonialen Staates an den Erfordernissen der ausländischen Investoren hatte, unterschied die Territorialität des postkolonialen Staates von jener der metropolitanen Staaten.

Die Regulierung der internationalen Beziehungen durch die Organisationen der Vereinten Nationen und das im US-amerikanischen Bretton Woods 1944 grundgelegte, auf dem Dollar-Gold-Anker basierende Finanzsystem spiegelte das Macht- und Kompetenzgefälle in der Weltwirtschaft und im internationalen Staatensystem wider. Die institutionelle Basis der internationalen Koordination stellte dabei die Selbständigkeit der Nationalstaaten dar. Unter den Bedingungen des kolonialen Erbes und der ungleichen Ausstattung mit Ressourcen, Know-how und Kapital zementierte sich die Ungleichheit jedoch systemisch ein. Weltbank und Währungsfonds gewichteten die Stimmrechte sogar nach der Kapitalkraft und quotierten sie damit. Diese internationale Finanzarchitektur wurde ab den 1970er-Jahren grundlegend verändert.

Ein wesentliches Motiv liegt in den inneren Widersprüchen der kapitalistischen Produktionsweise. Was im Wachstumszyklus nach dem Zweiten Weltkrieg zum Aufschwung in den Industrieländern beitrug – die nationalstaatliche Koordination von Großunternehmen, Politik und Gewerkschaften, Fordismus (Fließbandproduktion, Massenbeschäftigung und Massenkonsum), Bildung und Gleichstellung der Geschlechter –, ließ aufgrund der zunehmenden Anzahl von Konkurrenten am Markt, steigender Arbeitskosten und der erlahmenden Zugkraft der Leitsektoren (Automobil, Petrochemie) die Profite sinken. Technologie und Unternehmensorganisation entsprachen nicht mehr den Anforderungen der Kapitalakkumulation. Dies führte zur Weltwirtschaftskrise 1973/1974, die oft lediglich der Verknappung und Verteuerung des Erdöls angelastet wird, tatsächlich jedoch eine Strukturkrise der industriellen Massenproduktion war. Als Antwort auf das Sinken der Profitrate begannen die multinationalen Großunternehmen, durch Rationalisierung sowie durch Auslagerung der arbeitsintensiven Fertigungsschritte in Entwicklungsländer Lohnkosten zu sparen; Hightech, Forschung und Entwicklung hingegen verblieben in den Stammländern. Diese Neue Internationale Arbeitsteilung (Fröbel/Heinrichs/Kreye 1977) schrieb das Nord-Süd-Gefälle fort, nun allerdings durch die Spezialisierung der *Newly Industrializing Countries* (NIC) im Süden auf Komponentenproduktion und Kontraktfertigung in der industriellen Massenproduktion, während die Zentren neue Leitsektoren und neue Technologien für die wissensbasierte, sogenannte postindustrielle Ökonomie entwickelten.

Dies setzte veränderte Steuerungsmechanismen auf staatlicher und substaatlicher wie auf internationaler bzw. globaler Ebene voraus. Es ging darum, die Staaten für diese Art der Globalisierung, also für die Reorganisation der Unternehmen vom vertikal integrierten Standort zur globalen Standortkette vorzubereiten. Konkret bedeutete dies, die neuen Industrieländer, die sich davon eine Unterstützung ihrer Bemühungen um nachholende Industrialisierung erhofften, für Investitionen, Kredite, Kapital- und Warenverkehr zu öffnen. Dieser verlief zunehmend konzernintern bzw. entlang der Güterkette. Angesichts der Konkurrenz um Investitionen stellten die Regierungen den Investoren exterritoriale, sogenannte freie Produktionszonen zur Verfügung, machten Zugeständnisse bei Arbeits-, Sozial- und Umweltgesetzen und bei Steuern und Gewinntransfers. Sie garantierten den Investoren offene Märkte, auch wenn dies mit den ursprünglichen Zielen der unabhängigen Staaten von selbstbestimmter Entwicklung – Autozentrierung oder *self-reliance* – nichts mehr gemein hatte. Dies trieb die Zerklüftung der Länder in Weltmarktfabriken, um Aufträge konkurrierende Zulieferbetriebe sowie davon abgekoppelte, örtliche Kleinunternehmen voran.

Auch in den Zentren verlief der Umbau keineswegs widerspruchsfrei, vergrößerte er doch die Kluft zwischen Unternehmen in Hochwertsektoren, für die die Verlagerung von Produktion und Verwaltung in die dafür am besten geeigneten Länder ihre Stellung als Systemführer förderte, und den Klein- und Mittelbetrieben, die nur als Zulieferer oder überhaupt nicht in der Lage waren, am transnationalen Wettbewerb teilzunehmen (Narr/Schubert 1994:41). Diese zwischenbetriebliche Kluft hatte auch eine soziale und eine regionale Seite, weil sie Regionen und Belegschaften in Gewinner und Verlierer an diesem Umbau spaltete und den Grundkonsens des Wohlfahrtsstaates, Unterschiede durch Förderungen der Sozial- und Regionalpolitik auszugleichen, ins Gegenteil verkehrte. Es ging nun auch bei Förderungen darum, die Menschen, die Unternehmen und die Regionen so herzurichten, dass sie im Kampf um möglichst hochrangige Aufträge, Investitionen und Arbeitsplätze gut gerüstet waren. Wer da nicht mitkonnte oder wollte, musste und sollte weichen. Mithin drang die Neue Internationale Arbeitsteilung auch in die Beziehungen zwischen Zentralräumen und Peripherien innerhalb der reichen Industrieländer ein, ebenso wie sie die regionale Konkurrenz innerhalb und zwischen Entwicklungsländern anheizte.

Die neue Steuerungsarchitektur und ordnungspolitische Grundlage der globalisierten Weltwirtschaft wird von internationalen Organisationen vermittelt, die den Prinzipien vom freien Kapital-, Waren-, Dienstleistungs- und nicht ganz so freien Arbeitskräfteverkehr allgemeine Akzeptanz und Durchsetzungskraft verleihen (Weltbank, Internationaler Währungsfonds, Welthandelsorganisation, regionale und sektorale Freihandelsabkommen). Auf der operativen Seite gehören auch die Unternehmen selbst, die diese Waren- und Kapitalflüsse unternehmensintern und -extern vornehmen, zur Ordnungsmacht. De facto gibt es eine enge personelle Verzahnung zwischen Aufsichtsräten, Führungskräften und leitenden Beamten der Regulierungs- und Aufsichtsinstitutionen. Charakteristisch für diese Phase des globalen Kapitalismus ist die Zunahme von Finanzunternehmen und das Wachstum von Finanzdienstleistungen, die nicht nur die Versorgung der transnationalen Flüsse mit notwendigen Geldmitteln besorgen, sondern dieses Geschäft zu einem eigenen, von der materiellen Produktion abgekoppelten Finanzsektor entwickelten. Diese Spekulanten werden oft als schwarze Schafe hingestellt, die die produktive Wirtschaft in ein Krisenkarussell treiben. Mit einer gewissen Distanz zum Geschehen kann man jedoch beobachten, dass in der Geschichte des Kapitalismus einander stets Phasen der Realinvestition und, wenn hier keine ausreichenden Profite zu erzielen sind, Phasen der Flucht in die finanzielle Veranlagung abwechseln, die mit Aufschwung- und Abschwungphasen im Konjunkturzyklus einhergehen (Arrighi 1994:5–12). Wenn das weltweite Kapitalvolumen, das ins Finanzgeschäft floss, im Jahr 2000 mit rund 1400 Billionen Euro 25-mal so hoch war wie der Warenwert in der Produktion, Tendenz steigend, kann eine krisenhafte Überhitzung konstatiert werden. Fest steht jedenfalls, dass auch hier keine bloße Eigendynamik dafür verantwortlich war, sondern eine handfeste gesetzliche Weichenstellung. So schuf beispielsweise erst die Aufhebung des Trennbankensystems unter der US-Präsidentschaft Clinton 1999 die Voraussetzung für die jüngeren spekulativen Höhenflüge des Finanzkapitals. Das Trennbankensystem geht auf den als *Glass-Steagall Act* bezeichneten *Banking Act* aus dem Jahr 1933 zurück, als unter Präsident Roosevelt als Antwort auf die Weltwirtschaftskrise eine institutionelle Trennung zwischen Geschäftsbanken und Investitionsbanken verfügt wurde: Erstere waren für das Einlagen- und Kreditgeschäft zuständig, zweitere konnten im Wertpapiergeschäft tätig sein. Die Trennung sollte gewährleisten, dass nicht erneut, wie in der großen Krise, die Verluste der Wertpapierseite die Spareinlagen mit sich rissen. Diese Sicherheitsarchitektur wurde seit den 1970er-Jahren sukzessive aus den Angeln gehoben und mit dem *Gramm-Leach-Bliley Act* 1999 komplett außer Kraft gesetzt (Calomiris 2000).

Die Devise der globalen Organisationslogik – und diese bemächtigte sich der Institutionen, die bisher die internationalen Beziehungen reguliert hatten – heißt freie Flüsse für Waren und Kapital, offene Grenzen und ungehinderte, von Regulierung und Kontrolle befreite unternehmerische Aktivität an jedem gewünschten Standort. Freihandels-, Partnerschafts- und Investitionsschutzabkommen auf bilateraler und multilateraler Ebene dienen dazu, die beteiligten Staaten fest und alternativlos in die Architektur und ihre Logik einzubinden. Auf dieser Basis können Liberalisierung, Privatisierung und Deregulierung bereits als Voraussetzung von den Mitgliedern eingefordert werden, um am internationalen Wettbewerb sowie an Standortketten teilzunehmen, sodass die Umsetzung in der nationalen Gesetzgebung gar nicht mehr hinterfragt werden kann. Insofern die globale Organisationslogik den nationalen Regulierungsrahmen unter Druck setzt, können wir von Entnationalisierung sprechen. Da bestimmte Bereiche weiterhin unter staatlicher Oberhoheit verbleiben, ist von bedingter oder abgestufter Souveränität die Rede (*contingent* oder *graduated sovereignty*).

Alle Staaten waren davon betroffen, aber nicht in gleicher Weise. Die Zentren der westlichen Welt konnten mehr von ihrer nationalstaatlichen

Territorialität in die Zeit der globalisierten Weltwirtschaft hinüberretten, weil sie die größten Nutznießer der neuen Ordnung repräsentierten. Die Peripherien der Weltwirtschaft mussten sich anpassen, wenn sie nicht abgekoppelt werden wollten; größere Schwellenländer, die auf erhöhte Einnahmen durch Extraktivismus oder *Upgrading* ihrer Rolle in den Güterketten setzten, sahen in der Liberalisierung des Waren- und Kapitalverkehrs sogar Vorteile, um das Gewicht ihrer Staaten an der weltweiten Wertschöpfung zu erhöhen. Ganz aus dem Rahmen fielen sozialistische Staaten: Zwar waren einige Länder des Rates für gegenseitige Wirtschaftshilfe (RGW), insbesondere Ungarn und Rumänien, in den 1970er- und 1980er-Jahren bereit, als verlängerte Werkbänke für westliche Konzerne zu fungieren; sie beteiligten sich zunehmend am Ost-West-Handel und nahmen Kredite zur Modernisierung ihrer Unternehmen auf internationalen Kapitalmärkten auf (Komlosy 2015:348f). Mit einer Regulierung der Wirtschaft durch die Politik, Planwirtschaft und Außenhandelsmonopol, war die globale Organisationslogik jedoch ganz und gar nicht kompatibel. Dementsprechend gelangte die zunehmende Integration in die im Umbruch befindlich Weltwirtschaft in Widerspruch mit dem politischen System; sie brach die staatssozialistischen Staaten auf, ihre Bündnisse und internationalen Organisationen wurden 1989–1991 aufgelöst (RGW) oder der globalen Kapitalmobilität angepasst (China).

Die globale Organisationslogik der Weltwirtschaft machte auch die mit der nationalstaatlichen Souveränität verbundene völkerrechtliche Ordnung zunehmend obsolet. Sowohl der postkoloniale Entwicklungsstaat im Globalen Süden als auch der realsozialistische Entwicklungsstaat in Osteuropa und in einigen Ländern der »Dritten Welt« waren in ihrer Politik der nachholenden Entwicklung maßgeblich durch eine nationalstaatliche Souveränität geprägt, deren politischer Spielraum durch die Existenz eines Gegenhegemons, die Sowjetunion wie auch die Volksrepublik China, erhöht wurde. Auch wenn die politischen Programme arabisch-, lateinamerikanisch- oder afrikanisch-sozialistischer Staaten teilweise stark vom sowjetischen Staatssozialismus abwichen, stabilisierte dessen – oft als bevormundend, eigennützig oder repressiv empfundene – Existenz die völkerrechtliche Ordnung. Diese gewährleistete den Rahmen, in dem die einzelne Regierung z. B. Agrarreform, Sozialisierung, Nationalisierung oder Protektionismus betrieb, während sie gleichzeitig in ein sozialistisches Staatensystem eingebunden war, das – im Idealfall – gegenseitigen Austausch, Hilfe und Unterstützung bereitstellte. Auch Entwicklungsländer, die sich einem Dritten Weg verpflichtet fühlten, profitierten vom Freiraum, der sich aus der Systemkonkurrenz ergab. In dem

Maße, wie sich die globale Steuerung an den Erfordernissen der Kapitalmobilität orientiert, wurden klassische Errungenschaften des Völkerrechts, nämlich die Achtung der Souveränität der Staaten und das Verbot der Nichteinmischung durch Verpflichtung zur Marktöffnung bis hin zu einer *"responsibility to protect"* im militärischen Bereich ausgehöhlt.

Wenn der staatliche Raum durchlöchert wird, so bedeutet dies keineswegs, dass dies jenseits des Staates oder gar gegen dessen Willen passiert. Konstitutiv im Übergang von der einheitlichen Territorialität des Staates zur durchbrochenen Territorialität der globalen Organisationslogik ist die Tatsache, dass der Wandel von den Staatsapparaten ausgeht, von ihnen durchgesetzt wird und ihre Institutionen bei der Entnationalisierung als Akteure führend beteiligt sind. Der Staat verändert allerdings seinen Charakter, seine Funktionsweise und seine Aufgaben, und es stellt sich die Frage, ob die Bezeichnung »Staat« für die Apparate, die die Politik beschließen und exekutieren, eigentlich noch angebracht ist. In den historischen Quellen tauchte der Begriff »Staat« erst in der Frühen Neuzeit zur Bezeichnung von *»status«*, eines verlässlichen und berechenbaren Zustandes von Macht, zu dessen Beschreibung man die »Statistik« brauchte, auf (Nolte 2017:86). Der Begriff hat sich unterdessen vom historischen Kontext gelöst, und wir verwenden ihn auch zur Beschreibung älterer Reiche und politischer Gemeinwesen. Wir können daher auch weiterhin »Staat« zu den politischen Gebilden sagen, die sich auf den Territorien und in den Strukturen der in der Moderne geschaffenen Staatswesen befinden. Wir könnten allerdings auch argumentieren, dass diese den verlässlichen und berechenbaren Zustand von Macht längst hinter sich gelassen haben und die neue Epoche als eine »Zeit nach dem Staat« bezeichnen. Wenn es den Staat in seiner flächenhaften Beherrschung des ihm exklusiv zugeordneten Territoriums nicht mehr gibt, muss Territorialität »nach dem Staat« neu begründet werden.

Selbst wenn der Staat als historische Formation der flächenhaften Souveränität heute nicht mehr oder nur mehr in Bruch- und Versatzstücken existiert: Am Beginn der Transformationsperiode, in der sich die multinationalen Konzerne in globale Güterketten und die internationalen Organisationen in Instrumente der *Global Governance* verwandelten, war der Staat eine bestimmende Ebene im internationalen politischen System ebenso wie in der Weltwirtschaft. Die US-amerikanische Soziologin Saskia Sassen wird in ihren Schriften nicht müde zu betonen, dass die neue globale Organisationslogik nicht von außen und von oben über den Staat gekommen ist, sondern dass diese Transformation aus der inneren Logik der Nationalstaaten hervorgegangen ist und von ihren Repräsentanten entwickelt und umgesetzt wurde (Sassen 2008:655ff). Sie bezieht sich dabei selbstredend auf die führenden westlichen Nationalstaaten, also gerade jene Staaten, in denen sich die Stammsitze der weltführenden Konzerne befanden und immer noch befinden. Schätzt man den bürgerlichen Staat als eine Institution ein, deren Aufgabe in der Herstellung der für die stärksten Unternehmen günstigsten Kapitalverwertungsbedingungen besteht, dann muss sich dieser Staat, wenn diese Unternehmen nach globalem Standortwettbewerb und Freihandel statt Standortsicherung im Stammland rufen, dieser Herausforderung stellen. Es ist dies freilich eine Gratwanderung, denn wenn im Zuge dieses Funktionswandels der Staat in seiner ursprünglichen Form auf der Strecke bleibt, kann das weder die Gesamtheit der Staatsbürger, sämtliche Interessengruppen noch alle Teile der Staatsmacht selbst zufrieden stellen. Auch weil Institutionen beharrlich sind, verschwindet der Staat so schnell nicht.

Wer stärker von der Ökonomie her argumentiert, wird bei der Durchsetzung globaler Organisationslogiken in der Politik den Kapitalverwertungserfordernissen der Großkonzerne die entscheidende Rolle beimessen und die staatliche Selbstentmachtung als deren Folge sehen. Wie auch immer man sich in dieser Frage positioniert, stellten die Regierungen, gerade weil Regulierung durch Gesetzgebung und exekutive Umsetzung zu ihrem ureigensten Aufgabenbereich zählt, wesentliche Akteure der Deregulierung dar. Saskia Sassen zeigt minutiös auf, wie die Kontroll- und Gesetzgebungsfunktionen des US-Kongresses seit der Regierung Ronald Reagans systematisch ausgehöhlt wurden und Privatisierung, Regulierung und Kommodifizierung öffentlicher Aufgaben und Daseinsvorsorge Platz griffen. Nutznießer waren die Großkonzerne (Sassen 2008:655ff).

Andere AutorInnen zeigten auf, wie die Finanzialisierung nur durch die Autorisierung der Banken zum Spekulationsgeschäft funktionieren konnte (Hofbauer 2014:59). Auch das Aufspalten integrierter Produktionsflüsse entlang dem Kosten- und Qualifikationsgefälle in einer globalen Güterkette ließ sich nur durch konkrete Regulierungen und Institutionalisierung auf staatlicher, suprastaatlicher und transnationaler Ebene umsetzen. Staaten und internationale Organisationen schufen und überwachten die Voraussetzungen, damit Konzerne überhaupt Standorte verlagern, Kapital, Komponenten und Fertigwaren über staatliche Grenzen hinweg verschieben können. Sie beeinflussen damit, ob Produktions- und Finanzarrangements von Güterketten eher weltweit aufgespannt werden, ob sie im Rahmen staatlicher Grenzen verlaufen oder ob damit regionalpolitische Ziele verfolgt werden (Fischer/Rainer/Staritz 2010:16).

Eine zentrale Voraussetzung für das Ausnützen und Gegen-einander-Ausspielen örtlicher Regulierungen durch multinationale Konzerne ist der freie Kapital- und Zahlungsverkehr. Auf EU-Ebene ist dieser im Vertrag über die Arbeitsweise der Europäischen Union (AEUV) geregelt. Auf globaler Ebene wachen GATT und WTO darüber, dass Kapital- und Warenflüsse, die das Funktionieren der *just-in-time*-Zusammenführung der an unterschiedlichen Standorten gefertigten Komponenten gewährleisten, nicht durch Kapitalverkehrskontrollen gestört werden. Sektorale Abkommen sorgen für die Feinsteuerung in den einzelnen Branchen. Das WTO-Übereinkommen über das öffentliche Auftrags- und Beschaffungswesen, das auf EU-Ebene von Rat und EU-Parlament bekräftigt wurde (Richtlinie 2014/24/EU), sorgt dafür, dass einheimische Bieter durch die gesetzliche Verpflichtung zu internationaler Ausschreibung unter Konkurrenzdruck gesetzt werden.

Sassen weist außerdem darauf hin, dass es sich bei dieser Entnationalisierung um keinen reinen Machtverlust des Staates handelte, denn gleichzeitig mit der Abtretung von legislativen Kompetenzen zog die Exekutive zahlreiche Aufgaben, die früher der parlamentarischen Beschlussfassung unterlagen, an sich und übertrug sie an spezialisierte Behörden, die diese oft unter Ausschluss der Öffentlichkeit durchführen. In der kritischen US-amerikanischen Debatte wird diese Privatisierung öffentlicher Aufgaben in versteckten, undurchsichtigen Bereichen des Staatsapparats selbst als ein Vormarsch des »tiefen Staates« diskutiert (Lofgren 2016; Mies/Wernicke 2017). In diesen Tiefen ist der Schutz der Persönlichkeit und der Privatsphäre, die zu verteidigen ja eigentlich dem Staat obläge, nicht mehr gewährleistet, was BürgerInnen zunehmend das Vertrauen in die Institutionen des Staates verlieren lässt. Nicht nur bei den globalen Unternehmen, deren Aktionsraum – nicht unbedingt jedoch der Firmensitz – sich vom staatlichen Territorium löst, sondern auch bei den StaatsbürgerInnen ist eine Durchlöcherung des Vertrauens und der Loyalität zu beobachten, die neue Autoritäten und neue Formen der Zugehörigkeit ins Spiel bringt.

Die Beobachtung der Entwicklungen in den USA ist für EuropäerInnen einerseits nur von beschränktem Interesse. Entwicklungen der wirtschaftlich zwar nicht mehr führenden, politisch und militärisch in der Weltpolitik jedoch nach wie vor tonangebenden Hegemonialmacht haben andererseits mehr als nur regionale Bedeutung. Sie können als Seismograph gelesen werden, der Tendenzen im Westen aufzeigt. Eine wesentliche Tendenz, die sich im Funktionswandel des metropolitanen Staates seit den 1980er-Jahren abzeichnete, war der Übergang vom Wohlfahrts- zum Wettbewerbsstaat (Hirsch

2002). Dies war auf allen Ebenen der Staatlichkeit von der lokalen zur suprastaatlichen Ebene zu beobachten, die einander auch gegenseitig verstärkten. Es galt und gilt, möglichst prestigeträchtige Unternehmen aus führenden Sektoren in hohen Wertschöpfungsbereichen anzuwerben und zu diesem Zweck spezifische Standortanreize zu bieten, die die Wirksamkeit allgemeiner Standards außer Kraft setzen. In einem eskalierenden Unterbietungswettbewerb zieht diese Form der Anwerbepolitik die Aufgabe bestehender arbeits-, sozial-, umwelt- und steuerpolitischer Standards nach sich.

Dies lässt die privilegierten Arbeits- und Lebensbedingungen, in denen sich die entwickelten Industrieländer von der Ungesichertheit und Ungeregeltheit des Globalen Südens unterschieden, tendenziell verschwinden. Hier wie dort gibt es die Institution der wirtschaftlichen Sonderzone, der freien Produktionszone oder der geförderten Industriezone. Diese abgegrenzten Areale sind deutliche Zeichen, wie die flächenhafte Autorität des Staates durch Autoritäten durchlöchert wird, die von eben diesem das Privileg erhalten, sich nicht an die allgemeinen Bedingungen halten zu müssen. Auf diese Weise wird Fläche und flächenhafter Zusammenhalt zugunsten von Enklaven unterminiert, die als Punkte im Raum stehen. Es kann sich um Filialen eines multinationalen Konzerns oder um Zulieferer an den koordinierenden Knoten einer globalen Güterkette, einen sogenannten globalen Käufer, handeln, der Leistungen von unterschiedlichen Punkten bezieht, um diese zu einer Kette oder einem Produktionsnetzwerk zusammenzusetzen. Auf diese Weise bildet sich eine über die staatlichen Territorien hinausgehende globale Territorialität. Die beiden Bezugsräume konkurrieren miteinander ebenso wie sie aufeinander angewiesen sind, denn die entnationalisierte Produktion basiert ja auf der konkreten Zurichtung der Standorträume für die Erfordernisse der Weltmarktproduktion.

Im Folgenden wird anhand von Beispielen aufgezeigt, wie sich die Verwandlung von flächenhafter Territorialität in die fragmentierte Territorialität der globalen Organisationslogik in verschiedenen Bereichen darstellt. Es entstehen dabei innerhalb des staatlichen Territoriums Enklaven, die nicht der staatlichen Souveränität unterstehen. Gemeint sind hier nicht die Immunitäten der Botschaften, die quasi zum Territorium des anderen Staates gehören. Es handelt sich vielmehr um Zonen des Staates selbst, die den nationalen Gesetzen und der nationalen Exekutive entzogen sind.

- Das augenscheinlichste Beispiel solcher extraterritorialer Räume sind Sonderwirtschaftszonen, die der Exportproduktion oder dem Finanzgeschäft dienen; das Pendant zur Enklave ist die Exklave, etwa Unternehmenssitze, die zwecks Umgehung von Steuergesetzen in Steueroasen ausgelagert werden. Auch Unternehmen, die überhaupt nur im virtuellen Raum des *World Wide Web* tätig sind, entziehen sich der administrativen und steuerlichen Erfassung weitgehend.

- Eine – mit dem Schutz von Menschenrechten begründete – Gerichtsbarkeit, die Strafverfolgung von internationalen Strafgerichtshöfen oder durch Anklageerhebung vom Ausland aus schafft globale Rechtsenklaven, die sich als eine eigene Sphäre über die staatlichen und die internationalen Räume der Justiz legt.
- Im Fall des Internationalen Zentrums für die Beilegung von Investitionsstreitigkeiten (ICSID), das 1965 bei der Weltbank geschaffen wurde, wird die Umgehung nationaler Gerichte mit der Sicherung von Investitionen gerechtfertigt. In dieser globalen Rechtsenklave werden Klagen entschieden, mit denen sich Investoren gegen Verluste und Wertminderungen infolge sozial-, umwelt- oder steuerpolitischer staatlicher Eingriffe schützen. Die Grundlage bieten bilaterale oder multilaterale Investitionsschutzabkommen, in denen die Übertragung von Streitigkeiten an dieses Schiedsgericht vereinbart wurde. Bezeichnender Weise haben Staaten vor diesem Schiedsgericht kein Antragsrecht (Hofbauer 2014:47–53).
- So wie NGOs und Menschenrechtsorganisationen, schaffen auch jene Aktivisten, die sich zur Durchsetzung ihrer Ziele der Gewalt und des Terrors bedienen, ihre eigenen Welten – wobei dieser obskure Bereich so eng mit geheimdienstlicher Überwachung verflochten ist, dass die Urheberschaft oft nicht mehr nachvollziehbar ist. In jedem Fall schafft Terror Gegenterror und dieser entzieht sich ebenso wie das, was er zu bekämpfen vorgibt, wenn nicht der staatlichen, so doch der öffentlichen Kontrolle.
- Blicken wir in die Sozialstruktur, spiegelt sich die Fragmentierung der industriellen Massenproduktion in globale Güterketten im Zerfall homogener Klassenzugehörigkeit und der mit ihnen verbundenen weltanschaulichen Interessenvertretungen. Politische Parteien verabschieden sich von der ehemals typischen internen Gliederung in Orts- und Regionalgruppen, Sektionen, Parteitage, die der Sozialisation, Bildung und Bindung der Mitglieder, der Programmentwicklung und der Kandidatenkür dienten und verwandeln sich in sogenannte Bewegungen, in denen medial inszenierte *Leader* und Stifter (Oligarchen), die keiner innerparteilichen Kontrolle unterliegen, das Sagen haben. Die WählerInnen folgen, wenn sie überhaupt zur Wahl gehen, Slogans und individuellen Eingaben. Der Individualisierung der politischen Zuordnung entspricht am besten das *Like* ☺, das in Meinungsumfragen und Internetforen vergeben werden kann.

- Hinter dieser volatilen Meinungsbildung stehen handfeste Veränderungen auf dem Arbeitsmarkt und in der Bildung. So wie einheitliche Belegschaften sich in vielfältige ArbeiterInnen-Typen und Beschäftigungsverhältnisse aufgliedern, die sich entlang von Qualifikation, Lohnniveau, Beschäftigungssicherheit und -dauer differenzieren, fragmentieren sich die Konsumwelten, die Bildungswege, die Medienlandschaften, die Kommunikations- und die Informationswege, je nachdem, welchen Charaktertypus ein junger Mensch – abhängig von Kaufkraft und familiärem Hintergrund – für seine Identität, Inszenierung und Karriere gewählt hat.
- Die Heterogenisierung des sozialen Raums ist vielleicht am eindrucksvollsten im Zerfall der physischen Flächenhaftigkeit zu sehen, wie dies an der Transformation der Verkehrs- und Kommunikationsinfrastruktur abgelesen werden kann. Ob dieser Wandel als Zerfall oder als Selbstverständlichkeit wahrgenommen wird, hängt davon ab, ob jemand aufgrund seiner persönlichen Erfahrung überhaupt Vergleiche mit der Zeit davor anstellen kann. Die Autorin erinnert sich, dass es bis in die 1980er-Jahre in Österreich eine in staatlichem Eigentum befindliche Eisenbahngesellschaft, einen Anbieter für Gas und Strom, ein einheitliches Festnetz für das Telefonieren, eine Rundfunk- und Fernsehanstalt und eine Postgesellschaft gab. Die Debatte, ob eine solche Monopolisierung der Qualität der Dienste zuträglich war oder mehr Wettbewerb das Angebot und die Kundenzufriedenheit verbessert haben, soll nicht hier geführt werden. Es geht lediglich darum, die unterschiedliche Beschaffenheit der Territorialität im Fall eines flächenmäßig für alle KundInnen unter denselben Bedingungen verfügbaren Leistungsangebotes und einer Situation wechselnder, konkurrierender, nur in Teilräumen und Teilgebieten tätigen Anbieter herauszustreichen.

Wenn die oben genannten Infrastrukturen das gesamte Staatsgebiet erfassen, wird dies hier als »Fläche« gefasst. In dem Maße, wie – durch die Zerschlagung und Privatisierung der Staatsbetriebe und Gemeinwohlunternehmen, die Zulassung privater Anbieter und die Verpflichtung, diesen die weiterhin staatlich betriebene Infrastruktur (Schiene, Leitungen, Kabel, Sendeanlagen, Postkästen u. a.) zur Verfügung zu stellen – diese Einheit aufgebrochen wurde, entstand eine aus mehreren einander überlappenden Systemen gebildete Flickenlandschaft. Dazu kommt, dass sich seit den 1980er-Jahren rasante technische Veränderungen mit einer Vervielfältigung des Leistungsspektrums vollzogen haben. Die einheitliche »Fläche« der staatlichen bzw. öffentlichen Daseinsvorsorge verwandelt sich damit, bildlich gesprochen, in eine Vielzahl von »Punkten«: Punkte, weil unter den Bedingungen der Kommodifizierung jede Leistung einem eigenen Vertragsverhältnis entspricht. Und es handelt sich auch deshalb um Punkte, weil die privaten Anbieter nicht das gesamte Staatsgebiet bedienen. Private Bahnunternehmer suchen sich die meist befahrenen, lukrativen Strecken aus, Brief- und Paketzusteller die gängigsten Formate und besten Kunden. Manche Regionen, Kunden und Wünsche werden bedient, andere nicht. Von Auswahl und Leistungsvergleich ganz in Beschlag genommen, fällt Anbietern und Kunden gar nicht auf, wieviele Menschen und Regionen an dem neuen Dienstleistungsmarkt nicht oder nur am Rande teilhaben können. So macht gleichförmige Zugänglichkeit der Fragmentierung Platz. Befindet sich in meiner Nähe ein Postpartner, ein Handymast, ein Breitbandkabel, eine Bankfiliale, hält der Zug an meiner Bahnstation? Der Zerfall der Fläche betrifft dabei weit mehr als das Verhältnis von Zentrum und Peripherie. In verdichteten Agglomerationsräumen – so beobachtet im Großraum um Los Angeles – begegnet die verdutzte Mitteleuropäerin nicht nur einem Gewirr von Autobahnen, in deren Dschungel sie leicht den Überblick verliert. Sie muss nicht nur aufpassen, auf welchen Strecken Maut zu entrichten ist, sondern auch, welche Fahrspuren zu welchen Tageszeiten mautpflichtig sind. So fragmentiert sich sogar die Autobahn in verschiedene Klassen von FahrerInnen, je nachdem ob sie es eilig haben und bereit sind, für die Schnellspur mehr zu bezahlen.

Durchbrochene und einander überlappende Herrschaft, adelige Herren, denen ihre Untertanen in unterschiedlichen Machtverhältnissen verpflichtet sind: Erleben wir mit der Ablöse der nationalstaatlichen Fläche durch die fragmentierten Punkte und Netze der Globalität eine Rückkehr einer Form von Territorialität, wie wir sie aus der Vormoderne kennen? Auf einer abstrakten Ebene von Raumgeometrie lässt sich einer solchen Analogie zwischen Vor- und Postmoderne etwas abgewinnen. Konkret fallen allerdings die großen lebensweltlichen Unterschiede ins Auge, die allein schon durch die Reichweite, Dichte und Schnelligkeit der Interaktionen und die Komplexität der wirtschaftlichen und technischen Verhältnisse gegeben sind. Theoretisch ist die Analogie nicht haltbar, weil die Fragmentierung kein Ausdruck von Rückständigkeit, sondern von höchster Modernität ist. Nur sie vermag, wenn sie es überhaupt vermag, der strukturellen Profitkrise des Kapitalismus neue Vermarktungs- und Verwertungsmöglichkeiten zu eröffnen. Wenn wir den Begriff »Mittelalter« allerdings von seiner historischen Verbindung mit dem europäischen Feudalismus lösen und ihn ganz neutral als Ausdruck von Übergangszeit, im vorliegenden Fall, zwischen zwei Territorialitätsregimen sehen, kann auch unsere Zeit vielleicht einmal als »Mittelalter« angesehen werden: damals,

als die Institutionen der politischen Regulierung noch in der Form der Staatlichkeit auftraten, in Wirklichkeit aber längst entnationalisiert waren und die Mittel des Staates nicht im Dienste seiner BürgerInnen, sondern der global agierenden Kapitalgruppen exekutierten.

1.7. Die Wiederkehr des Staates?

Seit der Weltwirtschaftskrise 2007/2008 ist die neoklassisch-neoliberale Überheblichkeit gegenüber staatlicher Intervention und Regulierung im Westen leiser und vorsichtiger geworden. Es mehren sich unterschiedlichste Stimmen, die nach mehr Staat rufen, wenn es darum geht, Krisenmanagement und Krisenkosten zu übernehmen, und ein Blick auf die Rettungsmaßnahmen der öffentlichen Hand in der Banken-, der Schulden- und der Eurokrise zeigt, dass staatliche Institutionen von der subnationalen über die nationale bis zur supraregionalen Raumebene in einem Ausmaß in Kraft traten, das mit dem oft bemühten Bekenntnis zur »Nachtwächterrolle« des Staates im Widerspruch stand.

Den Anfang machte im Juli 2008 die Rettung der insolventen US-Hypothekarkreditanstalten Fannie Mae und Freddy Mac aus dem staatlichen Budget, gefolgt vom der Versicherungsanstalt American International Group (AIG), die de facto sogar verstaatlicht wurde. In Deutschland wurde im selben Jahr mit dem Finanzmarktstabilisierungsfonds ein Extrabudgettopf geschaffen, der eine ganze Reihe von Banken finanzierte, u. a. die Hypo Real Estate, die Bayerische Landesbank, die Commerzbank und die Deutsche Industriebank (Hofbauer 2014:67f). Auch die Vermehrung der Geldmittel durch Anwerfen der Druckmaschine, vor allem durch die US-amerikanische *Federal Reserve*, aber auch die Europäische Zentralbank, sind ureigenste Bereiche staatlicher Agenda, Banken und Unternehmen in der Krise auf Kosten der Steuerzahler zu erhalten, also Umverteilungsmaschinen an das Kapital. In der internationalen Schuldenkrise gesellt sich zur sozialen Umverteilung im Land das Ansaugen der Zinszahlungen aus den Schuldnerstaaten durch die Gläubiger, die auch dort von der Allgemeinheit getragen werden.

Die Krise beschleunigte den hegemonialen Niedergang der USA, sie trug weiterhin zum Bedeutungsverlust der alten Industrieländer gegenüber den im industriellen *Upgrading* begriffenen Schwellenländern des Globalen Südens bei, und die gemeinsame westliche Betroffenheit durch die globale Kräfteverschiebung verhinderte, dass sich die Europäische Union als Regionalblock politisch und militärisch aus der schützenden Umklammerung von USA und NATO emanzipieren konnte. Das Nord-Süd-Gefälle erlebte eine Polarisierung der »Dritten Welt« in neue Industrieländer mit teilweise global ausgreifenden Ambitionen (China, Indien, weitere BRICS-Staaten) auf der einen und aus dem Entwicklungsprozess gedrängten Staaten, die nicht einmal mehr in der Lage sind, *cash crops* auf dem Weltmarkt anzubieten, auf der anderen Seite (*Least Least Developed Countries*, LLDC).

Unter diesen konträren Ausgangspositionen nimmt die Wiederkehr des Staates sehr unterschiedliche Ausprägungen an. China als das erfolgreichste der aufstrebenden Schwellenländer kombiniert staatliche Unternehmen in strategischen Sektoren mit einem geplanten Management der privaten Investitionstätigkeit, der gezielten und kontrollierten Zulassung von Auslandskapital sowie chinesischen Beteiligungen und Direktinvestitionen im Ausland, kurz ein hohes Ausmaß an staatlicher Lenkung und Protektionismus, eingebettet in offene Märkte und Freihandel.

Es ist interessant zu beobachten, wie die USA, also jene Volkswirtschaft, die den Freihandel nach dem Zweiten Weltkrieg zum Instrument ihres hegemonialen Aufstiegs erklärt hatte, mit dem Niedergang der alten Leitsektoren und der krisenhaften Zuspitzung der Deindustrialisierung Rekurs im Protektionismus suchen. Dies ist keineswegs erst seit der Amtsübernahme von Präsident Trump im Jahr 2017 der Fall. Seit dem ersten Irakkrieg 1991 kam dem militärisch-industriellen Komplex die Aufgabe zu, den Niedergang im Bereich der Grundstoff-, Investitions- und Konsumgüterindustrie und die durch Jobverlust und Prekarisierung schwindende Massenkaufkraft durch die Nachfrage nach Rüstungsgütern auszugleichen. Man spricht in diesem Zusammenhang auch von Militärkeynesianismus. Weitere Kriege, Verschuldung und Handelsdefizite verstärkten diese Tendenz, der Präsident Obama unter dem Titel *Obamacare* einen staatlich subventionierten Wachstumsmarkt für private Krankenversicherungen hinzufügte.

Der Hegemon im Niedergang verschrieb sich dem *"Make America Great Again"*, wobei in der Umsetzung verschiedene Strategien um die Vorherrschaft rangen: Manche sahen in der Zunahme staatlicher Maßnahmen, die gleichzeitig mit einer Verlagerung der Kompetenz von der demokratischen Beschlussfassung im Kongress hin zu exekutiven Verfügungen einher ging, eine Hinwendung der Nation zu einem *Empire* (Babones 2016; Chomsky 2006; Galtung 2014; Johnson 2007). Auch wenn der Begriff angesichts der eindeutig republikanischen Verfassung etwas flapsig erscheinen mag, scheint der Befund im Lichte der expansiven Kriegs- und Interventionspolitik seit dem 11. September 2001, die den Verlust ökonomischer Stärke kompensiert, durchaus nachvollziehbar. Die zweite Strategie, die freilich nicht ins Konzept des militärisch-industriellen Komplexes passt, will die *greatness* durch ein Abgehen von der Weltpolizistenrolle und der damit verbundenen Einmischung erreichen – eine Nation, die sich bis zum Eintritt der USA in die Weltkriege auf *splendid isolation* berief, diese Selbstbezogenheit allerdings ebenfalls als Strategie zur Verteidigung ihrer Privilegien betrachtete – Privilegien, die etwa darin zum Ausdruck kommen, dass die USA mit einem Anteil von 4,4 % an der Weltbevölkerung 25 % des Weltsozialprodukts und 33 % des Weltvermögens auf sich vereinigen (Bank Credit Suisse 2017). Ein eindrucksvolles Maß, wie der globale Norden auf die Ressourcen des Südens zugreift, ist der sogenannte ökologische Fußabdruck (Wackernagel/Beyers 2016). Er zeigt, wie viel Land- und Wasserflächen Menschen in Anspruch nehmen, um ihren Lebensstandard zu decken. Nach den Golfstaaten führten die USA die Weltrangliste des Bodenverbrauchs mit 7,2 Hektar pro Person (2012) an – der Großteil dieses Bodens liegt außerhalb ihrer Staatsgrenzen. Ein Bewohner Puerto Ricos benötigte im Vergleich nur 0,04 Hektar. Auch wenn beide Bemühungen um *greatness* einander heftig bekämpfen, in der Praxis koexistierten sie oder ergänzen einander sogar.

Ein Superstaat sollte die Schlagkraft erhöhen, nicht nur in der Militärpolitik, sondern seit Präsident Trump auch im Außenhandel, bei der Verteidigung der Binnenmärkte und der Eindämmung der Zuwanderung. Solch ein Protektionismus hat historische Vorläufer: Die Abnabelung von den Importen britischer Fertigwaren war eine wichtige Triebkraft für die Bemühungen Alexander Hamiltons, erster Finanzminister der USA, um nachholende Industrialisierung. Importverbote und Zollmauern boten den Schutz, um eine amerikanische Fabrikindustrie nach britischem Vorbild aufzubauen. Protektionismus prägte die Wirtschaftspolitik der USA solange, bis sie mit dem Wachstum ihrer eigenen Industrie im letzten Drittel des 19. Jahrhunderts die vormalige Kolonialmacht aus der globalen Führungsrolle verdrängen konnte. Das Besondere am neuen Protektionismus, der Amerika heute wieder groß machen will, ist die Tatsache, dass er nicht aus dem Antrieb antikolonialer Befreiung und nachholender Entwicklung gespeist wird, sondern aus dem Bemühen, alte Größe und alte Privilegien in einer Phase des Niedergangs zu verteidigen.

Das europäische Pendant zum US-Superstaat ist der EU-Suprastaat. Seine Ursprünge gehen auf die Gemeinsame Europäische Akte (1986) zurück, als mit der Abschaffung des Prinzips der Einstimmigkeit im Rat der Staats- und Regierungschefs das Veto nationalstaatlicher Parlamente außer Kraft gesetzt wurde. Es folgten weitere Schritte in Richtung Vertiefung, die vor allem durch die Süderweiterung (1981, 1986) und die Osterweiterung (2004, 2007, 2013) in ihrer Dynamik gebremst wurde, weil die Heterogenität der Mitgliedsstaaten im Bereich der gemeinsamen Währung, der Zugehörigkeit zur Schengen-Zone und der Freizügigkeit am Arbeitsmarkt die differenzierte nationale Abstufung nahelegte. Der Suprastaat ermöglichte es, die auch im alten Zentrum der Weltwirtschaft bestehende Tendenz zur Erhöhung der Schlagkraft gegenüber USA und Schwellenländern durch Bündelung der Staatsmacht mit dem Fortbestehen nationaler Souveränität zu vereinen. Die Vergrößerung des geschützten Binnenmarktes, gepaart mit einer gemeinsamen Außen- und Sicherheitspolitik, die zunehmend um militärische Elemente ergänzt wird, verband sich mit dem Fortbestehen nationaler Regelungen in der Sozial- und Steuerpolitik. So konnten Schlagkraft und Herauspicken der für die jeweilige Investition günstigen Bedingungen miteinander vereint werden, freilich um den Preis des Auseinanderdriftens im Lebensniveau zwischen den EU-Kern- und Exportländern und den EU-Zuliefer- und Billiglohnländern. Der Supranationalismus eignete sich zudem gut, den zum Bremsklotz erklärten Nationalismus für überwunden zu erklären und damit die EU als ein Projekt des Friedens und der Solidarität erscheinen zu lassen. Dass der Supranationalismus den Nationalismus der Einzelstaaten zur Potenz erhob und die Schengen- bzw. die EU-Außengrenze dabei zwangsläufig zum Bollwerk werden musste, wurde dabei geflissentlich übergangen. Wie im Fall der USA zeigt sich auch hier, dass gegeneinander um Vorherrschaft ringende Strategien – hier Vertiefung der Union versus nationale Souveränität – einander in der Praxis bestens ergänzen. Gegen die Verteidiger der westlichen Vorherrschaft, ob sie nun im Konsens agieren oder als Konkurrenten, mehren sich nicht nur die Initiativen aus dem Globalen Süden, in der Weltpolitik und der Weltwirtschaft als Partner akzeptiert zu werden, sondern auch systemkritische Stimmen aus dem Globalen Norden, die dazu aufrufen, den Verlust der Vorrangstellung als Chance zu begreifen und Europa bzw. die USA im Sinne einer multizentrischen Weltordnung als eine Provinz der Welt zu betrachten (Chakrabarty 2010).

Während die absteigenden Zentren und die aufsteigenden Semiperipherien unterschiedliche Kombinationen von flächenhafter staatlicher Territorialität und globalem Ausgreifen praktizieren, haben die politisch und wirtschaftlich durch ungleiche Arbeitsteilung und militärische Feldzüge gegen nationalstaatliche Konsolidierung bzw. regionale Blockbildung an den Rand gedrängten Staaten keine Wahl. Ihre Regierungen unterliegen massivem Druck innerer Opposition, die oft in Bürgerkriegen Machtübernahme oder Sezession anstreben. Dabei ist es die ausländische Unterstützung oder Bewaffnung, die diese Kräfte zwar nicht unbedingt siegen lässt, jedoch bewirkt, dass sich keine stabile

Regierung halten oder bilden kann. Libyen (2011) oder Syrien (2011) sind zwei mahnende Beispiele, wie Regime einer nationalen Konsolidierung, gerade weil sie regionale Integration ohne Einmischung der Großmächte anstrebten, zu Paradebeispielen von *failed states* wurden. Hier konkurrieren – in Syrien unter Beteiligung der gewählten Regierung – widerstreitende Fraktionen und örtliche *Warlords* mit unterschiedlicher ausländischer Unterstützung um Einfluss auf das Territorium, das längst der staatlichen Kontrolle entglitten ist. Stattdessen haben sich rivalisierende und im Kampfverlauf wechselnde Autoritäten der staatlichen Territorien und ihrer BewohnerInnen bemächtigt: ein Kaleidoskop des Zerfalls flächenhafter Territorialität.

Vor diesem Hintergrund hat die Flucht vor Krieg und Zerstörung, vor der Zugriffsgewalt örtlicher Machthaber und vor der Rekrutierung in legale Armeen und Banden immer größere Aufmerksamkeit erlangt. Sie betrifft nicht nur die reinen Kriegsflüchtlinge und die Deserteure, sondern auch die wirtschaftlich Entwurzelten der armen Länder. Flucht aus Krieg und Armut ist zwar nicht neu, sie verwandelt sich durch die Vehemenz der Problemlagen, die Beschleunigung von Information und Gerücht über Fluchtwege und Aufnahmebedingungen von einer individuell ergriffenen Chance zu einem Massenphänomen, das sich nicht mehr auf Nachbarländer beschränkt, sondern die Zentren der Europäischen Union zum Ziel hat. Maßgeblich zur EU-Flüchtlingskrise 2015/2016 hat die Eskalation des syrischen Bürgerkrieges beigetragen, der die Nachbarstaaten mit der Aufnahme überfordert hat, zumal internationale Hilfsorganisationen zu diesem Zeitpunkt die Mittel dafür kürzten. Ein weiterer Grund für die Mobilisierung liegt in der Herausbildung eines an der Flucht verdienenden Wirtschaftssektors, der seine privaten Dienste vor dem Hintergrund des großen Wohlstandsgefälles zwischen den armen Ländern des Südens und dem reichen Norden entfaltet. Die große Differenz in den Systemen sozialer Sicherung gibt die Zielorte vor, deren Erreichen Fluchthelfer und Fluchtdienstleistende aller Art unterstützen.

Die Auswirkungen der Flüchtlingsbewegung auf Territorialitätsregime sind vielfältig. Die Dynamik der Bewegung und die Bewältigung der täglichen Herausforderungen lässt die Triebkräfte und Interessen hinter dem massenhaften Aufbruch erst langsam sichtbar werden. Die persönliche Motivation der Flüchtenden und der FluchthelferInnen kann das Ereignis allein nicht erklären. Inwieweit die Außerkraftsetzung des Schengen-Regimes über die Kontrolle der Außengrenzen und der Dublin-Verordnung über die Abwicklung von Asylanträgen, die die deutsche Kanzlerin quasi im Alleingang verfügte, als bewusste Aufforderung gedacht war oder lediglich aus dem faktischen

Druck der Ereignisse erging, wird Historiker vielleicht noch lange beschäftigen. Auf die betroffenen Personen mussten die Maßnahmen auf jeden Fall als eine Ermutigung wirken, ihren Weg in die Staaten mit den leistungsfähigsten Systemen sozialer Sicherung fortzusetzen oder anzutreten.

Die deutsche Bundesregierung, unterstützt von der österreichischen, hat damit einen klaren politischen Akt gesetzt: Das europäische Grenzregime wurde außer Kraft gesetzt und es hat sich ein Fluchtkorridor gebildet, in dem deutsche Verordnungen bis in die Herkunftsgebiete der Flüchtlinge durchgriffen. Sie hat den Einflussbereich deutscher Politik über das deutsche Staatsgebiet hinaus erweitert und alle Staaten entlang der Fluchtroute mit ihrer Entscheidung vor vollendete Tatsachen gestellt. Damit eröffnete sich ein Fluchtraum, der außerhalb der Territorialität der betroffenen Staaten, aber unter Patronanz des politischen Zentrums der Europäischen Union stand. Für die Exekutiven entlang der Routen stellte sich das Fluchtmanagement schwieriger dar, bemühten sie sich doch, die Herausforderung im Rahmen der bestehenden Rechtsordnung abzuwickeln, was zu großer Verwirrung, widersprüchlichen Anweisungen und viel Chaos führte: die flächenhafte Territorialität der Einzelstaaten, aber auch des EU-Suprastaates war maßgeblich durcheinander gebracht. Innerhalb der Staaten bildete sich angesichts der Massenflucht eine tiefe Spaltung der Bevölkerung in BefürworterInnen und GegnerInnen der Aufnahme heraus, die in der Folge zur Neuordnung des gesamten politischen Parteien- und Bewegungsspektrums geführt hat. Im Wesentlichen geht es um die Frage nach der Erhaltung sozialpolitischer Standards, die vor allem die Bevölkerungsschichten mit niedrigem Einkommen durch die Einwanderung der Flüchtlinge ins Sozialsystem gefährdet sehen. Sie wenden sich mit ihrer Forderung nach Zuwanderungsrestriktion an den Staat. Ihnen schwebt dabei ein Staat vor, der die Souveränität über sein Territorium und seine Grenzen besitzt. Aber auch die Anhänger der offenen Aufnahme – sofern sie keine Anhänger einer Verschlankung des Sozialstaates sind – verlangen vom Staat die entsprechenden Maßnahmen und Mittel, um die Integration der Flüchtlinge ohne Abstriche im sozialen Niveau zu bewerkstelligen. Die Erwartungshaltung an den Staat ist also auf beiden Seiten hoch.

Die von oben konzedierte Willkommenskultur hat binnen eines Jahres eine Kehrtwende erlebt: Ein neues Migrationsmanagement bemüht sich in einer Kooperation aus einzelstaatlichen Maßnahmen, dem Ausbau des EU-Grenzschutzes und der Einbeziehung von Drittstaaten, die Territorialität im inneren und vorgelagerten Mehrebenensystem der Europäischen Union neu zu ordnen. Die Selektion bei der Einwanderung und Asylabwicklung, die

Aufteilung der Asylwerber auf die Mitgliedstaaten ebenso wie bei Ausweisung und Abschiebung ist Ausdruck eines – zukünftigen – Migrationsmanagements, das die Willkommenskultur in enge Grenzen verweist. Auch die Bemühungen um Abschottung der Außengrenzen, Auslagerung von Aufnahmezentren, Lagern und Rückführungseinrichtungen für abgelehnte AsylwerberInnen sind Ausdruck des Wunsches nach einem autoritären Suprastaat. Die vorübergehende Chaotisierung während der Flüchtlingskrise könnte sich mit etwas mehr Abstand zum Geschehen unter Umständen als eine Übergangsphase herausstellen, in der der EU-Suprastaat seine Autorität in der Kontrolle von Territorium und Aufenthalt auf eine effektivere Grundlage gestellt hat. Diese Vision kann allerdings an vielen Hindernissen scheitern.

1.8. Clouds und virtuelle Räume (seit 2000)

"Imagine there's no countries" sang John Lennon (1971), »Über den Wolken, da muss die Freiheit wohl grenzenlos sein«, träumte Reinhard May (1986), und die rebellische Seemöwe in Neil Diamonds Musikfilm *Jonathan Livingston Seagull* (1973) inspirierte die Utopien der Hippie-Generation der 1970er- und 1980er-Jahre von einer Welt ohne Zwänge, Grenzen und einschränkenden Ordnungen. Wie ältere Vorstellungen vom Paradies und Schlaraffenland hatten diese Visionen – wie es das Wort »U-topie« vermittelt – keinen Ort. Die virtuellen Räume, die das digitale *World Wide Web* eröffnet, haben demgegenüber eine – für alle mit der notwendigen Hard- und Software Ausgestatteten zugängliche – klare Adresse: www.net.org.

Voraussetzung für die Entstehung virtueller Räume und Orte war die Entwicklung digitaler Datenträger, Datenverarbeitung und Datenkommunikation, die sich einem verdrahteten Himmel mit unendlich vielen Verästelungen gleich über unserer physischen Welt aufspannt. Die *digital domains* ziehen immer größere Bereiche des terrestrischen Geschehens in ihre himmlischen Sphären. Die virtuellen Räume und Orte sind freilich nicht völlig abgehoben, sondern auf vielfältige Weise mit dem Irdischen verbunden. Hier stellt sich die Frage, ob sich das Konzept der Territorialität auch auf sie anwenden lässt.

Die neuen Informations- und Kommunikationstechnologien eröffneten seit der zweiten Jahrtausendwende eine immer größer und unüberschaubarer werdende Zahl neuer Möglichkeiten der Aktivität und Vernetzung, die an keinen spezifischen Ort der Benutzung gebunden sind. Sie sind allerdings auch nicht von überall durchführbar, sondern erfordern Orte, die an die Datenvermittlungsinfrastruktur angeschlossen sind, Plätze oder Punkte mit Netzzugang; die mögen freilich auch tragbare kleine Geräte sein. Wer bei diesem

Club dabei ist, kann Spektrum und Radius seiner Aktivität neu gestalten. Dies betrifft AnbieterInnen als auch KonsumentInnen von Information, wenn auch in unterschiedlicher Weise, und verwischt dabei mitunter die Grenze zwischen den beiden. Es lassen sich etwa Interaktionsgruppen bilden, deren Angehörige sich niemals physisch treffen: Einzelne Individuen spielen miteinander, lernen einander kennen, teilen Interessen und Meinungen aus, kooperieren in Arbeitsprozessen, ja leben in gewisser Weise miteinander. Da man nicht physisch aufeinander trifft, kann ein Individuum seine Identität in der Gruppe selbst gestalten: er oder sie oder * kann seine Eigenschaften in ein besseres oder jedenfalls in ein anderes Licht stellen oder seine Person im jeweiligen Kontext überhaupt erfinden; so kann eine Person in mehrere Rollen und Beziehungen eintreten, eine Möglichkeit, die ihre Persönlichkeit maßgeblich verändert.

In wirtschaftlicher Hinsicht ergeben sich durch die Eröffnung digitaler *domains* neue Formen der Finanzierung (*crowd funding*), der Arbeitsvermittlung und Auftragsvergabe (*crowd working*) bei Online-Diensten und im Online-Handel. Selbstverständlich eröffnet die Digitalisierung mit Fernsteuerung und Roboterisierung auch neue Möglichkeiten von Rationalisierung von Arbeitsprozessen in der Industrie, in Handel, Vertrieb und Dienstleistung; solange diese Arbeiten jedoch in einer bestimmten Betriebsstätte oder beim Kunden durchgeführt werden, ist die Frage der Territorialität davon nicht unmittelbar tangiert. Letztlich stellt sich die Frage, ob die solcherart abgewickelten Geschäfte überhaupt noch Unternehmen (Firmen) benötigen: Die Firma, die an einen festen Sitz gebunden ist, zerrinnt in den Tasten der im Netz kooperierenden Akteure. Fortschrittsgläubige Netz-Piraten, die sich auch politisch zu Wort melden, sehen bereits das Ende von Ausbeutung, Markt und Kapitalismus heraufdämmern.

Beim *crowd funding* beteiligen sich die Kreditgeber bzw. Investoren meist mit kleinen Beiträgen an der Finanzierung eines Unternehmens oder eines Projekts – ohne die Vermittlung von Banken oder Agenturen. Beim *crowd working* bewerben sich AuftragnehmerInnen um Arbeitsaufträge, die auf einer digitalen Domain ausgeschrieben sind, erledigen diese auf ihrem PC – etwa Textbearbeitung, Übersetzung, Konzepterstellung u. v. a. m. – und übermitteln die fertige Arbeit per Mausklick. Digitale Vermittlungsplattformen sind Unternehmen ohne physischen Firmensitz, deren Mitarbeiter unabhängig von ihrem Aufenthaltsort alle möglichen Kontakte herstellen und Dienste vermitteln: Arbeitsagenturen vermitteln z. B. häusliche Dienste, Pflege, Reinigung für Privathaushalte oder verschiedenste Leistungen für Unternehmen. Fahrdienstagenturen vermitteln Botenfahrten und Taxidienste. Dabei steht ihnen kein eigenes Personal, kein Arbeitsmaterial bzw. keine Wagenflotte zur Verfügung, sondern all dies wird von den DienstnehmerInnen selbst zur Verfügung gestellt. Dies gilt auch für die Online-Plattformen, die Wohnungseigentümer und kurzfristige Mieter zusammenbringen und für ihre Dienste eine Gebühr kassieren. Online-Händler präsentieren den KundInnen ihr Sortiment im Internet und diese bestellen von zu Hause aus. *Global digital domains* stellen ihr Produkt, ob das nun Spiele, Texte, Musik oder Bilder sind, an ihrem Netzplatz aus und legen die Bedingungen fest, unter denen dieses – gegen Geld, im *open access* und/oder gegen die Preisgabe von persönlichen Daten – benützt oder erworben werden kann. Die Schaffung von Geld, der Inbegriff staatlichen Monopols im modernen Flächenstaat, wandert durch die algorithmengesteuerte Generierung von virtuellen Zahlungsmitteln, den *bitcoins*, ebenfalls aus der Nationalbank in die Anonymität der *cloud*.

Einen weiteren Einsatzbereich stellt die Kommunikation unter Familienmitgliedern, Freundeskreisen oder in einer bestimmten Sache engagierten AktivistInnen dar. Diese teilen sich über gemeinsame *domains* oder mithilfe einer Nachrichtenapplikation den anderen mit. Diese niedrigschwelligen Absprache-Dienste unter Gleichgesinnten, die alle Beteiligten *just in time* miteinander verbinden, werden deshalb auch als *social media* bezeichnet. Sie können der horizontalen Vernetzung dienen; da die Beteiligten – abgesehen von Nutzungsgebühren für die Plätze im www – mit der Preisgabe ihrer Daten dafür bezahlen, sind sie auch ein Einfallstor für vertikale, einseitige Kommunikationen von oben nach unten, etwa von Politikern, die Wahlaufrufe oder Botschaften verbreiten, von Initiativen, die um Mitglieder werben, oder Projektbetreibern, die *crowdfunding* oder Marketing betreiben. Die Aufrufe von Webseiten, die Vergabe von *Likes* ☺ und *Dislikes* ☹, die Abgabe von Kommentaren oder die Eintragung als *follower* komplettieren die Adressenlisten und Personenprofile von Unternehmen und Organisationen, die die einzelnen *user* als Nutzer, Käufer, Mieter, Wähler oder Anhänger ansprechen wollen. Im Vergleich zu herkömmlichen Marketingmethoden, die in Rundfunk und Fernsehen, in Massenprintmedien oder auf öffentlichen Werbeflächen zum Einsatz kommen, richtet sich die Internetwerbung spezifisch an jene Zielgruppen, die sich aus der Analyse ihrer Nutzerprofile – mit allen dazu gehörigen Unschärfen – bilden lassen. Wer kürzlich eine Webseite eines Fitnessstudios oder eines Reiseveranstalters aufgerufen hat, weiß, dass seine künftigen Webabfragen von *postings* dieser Branche begleitet sein werden. Wir sind uns bei gezielten Werbe- und Informationskampagnen in der Regel nicht bewusst, ob die Inhalte bereits auf unsere persönlichen Haltungen und

Vorlieben zugeschnitten wurden, während andere Zielgruppen vom gleichen Sender mit anderslautenden Botschaften versorgt wurden – etwa in Wahlkampagnen politischer Parteien, die den Bruchlinien innerhalb ihrer WählerInnenschaft beispielsweise dadurch begegnen, dass sie auf einer Seite die Angst vor Zuwanderung, auf der anderen Seite die Sorge um Integration bedienen. Die Differenzierung der digitalen Informationslandschaft hat zur Folge, dass immer weniger allgemein sichtbare Information zur Verfügung steht, wie etwa ein Werbeplakat oder ein Wahlplakat, bei dem ich entscheiden kann, ob bzw. warum es mich anspricht. Die digitale Technik versorgt mich direkt mit den Plakaten, die auf mich zugeschnitten sind, in der Politik, bei den Nachrichten, im Konsum. Ich kann mich auch selbst gut in jenen Milieus einrichten, die mir zu Gesichte stehen und dabei leicht vergessen, dass es außerhalb dieser Zirkel auch noch andere Standpunkte gibt. Die *cloud* besteht aus vielen Wölkchen.

Indem sich diese Welt des *on-line*-unterstützten Austauschs der Erfassung durch administrative Institutionen entzieht, könnte man vermuten, dass sich diese Räume dem Staat, seinem flächenhaften Zugriff seiner Autorität und dem dadurch vermittelten territorialen Zusammenhalt entziehen. Sie ermöglichen orts- und grenzüberschreitende Netzwerke, die sich nicht nur über bestehende Sozial- und Interessengruppen in der Gesellschaft, sondern auch über bestehende Gliederungen des politischen Raums legen. Keine Staatsgewalt hat dort etwas zu sagen. Eine amorphe, deterritoriale Welt?

Der erste Eindruck blendet die Rahmenbedingungen aus, mit denen der Staat in seinen verschiedenen Untergliederungen (Länder, Regionen) und suprastaatlichen Zusammenschlüssen (wirtschaftliche und politische Unionen) die virtuellen Räume reguliert (auch wenn er Schwierigkeiten mit der Besteuerung hat), sowie die damit verbundenen Möglichkeiten der Einflussnahme und Kontrolle. Er verfügt dabei über ein breites Spektrum von Hebeln. So wie Straßen, Eisenbahnschienen oder Telefonleitungen, erfordern auch die digitalen Kommunikationskanäle der materiellen Infrastruktur: Es bedarf des Ausbaus von Sendemasten und Kabeln, die den explodierenden Datenmengen gerecht werden. Nebenbei sei angemerkt, dass auch die alten Verkehrs- und Energie-Infrastrukturen (Straßen, Masten, Sendeanlagen, Stromleitungen) zum Betrieb der neuen Technologien unerlässlich sind. Wenn diese Bereiche durch Privatisierung und Auslagerung von der öffentlichen in private Hand verschoben werden und der Staat daraus keine Einnahmen mehr lukriert, ist es nichtsdestotrotz die Politik, die dafür die Weichen stellt – in der Regel nach dem altbekannten Muster, dass nicht-rentable Infrastrukturbereiche staatlich bleiben, während rentable an Private vergeben werden. In Fragen der Lizenzerteilung, Nutzungsberechtigung und der Zulassung neuer Anbieter strategischer Infrastrukturen behalten die Behörden weiterhin Kontrollrechte.

Weitere Bereiche, in denen politische Regulierung stattfindet, sind Standards im Bereich von Technik, Sicherheit, Umwelt und Arbeitsbedingungen. Es ist keineswegs so, wie die neoliberale Ideologie vermuten lässt, dass all dies dem freien Spiel der Kräfte unterliegt. Allerdings wird mit unterschiedlichen Maßstäben operiert. Innerhalb von einzelnen Staaten tut sich eine Kluft zwischen hohem, ja geradezu übertriebenem Regulierungswahn auf der einen Seite und einer *Laissez-faire*-Haltung auf der anderen Seite auf. So kann die öffentliche Hand mit der Regulierung in die Wettbewerbsbedingungen eingreifen, indem zum Beispiel multinationale Handels- und Gastronomieketten verschiedene Auflagen viel leichter erfüllen können als eigentümergeführte Klein- und Mittelbetriebe. In dieselbe Richtung begünstigt die grenzüberschreitende Öffnung von öffentlichen Ausschreibungen multinational operierende Großbetriebe gegenüber lokalen Anbietern.

Auf zwischenstaatlicher Ebene hat die Liberalisierung des Kapital- und Warenverkehrs die Auslagerung der Produktion an Billiglohnstandorte möglich gemacht. Im Bereich der Kommunikationsbranche betrifft dies ganz maßgeblich die Hardware, also die Endgeräte, die Halbleiter und die Chips, die auch in der wissensbasierten, sogenannten postindustriellen Ökonomie produzierender Betriebe bedarf: Diese befinden sich in Staaten, in denen Umwelt-, Steuer- und Arbeitsgesetze die Produktionskosten niedrig halten. Dabei ist es nicht das Fehlen staatlicher Regulierung, das die Vorleistungen so billig hält, sondern die Differenz in der Regulierung – im Zentrum beruht diese auf der gesetzlich herbeigeführten staatlichen und internationalen Liberalisierung des Kapital- und Warenverkehrs, in den Schwellen- und Entwicklungsländern auf der ebenfalls durch staatliche Gesetze flankierten Mobilisierung von Arbeitskräften in Weltmarktfabriken.

Auch im Betrieb der Callcenter, die für Kundenkommunikation, *crowdworking*-Plattformen und Online-Dienste gebraucht werden, spielen Steuer- und Arbeitsgesetze in Billiglohnregionen eine zentrale Rolle. Während in der Hardware die Volksrepublik China mit ihren in die Küstenstädte strömenden internen MigrantInnen die Nummer Eins im Telekommunikations- und Informatikbereich darstellt, konzentrieren sich die globalen Telefonzentralen in Indien, wo die koloniale Vergangenheit eine schier unerschöpfliche Zahl an SprecherInnen hervorgebracht hat, die die heutige Sprache der Globalisierung, das Englische, perfekt beherrschen. Dass westliche Unternehmen auf diese Ressource zugreifen können, ist nicht selbstverständlich: Es bedarf politischer Rahmenbedingungen, für die die in die Güter- und Dienstleistungsketten involvierten Staaten die jeweils erforderlichen unterschiedlichen rechtlichen Voraussetzungen schaffen.

Auch der eigentliche Gegenstand der digitalen Kommunikation, das gesprochene oder geschriebene Wort, ist nicht frei von staatlichem Einfluss. Es kann mithilfe von Zugriffen, um deren Ausmaß Behörden und Unternehmen im Streit liegen, sowohl in seinem Inhalt (*content*) als auch durch die Auswertung der Anfragen und Verbindungskontakte kontrolliert werden. Zudem ist auch die Frage, wem der Inhalt eines Werks oder das Protokoll der Verbindungsprofile eigentlich gehört, ein zentraler Konfliktpunkt, in dem der Staat seine Überwachungs-, Zugriffs- und Zensurrechte gegenüber den Nutzern ebenso wie gegenüber den Betreibern der *digital domains* wahrnimmt. Das geistige Eigentum ist eine Ware, deren Zugänglichkeit und Verwertung in komplizierten staatlichen und zwischenstaatlichen Regelwerken verhandelt werden. Verstößt es in Inhalt oder Form gegen staatliche Gesetze, kann auch der demokratisch verfasste Staat Seiten schließen, Inhalte unterdrücken und Übertretungen fahnden lassen. Schutz oder Weitergabe von Daten, z. B. bei Kontobewegungen oder Fluggastdaten, sind auch Gegenstand zwischenstaatlicher Interessenkonflikte: Wenn diese Daten verhandelt werden können, sind sie auch greifbar. Es gibt bereits Vorschläge, das Steuersystem auf die Besteuerung von Daten umzustellen (Mayer-Schönberger/Ramge 2017).

Keineswegs soll hier der Eindruck erweckt werden, die Staaten hätten die virtuelle Welt ohnehin fest in der Hand. Die digitale Leichtigkeit, mit der sich die Aktivität vom physischen Ort löst und über weite Entfernungen hinweg Kommunikation in Echtzeit ermöglicht, macht den staatlichen Exekutiven die Durchsetzung und Überwachung ihrer Regeln schwer. Plattformen und Briefkastenfirmen entziehen sich ihrem Zugriff – steuerlich, arbeitsrechtlich, es ist oft nicht einmal klar, in wessen territoriale Zuständigkeit ihre Aktivitäten eigentlich fallen, zumal sie deren »Bodenstation« – wenn es überhaupt eine solche gibt – ja rasch anderswohin verlagern können. Das in den Grenzen der Staaten geltende Recht kann angesichts der Vervielfachung, der Verflüchtigung und der Volatilität der Aktivitäten nicht greifen; die rechtlichen Anpassungen hinken den neuen Verhältnissen weit hinterher (Kremer/Müller 2014).

Dabei stellt sich die grundsätzliche Frage, inwieweit für den territorialen Kontrollverlust die digitale Technik und ihre Tendenz zur Überwindung des Raums allein verantwortlich zu machen ist. Ein Vergleich mit den technischen

Infrastrukturen, die wir mit der flächenhaften Staatlichkeit assoziieren – Eisenbahn, Post, Behörden, Bildungseinrichtungen u. a. m. – zeigt, dass auch diese nicht immer und überall notwendigerweise eine gleichmäßige soziale und regionale Zugänglichkeit und Erreichbarkeit aufwiesen. Wenn diese Technologien dennoch dazu beitrugen, flächenhafte Staatlichkeit zu installieren, dann nur aufgrund des politischen Willens, der diese Netze zur flächenhaften Erschließung von Raum und BewohnerInnen vorantrieb. Die Umsetzung ist bis heute von massiven Auseinandersetzungen zwischen sozialen Klassen, Interessengruppen und Regionen geprägt, die gegen Benachteiligungen in der Mobilität, der Verkehrsanbindung und der Kommunikation auftreten. Es scheint daher zu einfach, die Fragmentierung des Raums und den Verlust der Fläche, der mit den neuen Technologien einhergeht, einzig und allein der Digitalisierung zuzuschreiben. Das Resultat steht und fällt mit den politischen Rahmenbedingungen, die auch bei der Digitalisierung in unterschiedliche Richtungen gestaltbar sind. Dennoch: Auch wenn die Technik nicht alles determiniert, kommt der Digitalisierung aufgrund der Wettbewerbsstärke maßgeschneiderter, zielgruppenspezifischer, flexibler Lösungen bei oft geringem Kapitaleinsatz eine maßgebliche Rolle im Prozess der Fragmentierung des Raums zu.

Ebenso wie bei der Globalisierung, die gerne als unhinterfragbare Entwicklung dargestellt wird, muss auch bei der Fragmentierung des Raums die Frage gestellt werden, welchen Anteil der Staat, in allen seinen Ausprägungen, bei der Transformation der Territorialität hat. Wir können beobachten, wie mit der Neuzusammensetzung der Standorte im Rahmen von globalen Güterketten, der Neuzusammensetzung von Beziehungen und Kommunikation im Rahmen von digitalen Netzwerken der Netzwerkpunkt, insbesondere der Netzwerkknoten, gegenüber der in staatlichen Grenzen einheitlich gewobenen Flächenhaftigkeit obsiegt (Kaufmann 2006). Dies passiert vielleicht ein Stück weit hinter unser aller Rücken, weil die Technik Muster vorgibt, bevor überhaupt noch über deren Wünschbarkeit nachgedacht werden kann. Gleichzeitig sollen die politischen Entscheidungsträger nicht aus der Verantwortung entlassen werden. Ebenso wie diese es zulassen und fördern, dass innerhalb der Grenzen der Staaten »entnationalisierte Räume« entstehen, sind sie auch an der Fragmentierung des Raums und der sozialen Beziehungen beteiligt. Dies ist selbstverständlich ein umstrittenes Terrain mit höchst unterschiedlichen Interessenlagen, sodass der Eindruck von Chaos und Hilflosigkeit der Politik entsteht. Gerade dieses Chaos erlaubt es den stärksten Kapitalgruppen, die Politik quer zu bisherigen weltanschaulichen Lagern und Parteien in ihre Dienste zu nehmen, damit die digitalen Möglichkeiten in ihrem Interesse realisiert werden. So können an der Stelle von Massenkonsum gruppenspezifische Kundenkreise aufgebaut werden, und die Massenpartizipation verlagert sich von öffentlichen Räumen auf partikulare *domains*, deren Profile wiederum die Basis für die Kundenakquisition sind. Kritiker entwickeln unterdessen auf ihren *domains* heile neue Welten.

Mit dem Verlust der Fläche verändern sich Zusammenhalt, Identität und Politik. Wie können wir diese Transformation gedanklich fassen? Was zerfällt hier eigentlich? Entgegen der häufig geäußerten Ansicht eines Souveränitätsverlustes des Staates sehen wir nicht den Zerfall des Staates, sondern den Zerfall der Gesellschaft. Der Staat verwandelt sich von einem organisatorischen Rahmen, dessen Fläche zunehmend von den sozialen und partizipativen Ansprüchen der StaatsbürgerInnen ergriffen wurde, die im Rahmen staatlicher Institutionen mit örtlichen privaten Kapitaleignern abgestimmt wurden, zu einem Gebilde, in dem multinational agierende Kapitalgruppen die Staaten zu ihren Handlangern machen. Joachim Hirsch fasste dies als Übergang vom Wohlfahrts- zum Wettbewerbsstaat (Hirsch 2002). Vor dem Hintergrund der anwachsenden sozialen Erschütterungen und Deklassierungen nimmt der Wettbewerbsstaat zunehmend die Form des Sicherheitsstaates an, der sich der Kontrolle der demokratischen Institutionen entzieht und zum autoritären Staat wird (Mies/Wernicke 2017). Unter diesen Bedingungen stört es nicht weiter, wenn zahlreiche politische Repräsentanten mit diesen Entwicklungen nicht einverstanden sind. Zu denken gibt allerdings, dass nicht der Widerspruch gegen diese Privatisierung der Staatsmacht überwiegt, sondern dass die Staatsmacht die Normen privatwirtschaftlicher Konkurrenz als öffentliches politisches Leitbild verkündet (Sassen 2008: 661).

Manche sind der Ansicht, dass man einen Staat am besten so lenke wie einen privaten Konzern – also idealtypischer Weise mit einer Zerschlagung einheitlicher Belegschaften und Gewerkschaften, der Multiplizierung der Arbeitsverhältnisse in Stamm- und LeiharbeiterInnen, ausgelagerten Produktionsstätten und der Konzentration auf einzelne Komponenten, die *just in time* mit anderen Gliedern der Güterkette zusammengefügt werden. Übertragen wir dieses Modell auf die Staatsführung, so entsteht vor unseren Augen wie von selbst die fragmentierte Gesellschaft. Nicht der Staat zerfällt; er passt sich den globalisierten Logiken der Kapitalverwertung an, schafft hierzu die notwendigen staatlichen, suprastaatlichen, inter- und transnationalen Regelwerke und beschränkt sich auf eine möglichst vorteilhafte Rolle in der internationalen Konkurrenz um Standorte und Arbeitskräfte. Er behält seine Autorität, wenn auch auf Kosten territorialer Flächenhaftigkeit.

Derweil zerfällt die Gesellschaft durch wachsende Ungleichheit innerhalb der Staaten, in Verbindung mit Migrationsbewegungen, die aus der aufgrund des wirtschaftlichen Aufholens großer Schwellenländer zwar derzeit nicht wachsenden, aber nach wie vor bestehenden massiven Ungleichheit zwischen Nord und Süd resultieren. Menschen wenden sich mit ihren sozialen und politischen Forderungen möglicherweise weiterhin an staatliche Regierungen – in der Erwartung, dabei den Wohlfahrtsstaat anzusprechen, der zumindest den Anspruch hat, auf seinem Staatsgebiet für seine BürgerInnen soziale Sicherheit und einen gewissen sozialen Ausgleich zu schaffen. Dies ist ein Missverständnis. Der Staat hat seine Form verändert. Er hat sich an die Globalisierung angepasst, allerdings kam ihm dabei die Gesellschaft abhanden. Im globalen historischen Vergleich nähert sich der postmoderne Staat dabei gewissermaßen dem Kolonialstaat an, der immer von außen gesteuert und im Interesse einer schmalen Elite agiert hat.

An welchem Punkt der Fragmentierung sind wir angelangt? Richten wir unsere Aufmerksamkeit noch auf den Käse, der die Löcher zusammenhält, oder bilden die Löcher bereits die neue Form der Territorialität, in der die Einzelnen ihre Bindungen und Zugehörigkeiten unabhängig von gesellschaftlichen Zusammenhängen gestalten müssen, die früher im staatlichen Rahmen vermittelt wurden? Ihr Leben, unser Leben wird sich auch dann Beziehungsnetze im Raum schaffen, die wir als Territorialität definieren. Diese werden sich aber vom staatlichen Territorium ablösen, in reiche und arme Ghettos, Enklaven, spirituelle und virtuelle Räume verlagern, die in gewisser Weise an das vormoderne Kaleidoskop erinnern. Tatsächlich stehen wir erneut an einer Schwelle: Während die moderne Staatsbildung in der Frühen Neuzeit dazu geführt hat, Territorialität mit flächenhafter Staatlichkeit zu assoziieren, führt uns das Ende der Flächenhaftigkeit in eine neue Epoche, deren Territorialitätsmuster wir noch nicht ausmachen können.

2. Typologie der Grenzen

Grenzen sind ein chamäleonartiges Phänomen. Hat man einmal den Blick für Grenzen entwickelt, begegnet man ihnen überall, sie werden allgegenwärtig und es besteht die Gefahr, dass sie ineinander verschwimmen. Das hat damit zu tun, dass Grenzen sich auf höchst unterschiedliche Dinge und Verhältnisse beziehen. Dieses Kapitel bringt etwas Ordnung in die Vielzahl von Grenzen und Begrenzungen. Die Beispiele bauen auf der Auseinandersetzung mit der Territorialität von Gemeinwesen auf, die zu unterschiedlichen Verankerungen im Raum und Beziehungen zum Raum geführt hat. Im Gegensatz zum Raum steht hier die Grenze im Vordergrund. Die Gliederung folgt verschiedenen Typen von Grenzen, die Beispiele stammen vor allem aus der europäischen Geschichte. Da sich diese nicht an den europäischen Raumbehälter gehalten hat, folgen wir den europäischen Grenzen, wo auch immer sie gezogen wurden und wohin auch immer sie sich verlagert haben. Innerhalb jedes Typus verbindet sich ein systematischer, soweit dies sinnvoll ist, mit einem chronologischen Zugang; viel häufiger als mit einer diachronen Abfolge haben wir es aber mit synchronen Erscheinungen zu tun, also dem gleichzeitigen Auftreten von Grenztypen.

Das Phänomen »Grenze« manifestiert sich in der Topographie. Sichtbare Grenzen sind an Grenzzeichen, Grenzbauten, Grenzbefestigungen zu erkennen. Um sie jedem Mann und jeder Frau wahrnehmbar zu machen, werden an diesen Orten Rituale und Reglements inszeniert, sowohl bei der Festsetzung der Grenze, bei der regelmäßigen Vergewisserung ihres Verlaufs als auch beim Übertritt bzw. dessen Untersagung. Die einzelnen Typen werden in Hinblick auf Markierungen, Inszenierungen und Symbole befragt. Nicht jede Grenze ist sichtbar; sie kann und soll vielleicht auch gar nicht sichtbar gemacht werden, wirkt aber deshalb nicht weniger als Zeichen des Ein- und Ausschlusses. Ein Haushalt, dessen Einkommen unter die Armutsgrenze fällt, wird durch keinerlei Hinweisschild vor dem Überschreiten der Wohlstandsgrenze gewarnt. Er rutscht mit mehr oder weniger offenen Augen in die Armut; ist er einmal drinnen, werden der Rückkehr oft große Hindernisse in den Weg gelegt. Auch räumliche Grenzen können sich im Terrain verstecken: die Bedeutung des Aufenthalts in einem anderen Rechts-, Währungs- oder Sprachraum erschließt sich erst, sobald der Grenzgänger mit anderen

Gesetzen, anderen Zahlungsmitteln oder anderen Umgangssprachen konfrontiert ist. Wenn Grenzen Nachteile und Ausschluss mit sich bringen, werden sie durch Unsichtbarmachen verschleiert. Man kann Grenzen wegreden oder ihre Wirksamkeit leugnen. Sie können aber auch tatsächlich verschwinden, indem sie außer Kraft gesetzt oder an eine andere Stelle verschoben werden. Nicht zuletzt können sich äußerlich sichtbare Grenzen in die Personen hineinverlagern, die sie übertreten bzw. an ihrer Übertretung scheitern.

2.1. Elementare Grenzen

Wir nähern uns den elementaren Grenzen über die Persönlichkeitswerdung des Menschen, die wir mit Hilfe der Psychologie erschließen, die Beziehung zwischen Mensch und Natur, die wir über die Evolutionsgeschichte erschließen, und die gesellschaftliche Differenzierung, die wir über die historische Soziologie erschließen. In allen Fällen besteht die Gefahr, dass wir heutige Erfahrungen und Befunde für allgemein menschliche Züge halten und unzulässigerweise auf frühere Epochen rückprojizieren. Auch unsere Vorfahren haben diesen Fehler bereits begangen, den wir so, auch wenn wir uns der Geschichte mit Hilfe der Quellen annähern, nur schwer korrigieren können. Vorstellungen über elementare Grenzen haften also notwendigerweise viele Mythenbildungen an.

Die Persönlichkeitswerdung, bei der sich das Individuum aus der Symbiose der Mutter-Kind-Gruppe löst und sich als unterscheidbares Ego wahrnimmt, kann im Zeitalter der individuellen Selbstinszenierung leicht überbewertet werden. Dennoch: Die Entwicklungspsychologie kann die Etappen aufzeigen, in denen sich das Kind als selbständige Persönlichkeit zu sehen beginnt und damit eine erste Grenze zwischen sich, seine Nächsten und seine Umwelt setzt (Mussen/Conger/Kagan 1981). Diese Grenzziehung des Individuums ins Lot mit der Bindung in der Gemeinschaft zu bringen, begleitet den Menschen bis ans Lebensende. Die Werte und Handlungsanleitungen, wie das Gleichgewicht am besten auszusehen habe, differieren nach kulturellem Hintergrund und in Hinblick auf verschiedene soziale Charaktere, die sich aus ihrer Rolle in der Familie, im Haushalt, in der Arbeitstätigkeit sowie im politischen und kulturellen Leben ergeben. Es ist nicht unwesentlich, ob das Grenzen setzende Individuum die Abgrenzung als Mann – als Frau, als Junger – als Alter, als Freier – als Unfreier, als Mensch mit ganz bestimmten wirtschaftlichen, kulturellen oder politischen Aufgaben, Spezialkenntnissen und -techniken vornimmt.

Auch das Selbstverständnis als Teil einer elementaren Wir-Gruppe kann höchst unterschiedlich ausfallen. Wir denken unwillkürlich an Familien und

Gemeinden als kleinste Einheiten, die sich gemeinsam in Häusern und Dörfern niederlassen. Dabei war das Haus, dessen Mitglieder ein Wir-Gefühl entwickelten, bei unseren Vorfahren nicht notwendigerweise mit der biologischen Fortpflanzungseinheit identisch: Frauenhäuser mit Kleinkindern, Männerhäuser, Adoleszentenhäuser und Altenhäuser bildeten vielerorts und mehr oder weniger lange Zeit eine Alternative zum Haushalt, der sich in mehreren Generationen um die Kernfamilie bildete. Ob Geschlechtergruppen oder Familien, das gemeinsame Haus wies mit Wänden, Schwellen und Türen Grenzen zu anderen Häusern, aber auch Binnengrenzen zwischen verschiedenen Charakteren und Funktionen im Haus auf. Sie erlaubten Zuordnung und Abgrenzung zugleich, auch wenn die MitbewohnerInnen und die BewohnerInnen der anderen Häuser als Teil einer Verwandtschaftsgruppe oder eines Dorfes wahrgenommen wurden, das seinerseits sein Siedlungsgebiet markierte und gegenüber anderen abgrenzte. Weitere Formen der politischen und sozialen Vergemeinschaftung werden später behandelt.

Hier wird zunächst das Denken, das auf Wissen, Fühlen und Erfahrung beruht, als Form der Grenzsetzung angesprochen. Die Vernunft, die den Menschen zum Denken befähigt, erlaubt es, Dinge voneinander zu unterscheiden. Die Trennlinien, die beim Unterscheiden gezogen werden, beziehen sich auf Sachbereiche sowie auf die Einordnung in Raum und Zeit. Um zu differenzieren, zu vergleichen, Sachverhalte zuzuordnen und in Kontexte einzuordnen, bedarf es der Fähigkeit des analytischen Trennens, also der Setzung von Grenzen. Dies erfordert im Alltag keine spezifische Ausbildung, sondern erfolgt empathisch, kontextbezogen und wird durch persönliche Erfahrung und Tradition unterstützt. Auf diese Art und Weise wird ununterbrochen definiert, selektiert und zusammengeführt – Vorgänge, die zur Voraussetzung haben, dass es ein Wissen um den Unterschied gibt (Debray 2016:25; Liessmann 2012:30). In den Bereich der analytischen Grenzen fallen auch die moralischen Grenzen. Es geht nicht nur darum, wie in einer Gesellschaft Werte, Sitten und Regeln des Verhaltens für einzelne Mitglieder aufgestellt werden, sondern auch, in welcher Form die Einzelnen die Grenzen des Erlaubten verinnerlichen – um sie unter Umständen auch zu überschreiten.

Bevor zwischenmenschliche Beziehungen behandelt werden, wird der Mensch in seinem Verhältnis zur Natur betrachtet. Die frühen Menschen lebten als Jäger und Sammlerinnen viele Jahrtausende lang als integraler Bestandteil der Natur. Erst mit der agrokulturellen Technik löste sich der Mensch aus dieser Einheit und setzte der Natur, die nun als Wildnis definiert wurde, die Kultur entgegen. Um die Bedrohung durch Naturgewalten zu handhaben, beruhte die Lebensweise der Ackerbauern und Viehzüchter weiterhin auf einem engen, symbiotischen Verhältnis zur Natur. Im Lauf der Zeit traten bestimmte Gruppen von Menschen aus der Natur heraus und schwangen sich durch eine menschheitsgeschichtlich Weichen stellende Grenze zum Herrscher über die Natur auf. Diese mentale Trennung schlug sich auch in der Siedlungs- und Wirtschaftsweise nieder (Strohmeier 1995:18). Sie wurde von Männern und Frauen unterschiedlich wahrgenommen, blieben Frauen doch aufgrund der patriarchalen Definitionsgewalt weiterhin der Natur zugeordnet, sodass die Herrschaft des Mannes über die Natur auch die Herrschaft über die Frauen inkludierte (Moore 2015:222; Werlhof 2011:134–159).

Teil der Natur zu sein, bedeutete für die wilden Menschen, dass sie keine Trennung zwischen sich und ihre natürliche Umgebung zogen. Diese lieferte die Nahrung, diese bot in Höhlen, Erdlöchern oder auf Anhöhen geschützte Lagerplätze, die nach einiger Zeit gewechselt wurden. Erst später wurden Hütten errichtet. Tiere, Bäche, Bäume, Steine, Sterne oder Wettererscheinungen verkörperten die Geister oder Götter, mit denen die Menschen über Kulte in Beziehung traten.

Zunehmende Beherrschung materieller Vorgänge in der Landwirtschaft und der Herstellung von Gebrauchsgegenständen bewirkten in der Jungsteinzeit eine erste Distanznahme. Die Menschen legten ihre Wildheit langsam ab und errichteten dauerhaftere Siedlungen. Diese waren von Schutzwällen umgeben: Grenzen, die das Dorf als die Endosphäre, als die Welt seiner BewohnerInnen definierten, die sich vom Draußen, der Exosphäre unterschied (Strohmeier 1995:19). Zwischen Siedlung, Gärten und Feldern verlief nicht nur eine physische, materielle Grenze, sondern auch eine spirituelle. Die Siedlung war in unterschiedliche Zonen gegliedert: Eine besondere Rolle in der Vermittlung nach außen bildeten heilige Orte. Archäologische Ausgrabungen spiegeln diese Funktionen wider. Ein System kultischer und ritueller Handlungen, das von spirituellen Grenzwächtern begangen wurde, regelte die Beziehung zu Natur und Umraum. Diese bestimmten auch, wer zur Nahrungsgewinnung zum Betreten der Außenzonen befugt war und errichteten Außenposten, um Tiere und Dämonen freundlich zu stimmen. In die Exosphäre verbannt zu werden, war bis ins Mittelalter eine schlimmere Strafe als die Todesstrafe (Strohmeier 1995:19).

Eine qualitative Veränderung ging mit der Errichtung von Städten und Stadtstaaten einher, die durch die Einbeziehung der Dörfer in ihrem Umland in ihre Schutzzone eine arbeitsteilige Wirtschaft errichteten, die zu größerer sozialer Differenzierung, zu Machtkonzentration und überregionalen

Austauschbeziehungen, aber auch Konflikten und Kriegen mit anderen urbanen Zentren führte, die neue Herrschaftstechniken mit sich brachten. Als erstes bildeten sich Stadtstaaten und zentral regierte Reiche im Zwischenstromland des Euphrat und Tigris sowie am Nil heraus. Später fanden solche Entwicklungen in mehreren, durch Lage und naturräumliche Faktoren begünstigten Regionen in allen Weltregionen statt, insbesondere in Mittelamerika, im Mittel- und Schwarzmeerraum, am Indus sowie in Ostasien. Abseits dieser Zentralräume, aus denen sich großräumige imperiale Herrschaftszentren herausbildeten, lebten die Menschen weiterhin in der Kleinräumigkeit des Dorfes. Wenn Reiche aus welchen Gründen auch immer kollabierten, gewährleistete die dörfliche Lebensweise die Kontinuität der menschlichen Siedlung. Wir finden daher im früh- und hochmittelalterlichen Zentraleuropa nach dem Niedergang der römischen Reichsstrukturen Dörfer, deren Endosphäre trotz Christianisierung viele Gemeinsamkeiten mit ihren bronze- und eisenzeitlichen Vorgängersiedlungen aufweist.

Stadtstaaten und antike Reiche hatten im Zuge der Verfeinerung ihrer Herrschaftstechniken auch im Kultsystem Neuland beschritten. Sie ordneten ihr matriarchalisches Götter- und Göttinnenuniversum neu und etablierten patriarchale Mythen und Kulte und schließlich Monotheismen (Nolte 2005:23). Der Schöpfergott der monotheistischen Religionen brach mit der Einordnung der Menschen in ihre natürliche Umwelt. Die Schöpfung setzte eine klare Grenze gegenüber einer Phase, in der noch nichts da war. Die Bilder, die zu diesem Nichts überliefert wurden, lassen es doch dem Zeitalter der Jäger und Sammlerinnen ähneln, das in der Bibel paradiesartige Zustände annimmt. Erst mit der Schöpfung des postparadiesischen Menschen begann die Zeit, deren Messung mit der Religionsstiftung die Stunde Null der jeweiligen Zeitrechnung festsetzte. Der Zeitgott Saturn (Kronos im griechischen Götteruniversum) hatte ausgedient, sobald der römische Kaiser Theodosius I. um 397 mit dem Edikt gegen die Arianer das Christentum zur Staatsreligion erklärte.

Ein Beispiel für die patriarchale Umdeutung bietet der Aphrodite-Mythos am »Geburtsort« der Göttin in Zypern. Nach der um 700 v. u. Z. verfassten *Theogonie* des Griechen Hesiod entsprang Aphrodite dem Spermium des Schöpfergottes Uranos. Bevor die griechischen Achäer im 12. Jahrhundert v. u. Z. nach Zypern kamen, wurde dort die altorientalische Fruchtbarkeitsgöttin Ischtar-Astarte verehrt. Mit dem Übergang zum Patriarchat wurde diese in die griechische Göttergenealogie eingeordnet. Der neue Geburtsmythos reflektiert auch den Übergang von der matriarchalen zur patriarchalen Gesellschaftsordnung (Bötig 2002:32).

Die christliche Botschaft im Umgang mit der Natur lautete: »Machet Euch die Erde untertan« (Genesis 1, 28). Die klare Hierarchie, die dieser Grenzziehung zugrunde liegt, konnte die Menschheit in den kommenden eineinhalb Jahrtausenden aufgrund der engen Verbundenheit des Lebens mit der natürlichen Umwelt nur ansatzweise in die Tat umsetzen. Dies gelang erst, als die aus den Freiheitspostulaten der Aufklärung entspringende Säkularisierung den Beherrschungsauftrag aufgriff und die wissenschaftliche Revolution das entsprechende Wissen bereitstellte, um die Beziehung des Menschen zur Natur mit Hilfe der Technik neu zu ordnen. Damit wurde auch die Grenze zwischen Endosphäre und Exosphäre eingerissen und Erschließung, Kolonisierung und Zähmung der Natur zum Inbegriff des Menschheitsfortschritts gemacht, der keine Grenzen kennen würde. Nun schoben Herrschaftsinhaber die Grenzen ihrer Herrschaftsgebiete im Sinne der Zurichtung der Natur im Dienste ihrer Nutzung, Ausbeutung und Verwertung voran. Dies passierte sowohl in ihren Altsiedlungsgebieten, wo die Wildnis zurückgedrängt wurde, als auch gegenüber kontinentalen und kolonialen Erweiterungsgebieten, deren indigene BewohnerInnen aufgrund ihrer symbiotischen Naturbeziehung kurzerhand zu Wilden erklärt wurden. Eine Kehrseite des instrumentellen Herrschaftsverhältnisses stellte die in Adelskreisen seit dem 17. Jahrhundert aufkeimende romantische Verklärung der Natur dar. Gartenlandschaften und literarische Schäferidyllen richteten sich die Natur so zurecht, dass ihre Wildheit für den Menschen nicht mehr bedrohlich erschien. Auch als romantische Projektion blieb sie das Andere, in das im 19. Jahrhundert nationale Mythen ebenso hineingelegt wurden wie im 20. Jahrhundert technische Machbarkeitsphantasien (Strohmeier 1995:25).

Last but not least werden elementare Grenzen im Bereich der Gesellschaft sichtbar. Wie definiert sich eine Gruppe und wie grenzt sie sich von anderen Gruppen ab? Ein wesentlicher Unterschied besteht zwischen der horizontalen Abgrenzung, also zu benachbarten, im Wesentlichen gleichartigen Kollektiven, und der vertikalen Abgrenzung, bei der die soziale Differenzierung im Mittelpunkt steht. Horizontale Grenzen bestehen zwischen Haushalten, Grundstücken, Feldern, Dorfgemeinden, Grundherrschaften, Bezirken, Ländern oder Staaten. Türen, Schwellen, Zäune, Mauern, Schranken, Feldraine, Grenzsteine, Schilder, Grenzbalken, Grenzstationen zeigen Anfang und Ende an. Vertikale Grenzen bestehen zwischen Geschlechtern, Altersgruppen, Arm und Reich, Berufsgruppen, Statusgruppen, Klassen, Angehörigen einer Religion oder ethnischen Gruppe: Hier steht nicht die räumliche Begrenzung im Vordergrund, sondern die soziale Zugehörigkeit, die oft gar nicht, nur indirekt oder nur für diejenigen sichtbar ist, die die Zugehörigkeitscodes kennen. Sie kann durch Geburt oder Aufnahme erfolgen. Aufnahme ist in der Regel an Bedingungen geknüpft und erfolgt über Rituale, die die Zugehörigen mit der Rolle als Mitglied vertraut machen.

In beiden Fällen umfassen Räume, die voneinander abgegrenzt werden, sehr unterschiedliche Personen, Dinge und Sachverhalte. Es geht um Eigentums- und Nutzungsgrenzen, um Grenzen von politischer Selbstverwaltung, Jurisdiktion und Administration, um Wohlstands- und Kulturgrenzen. Es muss festgelegt werden, wer der Gruppe angehört, wer sie verlassen und wer sich ihr zugesellen darf. Auch der Zutritt von Gruppenfremden bedarf der Regelung. Zu diesem Zweck werden Zeichen und Symbole eingesetzt, die sowohl die Mitglieder ausweisen als auch die physischen und sozialen Räume markieren, in denen diese zugelassen und berechtigt sind. Zu solchen Zeichen und Symbolen gehören auch Praktiken wie Tracht, Esskulturen, Feste, Zeremonien, die Eingeweihte von Nichtdazugehörigen unterscheiden. Die genannten Sachverhalte decken ungezählte Bereiche und Situationen des Alltagslebens ab. Jeder Mensch nimmt in seinem Alltag ununterbrochen Klassifizierungen vor, in denen er sich selbst und andere in Bezug auf eine eigene oder auf andere Gruppen zuordnet. Manche haben große Bedeutung, andere werden als unwichtig angesehen. In der Regel wissen Menschen, welche Wertschätzungen und Chancen mit der Zugehörigkeit oder Nichtzugehörigkeit zu einer Gruppe verbunden sind. Dabei kann sich Zuordnung und Abgrenzung auch mit Werthaltungen verbinden, die von der Höherwertigkeit oder Minderwertigkeit bestimmter Gruppen ausgehen. Dieses Klassifizieren ist in der Praxis und Erfahrung verankert und wird oftmals als so selbstverständlich angesehen, dass es nicht als Akt bewussten Grenzen-Setzens, sondern als natürliches Verhalten empfunden wird.

In vielen Fällen überlagern einander horizontale und vertikale Grenzen. Zum Beispiel die sozialräumliche Gliederung einer Stadt: Hier handelt es sich primär um soziale Grenzen, die sich gleichwohl horizontal niederschlagen können. Das Wohlstandsgefälle zwischen armen und reichen BewohnerInnen bewirkt sozialräumliche Polarisierung, sodass die soziale zur räumlichen Grenze wird. Wenn Arm und Reich ethnisch oder religiös konnotiert sind, bekommt die soziale Grenze ein kulturelles Gesicht. Solange die Kluft nicht unüberwindlich ist, kann sie überschritten werden. Nimmt das Gefälle bedrohliche Ausmaße an, werden Reiche sich nicht mehr in die für sie unsicher erscheinenden Stadtteile der Armen wagen. Umgekehrt werden besonders Reiche ihre Stadtteile mit Mauern umgeben, die mit unterschiedlichen

Sicherungssystemen gewährleisten, dass Nichtberechtigte von ihnen ferngehalten werden.

In allen Fällen können Grenzen scharf gezogen sein oder aber Zwischen-, Überlappungs- und Übergangsräume aufweisen. Unter »Zwischenraum« verstehen wir eine Zone, die weder ausschließlich durch die eine noch durch die andere Zugehörigkeit geprägt ist. Damit wird Konflikten, die aus dem Entweder-Oder von Gruppenzugehörigkeit resultieren, das Spannungsmoment genommen. In Überlappungsräumen können Zugehörigkeiten koexistieren. Ein Übergangsraum hingegen zeichnet sich dadurch aus, dass hier überlappende Zugehörigkeiten zu einem »dritten Raum« führen, der neue Merkmalausprägungen und Identitäten mit eigenen Zutritts- und Zugehörigkeitsregeln führt. So unterscheidet sich ein durch den Zuzug von Neureichen gentrifizierter Stadtteil etwa ebenso von alteingesessenen »besseren« Vierteln der Oberschicht wie von Stadteilen, deren BewohnerInnen von sozialem Abstieg bedroht sind.

Prozesse der Vergemeinschaftung sind Ergebnis politischer Aktivität und unterliegen politischer Regulierung, welche gleichermaßen Einfluss auf die Ausprägungen und den Umgang mit Grenzen hat.

2.2. Politische Grenzen

Politische Grenzen definieren Gemeinwesen in Bezug auf den Geltungsbereich von Recht und Gesetz in räumlicher und personaler Hinsicht. Politik wird als eine Handlung begriffen, die Macht, Zustimmung und Konsensbildung erfordert, auch wenn die Mitglieder des Gemeinwesens unterschiedlich an diesen Akten der Selbstbestimmung und Selbstverwaltung beteiligt sind. Die Art der Gemeinwesen reicht von kleinen bis großen Selbstbestimmungs- und Selbstverwaltungseinheiten mit unterschiedlich breiter politischer Beteiligung. Dorf, Grundherrschaft, Stadt, Bezirk, Provinz, Staat (Reich, Imperium, Nation), Staatenbund, Union sind solche räumliche Einheiten, sofern sie über politische Selbstbestimmung und Selbstverwaltung verfügen und nicht einfach nur Vollzugsorgane übergeordneter politischer Instanzen sind: Sie erlangen ihre Berechtigung unter bestimmten historischen Umständen; ältere Formen verschwinden, koexistieren oder verbinden sich mit neuen Einheiten zu ein- und demselben Zeitpunkt. Die Existenz eines aus mehreren überlappenden Körperschaften gebildeten politischen Systems erfordert es, sowohl die räumlichen als auch die Kompetenzgrenzen zwischen diesen Einheiten abzustecken. Kompetenzaufteilung ist mit Macht und Einfluss verbunden, sie unterliegt Interessengegensätzen, und sie erfordert Aushandlungsprozesse, was immer auch Konflikt bedeutet.

Im Idealfall ist die Zuständigkeit eines Gemeinwesens sowohl territorial als auch personal definiert. In der konkreten historischen Praxis treten beide Formen in unterschiedlichen Mischungsverhältnissen auf. Im Übergang zur Neuzeit können wir eine Verschiebung von primär personalen hin zu primär territorialen Formen der politischen Zuständigkeit und Zugehörigkeit beobachten. Persönliche Gefolgschaft wird von Zuständigkeitsformen abgelöst, die nicht nur einzelne Gefolgsleute, sondern den gesamten Untertanenverband eines bestimmten Herrschaftsgebiets umfasst. Allerdings ist auch persönliche Gefolgschaft meist räumlich gebunden, während Untertanenverbände auch Fremde einschließen, für die die lokale Regierung keine Verantwortung trägt.

Die Grenzen zwischen politischen Körperschaften fassen wir als politische Grenzen. Ob es sich um Außen- oder Binnengrenzen handelt, hängt davon ab, welche Einheit als Bezugsgröße dient. Die Außengrenze einer Gemeinde ist eine politische Grenze, die aus der Perspektive des Bezirks, des Landes oder des Staates, dem diese Gemeinde angehört, eine Binnengrenze darstellt. Diese Binnengliederung und Kompetenzausstattung der Gebietskörperschaften höherer oder niederer Ordnung scheinen im ersten Moment von geringer Brisanz; bei näherem Hinsehen werden darüber intensive Auseinandersetzungen geführt: historisch bei deren Einführung als Körperschaft, und laufend in Hinblick auf die Rechte und Pflichten gegenüber Nachbarn – hierbei geht es um die Größe und räumliche Erstreckung – sowie gegenüber über- und untergeordneten Instanzen.

Die europäische Stadt des Hochmittelalters löste sich als Selbstverwaltungskörper (mehr oder weniger) aus der Abhängigkeit von adeligen Grundherrn und regelte ihre inneren Angelegenheiten innerhalb der Grenzen ihres Territoriums selbst. Je nachdem, ob das Stadtrecht vom Grundherrn oder vom Landesfürst erteilt wurde, waren die städtischen Freiheiten und Privilegien enger oder weiter gefasst (Dilcher 1996:239ff). Außer wenn es sich um einen Stadtstaat handelte, waren Stadtbewohner gleichzeitig Untertanen übergeordneter Verwaltungen, die städtische Rechte auch wieder einschränken konnten.

Auch im ländlichen Raum gab es eine beschränkte lokale Selbstverwaltung der Untertanen im Rahmen der Dorf- oder Pfarrgemeinde, deren Spielraum in vielen Regionen durch das Untertänigkeitsverhältnis allerdings stark eingeschränkt war. Heimatrecht und Armengesetze übertrugen der Gemeinde im Verarmungsfall die Verantwortung für die soziale Versorgung ihrer Angehörigen. Dies machte die Frage der Gemeindezugehörigkeit zu einer lebensentscheidenden Angelegenheit.

Eine verfassungsmäßig garantierte Selbstverwaltung erlangte die politische Gemeinde in den europäischen Staaten erst im Laufe des 19. Jahrhunderts als eine mit Selbstbestimmungsrechten ausgestattete Körperschaft. Seither stellt die Gemeinde eine politische Einheit mit hoher Identifikationskraft dar. In der zweiten Hälfte des 20. Jahrhundert wurden kleinere Gemeinden vielerorts zwecks Vereinfachung der Verwaltung zu größeren Einheiten zusammengelegt, was in der Regel zu Protesten führte.

Auseinandersetzungen um Gemeindegrößen sind immer auch Auseinandersetzungen um Gemeindegrenzen, auch wenn diese nicht im Terrain markiert sind. Aufnahme in den Gemeindeverband bzw. Verleihung des Heimat- oder Bürgerrechts legten den Kreis politischer Berechtigung und sozialer Ansprüche fest. Einwohnerlisten halten darüber Evidenz. Kataster und Landkarten zeigen die Gemeindegrenzen. Sie decken sich nicht mit den Grundstücksgrenzen, die nicht an die politische Gemeindegrenze gebunden sind. Ortstafeln können mit Gemeindegrenzen übereinstimmen, beziehen sich oft aber nur auf das verbaute Ortsgebiet.

Auch die unteren Ebenen der staatlichen Verwaltung – Bezirke, Kreise, Komitate, *counties*, *départements* –, die im Zuge des Aufbaus moderner Staatlichkeit als regionale Außenposten der Zentralregierung eingerichtet wurden, erlangten für die BewohnerInnen nicht nur praktische Bedeutung im Behördenverkehr, sondern trugen zur regionalen Identitätsbildung bei. Landkarten und regionalkundliche Publikationen verankerten die neuen Verwaltungsinstanzen im Bewusstsein der Bevölkerung. Im Zuge der Ausweitung demokratischer Institutionen führte dies gelegentlich zu Forderungen nach Einrichtung von Parlamenten und gewählten Regierungen; teilweise stieß dies auf erbitterte Ablehnung, in anderen Fällen wurde die Verwaltungsfunktion von oben durch eine Selbstverwaltung von unten ergänzt. Unabhängig von der politischen Autonomie bringt die Existenz einer Verwaltungseinheit die Bedeutung und den Status einer Kleinregion zum Ausdruck. Ebenso wie mit wirtschaftlichem Bedeutungsgewinn immer wieder neue Verwaltungseinheiten geschaffen wurden, was nachbarschaftliche Rivalitäten mit sich brachte, führt ökonomischer Niedergang zu deren Auflösung bzw. Fusionierung mit Nachbarbezirken. Unter dem Druck von Einsparungen von Verwaltungskosten wurde die Gebietszusammenlegung im 21. Jahrhundert zum Inbegriff der Verwaltungsreform. Sie stößt in den betroffenen Regionen auf massiven Widerstand. Im Süden Thüringens fanden 2017 beispielsweise große Kundgebungen mit mehreren Tausend TeilnehmerInnen in den Kreisstädten Schleiz, Apolda und Sonneberg statt, um gegen die Zusammenlegung in Großkreise und den Verlust zentralörtlicher Funktionen in den Kreishauptstädten zu protestieren (https://www.mdr.de/thueringen/wahlen-politik/gebietsreform/gebietsreform-demo-schleiz-apolda-sonneberg100.html, 29. Dezember 2017). Hier paart sich der wirtschaftliche Bedeutungsverlust von ländlichen Industrieregionen der ehemaligen DDR mit der Hoffnung auf Kosteneinsparung durch Gebietsreform. Auch in Frankreich wurde die Zahl der Regionen 2016 von 22 auf 13 reduziert und zahlreiche Gemeinden zu größeren Verbünden zusammengelegt.

In föderal aufgebauten Staaten wie Deutschland oder Österreich bilden die Länder eine Zwischenstufe zwischen Zentral- und Lokalbehörden. Die Länder können meist auf ältere historische Traditionen zurückgreifen als der Zentralstaat und stellen eine wichtige Selbstverwaltungsebene im politischen Mehrebenensystem dar; sie stellen gleichzeitig wichtige Identitätsregionen dar, die in politischen Umbruchsituationen staatliche Unabhängigkeit oder Anschluss an einen anderen Staat beanspruchen können. So sprachen sich die Vorarlberger in einer Volksabstimmung im Mai 1919 für die Aufnahme von Beitrittsverhandlungen mit der Schweiz aus. Während dieses Votum gegen eine mögliche Vereinigung mit Deutschland gerichtet war und mit dem Frieden von Versailles obsolet wurde, brachten Volksabstimmungen in Tirol und Salzburg noch 1921 den Wunsch nach Anschluss an die Weimarer Republik zum Ausdruck.

In Staaten mit zentralistischer Tradition, in denen historische Länder die Staatsreformen der Vergangenheit nicht überlebten, wie in Frankreich oder in der Tschechischen Republik, griff der Zentralstaat bis vor kurzem direkt auf die Bezirke (*départments*; *okresy*) durch. Erst im Zuge des Vereinheitlichungsdrucks aufgrund des EU-Fördersystems wurden in Frankreich (2003) Gebietsreformen vorgenommen, die nach deutschem Vorbild eine Zwischenebene, die Region, einführten. Auch in der Tschechischen Republik wurde im Zuge des EU-Beitritts der Kreis (*kraj*) als Selbstverwaltungsebene zwischen Gesamtstaat und Gemeinden eingezogen, während die Bezirke ihre Kompetenzen verloren.

Auch die Abtretung von Kompetenzen an suprastaatliche Organe der Europäischen Union greift in das Verhältnis von Binnen- und Außengrenzen ein: Die Union entwickelt seit ihrer Konstituierung als politische Union im Vertrag von Amsterdam (1997) eine dem Parlament der Mitgliedsstaaten übergeordnete Ebene, an die im Zuge der Vertiefung immer mehr Entscheidungskompetenzen abgetreten werden. Ein demokratiepolitisch bedenklicher Konstruktionsfehler dieser Kompetenzverschiebung besteht darin, dass die legislative Ebene der Union, der Rat, nicht demokratisch legitimiert ist, sondern sich aus den Exekutiven der Mitgliedsstaaten, den Regierungen, zusammensetzt. Das Europäische Parlament ist nicht dazu angetan, dieses Demokratiedefizit zu überwinden, hat es doch keinen vom Rat entkoppelten, eigenständigen gesetzgebenden Charakter. Dementsprechend wird auf der einen Seite der Ausbau der Union zu einem europäischen Bundesstaat mit vollberechtigtem Parlamentarismus gefordert, andererseits die Rückverlagerung von Entscheidungskompetenzen in die Parlamente der Mitgliedsstaaten bzw. eine Neuregelung der Kompetenzaufteilung zwischen Union und Mitgliedsstaaten.

Die Art und Weise, politische Grenzen zu fassen, weist historisch ein breites Spektrum von Möglichkeiten auf. Welche Art zum Tragen kommt, hängt davon ab, wie die Territorialität der politischen Herrschaft beschaffen ist, welche Ziele die Grenzziehung verfolgt, und nicht zuletzt von den technischen und organisatorischen Mitteln, die einem Gemeinwesen zur Durchsetzung und Umsetzung zur Verfügung stehen. Idealtypisch können wir uns eine Entwicklungslinie von einer vagen Abgrenzung eines Herrschaftsgebietes in einer relativ dünn besiedelten und schwach erschlossenen Landschaft hin zu einem dichter von politischer Macht durchdrungenem Territorium mit klarer Begrenzungslinie vorstellen. Wir projizieren dabei die Flächenhaftigkeit von Herrschaft auf Situationen, in der Zugehörigkeit primär als Personenverband konstituiert war. Die Herrschaftsgebiete dieser Personenverbände konnten einander durchaus überlagern.

Territorialität war also nicht exklusiv, sondern überlappend. Wo sie auf Konkurrenten stieß, vor allem dann, wenn diese Begegnung kriegerisch verlief, wurden punktuell Grenzen vereinbart. Die politischen Grenzen der antiken und mittelalterlichen Staaten folgten schon deshalb keiner linearen Konzeption, weil diese Linie im Terrain nicht festzumachen und zu sichern war. Wichtig waren entscheidende strategische Stellen wie Pässe, Flussübergänge, Wegkreuzungen oder markante Außenposten. An solchen Stellen errichteten bereits die alten Reiche Mesopotamiens, Ägyptens oder Zentralamerikas Symbole ihrer Herrschaftsansprüche in Form von Steinsäulen oder Stelen (*stelae*). Der älteste bekannte Grenzkonflikt ist auf der heute im Louvre befindlichen Geier-Stele überliefert, die den Streit der sumerischen Stadtstaaten Lagasch und Umma um Land- und Wasserrechte aus dem 25. Jahrhundert v. u. Z. und dessen Beilegung beschreibt (Diener/Hagen 2012:23). Die Steinzeichen der griechischen Stadtstaaten zur Markierung von Grenzen wurden *hóros* (Mz. *hóroi*) genannt (ebd.:29).

Während heutige Staatsgrenzen durchgängig durch Grenzsteine akkordiert und markiert sind, lagen zwischen den gekennzeichneten Stellen der alten Reiche Gebiete, die niemand beanspruchte – Zwischenräume – und Gebiete, die nur abstrakt zum jeweiligen Herrschaftsgebiet gehörten, aber nicht gesichert waren – Grenzräume. Diese Punkte und Räume fügten sich in die sich überlappenden Zuständigkeitsräume ein, die sowohl im Binnenbereich der Gemeinwesen als auch über diese hinweg bestanden. Ein Beispiel für eine solche Grenzsituation ist der Grenzverlauf zwischen dem babenbergischen Herzogtum Österreich, einem Teilstaat an der Ostgrenze des Ostfränkischen Reichs. Die Grenzziehung zum nördlich angrenzenden Königreich Böhmen, ein weiterer subimperialer Teilstaat, verlief – wie klösterliche Schenkungsurkunden dokumentieren – »mitten durch den Wald« (*in media silva*). Als im 12. Jahrhundert Grenzstreitigkeiten auftraten, legte ein Spruch des Kaisers (Friedrich Barbarossa) 1179 den Verlauf der Grenze im Bereich des umstrittenen Gebiets fest. Dabei wurden zur Dokumentation dieser Landesgrenze erstmals punktuell topographische Anhaltspunkte angeführt (Žemlička 1995:42).

Örtliche Adelige legten zur gleichen Zeit Grenzverlaufskarten an, um Konflikte über den Verlauf ihrer Besitzgrenzen zu regeln. Da Grundherrschaften im Mittelalter nicht nur Wirtschaftsbetriebe, sondern auch mit politischer Berechtigung und niederer Gerichtsbarkeit gegenüber ihren Untertanen ausgestattet waren, überlagerten sich in einer Herrschaftsgrenze die wirtschaftliche mit der politischen Grenze. Die Besitzungen der Grundherrschaften fügten sich jedenfalls nicht unbedingt in die Landesgrenzen ein. Grundherren verfügten oft über Lehensbesitz im Nachbarland und übten mit ihren jenseits der Landesgrenze liegenden Herrschaftsrechten personale Herrschaft über die ihnen zugehörigen Untertanen aus. Da Herrschaftsgrenzen auch Eigentumsgrenzen waren, wurde ihr Verlauf mit Grenzsteinen markiert. Die Existenz einander überlappender und überlagernder Grenzen entsprach der mittelalterlichen Patchwork-Territorialität.

Im Mehrebenen-System von Zentralmacht, Landesherrschaft und adeliger Grundherrschaft kam Städten eine Sonderstellung zu. Sie erhielten eine besondere politische Berechtigung zur Selbstverwaltung, die sie – je nach Stadtrecht – von den Landesfürsten und Königen emanzipierte bzw. im Fall der freien Reichsstädte selbst zum Stadtstaat machte. Städte waren aber auch im Inneren durch mannigfaltige soziale und räumliche Grenzen gegliedert. Wien zum Beispiel war keine freie Reichsstadt; es war seit 1136 Residenz der babenbergischen Landesherren und erhielt 1221 das Stadtrecht. Eine gemeinsame Hauptstadtfunktion für den Länderkomplex der österreichischen Habsburger erreichte es erst im 17. Jahrhundert. Die Staffelung und Überlagerung der Stadtgrenzen und der Grenzen in der Stadt tritt am Wiener Beispiel deutlich zutage: Es gab das eigentliche, von der Stadtmauer und einem militärischen Glacis umgebene Stadtgebiet, auf das sich das Stadtrecht bezog. Der magistratische Rechtsbezirk war sukzessive auf einen sogenannten Burgbezirk erweitert worden, sodass der Magistrat auch Landgüter außerhalb der Stadt kontrollierte. Innerhalb und außerhalb des Burgfriedgebiets verfügten adelige und kirchliche Herrschaften über Freiungen – Herrschaftsgebiete, die zwar auf dem Stadtgebiet lagen, aber dem Rat entzogen und der grundherrschaftlichen Verfügungsgewalt, die auch die niedere Gerichtsbarkeit beinhaltete, unterstellt waren. Zu guter Letzt wurde die Stadt aus militärischen und fiskalischen Gründen 1703 von einer zweiten befestigten Mauer mit Einlasstoren, dem sogenannten Linienwall, umgeben, der seit 1829 auch als Steuergrenze diente. Er reichte teilweise erheblich über den Burgfriedbezirk hinaus und wanderte im Zuge der Stadterweiterungen des 19. Jahrhunderts weiter an den Stadtrand, war jedoch auch dann nicht mit der erweiterten Stadtgrenze identisch (Sauer 1993:19). Wie die Stadtmauer – ein unübersehbares Symbol der Stadt, bis sie mit der Stadterweiterung 1857 beseitigt wurde – demonstrierte der Linienwall eine Grenze zwischen Stadt und Umland. Wer sie überschreiten wollte, konnte dies zu den Amtszeiten tun, musste sich jedoch ausweisen und mitgeführte Waren versteuern. Darüber hinaus entstanden durch die Stadterweiterung neue Stadtgebiete, deren Selbstverwaltungsrechte als politische Gemeinden mit der Eingemeindung an die Stadtbezirke übertragen wurden.

Ein Mehrfachgeflecht sich überlagernder, im Zuge von Erweiterungsprozessen von Außen- zu Binnengrenzen mutierender Grenzen zeigt sich auch im Fall der Europäischen Union. EU-Beitritt und Kompetenzausweitung gingen seit den 2000er-Jahren nicht mehr Hand in Hand. Vielmehr gliederten die Osterweiterungen von 2004 und 2007 bestehende ältere sowie neue, aus den Zerfallsprozessen des RGW und Jugoslawiens hervorgegangene Staaten als Mitglieder ein, verschoben allerdings die Übernahme des Schengener Informationssystems (SIS) zur Koordinierung der Grenzkontrollen, der Einheitswährung Euro oder der ArbeitnehmerInnen-Freizügigkeit auf einen späteren Zeitpunkt. So entstand ein System abgestufter Kompetenzräume, in dem die Erweiterungsstaaten für die alten Kernstaaten die Rolle von vorgelagerten Sicherheits-, Absatz- und Beschaffungsräumen erhielten. In dem Maße, in dem einige in den inneren Kreis aufrückten, wurde diese Funktion an Nachbarstaaten übertragen, die über Assoziierungsabkommen an die Union gebunden werden (Hofbauer/Komlosy 2009:115f).

Das Schengener Abkommen, das 1985 als bilaterales Abkommen einiger westeuropäische EG-Staaten begann und 1997 mit dem Vertrag von

Amsterdam in den Rechtsrahmen der Union übernommen wurde, verkörpert die Versprechung der Abschaffung der staatlichen Grenzen innerhalb der EU; sie sollten zwar ihre Funktion als Binnengrenzen behalten, im Kapital-, Waren-, Dienstleistungs- und Personenverkehr der Mitgliedsstaaten aber keine Rolle mehr spielen (Kunnert 2009; Mrozek 2013). Der Abbau der Grenzstationen und die Abschaffung der Personenkontrolle an der Grenze wurden als Meilensteine auf dem Weg in die Grenzenlosigkeit propagiert und gefeiert. Jeder wusste, dass die Staatsgrenze, nunmehr transformiert in die Suprastaatsgrenze des »gemeinsamen Raums der Freiheit, der Sicherheit und des Rechts« (Zieldefinition im Vertrag von Amsterdam 1997), auf diese Weise nicht verschwand, sondern lediglich an die Außengrenze der Schengener Vertragsstaaten verlegt wurde. Zudem wurden Staatsgrenzen mit vergleichsweise geringer politischer Aufladung in Außenmauern einer Festung Europa verwandelt, die umso anziehender wirkte, als die Überquerung der Außengrenze den Einreisenden Zugang zum vermeintlich grenzenlosen Europa verschaffte. Die Außengrenzen wurden im Rahmen des Schengener Informationssystems daher mit wirksamen, deutlich sichtbaren Abschreckungs-, Kontroll- und Selektionsfunktionen ausgerüstet (vgl. Kapitel 3.2.).

2.3. Militärgrenzen

Als Militärgrenzen werden Expansions- und Erschließungsgrenzen verstanden, die Reichen als Grenzräume vorgelagert sind und je nach Situation defensive und offensive Elemente verbinden. Sie befinden sich in einem Ausnahmezustand, der für wagemutige Kolonisten oder Soldaten sozialen Aufstieg und Karrieren bereitstellt, die unter regulären Umständen nicht gegeben wären. So entsteht eine Grenzer- und Grenzraumgesellschaft mit spezifischen Aufgaben, Lebens- und Organisationsformen. Der Ausnahmezustand spiegelt sich auch in der Organisation von Verwaltung und Politik wider, die aufgrund der strategischen Bedeutung der Grenze allerhöchster zentraler Aufsicht und Kontrolle unterliegt, den Grenzern jedoch gleichzeitig ein hohes Ausmaß von Privilegien und Freiheiten gewährt. Militärgrenzen sind Randzonen eines Reiches. Sie sind diesem zunächst oft als Expansionsraum vorgelagert und werden im Laufe der Herrschaftssicherung zu einer Grenzprovinz innerhalb des Reiches. Lage und Ausdehnung ändern sich im Verlauf der Auseinandersetzungen mit dem Nachbarn. Der Status einer Militärgrenze hängt nicht zuletzt von ihrem Gegenüber ab. Handelt es sich beim Gegenüber um eine Stammesgesellschaft, deren politische Verfassung und militärische Organisation dem Vormarsch nicht gewachsen ist, wird sie zu einer dem Reich vorgelagerten Zone, die sich im Zuge ihrer Eingliederung in eine Randprovinz mit besonderem Grenzlandstatus verwandelt. Ist das Gegenüber ein Nachbarreich, das selbst Expansionsabsichten verfolgt bzw. den Vormarsch stoppen kann, stellt sich die Militärgrenze als ein beweglicher Grenzraum dar, der zwischen beiden Seiten hin und her wechselt.

Zum Inbegriff der Militärgrenze schlechthin wurde der *Limes Romanus*. Weitere europäische Beispiele für Militärgrenzen sind die Marken des Heiligen Römischen Reichs, die christliche *frontera* gegenüber dem muslimischen Spanien, die ostslawischen Grenzräume gegenüber Tataren, Muslimen und sibirischen Völkern und die habsburgische Militärgrenze gegenüber dem Osmanischen Reich. Amerikanische Beispiele sind die *fronteras* der iberischen Siedler in Südamerika. Einen besonderen Fall bilden die *frontiers* der europäischen Siedler bei der Eroberung Nordamerikas, da sie stärker durch private als durch staatliche Waffenträger geprägt wurden.

Limes Romanus

Der Limes war eine Formation, die sich erst nach dem Übergang des Römischen Reichs von der Republik zum Imperium heraus bildete. Dies war im 2. Jahrhundert u. Z. an den Landgrenzen gegenüber Kelten, Germanen und Dakern der Fall; seine bekanntesten Abschnitte waren der Rhein- und der Donaulimes, der *Hadrian's Wall* in Schottland sowie der Trajanswall nahe der Donaumündung; es folgten weitere Limesabschnitte in Westasien und Nordafrika. Existierte während der Römischen Republik die Verstellung einer – grundsätzlich – universalen Ausdehnung der Herrschaft, galt es nach dem Übergang zur Kaiserzeit, das Erreichte zu konsolidieren und durch Fixierung der Reichsgrenzen abzusichern. Die folgenden Eroberungen zielten auf die Verbindung der verstreuten Besitzungen, ein zusammenhängendes Territorien und durchgängige Grenzen. Der französische Politologe Jean-Christophe Rufin begründet diesen Übergang damit, dass mit dem Fall Karthagos 146 v. u. Z. das wichtigste Feindbild abhanden gekommen war; innerer Zusammenhalt wurde nun durch die Mobilisierung der zivilisatorischen Überlegenheit gegenüber einem als barbarisch verstandenen Außen hergestellt (Rufin 1993:160). Zur Rechtfertigung dieser Mission sprach der römische Geschichtsschreiber Ammianus Marcellinus von den germanischen Stämmen im 4. Jahrhundert als »hereinbrandende Fluten und Wogen« und führte »Kolonnen von Barbaren (ins Treffen), die sich wie die Lava vom Ätna herabwälzen« (zit. in ebd.:196).

Gegenüber den Stammesgesellschaften jenseits der neu eroberten Provinzen Britannien, Germanien, Rätien, Noricum, Pannonien und Dakien wurden Befestigungsanlangen errichtet: Das sichtbarste Bauwerk war der mit Wachtürmen und Forts versehene Grenzwall. Diesem war im Inneren eine Grenzzone vorgelagert, in der sich Kasernen, Waffendepots und Siedlungen befanden, deren Aufgabe in der Aufrechterhaltung von Militäranlagen, Limesinfrastruktur, Straßen und Nachschubwegen bestand. Neben den Militärlagern entwickelte sich ein ziviles Leben (Breeze u. a. 2011).

Die Inszenierung als durchgängig befestigte und bewachte Grenze legt den Eindruck nahe, es handle sich um eine lineare Grenze im modernen Sinn. Dieser Eindruck trügt. Der Limes war ein klassischer Fall einer militärischen Grenzzone. Der Name leitet sich von *limus* (»quer«) und *limen* (»Türschwelle«) ab, wurde zur Bezeichnung von »Querweg«, »Schneise« und »Grenzweg« benutzt und später allgemein mit »Grenze« gleichgesetzt. Er war keine starre Front. Seine Rolle lässt sich nicht ohne die Beziehung mit den BewohnerInnen der angrenzenden keltischen, germanischen oder dakischen Stammesgebiete verstehen. Diese waren mitunter militärische Gegner, im Regelfall waren sie jedoch Nachbarn, Verbündete (*fœderati*), mit denen reger Handelsaustausch betrieben wurde, bei dem die römische Seite vor allem an der Einfuhr von Holz, Fellen und Waldwaren interessiert war. Im Gegenzug kamen römische Erzeugnisse und Praktiken in die Stammesgebiete, die dort eine Romanisierung des Alltagslebens bewirkten. Die verbündeten Stämme waren also Teil des Limes. Sie wurden nach ihrer Nähe zum Reich in Limeskulturen, Kontaktzonen und unbekanntes Terrain – *terra incognita* – unterschieden.

Die Kulturtransfers dürfen jedoch nicht darüber hinwegtäuschen, dass der Limes ein Gefälle markierte: dies manifestierte sich nicht nur in politischer und militärischer Hinsicht, sondern auch im ungleichen Tausch bei den Handelsbeziehungen und in der Differenz, die durch das römische Recht gesetzt wurde. Dieses konstituierte eine scharfe Grenze zwischen Innen und Außen, zwischen römischen Bürgern und den Angehörigen der Verbündeten. Diese waren von den politischen und sozialen Privilegien ausgeschlossen, die mit dem römischen Bürgerrecht verbunden waren. Diese Kluft wirkte umso stärker, als unter Kaiser Caracalla im Jahr 212 sämtlichen Freien des Reiches das römische Bürgerrecht verliehen wurde.

Der Limes zielte keineswegs darauf ab, die Beziehungen über die Grenze zu unterbinden. Im Gegenteil, durch den unterschiedlichen politischen, rechtlichen und wirtschaftlichen Status der Gesellschaften dies- und jenseits verband er diese, indem er die Unterschiede markierte. Der Limes war als Ausdruck des Friedens und des Fortschritts konzipiert. In dem Maße, wie sich das römische Bürgerrecht erweiterte, wurde er jedoch zu einem Ort zunehmender

Ungleichheit (Rufin 1993:246). Er versprach Sicherheit und Stabilität, beflügelte jedoch durch die Polarisierung zwischen Römern und Nicht-Römern (Barbaren) die Konfrontation. Mit den inneren Auflösungserscheinungen und dem Vormarsch der germanischen Stämme ins Reich verfielen seine Befestigungsanlagen, während die Militärlager und Siedlungen die Nuklei der mittelalterlichen Stadtentwicklung bildeten.

Marken des Heiligen Römischen Reichs

Als das Frankenreich im Jahr 843 durch Erbteilung in ein westfränkisches und ein ostfränkisches Reich zerfiel, entstand eine Teilungslinie, deren Verlauf im Zuge der Herausbildung des französischen und des deutschen Nationalstaates Jahrhundert später zu einer heftig umstrittenen Grenze – und Frontlinie im Deutsch-Französischen, im Ersten und im Zweiten Weltkrieg – werden sollte. Im Süden reichte der Herrschaftsanspruch der römisch-deutschen Könige und Kaiser nach Norditalien und auf den Apennin (Nolte 2017:181). Da sich hier die italienischen Städte der fränkischen Oberherrschaft widersetzten, gelang es ebenso wenig wie in Süditalien im Konflikt mit Byzanz, Umayyaden und später Frankreich, die Reichshoheit dauerhaft durchzusetzen.

Einen anderen Charakter hatten die Grenzen im Norden und Osten. Das Herrschaftsgebiet der Karolinger endete zunächst an Elbe, Saale, Enns und mittlerer Donau. Nördlich und östlich davon lebten nach dem Ende der weströmischen Herrschaft germanische, slawische und baltische Stämme unter wechselnden politischen Führungen. Das in den 520er-Jahren gebildete Langobardenreich an der mittleren Donau verlagerte sich unter dem Druck der vorrückenden Awaren 568 nach Italien. Das in Pannonien errichtete Awarenreich übte bis zur Niederlage gegen Karl den Großen und seinen Sohn Pippin um 800 die Oberherrschaft über die verbliebenen romanischen sowie die seit dem 6. Jahrhundert nach Zentraleuropa einwandernden slawischen BewohnerInnen aus. Gleichzeitig gelang es mährischen Fürsten im 9. Jahrhundert, ein von Karantanien über Pannonien bis in die Slowakei reichendes mährisches Reich zu errichten, das im Osten dem Vormarsch der Ungarn in der Schlacht bei Pressburg (906/907) unterlag und in der Folge vom Westen aus in die böhmische Reichsbildung eingeschlossen wurde.

Die politische Herrschaftsbildung jenseits der Ostgrenzen des Ostfränkischen Reiches war also in vollem Gange. Seit der Kaiserkrönung Karls des Großen im Jahr 800 war sie einem Expansionsdruck durch das römisch-deutsche Reich ausgesetzt. Diese verlief unter wechselnden politischen Vorzeichen in drei Wellen. Unter Bezugnahme auf das *Imperium Romanum* wurde das

Barbaren-Motiv bemüht. Als Trennlinie diente der Glaube. Militärischer Vormarsch und Siedlung gingen stets mit christlicher Mission einher – allerdings mit der »richtigen«, römisch-katholischen Mission, während die Taufe nach byzantinischem Ritus, wie sie im Zuge der Slawenmission von Mähren über Ungarn bis Litauen erfolgt war, diesen Zweck nicht erfüllte. Pioniere der Kolonisation waren Klöster, die Urbarmachung und Landerschließung betrieben: Diese bildeten Vorposten der weströmischen Zivilisation, bevor die politische Eingliederung in Angriff genommen wurde.

In der ersten Welle unter den ottonischen Kaisern des 10. Jahrhunderts wurde Reichserweiterung durch Militärgrenzen erzielt. Diese traten in Form von Marken zutage. Unter »Mark« verstehen wir eine dem Reich vorgelagerte Expansionszone, in der vor Ort lebende und dorthin entsandte Gefolgschaften Siedlungsausbau und Grenzschutz betrieben mit der Absicht, die solcherart begründeten Marken als Provinzen ins Reich einzugliedern. Solche Marken zogen sich entlang der gesamten Ostgrenze des Ostfränkischen Reichs von der Ostsee bis zum Mittelmeer. Es handelte sich um relativ kleinräumige, vorübergehende Einrichtungen, deren Bezeichnungen in den Toponymen jedoch oft erhalten blieben, von Nord nach Süd unter anderem: Nordmark, Lausitzer Mark, Thüringer Mark, Sorbische Mark (*Limes Sorabicus*), Böhmische Mark, Bayerische Ostmark, Karantanische Mark, Steiermark, Windische Mark, Mark Krain. Gegenüber dem umayyadischen Emirat auf der iberischen Halbinsel und der Bretagne formierten sich eine Spanische und eine Bretonische Mark.

Diese Marken bildeten den Ausgangspunkt für regionale Herrschaftsbildung, in der Bayerischen Ostmark beispielsweise mit dem Geschlecht der Babenberger, das die Erschließungsgrenze in eine dem Reich angehörige, politisch jedoch selbständige Markgrafschaft verwandeln konnte (Komlosy 1993:502). Im Zuge weiterer Gebietserweiterungen verwandelte sich die Ostmark in Österreich, das mit der Erhebung zum Herzogtum den Markencharakter ablegte. Es bot die Ausgangsbasis für weitere Markenbildungen des Reiches, die nach vollzogener Eingliederung in die babenbergische Landesbildung daran gingen, Grenzen zu sichern. Ähnliches kann bei der Ausdehnung des Reiches im Raum von Thüringen beobachtet werden, wo an der Grenze zu den slawischen Stämmen im Osten eine Kette von Kolonisationsklöstern und Grenzburgen entstand. Aus der Perspektive der Territorialität bieten sich unterschiedliche Interpretationen für diesen Expansionsprozess an.

Die dem Reich verbundene Historiographie stellt ihn als eine Erweiterung dar, die zentral gesteuert wurde. Das Reich schob seine Grenzen dabei unaufhaltsam in Richtung Osten vor. Die den Landesbildungen verbundene

Historiographie betont die Selbständigkeit der mit den Marken betrauten und belehnten Adelsgeschlechter, die diese als Gelegenheit für die Entstehung von Staatlichkeit nutzten, die gleichwohl dem Kaiser unterstand. Diese beiden Perspektiven wetteiferten auch in späteren Perioden um die Deutungshoheit, als das Reich sich nicht mehr als weströmisch-dynastisches, sondern als deutschnationales Projekt präsentierte, das die regionalen Landesbildungen der Reichseinheit unterordnete. Eine dritte Interpretation stellt gegenüber dem Gedanken der Territorialität die Pioniere vor Ort als die entscheidenden Akteure dar, die Wildnis rodeten (daran erinnern Ortsnamen mit -reuth, -reith, -rod, -schlag, -heim und -hausen in Verbindung mit dem Namen des Gründers), die ansässige, nicht kooperationsbereite Bevölkerung ermordeten, vertrieben oder bekehrten, Burgen bauten und die Militärgrenze als Siedlungsraum erschlossen.

Im Fall des Waldgebietes nördlich des Donautales, das im 12. Jahrhundert in das Herzogtum Österreich eingegliedert wurde, wurde das Adelsgeschlecht der Kuenringer von den babenbergischen Herzögen mit der Erweiterung ihres Herrschaftsraums beauftragt. Bestehende slawische Siedlungen und Herrschaftszentren wurden dem Herzogtum Österreich angegliedert, etwa die am Westrand des Mährischen Reiches gelegene Herrschaft Gars-Thunau, die mit ihrer gesamten Bevölkerung in der Mitte des 11. Jahrhunderts ausgerottet wurde (Friesinger/Vacha 1988:134–143). In der Zeit des Nationalsozialismus wurde die Bedeutung dieser lokalen Erschließung für den Erweiterungsprozess des Heiligen Römischen Reiches betont, in dessen Kontinuität sich das »Dritte Reich« stellte. Das Mehrebenensystem Reich–Landesherrschaft–Grundherrschaft bot den geeigneten Rahmen für widerstreitende Vereinnahmungen bzw. Identifikationen mit den historischen Prozessen. Nicht alle Vorstöße zeitigten dauerhaften Erfolg. Die slawischen Stämme zwischen Elbe und Oder etwa kehrten nach kurzer Zeit zu ihrer alten Religion zurück und bildeten die nächsten eineinhalb Jahrhunderte lang heidnische Fürstentümer zwischen dem römisch-deutschen Reich und dem Königreich Polen. Im 11. Jahrhundert kam die Markenbildung zum Erliegen (Nolte 2004:56).

Die im Dienste des Reiches vorangetriebene Expansion war zudem an die Grenzen der selbständigen polnischen und der ungarischen Königreiche gestoßen, während das Königreich Böhmen mit der Markgrafschaft Mähren ins Reich eingegliedert wurde. In diese Regionen slawischer Herrschaft wanderten im Zuge des hochmittelalterlichen Konjunkturhochs, das von technologischer Innovation, Produktions- und Produktivitätssteigerung und Bevölkerungswachstum getragen war, im 12. Jahrhundert deutsche Siedler ein. Die Böden im Reich reichten für die anwachsende Bevölkerung nicht mehr aus, und die polnischen, ungarischen und böhmischen Könige setzten Anreize, um mithilfe deutscher Kolonisten, Technik und Organisation den Landesausbau in ihren Herrschaftsgebieten voranzutreiben. Diese Phase des Siedlungsausbaus wird als »deutsche Ostkolonisation« bezeichnet. Sie führte zur Ausweitung deutschsprachiger Bevölkerung in Osteuropa, besonders in den Städten, die hier nach Magdeburger oder Lübecker Stadtrecht gegründet wurden. Träger dieser Siedlungserweiterung waren weder Kaiser noch Landesherren, sondern einzelne Untertanen, die durch Bevölkerungsdruck in der Heimat sowie Privilegien und Anreize in Osteuropa ein neues Leben begannen. Das Reich wurde damit nicht erweitert, auch wenn im Zuge späterer deutsch-nationaler Ansprüche die Existenz deutschsprachiger Bevölkerung als Reichszugehörigkeit missverstanden wurde.

In einer nächsten, dritten Phase ging die Ostkolonisation allerdings wieder in politische Expansion über, die von deutschen Fürsten getragen war. Die Suche der Siedler nach Land und sozialem Aufstieg verband sich im 12. Jahrhundert mit dem Kreuzzugsgedanken, dessen Ziele auf Slawen, Balten und Esten an der Ostsee übertragen wurden. Der mit dem Zweiten Kreuzzug ins Heilige Land verbundene Wendenkreuzzug (1147), der als Rückholung »abgefallener« Christen legitimiert wurde, richtete sich gegen die zwischen Elbe und Oder lebenden Slawen; es folgten weitere Züge gegen Pruzzen und Liven, die baltische Urbevölkerung, und zur Eroberung des heutigen Lettland. In diesen Gebieten wurde durch Eroberung und Massaker an den Einheimischen deutsche politische Herrschaft begründet. Träger waren deutsche Landesherren mit Orden, Rittern, Kaufleuten und bäuerlichen Siedlern. Wenn slawische Fürsten die deutsch-weströmische Herrschaft anerkannten, wurden sie wieder in ihre Rechte eingesetzt. Die letzte Phase der deutschen Ostexpansion ging von militärischen Orden aus, insbesondere dem Deutschen Orden. Die vom Papst belehnten und dem Kaiser unterstellten Territorien an der Ostsee bildeten bis zu ihrer Niederlage gegen Polen und Russland im 16. Jahrhundert die Livländische Föderation, einen kolonialen Ordensstaat (Nolte 2004:59). Bis ins 14. Jahrhundert lud der Orden westliche Adelige zur Teilnahme an den sogenannten »Litauerreisen« ein, um Bekehrung und Kolonisation dieser Militärgrenze voranzutreiben.

Die Grenze im Osten stellte eine entscheidende Grenze des römisch-deutschen Reichs dar. Schließlich setzte sich im Deutschen der aus dem Slawischen entlehnte Begriff »Grenze« gegenüber dem Begriff »Mark« durch. Dieser Übergang signalisierte auch die Transformation der Reichsgrenze von einer Militär- zu einer Staatsgrenze.

Christliche fronteras

Die christliche *frontera* hatte ihren Ursprung in jenen christlichen Herrschaften im Nordwesten der iberischen Halbinsel, die im 7. Jahrhundert nicht dem Kalifat der Umayyaden einverleibt worden waren. Hier formierte sich die Idee der Rückeroberung Spaniens, die im 11. Jahrhundert begann und 1492 in Granada ihren Abschluss fand. In der Zwischenzeit gab es zwischen den muslimischen und den katholischen Herrschern Spaniens eine ständige Auseinandersetzung, deren wechselnder, je nach Perspektive als Erfolg oder Misserfolg angesehener Frontverlauf eine wandernde Grenzzone schuf. Aus katholischer Perspektive wurde dieser der gesicherten Herrschaft vorgelagerte Kampfbereich als *frontera* bezeichnet. Sie wurde militärisch befestigt und mit Wehrsiedlungen versehen; in Friedenszeiten vermittelten diese auch wirtschaftlichen Austausch mit dem muslimischen Reich, dessen Herrscher nach dem Zerfall des Kalifats aus regionalen Dynastien kamen. Kultur-und Wissenstransfer aus dem arabischen Raum hob die Agrar- und Bewässerungstechnik, Wissenschaft, Philosophie, Gewerbe und Baukunst in den iberischen Besitzungen auf höchstes Niveau, über die *frontera* strahlten diese Errungenschaften in die vergleichsweise weniger entwickelten christlichen Regionen aus. Die spanische Sprache gibt von diesen Transfers ein beredtes Zeugnis. Im 12. Jahrhundert war das Herrschaftsgebiet der Almoraviden und Almohaden auf den Süden und Osten der Halbinsel zurückgedrängt worden; bis zum endgültigen Sieg und der Vertreibung von Muslimen und Juden im Jahr 1492 war die *frontera* eine Konstante im katholischen Selbstverständnis, die sich in den Städtenamen widerspiegelt: Die nach der Farbe ihrer Häuser sogenannten weißen Städte tragen allesamt den Zusatz *de la frontera*, der bis heute für die spanische Identität eine zentrale Rolle spielt. In obsessiven Prozessionen im Laufe des biblischen Kirchenjahres mit ihren martialisch kostümierten Kapuzenmännern inszeniert sich die spanische Gesellschaft alljährlich als Wahrerin der *frontera*.

Die gegen den Islam errichtete *frontera* hatte auch andere Aufmarschplätze in Europa, etwa in Sizilien, Malta, Korsika und Sardinien, in denen sich byzantinische, islamisch-arabische, ostfränkische oder französische Herrschaft abwechselte. Mit den sieben Kreuzzügen (1096–1291), an denen sich sämtliche katholischen Herrscher Europas beteiligten, wurde die Glaubensgrenze auch an die westasiatische Levante vorgeschoben, wo die durch fränkische Adelige proklamierten Kreuzfahrerstaaten eine besondere staatliche Gestalt annahmen. Eine Kette von Kreuzfahrerburgen schirmte die christlichen Reiche – Königreich Jerusalem, Fürstentum Antiochia, Grafschaften Tripolis und

Edessa – gegenüber dem muslimischen Hinterland ab. Die Kreuzzüge boten den Papstchristen auch die Möglichkeit, das ungeliebte byzantinische Kaisertum anzugreifen und nach der Plünderung Konstantinopels im Vierten Kreuzzug 1204 in ein von Franken und Venezianern installiertes sogenanntes Lateinisches Kaiserreich (1204–1261) zu verwandeln.

Ostslawische Grenzräume gegenüber Tataren, Muslimen und sibirischen Völkern

Das Pendant zur *frontera* der katholischen Herrscher West- und Zentraleuropas stellte die Militärgrenze der russischen Zaren dar. Das Moskauer Russland befreite sich im 15. Jahrhundert von der Oberhoheit des westlichsten mongolischen Teilreichs, der Goldenen Horde, die von turksprachigen Tataren geprägt wurde. Im 16. Jahrhundert eroberte Russland den Wolgaraum; die tatarische Bevölkerung wurde toleriert und der tatarische Adel in die russischen Verwaltungsstrukturen einbezogen, sofern er dem Großfürsten, der im 15. Jahrhundert den Titel Zar annahm, den Treueeid leistete. So entstand auch hier ein Grenzgebiet, das aus mehreren beweglichen Staffeln bestand, die im Laufe der kommenden Jahrhunderte immer weiter nach Sibirien und in den Kaukasus vorgeschoben wurden, wo nicht nur Muslime, sondern auch sibirische Völker der zaristischen Herrschaft unterworfen wurden. Hier zeigt sich, dass das orthodoxe Christentum einen flexibleren Umgang mit Andersgläubigen pflegte als katholische Herrscher, die die Untertanen ebenso wie die Eliten in den von ihnen eroberten Gebieten zur Katholisierung zwangen (Nolte 2004:70).

Die Khanate außerhalb des Reichsgebiets wurden jedoch, vor allem wenn sie sich ab dem 16. Jahrhundert mit den Osmanen verbündeten bzw. zu deren Vasallen wurden, als Feinde angesehen. In der nomadischen Wirtschaftsweise der Tataren spielten Beutezüge in Randgebiete des russischen sowie des polnisch-litauischen Reiches eine zentrale Rolle. Sie hinterließen in den Grenzgebieten Polen-Litauens und Russlands Spuren der Verwüstung. Ein wertvolles Beutegut waren Sklaven, die in Schwarzmeerstädten gehandelt wurden. Es kam den Zentralregierungen deshalb nicht ungelegen, wenn flüchtige Bauern, die Robot und Abgabendruck entkommen wollten, in den Grenzgebieten Festungen und Militärsiedlungen begründeten. In den slawischen Sprachen werden Grenzgebiete als *Krajina* bezeichnet: Hier liegt also der etymologische Ursprung des Begriffs »Ukraine«, der in Chroniken des 12. und 13. Jahrhunderts für in der heutigen Ukraine gelegene Grenzgebiete der Kiewer Rus auftauchte (Kappeler 1994: 21). Die Entlaufenen, die sich als freie Grenzer zuerst in den Flussschleifen des Dnjepr/Dnipro, später auch weiter östlich an Don, Wolga,

Jaik und Terek niederließen, werden auch als Kosaken bezeichnet; sie besaßen Privilegien und begründeten eine Militärorganisation, die ihnen Selbstverwaltung und weitgehende Autonomie von den fernen Herrschern eröffnete und ihnen in bestimmten Phasen auch vertraglich zugesichert wurde. Ihre Aufgabe bestand im Aufbau und der Sicherung von Verhaulinien aus Bäumen, Zäunen, Holz und Gestrüpp zwischen den gesicherten Festungen. Sie versorgten sich durch Jagd und Fischfang und erbeuteten ihrerseits muslimische Sklaven. Im Schutz der Befestigungen entstanden bäuerliche Siedlungen. Von tatarischer bzw. osmanischer Seite wurde die Grenze durch Festungen sowie Eisenketten an den Mündungen der Flüsse ins Schwarze Meer gesichert. Dazwischen lag ein freies, keiner Herrschaft zugeordnetes Feld, das mit dem Vorschieben der Militärgrenze jedoch immer enger wurde (Nolte 2004:56).

Heute beanspruchen sowohl Russland als auch die Ukraine die Deutungshoheit über die Dnjepr-Kosaken, Sie hatten unter ihrem Anführer Bogdan Chmelnitzkij 1648 gegenüber der katholischen polnischen Regierung ein orthodoxes Hetmanat erkämpft; als dessen Selbstverwaltung jedoch unter Druck geriet, unterstellten sie sich dem Moskauer Staat. Das Hetmanat der Dnjepr-Kosaken lässt sich aufgrund der Verwicklungen in die polnisch-russisch-schwedischen Auseinandersetzungen einmal als treuer Verbündeter des russischen Reiches, in der ukrainischen Sichtweise hingegen als Keimzelle ukrainischer Staatlichkeit ansehen (Kappeler 2013:30–35). Die Erinnerung an Don-, Wolga- und Terek-Kosaken, die die weitere Ostexpansion des Zarenreichs vorbereiteten und begleiteten, gehört nach der Unterdrückung, die sie als zaristische Eliteeinheiten und Kampftruppe der Weißen im Bürgerkrieg in der Sowjetunion ausgesetzt waren, heute zur Identitätspflege in der Russischen Föderation.

Kosak sein bedeutete in erster Linie ein Leben als Krieger in einem Militärlager. Der Inbegriff eines solchen Lagers ist die geschützte Landzunge in einer Stromenge des Dnjepr, die Saporoger Sitsch. Um sich zu versorgen, waren die Kosaken auf Plünderungen angewiesen. Stabilisierte sich ihre Existenz jedoch, betrieben sie Austausch mit der angrenzenden Bevölkerung, gingen Verbindungen mit dieser ein und entwickelten eine bäuerliche Schicht, die in der Kosakenhierarchie zwar eine untergeordnete Stellung einnahm, für die Versorgung aber essenziell war. Kosaken unterstanden keiner Gutsherrschaft, sondern waren frei. Ihre Dörfer und Heerhaufen praktizierten eine auf der Vollversammlung der Männer beruhende autonome politische Verwaltung mit einem Ataman an der Spitze. Diese Freiheit wurde allerdings im Zuge der Konsolidierung des Zarenreichs im Laufe des 18. Jahrhunderts zunehmend den Reglements von Armee und Zivilverwaltung unterworfen (Kappeler 2013:52ff). Kosaken rebellierten gegen diese Vereinnahmung und verbündeten sich dabei oft mit jenen Nachbarvölkern, zu deren Eroberung sie ausgezogen waren, mit denen mittlerweile aber auch eine beträchtliche Vermischung stattgefunden hatte. Die Strafe der Zentralregierung war unerbittlich; schließlich gelang es der russischen Führung, die Kosaken in eine willfährige Elitetruppe der kaiserlichen Armee zu verwandeln. Ihre legendäre, auf einer Insel des Don gelegene Hauptstadt (Staryj) Tscherkassk, wurde dabei aufgelöst und 1805 durch Nowotscherkassk ersetzt, das sich auch städtebaulich am russischen Ordnungsprinzip orientierte.

Der Aufstand der Kosaken am Fluss Jaik fügt sich in die Frage der Grenzziehung zwischen Europa und Asien ein. Diese wurde seit Herodot vom Bosporus über die Meerenge von Kertsch zum Don gezogen, der als Grenzfluss zwischen Europa und Asien galt. Im 18. Jahrhundert wurde auf Ansinnen von Geographen die Kontinentgrenze weiter im Osten proklamiert; unter dem Eindruck der Westorientierung der damaligen russischen Zaren galt ein größerer Europateil als wünschenswert, sodass die Grenze an den Jaik verlegt wurde. Ebendort war 1773 gerade ein von Bergleuten und nomadischen Reiterverbänden unterstützter Aufstand von Kosaken unter Führung von Jemeljan Pugatschow niedergeschlagen worden. Wie oft bei russischen Volksaufständen rankt sich um diesen die Legende, dass er als Zar Peter III. legitimer Herrscher sei. Mit der Unterwerfung wurde nicht nur das Heer der Jaik-Kosaken vernichtet, sondern auch der Namen gebende Fluss als Toponym getilgt und durch »Ural« ersetzt (Kappeler 2013:51). Mit der Verwestlichung Russlands wurde auch der Umgang der Zaren mit Nichtchristen im 18. Jahrhundert intoleranter; sie deklassierten den tatarischen Adel, und es kam zu Umsiedlungen und der Aufteilung ihres Weidelandes an deutsche, griechische und armenische Siedler (Nolte 2004:62).

Habsburgische Militärgrenze

Das Muster ist bereits bekannt. Die habsburgischen Militärgrenze, auch *Confin* oder *Vojna Krajina* genannt, wurde 1535 als Grenzprovinz angelegt, um den Vormarsch des Osmanischen Reiches zu stoppen und verlorenes Terrain wieder wett zu machen. Wie bei der *frontera* waren Verlauf und räumliche Ausdehnung flexibel und reagierten auf den Frontverlauf, der sich in der Zeit ihrer Existenz vom 15. bis zum 19. Jahrhundert oftmals veränderte. Ursprünglich auf kroatisches Gebiet beschränkt, wurden im Zuge der habsburgischen Vorwärtsbewegung nach der Schlacht um Wien (1683) mit der Banater und der Siebenbürgischen Grenze weitere Grenzregionen einverleibt. Die Grenzprovinz bildete ein eigenes Verwaltungsgebiet, das dem Hofkriegsrat unterstellt war. Der örtliche Adel wurde in seinen Rechten eingeschränkt und die Bevölkerung von herrschaftlicher Verfügungsgewalt befreit. Die Militärgrenzer waren Wehrbauern, die mit ihren Familien ihre Subsistenz bestritten, um als Soldaten in den Türkenkriegen, bei Bedarf aber auch an anderen Kriegsschauplätzen, z. B. in Schlesien oder Ungarn, eingesetzt zu werden. Im kroatischen Grenzabschnitt setzten sie sich aus Personen zusammen, die im Zuge der kriegerischen Auseinandersetzungen aus den von osmanischen Truppen eingenommenen Nachbargebieten geflohen waren. Es handelte sich um eine ethnisch gemischte BewohnerInnenschaft, die großteils dem serbisch-orthodoxen Christentum anhing. Zu den besonderen Freiheiten der Grenzer gehörte es, ihren orthodoxen Glauben – wie im Osmanischen Reich – auch unter katholischer Herrschaft beibehalten zu dürfen. In der Siebenbürgischen Grenze waren die BewohnerInnen zum überwiegenden Teil orthodoxe Rumänen, die der rumänischen Kirche angehörten.

Im Jahr 1690 wurde den serbisch-orthodoxen Untertanen der Militärgrenze eine eigenständige Kirchenorganisation zugebilligt, die als Vorläufer der 1781 konzedierten religiösen Toleranz in den habsburgischen Staaten angesehen werden kann. Damals flüchtete eine große Gruppe von Serben mit der sich nach einer Niederlage zurückziehenden kaiserlichen Armee, die sie in ihrem Vormarsch gegen die Osmanen unterstützt hatten, aus Südserbien, dem Gebiet des heutigen Kosovo, in die habsburgische Militärgrenze. In die serbische Erinnerung ist diese Migration von angenommenen 40000 Familien als Großer Zug, *Velika Seoba*, eingegangen. An ihrer Spitze floh der serbisch-orthodoxe Patriarch Arsenije Čarnojević (Arsenius III.) aus seinem Amtssitz im Kloster Peć, und es wurde ihm gestattet, in Karlowitz / Sremski Karlovci eine serbisch-orthodoxe Metropolie zu errichten, die erste Institutionalisierung einer nicht-katholischen Religionsgemeinschaft in den habsburgischen Ländern (Spannenberger 2014:98).

In ihrer vollständigen Länge erstreckte sich die Militärgrenze über 1800 Kilometer. Eine wichtige Aufgabe in Friedenszeiten war die Durchführung der Warenkontrolle und Zolleinhebung im Handel mit dem Osmanischen Reich. An den sogenannten Kontumaz-Stationen wurde Reisenden und Handelswaren eine mehrwöchige Quarantäne verordnet, um allfällige Krankheitserreger im Keim zu ersticken. Besonders gefürchtet war die Pest, der es immer wieder gelungen war, nach Zentral- und Westeuropa vorzudringen. Zu ihrer Abwehr wurden bis ins 19. Jahrhundert in ganz Europa anlassbezogen Seuchenkordons errichtet (Lesky 1957). Insbesondere Textilien waren der Nährboden, in dem Krankheitserreger leicht übertragen werden konnten. Nachdem im Belgrader Frieden von 1739 zwischen Wien und Istanbul der Grenzverlauf zwischen Habsburger und Osmanischem Reich festgelegt wurde, wurde die Waren-, Personen- und Seuchenkontrolle systematisiert (Pesalj 2012). Der Seuchenkordon wurde zu einer permanenten Einrichtung. Die Grenze wurde mit einem System von Wachtürmen durchgängig überwacht und jede Grenzübertrittstelle mit einer Quarantänestation ausgerüstet. Händler und Waren mussten ihre Reise für mehrere Wochen unterbrechen. Ein- und Ausreisende wurden protokolliert und die Protokolle an die Sanitätskommission geschickt. In der großen Kontumaz von Semlin/Zemun, wo die Grenze zwischen dem Osmanischen Reich und der Habsburgermonarchie am Zusammenfluss von Save und Donau verlief, gab es mehrere Desinfektionsgebäude, Stallungen und Herbergen, in denen die Wartezeit verbracht wurde; verschiedene Gotteshäuser ermöglichten den Wartenden den Gottesdienst in ihrer Konfession. Eine mittelgroße Quarantänestation wie Mehadia im Banat nahm jährlich rund 500 Personen auf (Suterlüti 2016).

Das Gebiet der Militärgrenze wurde 1881 territorial in die benachbarten Provinzen Kroatiens und Siebenbürgens eingegliedert. In der serbischen Erinnerung dient der Grenzdienst als Beleg der kaisertreuen Gesinnung der orthodoxen Serben. Umso fassungsloser standen die BewohnerInnen im Jahr 1991 der Aufhebung ihrer Minderheitenrechte im Jugoslawien-Nachfolgestaat Kroatien gegenüber. Mit der Vertreibung der serbisch-orthodoxen *Krajina*-Bevölkerung im Rahmen der Militäroperationen »Blitz« und »Sturmgewitter« (Mai und August 1995) wurden die Nachfahren der Grenzer aus der ehemaligen Militärgrenze vertrieben (Hofbauer 2001:43f).

Amerikanische frontiers

Das Muster der europäischen Expansions- und Erschließungsgrenzen übertrug sich mit den europäischen Entdeckungsreisen über den Atlantik auch auf den Umgang mit den dort angetroffenen Kulturen. Die Begegnung mit den Einheimischen war eine Abfolge von Grenzziehungen, für die unterschiedliche Begründungen aufgestellt wurden, die auch den Wandel der kolonialen Akteure und Interessen widerspiegeln.

In Zentral- und Südamerika standen die spanischen Könige hinter den Pionieren. Das Unbekannte wurde bestaunt, zu Hause vorgeführt, alsbald in das Schema des Wilden und Barbarischen eingeordnet. Respekt vor fremden Kulturen gab es nicht, indigene Städte und Kulturgüter wurden zerstört.

Als bekannte Folie für das Handeln der spanischen Konquistadoren diente die Reconquista, die nun in Conquista transformiert wurde. Wo die Landnahme auf Widerstand stieß, kam militärische Gewalt zum Einsatz, die sich auch lokaler Konflikte bediente, um einheimische Herrscher zu entmachten. Die mangelnde Resistenz gegen eingeschleppte Krankheitserreger beschleunigte die Dezimierung der einheimischen Bevölkerung und schwächte ihre Widerstandskraft.

Die Eroberung von Inseln und Küstenregionen erfolgte durch das Prinzip der Militärgrenze: eine gesicherte Einflusszone, die langsam vorgeschoben wurde und daher ständig wanderte. Schon lange bevor die Eroberung abgeschlossen war, wurde sie in eine koloniale politische Verwaltung übergeführt. Die spanischen Kolonien Neu-Spanien (Mexico) und Neu-Kastilien (Peru) waren als Vizekönigreiche organisiert, die in Verwaltungsprovinzen und Militärkapitanate untergliedert waren. Im Mutterland entstanden eigene Institutionen für die Kolonien, die für Gesetze und Rechtsprechung zuständig waren; sie regelten auch die Auswanderung, die einer königlichen Lizenz bedurfte und wachten unter anderem darüber, dass nur Katholiken in die Neue Welt gelangten. Auch die Selbstverwaltung der spanischen Kolonialstädte folgte dem Vorbild des Mutterlandes (Edelmayer 2005:45–53). Portugal verfuhr mit seiner Kolonie Brasilien in ähnlicher Manier.

In der Praxis gab es weite unkontrollierte Regionen, die sich der Eroberung entziehen oder widersetzen konnten. Die europäischen Besitzungen blieben jahrzehntelang im Wesentlichen auf die Inseln, Küstenregionen mit einem mehr oder weniger weit reichenden Hinterland sowie Gebiete am Unterlauf von Amazonas und Río de la Plata beschränkt. In den Grenzgebieten gegenüber nomadisierenden Indianern im Norden Neu-Spaniens, im Süden Chiles und des La-Plata-Gebiets sowie im Amazonas-Gebiet gelangte die koloniale Landnahme zum Erliegen. Hier wurde der koloniale Anspruch über die Militärgrenze behauptet: eine Kombination aus Forts, Garnisonen und Missionsstationen zur Sicherung der kolonialen Zentren (Pieper 2005:212). In diesen Zonen wurde die koloniale Präsenz vor allem von kirchlichen Orden getragen, insbesondere den Jesuiten. Weite Gebiete blieben also unkontrolliert und wurden erst nach dem Ende der Kolonialherrschaft im 19. Jahrhundert erschlossen, um die wachsenden Bedürfnisse der europäischen Industriestaaten und der USA nach Rohstoffen und Nahrungsmitteln zu bedienen. Der Vormarsch ins Landesinnere wird auch als Zweite Conquista bezeichnet.

In Nordamerika liefen die ersten Bemühungen, dauerhafte Kolonien zu gründen, Anfang des 17. Jahrhunderts an. Die Initiative ging von Kaufleuten aus, die nach dem Vorbild der *East India Company* Handelsstützpunkte errichten wollten. Durch eine königliche *charter* (Freibrief) erhielten sie ein bestimmtes Areal (z.B. Virginia) für ihre Aktivitäten zugewiesen – mit einer vagen, im Terrain nicht überprüften geographischen Lokalisierung. Diese Legitimierung richtete sich allerdings nicht an Indigene, sondern an spätere, abtrünnige oder konkurrierende Siedlergruppen.

Die ersten Siedlungsprojekte waren ziemlich armselige Unternehmen: Die Freien, die sich die Überfahrt leisten konnten, bestanden aus Abenteurern oder religiösen Eiferern; wer kein Geld hatte, verpflichtete sich, die Schulden als *indentured servant* (Dienstknecht) abzuarbeiten. Geringe Erfahrung und Ausrüstung, widrige Umstände sowie der Widerstand der ansässigen Indigenengesellschaften, der sogenannten »Indianer«, führten beinahe zur physischen Vernichtung der ersten, in Jamestown errichteten Siedlung. Der Schutz der Krone nutzte da kaum. In den folgenden Jahrzehnten wurden weitere *charters* für Kolonien in Maryland, Plymouth und an der Massachussets Bay verliehen. Viele Auswanderer kamen aus religiösen Motiven, weil sie als Katholiken oder Puritaner mit der anglikanischen Amtskirche in Konflikt geraten waren (Häberlein 2001).

Auch nach einer gewissen Stabilisierung ihrer Existenz durch Subsistenzwirtschaft, Handel, Schifffahrt und Tabakanbau für den Export lebten die Siedlerkolonien in einer Kampfzone. Sie waren auf die Kooperation mit den Indianern angewiesen, um mit deren Hilfe an Pelze und Waldprodukte aus dem unerschlossenen Landesinneren zu gelangen, ihr wichtigstes Produkt im Austausch gegen Fertigwarenimporte aus dem Mutterland. Die ursprünglichen Vorstellungen von Missionierung der Einheimischen wurden rasch über Bord geworfen und machten einem instrumentellen Verhältnis gegenüber den Indianern Platz, die als wild und unberechenbar angesehen wurden: Dabei stand einerseits der wirtschaftliche Austausch im Vordergrund, andererseits politische Bündnisse, wenn diese im interkolonialen Machtkampf mit französischen, spanischen und holländischen Koloniegründungen nützlich waren. Ein Vertrauensverhältnis konnte sich nicht herausbilden, und es kam regelmäßig zu Überfällen beider Seiten, die seitens der Siedler harte Vergeltungsmaßnamen zur Folge hatten und im Zuge der Ausdehnung und des Bevölkerungswachstums der Siedlungen die einheimische Bevölkerung abdrängten. Die britische Regierung verbot den Kolonien jedoch, Siedlungen jenseits der Appalachen zu errichten, um Indigene und Pelzhandel zu schützen.

In dieser prekären Situation bot das – eng mit den Institutionen der Kirche und des Privateigentums verbundene – koloniale Verwaltungssystem den

Freien und religiös Legitimierten Halt. Die einzelnen Territorien wurden von einem *General Court* als oberstem Regierungsorgan verwaltet. Die Siedlungen (*towns*) wurden als Gemeinschaft der freien Eigentümer, der *freeholder* organisiert. Dienstknechte und Landlose waren von der kommunalen Mitbestimmung ausgeschlossen, was immer wieder zu Unmutsbekundungen und Aufständen führte (Zinn 2005:39–58). Mit zunehmender wirtschaftlicher Konsolidierung stiegen auch die Bemühungen der Krone, die dreizehn Kolonien stärker zu kontrollieren und die Verwaltung zu vereinheitlichen. Auch als im Laufe des 18. Jahrhunderts die Kolonien die Unabhängigkeit von England erkämpften, wurden die indigenen Amerikaner in die Auseinandersetzungen zwischen Independentisten und Royalisten hineingezogen.

Die offensive und irreversible Phase der *frontier* setzte ein, als die Vereinigten Staaten im 19. Jahrhundert ihre Grenze vom Osten an die Westküste vorschoben. Mit der spanischen Krone, die zu Beginn des 19. Jahrhunderts den Süden und Südwesten Nordamerikas beherrschte, wurde Krieg geführt, bis Louisiana, Texas, Neumexiko, Utah, Nevada, Arizona und Kalifornien 1848 in die Union eingegliedert waren (Zinn 2005:149–169). Gegenüber den freien Stämmen und Stammeskonföderationen der nordamerikanischen Indigenen wurde eine flexible Taktik von Krieg, Vertreibung, vertraglicher Zusicherung von neuen Siedlungsgebieten, Vertragsbruch und erneut Krieg und Vertreibung angewandt. Die *first nation* der Cherokee, die als Antwort auf die Vertreibungen eine unabhängige Republik ausrief, wurde überrannt (Nolte 2004:66).

Die Indianerpolitik wurde von der Sendungsideologie des *Manifest Destiny* begleitet (Halwachs 2017), die den Vormarsch als zivilisatorische Maßnahme rechtfertigte, sowie von Gesetzen flankiert, die dem Genozid den Anstrich einer geordneten Abwicklung gaben. Den europäischen Siedlern, die in die indigenen Siedlungs- und Jagdgebiete vordrangen, wurde die *frontier* als jener Raum angeboten, in dem ihr individuelles Schicksal als Auswanderer in den kollektiven Akt der amerikanischen Nationsbildung übersetzt wurde. Im *Homestead Act* von 1862 wurde jedem erwachsenen Bürger in den »noch freien« Eroberungen Farmland zugesichert, ohne dafür bezahlen zu müssen (Nolte 2004:68). Eroberung transformierte sich in Befreiung, der Geist der *frontier* wurde zur US-amerikanischen Wesensart stilisiert, die 1893 – kurz nachdem die *frontier* durch Massaker und Niederschlagung der letzten bewaffneten Gegenwehr geschlossen wurde – in der programmatischen Schrift von William Jackson Turner *The Significance of the Frontier in American History* (1893) ihren Niederschlag fand.

Auch in Lateinamerika fand die entscheidende Ausweitung der *frontera* in die abgelegensten Winkel des Kontinents erst im Laufe von Rohstoffhunger der europäischen Industriestaaten und der USA statt. Die staatliche Unabhängigkeit der meisten ehemaligen Kolonialgebiete tat dieser Beschleunigung keinen Abbruch. Von wenigen Ausnahmen wie Peru und Bolivien abgesehen, spielte die indigene Bevölkerung für die Zukunft des Kontinents keine Rolle mehr.

2.4. Kolonialgrenzen

Als Kolonialgrenzen werden Grenzen verstanden, die Kolonialmächte bei der Eroberung und Landnahme zur Abgrenzung gegenüber konkurrierenden Mächten ziehen. Solche Grenzen entsprechen manchmal dem tatsächlichen Vormarsch im Terrain oder dem Ergebnis militärischer Auseinandersetzungen mit konkurrierenden Kolonialmächten bzw. örtlichen Machthabern, die sich mit diesen verbünden. Im Fall von Kriegen entspricht die Kolonialgrenze einer Front. Bei Aufteilungskonflikten kolonialer Räume wird die Grenze unter den Kolonialmächten unter Umständen bereits vereinbart, bevor die jeweilige Macht das Territorium überhaupt in Besitz genommen hat: Die Grenze wird einfach vorab auf dem Papier gezogen.

Meist treten Kolonialgrenzen gleichzeitig mit Militärgrenzen auf. Beide Typen von Grenzen können einander sogar überlagern. Während eine Militärgrenze jedoch einen expandierenden, unbegrenzten Erweiterungsraum gegenüber einem Gegenüber aufmacht, dem oft nicht einmal Verhandlungsmacht zugebilligt wird, zielt eine Kolonialgrenze auf eine lineare Vereinbarung.

Kolonialgrenzen unterscheiden sich von zwischenstaatlichen Grenzziehungen unter europäischen Mächten insofern, als keine Rücksicht auf die Vorgeschichte der Beziehungen – gemeinsame Geschichte, überlappende Herrschaft, dynastische Verflechtung, wirtschaftlicher Austausch, kulturelle oder verwandtschaftliche Verbindung und Vermischung der Bevölkerung – genommen werden muss.

Kolonialgrenzen hingegen werden ohne Rücksicht auf geographische, wirtschaftliche oder kulturelle Gegebenheiten vorgenommen, nachdem auch auf dem Boden mit geographischer Vermessung und Positionsbestimmung gearbeitet wurde. Als gerade im Gelände gezogene Linien zerschneiden Kolonialgrenzen bestehende territoriale Beziehungen wie Weidegebiete, Handelsrouten und Migrationskreisläufe ebenso wie politische Gemeinwesen. Unter Umständen werden vorkoloniale Räume und Grenzen innerhalb des Kolonialimperiums geduldet, z. B. durch Anerkennung vorkolonialer Herrscher und ihrer Herrschaftsgebiete, etwa in Britisch-Indien, dessen traditionelle Fürstentümer in manchen Belangen von der direkten britischen Kolonialherrschaft ausgenommen blieben. Ein nicht unbeträchtlicher Teil der sogenannten *Princely States*, in denen lokale Fürsten unter britischer Oberherrschaft regierten, war allerdings selbst Ergebnis britischer Kolonialpolitik (Mann 2005:80). Gleichzeitig begegnen wir auch der Tendenz kolonialer Verwalter, indigene Traditionen zu erfinden und auf diese Weise soziale und räumliche Trennlinien in Gesellschaften zu ziehen, die der mobilen Lebensweise und der flexiblen Auffassung von Zugehörigkeit und Identität nicht gerecht wurden. Die Herero in Namibia etwa lebten bis zur kolonialen Unterwerfung im 19. Jahrhundert in dem Verständnis, Hereroland sei dort, wo ihre Rinder weideten (Melber 2004:129).

Kolonialgrenzen binden die Kolonie in die Verwaltungsstruktur des Mutterlandes ein. Sie treten als Außengrenzen gegenüber anderen Kolonialmächten sowie als Binnengrenzen innerhalb der Kolonie auf, die der Verwaltung, der wirtschaftlichen Erschließung, der Bewegungskontrolle, der Segmentierung der Arbeitsmärkte, der rechtlichen Einstufung und Stereotypenbildung gegenüber ethnischen bzw. religiösen Gruppen dienten. Kolonialgrenzen stellen so gesehen eine besonders radikale Variante der Umsetzung linearer Grenzen dar, die aus den Kolonien in die Mutterländer rückwirkte. Die Kolonialgrenze tritt demnach nicht als einfache Übertragung europäischer Grenz- und Territorialitätskonzepte nach Übersee, sondern als Vorläufer linearer Grenzmodelle in europäischen Staaten in Erscheinung. Auch wenn vieles nur auf dem Papier blieb, wies sie den sich konsolidierenden Nationalstaaten den Weg, der Buntscheckigkeit, Mehrdeutigkeit und Widersetzlichkeit auch in den Mutterländern Herr zu werden.

Als Inbegriff der Kolonialgrenze kann die Linie gelten, mit der Papst Alexander IV. 1493 den Konflikt zwischen Portugal und Spanien um die Seewege nach Indien entschied. Sie wurde 1184 Kilometer westlich der Kapverden von Pol zu Pol gezogen. Diese päpstliche Bulle war die Voraussetzung für den Vertrag von Tordesillas (1494), der Portugal den Osten, Spanien den Westen dieser imaginären Linie für ihre maritimen Abenteuer und zukünftigen Landnahmen zusprach. Es gab hier weder Markierung, Überwachung noch eine strikte Einhaltung. Der päpstliche Spruch legte dennoch den Grundstein für die Räume der zukünftigen Kolonisierung, sowohl in Südamerika, wo eine Kolonialgrenze zwischen Brasilien und Spanisch-Amerika verlief, als auch in Asien, wo die Stärke und Stabilität der asiatischen Reiche trotz päpstlicher Autorisierung Portugals keine Kolonisierung ermöglichten. 1529 wurde in

Saragossa eine ähnliche imaginäre Grenze zwischen der spanischen und portugiesischen Hemisphäre im Pazifik gezogen, die die spanische Inbesitznahme der Philippinen unter König Philipp II. innerhalb des zuvor den Portugiesen zugesprochenen Raums absegnete.

Je nach Verlauf und Umständen der Kolonisierung trat die Kolonialgrenze in unterschiedlicher Form zu Tage. Bei einer Entdeckungsfahrt ging es darum, nach der Ankunft ein Zeichen der Präsenz und Inbesitznahme zu setzen, also das symbolische Hissen einer Fahne, die Errichtung von Bauten und die Stationierung von Repräsentanten der Kolonialmacht. Adressaten waren einerseits Einheimische, andererseits spätere Konquistadoren. Wenn der Erstkontakt aus der Errichtung eines punktuellen Stützpunkts bestand, war dessen kolonisierender Charakter unter Umständen noch keineswegs absehbar: Entlang der afrikanischen Küsten sowie in Südasien errichtete Handelsniederlassungen fallen in diese Kategorie, etwa die mit Hoheitszeichen versehenen Faktoreien, die die (zweite) österreichische Ostindien-Kompagnie unter William Bolts in den Jahren 1776 bis 1780 in der Delagoa-Bucht im Südosten Afrikas sowie auf den Nikobaren-Inseln errichtete. In der afrikanischen Niederlassung schloss Bolts Verträge mit lokalen Herrschern ab, die der Kompagnie Landrechte abtraten, setzte Sklaven als Arbeitskräfte ein und baute die kleine Kolonie zu einem Umschlagplatz für Elfenbeinhandel aus. Während die in der Folge an der indischen Malabarküste errichteten Faktoreien dem Aufbau eines Handelsnetzes diente, das Bolts in Kooperation mit internationalen Fernhändlern betrieb, die das Monopol der britischen *East India Company* unterliefen, zielte die Inbesitznahme der Inselgruppe der Nikobaren erneut auf koloniale Präsenz. Sie blieb symbolisch, denn eine dauerhafte Besiedlung und Bewirtschaftung gelang nicht. Sie provozierte zudem den Einspruch Dänemarks, das hier schon zuvor seine Insignien platziert hatte. Unterdessen hatte das österreichische Engagement in der Delagoa-Bucht die auf der nahen Ilha de Moçambique im Elfenbeinhandel tätigen Portugiesen auf den Plan gerufen, die die kaiserliche Kolonie vernichteten und die – stets nach kaiserlichen Familienmitgliedern und hochrangigen Würdenträgern benannten – Schiffe beschlagnahmten (Meisterle 2008).

Größere Bedeutung erlangte eine Kolonialgrenze, wenn die Landnahme im Namen einer Kolonialmacht flächenhaften Charakter annahm, etwa in den Zusammenstößen englischer, französischer und holländischer Siedlergruppen bei der Gründung nordamerikanischer Kolonien im 17. Jahrhundert. Hier versicherten sich die Führungsgruppen der Auswandernden bereits vor der Ankunft der königlichen Zusage der Landrechte: sie kamen also gewissermaßen bereits mit einer vereinbarten Kolonialgrenze an, die ihre territorialen Ansprüche gegenüber anderen Ankömmlingen absteckte.

Wenn konkurrierende Truppen einander im Namen ihrer Herrscher militärisch bekämpften, eröffneten sie eine koloniale Kriegsfront. Eine Reihe europäischer Konflikte verbanden sich mit den kolonialen Fronten und wurden in Übersee ausgetragen. Im Siebenjährigen Krieg (1756–1763) schrieben sich die Rivalitäten der europäischen Großmächte England und Frankreich in die koloniale Konkurrenz in der Karibik, in Nordamerika und auf dem indischen Subkontinent ein. Auch die Konkurrenz zwischen den USA, die im Zuge der Westerweiterung im 19. Jahrhundert ebenfalls zur Kolonialmacht geworden war, und Spanien um Neu-Spanien (Mexiko) wurde kriegerisch ausgetragen. Die Entscheidung auf dem Schlachtfeld bestimmte die in den nachfolgenden Friedensschlüssen vereinbaren Grenz-Übereinkommen, die vertraglich und kartographisch die Kolonialgrenzen festlegten. Im 19. Jahrhundert beschleunigte die innerimperialistische Konkurrenz den Wettlauf um Kolonien in Afrika, Ozeanien und in der Karibik: Die Offensive kombinierte den Vormarsch im Terrain mit der Vorab-Aufteilung von Einflusssphären. Die verwickelte Konfliktlage gab zu mehreren großen Kolonialkonferenzen Anlass, darunter der Wiener Kongress (1814/1815), die Berliner Balkankonferenz (1878) und die Berliner Afrika-Konferenz (1884/1885). Bei der Abgrenzung der Einflusssphären im letzten Drittel des 19. Jahrhundert spielten die Ansprüche des bis dahin nicht in den Kolonialismus involvierten Deutschen Reiches sowie der Interessenausgleich der europäischen Großmächte beim Niedergang des Osmanischen Reiches eine zentrale Rolle. Dessen Zusammenbruch im Ersten Weltkrieg, ein großer Kolonialkrieg mit massivem Truppenaufgebot von Kolonialtruppen, setzte in den ehemaligen osmanischen Provinzen erneut einen in den Friedensverträgen sanktionierten Wettlauf der Siegermächte Großbritannien und Frankreich um die Aufteilung Westasiens in sogenannte Protektorate in Gang. Ein wesentliches Herrschaftsinstrument bei der Festschreibung der Grenzen bildete die Vertragsform, die der Kolonial- und Protektoratsgrenze den – im eurozentrischen Überlegenheitsanspruch wurzelnden – Anschein der Rechtmäßigkeit verlieh.

Eine neue Etappe erlebte die Kolonialgrenze, wenn sie nach der Entkolonialisierung in der postkolonialen Staatenwelt fortlebte und lebt. Prinzipiell stehen nach dem Rückzug einer Kolonialmacht die Rückkehr zu den vorkolonialen Grenzen, die Unabhängigkeit in den Grenzen des Kolonialstaates oder die Bildung von Staaten übergreifenden Nations- oder Unionsbildungsprozessen zur Disposition. De facto hat die Kolonisierung meist einen so starken Einfluss auf die Institutionen und Eliten der Kolonisierten gehabt, dass deren Machterhalt der Unabhängigkeit im Rahmen der kolonialen Territorialität Vorschub leistet. Dazu kommt die Abhängigkeit der ehemaligen Kolonialgebiete von den Kolonialmächten, sodass diese ihren Einfluss auch unter den Bedingungen der Eigenstaatlichkeit ausüben können: Afrikanische Staaten agieren bis heute im Rahmen der ihnen mit der Kolonisierung aufgedrängten Kolonialsprachen, weil diese Zugang zu sozialem Aufstieg und europäischen Bildungsinstitutionen ermöglichen. Die zwischenstaatlichen Konflikte reproduzieren die Konflikte ihrer Kolonisatoren. Investitionen, Handelsbeziehungen, Migration verlaufen in den vorgegebenen kolonialen Bahnen. Die afrikanische Frankophonie wird nicht zuletzt durch den gemeinsamen Währungsraum der CFA-Zone zusammengehalten, deren CFA-Franc an den französischen Franc bzw. Euro gebunden ist (Melber 2004:130). Wir erleben also das Fortleben der Kolonialgrenzen. Alternativen, die von panamerikanisch-bolivarischen, panafrikanischen oder panarabischen Bewegungen zur kolonialen Kleinstaaterei und ihrer Abhängigkeit von alten Kolonialmächten, neuen Hegemonialmächten und Weltmarkt proklamiert wurden, genossen in antikolonialen Kreisen zwar viel Sympathie, konnten sich jedoch nirgends längerfristig durchsetzen. Neue Initiativen zur Belebung von Süd-Süd-Bündnissen, Wirtschaftsgemeinschaften und politischen Unionen stehen unter massivem Druck der sogenannten internationalen Gemeinschaft.

2.5. Fronten

Wenn Staaten einander kriegerisch gegenübertreten, entstehen Frontlinien – nicht unbedingt an der Staatsgrenze, sondern an der Kampflinie. Dies gilt auch für koloniale Konflikte. Als umkämpfte Linien wechseln Kriegsfronten häufig ihren Verlauf und hinterlassen zerstörte oder dauerhaft in Kriegsgebiet verwandelte Frontzonen, die teilweise auf eigenem oder auf fremdem Staatsgebiet liegen. In diesem Sinn überschreiten sie Grenzen und erhalten, wenn sie in die räumliche Tiefe gehen, *frontier*-Charakter. Sowohl die Frontlinie als auch die Frontzone sind durch massive Militarisierung gekennzeichnet. Das Leben für Soldaten wird zum Ausnahmezustand, der durch militärische Ordnung und Kriegsrecht geregelt wird. Für die Zivilbevölkerung wird es zum Alptraum, und wenn es möglich ist, wird sie im Hinterland in Sicherheit gebracht oder flüchtet aus eigenem Antrieb. Trotz militärischer Befehlsgewalt eröffnet der Ausnahmezustand aber auch einen rechtsfreien Raum, der in und an der Front besondere Sozialformen – z. B. Desertion, Schmuggel, Schutzgeldzahlungen, Klientelismus, um Versorgung oder Vergünstigungen zu erlangen – entstehen lässt. Die Front ist also einerseits eine undurchlässige Linie, in der – mit Ausnahme von militärischen Vorposten, Spionage und Feindpropaganda – kein Kontakt mit dem Feind gestattet ist. In vielen Fällen kann eine vollständige Trennung durchgesetzt werden, in anderen ist es überlebenswichtig, über die Front hinweg zu agieren, bei der Beschaffung von Lebensmitteln, bei der Desertion, beim Widerstand, beim Verrat oder bei der Kollaboration. Wenn Fronten sich zu dauerhaften Sozialformationen verhärten, kann hier sogar eine Art Grenzergesellschaft entstehen, die die Trennung bei Bedarf unterläuft.

Die lineare Front ist durch die Bilder von den Schützengräben und befestigten Gebirgsfronten in den Stellungskriegen des amerikanischen Bürgerkrieges oder des Ersten Weltkriegs fest in unserer Vorstellungswelt verankert. Dieses Bild verschleiert jedoch, dass die Front auch in die Tiefe wirkte. Gemeint ist hier nicht der rechtliche, wirtschaftliche und emotionale Ausnahmezustand, in den ein Krieg die gesamte Gesellschaft eines Landes versetzte. Vielmehr geht es um die Ausweitung des Kriegsrechtes auf die Zivilbevölkerung der an die Front angrenzenden Provinzen, wie dies im Fall Österreich-Ungarns z. B. im Ersten Weltkrieg in Galizien, am Isonzo, in den Karnischen Alpen, in den Dolomiten und im Trentino der Fall war. Unter dem Vorwand, die grenzüberschreitende Verbrüderung der ukrainischen (ruthenischen), serbischen oder italienischen Bevölkerung oder ihre Kollaboration mit dem Feind zu unterbinden, wurden in den Grenzgebieten tatsächliche und vermeintliche zivile Angehörige nationaler Vereine verhaftet, nach Kriegsrecht verurteilt, hingerichtet oder in Lager ins Innere der Monarchie verbracht (Hautmann 1995; Holzer 2014:66–102). Die Institution des Kriegsrechts im Frontbezirk ist mithin ein Bestandteil der Front. Folgt man Giorgio Agamben (2004), könnte man das systematische Misstrauen des Staates gegen Verdächtige, Unzuverlässige und politische Gegner auch als Ausdruck einer inneren Front interpretieren, die sich – nicht nur im Ersten Weltkrieg – im Ausnahmezustand, der Hinrichtungsstätte und dem Lager manifestiert.

Während die Kriegsflüchtlinge aus Galizien in Flüchtlingslager und Zivilunterkünfte ins Innere der Habsburgermonarchie evakuiert wurden, internierte man die als unzuverlässig erachteten Ukrainer im speziellen Deportiertenlager Graz-Thalerhof (Hofmann/Goll/Lesiak 2010:21). Flüchtlings- und Deportationslager waren gleichermaßen durch Zäune von der Umgebung getrennt und durften nicht verlassen werden; im Zuge der sich zuspitzenden Ernährungskrise waren ihre Insassen in besonderem Ausmaß dem Hunger- und Kältetod ausgesetzt.

Europäische Beispiele von Frontlinien und Frontzonen reichen von den großen Stellungsfronten im Ersten (Verdun, Marne, Isonzo, Dolomiten) und Zweiten Weltkrieg bis zu den eingefrorenen Konflikten des 21. Jahrhunderts in Bergkarabach, auf Zypern, in Palästina/Israel oder in der Ukraine.

Eine Folge der Kriegsfront ist die – friedliche – Besatzungsfront nach einem Krieg, wo einander innerhalb eines Staates unterschiedliche Besatzungsmächte gegenüberstehen und Handel, Verkehr und Passage kontrollieren, z. B. die Besatzungszonen in Deutschland und Österreich nach dem Zweiten Weltkrieg oder heute in Bosnien und dem Kosovo.

Als Sonderform kann auch die Front im Kalten Krieg angesehen werden, die entlang des Eisernen Vorhangs zum Ausbau massiver militärischer und polizeilicher Befestigungs- und Kontrolleinrichtungen an den Grenzen führte und den Verkehr zwischen den Anrainern weitgehend einschränkte (Komlosy 2001:52). Zwischen Nord- und Südkorea sind diese Grenzsperren nach wie vor in Kraft. Diese Fronten des Kalten Kriegs sind deshalb besonders aufgeladen, weil es sich hier nicht nur um zwischenstaatliche Konflikte handelte, sondern um ein Aufeinandertreffen von Ländergruppen mit unterschiedlichen weltanschaulichen und ordnungspolitischen Systemen (vgl. Kapitel 2.7. Kulturelle Grenzen).

2.6. Phantomgrenzen

Als Phantomgrenze wird das Nachwirken ehemaliger imperialer oder kolonialer Prägung in die Zeit postimperialer oder postkolonialer Staatlichkeit bezeichnet. Aus unterschiedlichen Regionen ehemaliger Reiche zusammengesetzte Staatlichkeit ist in Ost- und Südosteuropa sowie in ehemaligen Kolonien des Globalen Südens der Regelfall (Hirschhausen u. a. 2015). Durch das neue Rumänien verlief 1920 die Grenze zwischen dem habsburgisch-ungarischen Siebenbürgen und dem lange der Hohen Pforte untertänigen rumänischen Fürstentum Walachei: Die ehemalige politische Grenze markierte auch im neuen Staat ethnische, mentale, sozioökonomische Differenzen, die bis heute Identitäten prägen und Konflikte hervorrufen. Durch das neue Italien verlief 1920 die Grenze zwischen dem italienischen Norditalien und dem mit Italien vereinigten deutschsprachigen Südtirol. Das neue Polen, das 1918 überhaupt erst in völlig neuer Lage, Größe und regionaler Zusammensetzung erstand, setzte sich aus Regionen zusammen, die während der Teilung zum Deutschen Reich, zur Habsburgermonarchie und zum russischen Kaiserreich gehört hatten und politisch-rechtlich, wirtschaftlich, verkehrstechnisch mit deren Kerngebieten integriert waren. Während Rumänien, Italien und Polen sich trotz bedeutender ethnischer Minderheiten als Nationalstaaten ihrer Mehrheitsbevölkerung konstituierten, begründete das Königreich Jugoslawien seine staatliche Einheit 1920 auf der multiethnischen Koexistenz von Nationalitäten, die zuvor von Österreich, Ungarn und Italien regiert worden waren oder sich aus dem Osmanischen Reich herausgelöst hatten. In der sozialistischen Bundesrepublik Jugoslawien wurden diese Binnengrenzen bewusst als Republikgrenzen in der Verfassung festgeschrieben; nichtsdestotrotz dienten sie 1991 als Spaltlinien für den Zerfall.

Auch wenn alte politische Grenzen der Vergangenheit angehörten, waren sie weiterhin wirksam und bildeten im neuen staatlichen Territorium Binnengrenzen. Solche alten Binnengrenzen können in Vergessenheit geraten und durch neue Nationsbildungsprozesse überlagert werden. Die neue Regierung kann dabei die aus früheren Zeiten herrührenden Unterschiede als Ausdruck der Vielfalt anerkennen und fördern; oder sie kann sie negieren, bekämpfen, unter Umständen sogar durch Umsiedlung oder Vertreibung der Bevölkerung oder durch Tilgung der Erinnerung an ehemalige Zugehörigkeit und damit verbundene Identität.

Wenn der Aufbruch in die Unabhängigkeit, Land- und Sozialreform, wirtschaftlicher Aufschwung und sozialer Aufstieg alte Disparitäten und Trennlinien überbrücken, verblassen die alten Zugehörigkeiten; allenfalls überdauern alte politische Grenzen als kulturelle Phantome, die in Form von unterschiedlichen Mentalitäten und Erinnerungskulturen gepflegt werden. Diese Phantome fallen unter die Kategorie kultureller Grenzen.

Wenn der neue staatliche Zusammenhalt erlischt und innere oder äußere Kräfte die alte Identität reaktivieren, kann diese neue Wirkungsmacht erhalten; das Phantom macht sich selbständig und wird – sofern die Staatsmacht die Einheit nicht bewahren kann – zur neuen politischen Grenze. Wie beim Reichszerfall und der Entkolonialisierung ist die staatliche Neuordnung in komplexe Veränderungen geopolitischer Ordnung und weltwirtschaftlicher Arbeitsteilung eingebunden, unterliegt internationalen Machtverhältnissen, Interessen und Begehrlichkeiten und wird von völkerrechtlichen Verfahrensregeln gesteuert. Phantomgrenzen können also nur unter ganz bestimmten Konstellationen eine Sprengkraft entwickeln, die tatsächlich zu territorialer Neuordnung führt. Solche Fälle treten vor allem in Regionen auf, in denen die politischen Grenzen im Spannungsfeld der Großmächte immer wieder ihren Verlauf verändert haben. Damit erneut Bewegung in die Grenzen kommt, müssen mächtige Akteure Interesse und Druck entwickeln, völkerrechtlich akzeptierte und eingespielte Ordnungen im Verhältnis von Region,

Staat, internationalen Organisationen und globalen Konzernen auf eine neue Grundlage zu stellen. Nur wenn die internationale Ordnung im Umbruch ist, können sich Phantomgrenzen tatsächlich in Bruchlinien verwandeln: Ob daraus neue Staatlichkeit, Block- und Unionsbildung, abhängige Protektorate oder umkämpfte Zonen ohne staatliche Kontrolle entstehen, in denen Warlords und Interventionstruppen für Stabilität sorgen, kann zum Zeitpunkt einer Trennung, Abspaltung oder Neugründung nicht vorhergesagt werden.

Zur Illustration für das unterschiedliche Nachwirken von Phantomgrenzen in den geopolitischen Umbrüchen der 1990er- und 2000er-Jahre sollen Beispiele aus der Habsburgermonarchie und der Sowjetunion herangezogen werden. Obwohl die Kaiserstatuen, außer in Österreich, in den Habsburg-Nachfolgestaaten nach 1918 aus der Öffentlichkeit verbannt wurden und die Regierungen die dynastische durch neue nationale Legitimität ersetzten, gab es bei vielen Menschen ein altösterreichisches Feeling. Die imperialen Gemeinsamkeiten konnten, auch wenn sie politisch und wirtschaftlich überlebt waren, nicht so einfach aus dem Kopf, dem Straßenbild, dem Baustil, dem Alltagsleben und der Kunst verbannt werden. Vor allem ältere Menschen lebten weiterhin mit den alten Grenzen im Kopf. Die Nationalsozialisten bemächtigten sich bei ihren Erweiterungs- und Neuordnungsplänen Europas der Unzufriedenheit über die Grenzziehungen der Pariser Friedensverträge.

Nach der langen Phase der staatssozialistischen Ordnung standen seit 1990 die Grenzen wieder zur Disposition. Slowenien besann sich seiner altösterreichischen Prägung gegenüber Jugoslawien, die Westukraine entdeckte ihre österreichischen Wurzeln aus der Zeit ihrer Zugehörigkeit zum Kronland Galizien und instrumentalisierte diese zur mentalen Abgrenzung vom russisch geprägten östlichen Landesteil. Siebenbürgen begehrte gegenüber dem Machtzentrum in Bukarest auf. Auch das Überleben der serbisch-orthodoxen Militärgrenzer-Identität in der sich entlang der kroatisch-bosnischen Grenze erstreckenden ehemaligen *Vojna Krajina* fällt in die Kategorie Phantomgrenze, obwohl umgekehrt auch die Republik Kroatien ihre EU-Tauglichkeit in Abgrenzung von Serbien mit ihrer königlich-ungarischen Vergangenheit in Zusammenhang brachte; das Phantom *Krajina* hielt der kroatischen Staatsgründung nicht stand und wurde mit der Vertreibung der *Krajina*-Serben im Zuge der Militäroperationen 1995 aus dem Weg geräumt (Hofbauer 2001:45).

Die ehemalige Zugehörigkeit zu Österreich-Ungarn wurde betont, um die angeblich aus der österreichisch-ungarischen Epoche herrührende zivilisatorische Überlegenheit gegenüber anderen Regionen bzw. Nationalitäten im bestehenden Staatsverband unter Beweis zu stellen. Habsburgische Vergangenheit stand – auch wenn dies weder der historischen Stellung der Monarchie noch der durchwegs peripheren Stellung dieser Regionen innerhalb der Monarchie entsprach – für eine Art Westorientierung. Dieses Gefühl griff das westliche Überlegenheitsdenken auf, das den Balkan, Osteuropa, den Orient, Asien in orientalisierender Weise als das Wilde, Barbarische, nicht Entwicklungsfähige charakterisiert, um sich selbst dagegen abzuheben.

Eine zentrale Rolle in der Debatte um Phantomgrenzen nimmt die Ukraine ein. Trotz vielfacher Vertreibung und Umsiedlung der Bevölkerung über Generationen und Regime hinweg und trotz der Diskrepanz zwischen der ukrainisch-nationalen Identität und dem Multikulturalismus des Kronlandes in seiner habsburgischen Epoche wird in der Westukraine ein positives Habsburg-Feeling promotet. Es wird als imaginierter Ausdruck von »Westen, Europa, Rechtsstaat« der »russischen, sowjetischen, orthodoxen, asiatischen« Prägung der östlichen Landesteile gegenübergestellt. Eine wesentliche Basis für diese Kontraste bildet die Union mit dem Katholizismus aus dem Jahre 1596, die die ukrainisch-ruthenische Bevölkerung unter habsburgischer Herrschaft von den Ukrainern im russischen Kaiserreich unterschied. Mehr noch, sie wurde mit der Euro-Majdan-Bewegung des Jahres 2013/2014 im Sinne einer Galizisierung auf den ukrainischen Gesamtstaat projiziert, um dessen Paktfähigkeit mit »Europa« unter Beweis zu stellen (z. B. bei Andruchowytsch 2014). Diesem Projekt wurde ein Strich durch die Rechnung gemacht, weil das Phantom Habsburg dem russischen bzw. sowjetischen Erbe der Ukraine nicht aufgezwungen werden konnte, sodass der Staat durch die Abspaltung von Donbass und Krim de facto zerfiel.

Im Fall der Nachfolgestaaten der Sowjetunion ist die Union selbst das Phantom, das ohne rechtliche und politische Grundlage überall dort eine sowjetische Identität vermittelt, wo Bevölkerungen sich mit den Nachfolgestaaten und ihren Nationsbildungsprozessen nicht identifizieren wollen. Die Identifikation mit einer sowjetischen Unionsstaatlichkeit geht nicht auf ethnische bzw. sprachliche Gemeinsamkeit zurück, denn sie ist bei allen Nationalitäten beobachtbar, unabhängig davon, ob sie russisch sprechen oder nicht. Auch hat sich das Bekenntnis zur Sowjetunion von der kommunistischen Verfassung und Ideologie entkoppelt. Im Grunde handelt es sich um ein individuelles Empfinden von Bürgern angesichts des Zusammenbruchs ihres Staates. Es artikuliert sich vor allem dort, wo diese Gruppen sich nicht in der Nationsbildung ihres Nachfolgestaates wiederfinden, dort aber in einer bestimmten Region die Mehrheit stellen, wie z. B. in Transnistrien in Moldawien, in

Abchasien und Südossetien in Georgien oder in der Ostukraine, die gegenüber den postsowjetischen Nationalstaaten ihre eigene, nationale, staatliche Unabhängigkeit erklärt haben, oder auf der Krim, deren Bevölkerung sich für die Aufnahme in die Russländische Föderation ausgesprochen hat. Die russischen Minderheiten in Lettland, Litauen, Aserbaidschan oder Kasachstan streben weder Abspaltung noch Anschluss an, finden sich aber aufgrund vielfacher Diskriminierungen als Russen ebenfalls im von der russischen Sprache und Kultur geprägten *russkij mir* wieder, der die Staatsgrenzen der postsowjetischen Staaten als Phantom überlagert (Bassin/Catriona 2012).

2.7. Kulturelle Grenzen

Im weitesten Sinn können alle Gefühle, Gedanken, Artikulationen und Taten der Menschen als Kultur begriffen werden. In diesem Sinn ist jede Grenze eine Kulturgrenze. Je nachdem, ob es um materielle Existenz, um Gesellschaftsordnungen oder um Deutungen, Werte, Sinnstiftungen geht, sind verschiedene, miteinander verbundene Kulturbereiche dabei angesprochen. In jedem dieser Kontexte bilden sich Wir-Gruppen heraus, die über Inklusions- und Exklusionsprozesse ständig Grenzen ziehen. Die Gruppengröße variiert von kleinen überschaubaren Gemeinschaften (Familie, Clan, Bewegung) bis hin zu komplexen Kollektiven wie Verbänden, Organisationen und Gemeinwesen, die abstraktere Vorstellungen von Zusammengehörigkeit entwickeln. Jedes Individuum und jedes Kollektiv ist in mehrere Kulturkontexte involviert: Er kann Jäger, Bauer, Katholik, Vereinsobmann, Holzschnitzer und Sachse sein, also verschiedensten Bereichen und Kollektiven mit mehr oder weniger großer Mitgliederzahl und Einzugsbereich angehören, ohne dass diese Mitgliedschaften einander in die Quere kommen müssen. Sie kann Mutter, Großmutter, Weberin, Hebamme, serbisch-orthodox, Montenegrinerin und Sängerin gleichzeitig sein. Der eine kann in einer Getreideregion leben und Brei und Brot als Hauptnahrungsmittel zu sich nehmen, die andere in einer Mais-, einer Reis- oder einer Kartoffelregion. Jeder Kontext spiegelt Zugehörigkeit oder Zuschreibung wider: es handelt sich um übereinstimmende, teilweise überlappende, durchbrochene oder differente Seinsformen. Sie bilden mannigfache Kulturgrenzen mit mehr oder weniger großer Durchlässigkeit. Obwohl es Mehrfachzugehörigkeiten, Mehrfachidentitäten und Mehrfachzuschreibungen gibt, ist deren Kombination, die den spezifischen Mix der Kulturbereiche einer Person bzw. einer Gruppe ausmacht, nicht beliebig. Er ist abhängig von naturräumlichen Voraussetzungen, sozialer Stellung, Alter, Beruf, Weltanschauung und Gesellschaftsordnung.

Kollektive ziehen Angehörige in den Konsens ihrer Gruppe. Im historischen Kontext bedeutet das, dass Angehörige in der Kultur ihrer Gruppe sozialisiert werden. Komplexere Gesellschaften basieren auf stärkerer Arbeitsteilung und eröffnen deshalb breitere Kombinationsmöglichkeiten, die gleichwohl nach Geschlecht, Rang und Klasse zugeteilt werden. Ein wesentliches Merkmal im Übergang von Gemeinwesen von durchbrochener, personaler zu flächenhafter Hoheit stellte die Kanalisierung multipler kultureller Seinsformen in die Grenzen der sich herausbildenden flächenhaften Staatlichkeit dar. Konkret bedeutete dies die räumliche Arrondierung von Fürstenherrschaft, die Zurückdrängung feudaler und munizipaler Zwischengewalten, die Festlegung der Staatsreligion bzw. die Stellung von Minderheiten, die Schaffung zentraler Behörden, die Vereinheitlichung des Untertanenverbandes, die staatliche Kontrolle der Personenmobilität sowie die Aufhebung von Binnengrenzen und Zöllen zugunsten eines einheitlichen Wirtschaftsraumes. Dieser Prozess war von zahlreichen Interessenkonflikten geprägt; er verlief gegen eine Reihe von Widerständen und nahm in West-, Zentral- und Osteuropa unterschiedliche Ausprägungen an. Dabei machte kulturelle Vielfalt einem zunehmenden Vereinheitlichungsdruck Platz, der Städte, Handel, Konfession, Besteuerung in die Hoheit des Staates, seiner Gesetze, Behörden, Programme und seines Fiskus einpasste. Damit legte sich das kulturelle Paket, das der Staatsführung entsprach, vereinheitlichend, assimilierend und disziplinierend über die multiplen Identitäten kleinerer Gemeinschaften. Es stellte ein Angebot zur Zugehörigkeit in ein komplexes Kollektiv dar, geriet aber, wenn dieses Angebot nicht angenommen werden wollte oder konnte, in Widerspruch zu bestehenden kulturellen Grenzen. Wer nicht dazugehören wollte, wurde dazu gezwungen, musste umsiedeln oder wurde vertrieben: so etwa die protestantischen Gemeinschaften aus den katholisch regierten Fürstenstaaten im Zuge der Konfessionalisierung im 17. und 18. Jahrhundert, und umgekehrt.

Dies passierte unabhängig davon, ob die moderne Staatsbildung unter ethnisch-nationalen Vorzeichen, wie in England oder Frankreich, oder unter multinationalen Vorzeichen, wie im Heiligen Römischen Reich, erfolgte. Die Durchsetzung staatlicher Hoheit in immer mehr Kulturbereichen bewirkte eine Egalisierung von Herrschaft gegenüber der feudalen Zersplitterung; sie trieb die rechtliche und die sprachliche Vereinheitlichung voran und barg insofern ein Ausmaß an Emanzipation der Untertanen gegenüber familialen, patriarchalen, grundherrschaftlichen Gewalten. Die im Zuge größerer Märkte, beschleunigter Transportverhältnisse, erhöhter Bewegungsfreiheit, verbesserter Bildung und politischer Mitbestimmung entstehende gemeinsame Erfahrung von staatlicher Zugehörigkeit brachte fast zwangsläufig ein neues Zugehörigkeitsgefühl hervor, das als Nationalgefühl bezeichnet wird. Wo den Nationen ein politisches Gemeinwesen mit festgelegten Grenzen zur Verfügung stand, beförderten die Regierenden mit Zwang, Druck und Anreizen die Assimilierung ihrer Untertanen in die politische Gemeinschaft, was in Grenzbereichen oft lange Übergangszeiten erforderte. Wo politische Gemeinwesen in jeder Hinsicht bunt, durchbrochen und hierarchisch zusammengewürfelt waren, spielte die Ethnizität eine zentrale Triebkraft in der Herstellung eines Territoriums, in dem Sprache/Ethnizität und politischer Raum so weit wie möglich übereinstimmten. Im einen Fall stellte die Staatsbürgerschaft, im anderen Fall die Nationalbewegung einen neuen Faktor kultureller Zugehörigkeit dar. Dieser setzte im Bereich der Politik an, wirkte aber im Zuge der flächenhaften Ausgestaltung der Herrschaft in sämtliche Lebensbereiche der auf dem hoheitlichen Staatsgebiet Lebenden hinein. Vielfältige partikulare Kulturen gingen in der Nationalkultur auf. In diesem Sinn verschoben sich die Grenzen zwischen den Kulturbereichen: Es kam zu räumlicher Vereinheitlichung und Kongruenz innerhalb der Staatsgrenzen, aber auch zum Wunsch nationaler Bewegungen, das Staatsganze zugunsten nationaler Unabhängigkeit zu verlassen und entlang kultureller Linien neue politische Grenzen zu ziehen.

Kulturelle Systemgrenzen

Wenn kulturelle Gemeinsamkeiten auch über die politischen Grenzen von Gemeinwesen wirken, spricht man von Systemgrenzen. Auch der Begriff der Zivilisationsgrenze wird verwendet, um kulturelle Gemeinsamkeiten und Prägungen über politische Grenzen hinweg anzusprechen (Braudel). Der Begriff »Zivilisation« wird dabei weder im Sinne menschlicher Gestaltung der Natur aufgefasst, um die Spezies Mensch von anderen Lebensweisen zu unterscheiden, noch zur Einteilung unterschiedlicher Gemeinwesen nach dem Grad ihrer kulturellen Vervollkommnung, Verfeinerung und Differenzierung in höhere und niedere, »echte« Menschen und Barbaren, die den Zivilisationsbegriff zu einem Instrument ethno- und eurozentrischer Selbstvergewisserung werden ließen.

Staaten übergreifende kulturelle Gemeinsamkeit wird über politische und wirtschaftliche Systeme begründet, die sich dafür weltanschaulicher und ethischer Deutungs- und Wertesysteme bedienen. Dies wird am besten über die Bezeichnung »Kultursysteme« zum Ausdruck gebracht. Diese sind untrennbar mit den Interessen und Legitimationsmechanismen der politischen Herrschaftsbildung verwoben, bleiben dabei jedoch nicht auf momentane Gemeinwesen beschränkt, sondern konzentrieren sich auf Gemeinsamkeiten in den Werte-, Sinn-, Glaubens- und Deutungssystemen, die Staaten übergreifende weltregionale Kulturen hervorbringen. Diese Weltkulturen sind ebenso überlappend wie sie gelegentlich scharfe Kulturgrenzen mit regelrechten Kulturkämpfen hervorbringen.

Individuen und Gruppen setzen sich mit ihrer Umwelt durch spielerisches Tun, durch Beherrschung von Kulturtechniken, durch rituelle Verbindung und ästhetische Gestaltung auseinander, die auch als »Künste« bezeichnet werden. Diese sind in der Regel in den Alltag integriert und dienen der materiellen Existenz, der Kommunikation mit Mitmenschen und angenommenen übernatürlichen oder göttlichen Instanzen. Aus dieser Praxis entwickelt sich im Kollektiv das Bedürfnis nach Sinngebung, Weltanschauung, Wahrheitserschließung und -vermittlung. Als Instanzen fungieren Volksglaube und volkstümliche Denkweisen, Religion, Ideologie, Wissenschaft, Philosophie, Bildung und Erziehung.

Die Basis Staaten übergreifender Kulturen wurzelt in den großen Religionen, Ethiksystemen und ihren universellen Geltungsansprüchen. In der Praxis etablierten sich diese in räumlich beschränkten Einzugsbereichen, auch wenn deren Führer diese aus Unkenntnis, mangelndem Weitblick oder mangelnder Einsicht heraus für die Welt hielten. Innerhalb der großen Religions- und Wertegemeinschaften bildeten sich, in Verbindung mit politischer Konkurrenz, unterschiedliche Strömungen heraus, die durch ihren Exklusivitätsanspruch eigene religiöse Systeme schufen: innerhalb des Christentums die Patriarchate, die West- und die Ostkirche, die Protestantismen und Erneuerungsbewegungen, die Unionen, die zu scharfen Schismen, zu Kriegen, Verfolgung, Vertreibung und konfessioneller Territorialisierung führten, deren Grenzen meist trennender waren als die von allen Seiten beschworene Einheit des Christentums. Diese Grenzen überlebten auch die Säkularisierung.

Die kirchlich legitimierte Einsetzung der Herrscher machte jedes politische zu einem religiösen Gemeinwesen. Dementsprechend entwickelten sich auch die politischen Allianzen entlang kultureller Gemeinsamkeiten, die auf Religion gründeten. Ethnisch-sprachliche Grenzen spielten demgegenüber keine Rolle. Als Kommunikationssprache diente die Liturgiesprache der jeweiligen Religion: Latein, Griechisch, Kirchenslawisch, Hebräisch, Arabisch; Volkssprachen hielten in die Liturgie erst dann Einzug, wenn sich religiöse Strömungen von Fremdherrschaft (wie im Fall des Osmanischen Reiches) oder

Missbrauch durch die Amtskirche (wie im Fall der Protestantismen) absetzen wollten.

Bündnissysteme folgten also den religiösen Linien, sodass Europa, sieht man vom muslimischen Spanien ab, seit dem Zerfall des weströmischen Reiches in zwei große Blöcke geteilt war: das auf der westlichen Papstkirche gründende lateinische Europa und das auf der kaiserlich-byzantinischen Kirchentradition gründende griechische Europa. Die Toleranz für Juden folgte ihrer jeweiligen ökonomischen Nützlichkeit. Diese beiden Kirchenblöcke unterschieden sich in wesentlichen Fragen des politischen Systems, z. B. in Bezug auf das Verhältnis zwischen weltlicher und kirchlicher Macht sowie die Systeme von Adelsbindung (Lehenswesen, Steuerpächter, Statthalter), Steuereinhebung (feudale, präbendale, tributäre Systeme) und Militärorganisation. Wenn sie um zu bekehrende Seelen konkurrierten und um die Anerkennung von deren Taufe stritten, ging es auch um die Aufteilung von wirtschaftlichen und geopolitischen Einzugsgebieten; dabei wurde oft auch Verrat an der eigenen Seite geübt und mit dem Feind, z. B. mit Mongolen oder dem osmanischen Sultan paktiert, was die Zugehörigkeit zum eigenen Lager nicht in Frage stellte. Im 13. Jahrhundert setzte Papst Innozenz IV. zur Sicherung der Reste der Kreuzfahrerstaaten auf die Kooperation mit den Mongolen gegen den Islam, die nicht zuletzt daran scheiterte, dass diese selbst den Islam annahmen. Im Jahr 1526 verbündete sich Frankreich aus Angst vor habsburgischer Umklammerung mit dem Osmanischen Reich, welches seinerseits in seinem Herrschaftsbereich den Protestantismus tolerierte und so die Position der Protestanten im Reich stärkte (Geiss 1993:67).

Solange die russischen Länder dem Reich der Goldenen Horde angehörten, gehörten sie weder zum lateinischen noch zum griechischen Europa. Mit der Rückkehr zur eigenen Staatlichkeit, die in der Tradition der byzantinischen Missionierung des Kiewer Reiches und der daraus hervorgegangenen russischen Fürstentümer wurzelte, gehörte der Moskauer Staat zur Ostkirche. Aufgrund der osmanischen Eroberung Konstantinopels und der Großmachtambitionen der russischen Macht entstand mit der Etablierung des Zarentums im 15. Jahrhundert ein dritter Anspruch auf die römische Reichstradition. Wie das deutsche Wort »Kaiser« leitet sich das slawische »Zar« über das Griechische vom römischen Namen und späteren Titel »Cäsar« ab (Nolte 2005:59). So entstand neben dem ersten Rom (auf das sich die lateinische Kirche berief), dem zweiten Rom (das in Konstantinopel auch unter osmanischer Herrschaft als Kirchenzentrum der griechisch-orthodoxen Christenheit geduldet wurde) das Konzept eines dritten Rom mit Sitz in Moskau. 1589 wurde Moskau das fünfte in der damaligen Reihe der Patriarchate der Orthodoxie, das den Patriarchen von Konstantinopel als *primus inter pares* anerkannte. Dieser übernahm auch für spätere, im Zuge der Bildung von Nationalstaaten gegründete autokephale Nationalkirchen die Oberherrschaft.

Dem System Europa, das sich trotz der zwischenstaatlichen Rivalitäten in lateinischer Tradition des ersten Rom herausbildete, gehörte weder die byzantinische noch die orthodoxe Ostkirche an. Hier lag eine klare Kulturgrenze, auch wenn Kriegsbündnisse, z. B. gegen die Osmanen, immer wieder Anlass zur grenzüberschreitenden Kooperation gaben. Insbesondere die orthodoxen Christen, die an der westlich-osmanischen Grenze lebten und sich dort als Außenmauer und Vorposten der Christenheit begriffen, als *antemurale christianitatis*, die der osmanischen Expansion Einhalt gebieten sollte, fühlten sich von den katholischen Mächten und der katholischen Kirche immer wieder im Stich gelassen. Dieses Gefühl des Im-Stich-gelassen-Seins, dem die Privilegierung der orthodoxen Grenzbauern in der habsburgischen Militärgrenze entgegenwirkte, zieht sich bis in die jüngere Vergangenheit, wenn Angehörige orthodoxer Staaten, so sie in ihrer ethnoreligiösen Eigenheit im Westen überhaupt wahrgenommen werden, sich nicht nur als zweitklassige Christen, sondern auch als zweitklassige Europäer benachteiligt sehen.

Die Reformation, die als Massenbewegung gegen die Geschäftemacherei der Amtskirche im 16. Jahrhundert aufbrach und rebellierende Bauern und Stadtbürger inspirierte, gab den deutschen Fürsten die Möglichkeit, den kaiserlichen Zentralisierungsbemühungen mit einem ethischen Argument Einhalt zu gebieten. In England konnte der König mithilfe der anglikanischen Reformation seine Machtstellung gegenüber dem Papst und innenpolitischen Konkurrenten stärken. Die Gegnerschaft zur Reformation gab dem dem Papst verbundenen kaiserlichen Feldzug gegen die fürstlichen Zwischengewalten den Anstrich religiöser Pflicht und Ehre. Die deutsche Reformation stärkte aber nicht nur die partikularen Kleinfürstentümer gegenüber dem Kaiser, sondern sie setzte der katholischen Universalmonarchie mit der Übersetzung der Bibel und der Einführung der deutschen Liturgiesprache die Idee einer von den sozialen Bewegungen getragenen nationalen Einheit entgegen, als deren Bindemittel die reformierte Kirche diente. Daraus wurde politisch vorerst nichts, und der sich bis über den Dreißigjährigen Krieg hinausziehende Machtkampf, an dem auch Nachbarstaaten beteiligt waren, endete in einer Pattsituation. Das Prinzip *cuius regio, eius religio*, das jedem Landesfürsten gestattete, die Konfession seiner Untertanen zu bestimmen, war ja bereits 1530 im Augsburger Religionsfrieden de facto anerkannt worden. Damit verwandelte sich sowohl der universelle Anspruch der Papstkirche als auch der nationalkirchliche Anspruch der reformatorischen Vordenker in ein Schlachtfeld um die politische Macht. Erst nach völliger Erschöpfung konnte der Westfälische Friede 1648 dem Schlachten ein Ende setzen. Die Folge war die Konfessionalisierung der territorialfürstlichen Staatsbildung, die der Herausbildung eines einheitlichen deutschen Reiches nach dem Muster der westeuropäischen National-Monarchien entgegenstand.

Anstelle eines Deutschen Reiches bildete der Westfälische Friede den Auftakt für ein neues System der westlichen Christenheit: das Westfälische System. Es gilt als die Geburtsstunde der modernen Diplomatie und des Völkerrechts, für die Institutionen, Mechanismen und Verfahren entwickelt wurden (Nolte 2005:288). Dieses internationale System vereinte nach wie vor nur Staaten der Westkirche: Während die reformierten Herrscher dem System angehörten, blieben die orthodoxen Ostkirchen ausgeschlossen. Es war der politische Arm der westlichen Staatenwelt, während auf ökonomischer Ebene ein von Westeuropa ausgreifendes weltwirtschaftliches System – das kapitalistische Weltsystem – entstand, das eine westeuropäische Vorherrschaft in Übersee aufbaute (ebd.:176). Beide Systeme sind kulturell im westlichen Christentum, im westlichen Völkerrecht und im westlichen Wirtschaftsstil begründet. Die Säkularisierung hat die Instanzen, Medien, Verfahren der Wahrheitsprüfung und -vermittlung geändert. Am Bedürfnis nach Sinn, Erklärung und der Begründung von Werten und der kulturellen Legitimierung politischer und ökonomischer Herrschaft hat sich nichts geändert.

Das System der europäischen Christenheit öffnete sich im Laufe des 18. bis 20. Jahrhunderts für Russland und das Osmanische Reich. Russland wurde als Bündnispartner gegen das Osmanische Reich gebraucht und daher 1685 aufgenommen. Das Osmanische Reich wiederum sollte gegen russische Begehrlichkeiten geschützt werden und wurde 1856 nach dem Krimkrieg in das Europäische Konzert aufgenommen. In der Folge öffnete sich dieses für die gesamte internationale Staatenwelt, sofern diese bereit ist, die kulturellen Prämissen dieses Systems anzuerkennen.

Trägt man der kulturellen Fundierung politischer Blöcke und Bündnissysteme Rechnung, können auch die Blöcke des Kalten Kriegs als Kultursysteme begriffen werden. Die Führung des Europäischen Konzerts hat in der Zwischenzeit die USA übernommen, und die Sowjetunion, die trotz weltanschaulichen Gegensatzes im Kampf gegen den deutschen Faschismus noch als Bündnispartner akzeptiert worden war, mutierte zum Antichrist. Auf den

Nachkriegskarten zeichnen sich entlang der Fronten der Befreiung alte Kulturgrenzen als politische Teilungslinien ab: Die orthodoxe Staatenwelt gehört dem Ostblock an; lediglich Griechenland bleibt nach einem Bürgerkrieg beim Westen; Jugoslawien, das sowohl Katholiken, Orthodoxe als auch Muslime beherbergt, wird ein blockfreier Sonderstatus zuerkannt. Dass das römisch-katholische bzw. protestantische Polen, Ungarn, die Tschechoslowakei und das ostelbische Deutschland dem Ostblock zufallen, passt zunächst nicht ins Bild. Ungarische und polnische Historiker wie Jenő Szűcs (1983) oder Oskar Halecki (1957) bezeichnen diese Länder als »Zwischeneuropa«: Auf der Teilungslinie zwischen Zivilisation und Barbarei, wie sie Karl der Große zum Krönungszeitpunkt im Jahr 800 vorfand, waren diese Gebiete noch slawisch, heidnisch, barbarisch. Sie wurden erst im Zuge von Reichsexpansion (Ostelbien, Böhmen) und Missionierung (Polen, Ungarn) ins römisch-katholische System der Christenheit aufgenommen, spielten in diesem auf der ökonomischen Ebene jedoch in vielerlei Hinsicht die Rolle einer ökonomischen und politischen Peripherie, während die kulturelle Zugehörigkeit außer Frage stand. Die »Rückkehr« nach Europa, die mit der politischen Wende 1989 vollzogen wurde, stellte somit nicht nur eine kulturelle Einordnung in die west-christlich fundierte Wertegemeinschaft, sondern folgerichtig auch eine Rückkehr in die periphere Position als Lieferant von Arbeitskräften und verlängerte Werkbank westlicher Konzerne dar.

Es handelt sich beim Westblock, der als OEEC, EG, EGKS und EU verschiedenste Formen der wirtschaftlichen Blockbildung durchlief, während die militärische Seite nach einer kurzen Phase einer WEU im Rahmen des US-geführten NATO-Blocks verlief, um ein kulturelles System. Während des Kalten Krieges schien die geographische Erstreckung in Europa ein für alle Mal fixiert; unterdessen befinden sich alle Institutionen des Westblocks auf Expansionskurs in Richtung Osten und Südosten; ein Ende von Beitrittsverhandlungen, Aufnahmeverfahren, Beitritt oder Assoziation ist nicht in Sicht. Die kulturellen Parameter werden nicht mehr primär religiös definiert, sondern als Wertesystem, das auf Privateigentum, freiem Wettbewerb, Vertragsgesellschaft, Rechtssicherheit, parlamentarischer Demokratie, und individueller Selbstverwirklichung basiert. Die west-christlichen Werte, die dem Wertesystem zugrunde liegen, kommen in der politischen und wirtschaftlichen Verfassung zum Ausdruck. Zum Wertekanon gehört auch die in der Tradition der westlichen Aufklärung verortete Trennung von Staat und Kirche, auch wenn dies in krassem Widerspruch zur bevorzugten staatlichen Verankerung der katholischen und der protestantischen Kirche als Staatskirchen steht; die

Vernichtung und Vertreibung der Juden meint man mit Erinnerungspflege, Vergangenheitsbewältigung und einer Kanonisierung des Kampfes gegen Antisemitismus kompensieren zu können. Die stärker familien- und gemeinschaftsbetonte Tradition der christlichen Orthodoxie und des Islam wird als kulturfremd angesehen: Zwar wird sie im Rahmen der Religionsfreiheit in ihrer individuellen Ausprägung toleriert, aber freilich nicht für echt europäisch, d. h. west-christlich angesehen.

Auf der Ostblock-Seite der Kulturgrenze stand der realsozialistische Block, der ebenfalls über eine militärische (Warschauer Pakt) und eine wirtschaftliche Organisation (Rat für gegenseitige Wirtschaftshilfe, RGW) verfügte. Mit Verstaatlichung, Planwirtschaft, Primat der kommunistischen Parteien, zivilen Massenorganisationen, die viele Bereiche des Alltagslebens begleiteten und einer – mit der Wirklichkeit oft nicht übereinstimmenden – Philosophie der sozialen Gerechtigkeit verkörperte er ebenfalls ein Wertesystem. Vom west-christlichen Westen unterschied sich das politisch von der Sowjetunion beherrschte Bündnis zudem durch den staatlich verordneten Atheismus, der den Kirchen und dem Glauben allenfalls eine marginale Rolle in der Gesellschaft einräumte.

Der Eiserne Vorhang, der vierzig Jahre lang die Grenze zwischen diesen beiden Systemen markierte, vereinigte in sich verschiedenen Typen von Grenzen. Er war Folge der Kriegs- und Befreiungsfront, politische Grenze, Wohlstandsgefälle, er beinhaltete Handelsembargo, Investitions- und Kreditboykott seitens des Westens, Kontrolle der Kapital-, Waren- und Migrationsbewegungen seitens des Ostens. Darüber hinaus stand er für eine Kulturgrenze zwischen zwei politischen und weltanschaulichen Systemen, die sich auch als Wertegemeinschaften definierten. Der Eiserne Vorhang hatte auch ostasiatische Schauplätze, insbesondere an der innerkoreanischen Grenze, zwischen Japan und der Sowjetunion, ebenso zwischen Kuba und den USA und wurde in verschiedensten regionalen Stellvertreterkriegen bemüht, um die dem jeweiligen Konflikt zugrunde liegenden kulturell-weltanschaulichen Gegensätze sowie die Bündniskonstellationen zu begründen.

Die Kulturgrenze am Eisernen Vorhang hatte eine bestimmende Wirkmächtigkeit für jeden Staat der Welt. Es war schwierig, sich der Bipolarität zu entziehen, außer wenn es neutralen Staaten gelang, eine besondere Vermittlerrolle im Konfliktmanagement und in der Kommunikation der verfeindeten Systeme einzunehmen, wie z. B. Österreich, der Schweiz, Finnland oder Schweden, die in deren Interesse lag. Die kulturelle, wirtschaftliche und politische Zugehörigkeit dieser Staaten zum Westen stand jedoch nicht in Frage.

Im Fall der Bewegung der blockfreien und nicht-paktgebundenen Staaten, die sich 1955 auf der Konferenz im indonesischen Bandung formierte, ging das Bemühen um einen Dritten Weg, und damit einen Raum zwischen Ost und West von jenen dekolonisierten Staaten aus, die sich weder in den Dienst ihrer ehemaligen Kolonialmacht noch unter den Schutzschirm des einen oder anderen Blocks begeben wollten. Die Idee des Dritten Weges konnte sich institutionell nicht auf der selben Ebene etablieren wie West- und Ostblock, verlieh der Dritten Welt im Rahmen von UNO-Organisationen jedoch eine eigene Stimme. Die Vielzahl der heute in Afrika, Asien, Ozeanien, Lateinamerika und der Karibik existierenden regionalen Organisation steht einerseits in der Tradition der Blockfreien, die auf regionale Integration und Süd-Süd-Kooperationen setzen und sich der Vereinnahmung durch Großmächte widersetzen (z. B. ASEAN, Mercosur, SADC, ECOWAS, BRICS), andererseits unterliegt sie dem Druck der großen *Player*, die vor Ort selbst Blockbildungen initiieren, um ihre globalen Interessen durchzusetzen (z. B. NAFTA 1994; ALCA/FTAA 1999; TPP in Verhandlung). In dem Sinne, wie alle diese Formationen von der meinungsbildenden Definitionsmacht kultureller Werte bestimmt sind, die durch die jeweiligen Organisationen verbreitet oder geschützt werden, findet auf der Ebene der Bildung sowie der Erweiterung und Konkurrenz von Bündnissystemen eine permanente Auseinandersetzung um kulturelle Grenzziehung statt.

Nachdem der Sowjetblock, anders als China, der militärischen und technologischen Konkurrenz des Westens nicht gewachsen war und das neoliberale Krisenmanagement nicht überlebte, entstand ein machtpolitisches Vakuum. Während der US-amerikanische Politologe Francis Fukuyama (1989) in seinem viel zitierten Aufsatz *The End of History* diesen Zustand des fehlenden Widerspruchs in hegelianischer Manier als Ende der Geschichte deutete, war sein Kollege Samuel Huntington davon überzeugt, dass ein neues Feindbild bald gefunden sei. In seinem Bestseller *Kampf der Kulturen* (*The Clash of Civilizations*, 1996) bietet er ein Panorama möglicher Konfliktlinien an, auf denen die Schlachten der kommenden Jahrzehnte geschlagen werden können: Kulturkampf total. In der Praxis der Folgejahre verengte sich das Konfliktszenario auf drei Schauplätze: die Systemgrenze zu Russland, die Systemgrenze zum Islam, die Systemgrenze zu China. Hier werden kulturelle Systemgrenzen zu Feindbildern aufgebaut. Die Dämonisierung dient der westlichen Selbstvergewisserung, das zur universellen Devise erklärte aufgeklärt-laizistisch-demokratische Weltbild zu besitzen, das den anderen noch abgehe und daher der westlichen Unterstützung bei der Implementierung bedürfe. Die spezifische

Interessenlage der westlichen Partner – USA, Japan, Europäische Union sowie deren Mitgliedsstaaten – unterscheidet sich dabei nach Lage, Vorgeschichte und Intensität der gegenwärtigen Beziehungen.

2.8. Wirtschaftliche und soziale Grenzen

Wirtschaftliche und soziale Grenzen betreffen Unterschiede in der sozialen Stellung und im sozioökonomischen Entwicklungsstand von Personen, Gruppen und Regionen, die sich in Einkommen, Lebensqualität, sozialem Prestige, Teilnahme und Aufstiegsmöglichkeiten in der Gesellschaft niederschlagen. Sie beruhen auf ungleicher Macht-, Besitz- und Einkommensverteilung verschiedener sozialer Gruppen und Regionen innerhalb und zwischen Staaten. Diese Unterschiede werden einerseits selbst als Grenzen gefasst, die entweder als soziale oder als regionale Wohlstandsgrenzen in Erscheinung treten; andererseits verbinden sich Wohlstandsgrenzen mit politischen und kulturellen Grenzen zu einander verstärkenden »intersektionalen« Clustern von Ein- und Ausschluss, wie sie für weltanschauliche Systeme oder Blöcke charakteristisch sind. Schließlich wird nach dem Zusammenspiel von sozialen und regionalen Unterschieden in Hinblick auf die Entwicklung globaler Ungleichheit gefragt.

Soziale Grenzen

Soziale Grenzen legen Einzelne oder Gruppen auf ihre Rolle in der Familie oder der Gesellschaft fest und grenzen ihre Aufgaben und ihre Stellung von anderen ab. Die Arbeitsteilung hängt von Familienstand, Geschlecht, Alter, Besitz, Tätigkeitsbereich, Qualifikation und gesellschaftlichen Rahmenbedingungen ab. Zunehmende Differenzierung fördert Schichtung, Klassenbildung und soziale Rangordnung, wobei die Herrschenden die Rolle der unteren Klassen in der Arbeitsteilung bestimmen und Zugriff auf das Mehrprodukt erlangen können. Die kulturelle Vielfalt auf der Welt hat verschiedenste Modelle der Schichtung ausgeprägt: Stände, Kasten, Klassen. Stände und Kasten orientieren sich an einer vorgegebenen, göttergewollten Ordnung, die sich auf sämtliche Lebensbereiche bezieht und deren Grenzen schwer überwindbar sind. Klassen resultieren demgegenüber aus der Stellung im Produktionsprozess und können, wenn sich diese ändert, verändert werden; dabei stellen allerdings Eigentum, Herkunft, Geschlecht und Rasse entscheidende Voraussetzungen dar, sodass auch das Überschreiten der Klassengrenze keine ausgemachte Sache ist.

Zahlreiche Protest- und soziale Bewegungen haben immer wieder gegen die Ungerechtigkeit der Gesellschaftsordnung angekämpft. Ein prinzipielles

Gleichheitsideal verfolgten sie in den wenigsten Fällen, hingegen entzündeten sich die Konflikte meist dann, wenn die Herrschenden die gegenüber den Untertanen übernommene, eingespielte Verpflichtung und Verantwortung nicht einhielten, also die Regeln der Gesellschaftsordnung verletzten. Die christliche Gleichheitsvorstellung war fundamentaler, beschränkte sich jedoch auf die Gleichheit vor Gott und leitete daraus die Pflicht zum Almosen für Arme ab. Manche religiöse Reformbewegungen übertrugen den Gleichheitsanspruch auf das Diesseits und lebten in Kommunen, die die alten Hierarchien zurückwiesen. Eine Zeitenwende leitete die Französische Revolution ein: nicht weil sie die Klassen aufhob, sondern weil sie mit »Freiheit, Gleichheit, Brüderlichkeit« ein Gleichheitspostulat etabliert hatte, das auch durch die Restauration nicht mehr vom Tisch gewischt werden konnte. Die weiterhin bestehenden und im Zuge der wirtschaftlichen und sozialen Veränderungen in der Gesellschaft neu aufbrechenden Unterschiede bedurften nunmehr der Legitimierung jenseits des Gottgewollten (Wallerstein 2012:15). An die Stelle ständischer Privilegien traten Eigentum und Leistung nicht nur als Voraussetzung für unterschiedliche Teilhabe am gesellschaftlichen Reichtum, sondern auch als Voraussetzung für politische Partizipation: Im Kurien- und Zensuswahlrecht des 19. Jahrhunderts, das Wählerstimmen nach Wählerklasse und Steuerleistung gewichtete und Besitzlose überhaupt vom Wahlrecht ausschloss, überschnitten sich das ständische und das Leistungsprinzip. Die unterschiedliche Abgeltung von Arbeitsleistung wurde mit Qualifikation, Ausbildung, Verantwortung sowie bei Frauen mit ihrer primären Zuständigkeit für die zunehmend aus dem Arbeitsbegriff ausgegrenzte unbezahlte Haus- und Versorgungsarbeit begründet.

Ein weiteres Kriterium für Ein- und Ausschluss stellte die im Gefolge der Französischen Revolution in Europa beginnende Kodifizierung bürgerlicher Gesetzbücher dar: Während die personale Verantwortung für den Untertan im *Ancien Régime* beim Grundherrn lag, bedurfte der Übergang in staatliche Verantwortung der Festlegung, wer Staatsbürger war. Als die Leibeigenschaft im Zuge der Französischen Revolution aufgehoben wurde, war damit nicht auch die Befreiung der Sklaven in den französischen Kolonien gemeint. »Die Kolonien und französischen Besitzungen in Asien, Afrika und Amerika sind, obgleich Teile des Französischen Reiches, in der vorliegenden Verfassung nicht inbegriffen«, hieß es in der Verfassung von 1791 (zit. in: Middell 2004:150). Unter dem Druck der Aufstände weiteten die Revolutionäre ihren Freiheitsbegriff jedoch aus: Sklaven und Farbige erlebten ihre politische Befreiung und wurden Bürger des revolutionären Frankreich. Wesentlichen Ausschlag für den Meinungsumschwung des Direktoriums zugunsten der Abolition gab die Mitwirkung schwarzer Soldaten im zeitgleich stattfindenden Kolonialkrieg gegen England in der Karibik.

Die allgemeine Freiheit währte allerdings nur bis 1802, als mit Napoleon der *Code noir* wieder in Kraft trat. Der daraufhin ausbrechende Bürgerkrieg und Aufstand in Haiti führte zwar zur Unabhängigkeit der Kolonie, entzog ihr allerdings auch jede Unterstützung seitens des Mutterlandes, sodass die Zuckerinsel ökonomisch kaum lebensfähig war. Frankreich vollzog die Aufhebung der Sklaverei in seinen Kolonien erst im Zuge der Revolution von 1848, die Gleichberechtigung mit den Mutterlandsfranzosen erreichten die Kolonialfranzosen jedoch nicht – ebenso wenig wie ihre Leidensbrüder und -schwestern in Überseekolonien anderer europäischer Großmächte.

Bei genauerem Hinsehen enthielten die politischen Verfassungen, die mit den bürgerlichen Revolutionen des 19. Jahrhunderts in immer mehr europäischen Staaten eingeführt wurden, stets soziale Abstufungen, die aus der ständisch-patriarchalen Zeit herrührten: Schwarze – in Staaten, in denen es keine Dunkelhäutigen aus Afrika oder Asien gab, betraf dies Roma und Juden, Frauen und Pauperisierte – wurden mittels diskriminierender Bestimmungen, die ihre Mündigkeit und Kompetenz in Abrede stellen, von den vollen staatsbürgerlichen Rechten, insbesondere Wahlrecht und Universitätsstudium, ausgeschlossen. Die scharfe Geschlechtergrenze empörte jene Frauen, die zuvor aufgrund ihrer Zugehörigkeit zum Adel volle Eigentums- und politische Rechte besaßen. Folgerichtig traten Arbeiter-, Minderheiten- und schwarze Bürgerrechts-, antikoloniale und Frauenbewegungen an, um die von den bürgerlichen Grundgesetzen für sie aufgestellten Grenzen zu bekämpfen. Immanuel Wallerstein hat diese Kämpfe des 19. Jahrhunderts untersucht und festgestellt, dass sie Allianzen bildeten und sich aufeinander bezogen. Oft stand allerdings das jeweilige Gruppeninteresse im Vordergrund und die Argumente für die eigene Inklusion betrieben die Exklusion von anderen oder hinterfragten diese jedenfalls nicht (Wallerstein 2012:191–250).

Nichtsdestotrotz beförderten die sozialen Bewegungen die Herausbildung staatlicher kommunaler und privater Wohlfahrtspolitik und Umverteilung: Die im Laufe des 20. Jahrhunderts immer breitere, wenn auch niemals alle Gesellschaftsschichten erfassende sozialpolitische Inklusion blieb auf die westlichen Industriestaaten beschränkt. Die Ausgrenzung der kolonialen Untertanen, der vom Weltmarkt abhängigen, später auch der postkolonialen Staatsbürger aus dem Aufstieg zum kaufkräftigen, sozial gesicherten Angehörigen der Arbeiterklasse machte die Arbeiterbewegung – trotz oft heftig und blutig geführter Arbeitskämpfe – zu Komplizen ihrer Kapitalisten. Auch die Frauenbewegungen der Zentren thematisierten die Wohlstandsgrenze mit den Geschlechtsgenossinnen der Peripherie nicht. Die größte Sprengkraft erreichten die Kämpfe der Nachkommen der in die Zentren zwangsverschleppten Schwarzen, die nur schwer in den metropolitanen Konsens einzubinden waren. Mit Hilfe von Aufstiegsförderung und Maßnahmen der positiven Diskriminierung gelang es nicht nur in diesem Fall, die soziale Grenze durchlässiger zu machen und jene, die dies nicht mitmachen wollten oder konnten, als selbst daran Schuld Tragende darzustellen.

Je durchlässiger und verhandelbarer die sozialen Grenzen sind, desto mehr individuelle Grenzüberschreitung findet statt. Jede gesellschaftliche Veränderung – wie Industrialisierung, Urbanisierung, Bevölkerungsbewegung, technologischer Wandel – führt zu neuen Anforderungsprofilen an die Menschen, die wiederum neue soziale Grenzziehungen nach sich ziehen und deren Ein- und Ausschlussmechanismen für die einen Aufstieg, für andere Abstieg mit sich bringt.

Regionale Grenzen

Hier geht es um Unterschiede im Wohlstandsniveau verschiedener Regionen und ihre Rolle in der überregionalen Arbeitsteilung. Diese Arbeitsteilung hängt von der Ressourcenausstattung, der Lage, historischen Weichenstellungen, den Machtverhältnissen und Wirtschaftsordnungen in den einzelnen Regionen ab. Im historischen Prozess bilden sich dabei dominierende und abhängige Regionen heraus, die auch als Zentrum und Peripherie, mit entsprechenden Zwischenpositionen, gefasst werden können. Sie unterscheiden sich in der wirtschaftlichen Spezialisierung, der Wertschöpfung, den Arbeitsverhältnissen, dem Einkommensniveau, dem politischen Gewicht und dem Gestaltungsspielraum. Zentren zeichnen sich durch Wirtschaftszweige höheren Verarbeitungsgrades und höherer Wertschöpfung aus, in denen besser bezahlte, qualifizierte und sozial eher abgesicherte Arbeitsverhältnisse vorwiegen; sie beherbergen höhere Bildungseinrichtungen, Dienste, Firmenzentralen und Institutionen, die ihren BürgerInnen größere Entscheidungsbefugnis im privatwirtschaftlichen und im öffentlich-politischen Bereich ermöglichen. Peripherien sind demgegenüber stärker auf Agrargüter und Rohstoffe für den Export in die Zentren spezialisiert, woher im Gegenzug Produkte höheren Verarbeitungsgrades bezogen werden. Peripherien liefern den Zentren auch Arbeitskräfte. Der höhere Anteil von Selbstversorgungsökonomie, un- und unterbezahlter Arbeit hält die Löhne niedrig, auch für überregionale Unternehmen, die dies im produktzyklischen Verlauf für die Auslagerung arbeitsintensiver Fertigung an Billiglohnstandorte nutzen. Peripherien zeichnen sich durch ihre Außenabhängigkeit im Bereich der Warenströme, der Unternehmen, der Güterketten und der politischen Mitbestimmung aus und sind auf allen diesen Ebenen in ein Arrangement von Beziehungen eingegliedert, die den Abzug von Ressourcen und Werten zugunsten zentraler Akteure gewährleisten. In diesem Prozess von Zentrenbildung und Peripherisierung bilden sich je spezifische historische und regionale Formationen von Zentren und Peripherien auf kleinräumiger, mittlerer und großräumiger Ebene. Im Rahmen dieses Mehrebenensystems können einzelne Regionen in doppelter Funktion sowohl als Zentrum als auch Peripherie erscheinen, sodass eine feingliedrige Abstufung und Überlappung peripherer und zentraler Funktionen entsteht. Grenzen sind damit nicht ein für alle Mal festgelegt, sondern ebenfalls ein Prozess, der in die Herausbildung von Zentren und Peripherien eingeschrieben ist.

Zentrum-Peripherie-Verhältnisse treten u. a. in der Beziehung zwischen Stadt und Land, Gunst- und Ungunstlagen, Industrie- und Agrarregionen, Agglomerations- und Entleerungsräumen zutage. Obwohl in diesen Fällen keine klare Grenze gezogen werden kann, ist die Differenz spürbar und messbar. Zusammensetzung und Richtung der Produktions- und Handelsgüter, Investitionen, Gewinne, Vermögen, Einkommen, Löhne, Steuern zeigen ein klares Gefälle, aus dem Relationen, Reihungen, Schwellen- und Grenzwerte abgelesen werden können. Diese Verhältnisse sind im historischen Verlauf in Bewegung und können zur Zunahme oder zur Verringerung der Differenz und unter bestimmten Bedingungen auch zu einer veränderten Rolle einzelner Regionen in der überregionalen Arbeitsteilung führen.

Obwohl es innerhalb jeder regionalen Einheit auch soziale Grenzen gibt, weisen Peripherien im Durchschnitt schwächere Wohlstandswerte auf als Zentren. Das bedeutet ein geringeres Konsumniveau, geringere Kaufkraft und wird, sofern die Subsistenzbasis vorhanden ist, durch ein höheres Ausmaß nicht-monetärer Versorgung und gegenseitiger Unterstützung kompensiert. Diese Indienstnahme der unbezahlten, reziproken oder informellen Arbeits- und Wirtschaftsbereiche bedeutet zugleich auch deren Inwertsetzung für den Werttransfer von den Peripherien in die Zentren.

Auf- und Abstieg im Ranking der Regionen wird aufgrund der Tatsache, dass Regionen nicht mobil sind, nur in einem sehr abstrakten Sinn als Grenzüberschreitung bezeichnet. Wenn sich Angehörige von Peripherien hingegen bemühen, ihre Lage durch Auswanderung in ein Gebiet mit höherem

Einkommensniveau zu verbessern, werden auch im Raum festmachbare Grenzen überschritten.

Zentren und Peripherien gibt es auch im zwischenstaatlichen System. Je nach regionalen Voraussetzungen und der Geschichte der überregionalen Beziehungen nehmen einzelne Gemeinwesen unterschiedliche Rollen in der ungleichen und Ungleichheit verstärkenden überregionalen bzw. internationalen Arbeitsteilung ein. Dies führte zur Herausbildung von Kolonialmächten, Kolonien und abhängigen Gebieten, Industrieländern und Entwicklungsländern, Erster und Dritter Welt, Globalem Norden und Globalem Süden. Der Peripherisierung gegensteuernde Maßnahmen zur nachholenden oder eigenständigen Entwicklung können die Rolle eines Staates verändern, ohne die Ungleichheit als zentrale Voraussetzung des internationalen Systems damit außer Kraft zu setzen. Dabei spielt die Politik der Grenze im Bereich der Regelung internationaler Wirtschaftsbeziehungen, wie Investitionsanreize, Ein- und Ausfuhrverbote und Regelungen für den Waren- und Personenverkehr sowohl auf einzelstaatlicher Ebene als auch in Form des internationalen Regelwerks eine zentrale Rolle (vgl. Kapitel 3.1., 3.2.). Staatliche Unabhängigkeit erleichtert die Anwendung solcher Maßnahmen, weshalb Sezession, Staatsgründung, Vereinigung oder Union mit Nachbarstaaten zum Aufstieg von Peripherien im internationalen System beitragen können. Die beste Voraussetzung für eine solche Grenzüberschreitung haben Semiperipherien, weil ihre Wirtschaft komplexer und vielseitiger ist und sie nicht bloß in abhängiger, sondern auch in dominierender Rolle an den internationalen Beziehungen teilnehmen.

Globale Ungleichheit

Eine besondere Sprengkraft besitzen soziale und regionale Grenzen, wenn historisch eingespielte Formen im Verhältnis der Ungleichheit innerhalb von Staaten und der Ungleichheit zwischen Staaten in Bewegung geraten. Branko Milanović (2009) hat dieses Verhältnis auf einer makro-statistischen Ebene für die Gesamtheit der Staaten im Zeitraum 1820 bis 2008 untersucht und dabei zwei Wendepunkte festgestellt: 1913 und 1980. Vor 1820 war Ungleichheit überall auf der Welt durch die sozialen Grenzen innerhalb der Staaten bedingt. Im Laufe des 19. Jahrhunderts bis zum Vorabend des Ersten Weltkriegs ging die Bedeutung innerstaatlicher Ungleichheit zugunsten von regionaler Ungleichheit im internationalen System zurück: 1913 markiert den Zeitpunkt, ab dem internationale Ungleichheit global gesehen schwerer wog als soziale Differenz im eigenen Land. Diese Tendenz verstärkte sich im Laufe des 20. Jahrhunderts, um sich ab 1980 wieder in die entgegengesetzte Richtung zu entwickeln. Bei aller berechtigten Skepsis gegenüber aggregierten Makrodaten verleitet das Ergebnis zur Reflexion.

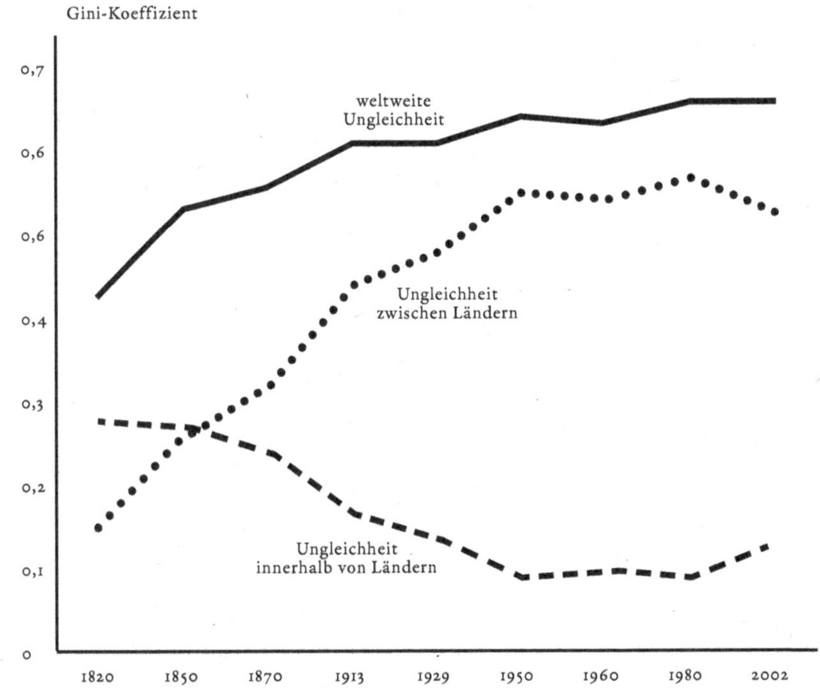

Weltweite Ungleichheit 1820–2002. Quelle: Milanović 2009.

Das Jahr 1820 stimmt mit dem Zeitpunkt überein, als Süd- und Ostasien ihre führende Rolle als Industrieländer der Welt gegenüber westeuropäischen Industrieländern, allen voran Großbritannien, und ab Ende des 19. Jahrhunderts auch gegenüber der USA einbüßten und Deindustrialisierung und Peripherisierung erlitten (Bairoch 1982). Der Übergang von einer multipolaren zu einer unipolaren Weltordnung mit konkurrierenden, einander ablösenden westlichen Führungsmächten akzentuierte die Grenze zwischen Industrie- und Entwicklungsländern in einem Ausmaß, dass diese zur global Ausschlag gebenden Wohlstandsgrenze heranreifte. Im Laufe des 20. Jahrhunderts wuchsen die Ungleichheiten im Weltmaßstab weiter an, während die Ungleichheiten innerhalb der Staaten abnahmen: einerseits aufgrund von Kriegszerstörungen, die nivellierend wirken, andererseits aufgrund des sozialen Ausgleichs durch staatliche Wohlfahrtspolitik in ihrer westlich-kapitalistischen und ihrer osteuropäisch-realsozialistischen Variante (vgl. auch Piketty 2014). In den

Entwicklungsländern blieb trotz Entkolonialisierung die breite Masse der Bevölkerung arm, sodass die globale Schere im Wohlstandsniveau weiter aufging. Was ließ die globale Differenz seit 1980 zurückgehen und die sozialen Grenzen innerhalb der Staaten wieder ansteigen?

Wir interpretieren die Abschwächung der Zentrum-Peripherie-Kluft im Weltmaßstab als Ausdruck des Aufholens semiperipherer Entwicklungsländer, die im Zuge der Verlagerung der industriellen Massenproduktion an ihre Billiglohnstandorte die abhängige Position am unteren Ende der globalen Güterkette in eine Verbesserung ihrer Wertschöpfungsposition nutzen konnten. Diese Umkehr bedeutet kein Nachholen des gesamten Globalen Südens, sondern eine Differenzierung der »Dritten Welt« in *Newly Industrialisierung Countries* (NIC), die zu Semiperipherien aufsteigen, und jene Entwicklungsländer, die als globale Peripherie nun nicht mehr nur der Peripherisierung durch alte Zentren, sondern auch durch aufsteigende Semiperipherien ausgesetzt sind, die die Ungleichheit erzeugenden Praktiken reproduzieren. Die globale Differenz bleibt also trotz der veränderten Tendenz hoch.

Die gleichzeitige Zunahme der innerstaatlichen Ungleichheit hat folgende Ursachen: Innerhalb der aufstrebenden Semiperipherien, insbesondere den bevölkerungsreichen Staaten China und Indien, entsteht eine sozioökonomische Dynamik, die einem Teil der Unterschichten den Aufstieg zur Mittelklasse ermöglicht. Dies verstärkt die sozialen Grenzen in den *emerging markets* der Semiperipherien. Die alten Industrieländer in Europa und Nordamerika erlebten durch die Verlagerung der industriellen Massenproduktion in Billiglohnländer eine Deindustrialisierung, der die im 20. Jahrhundert in die Mittelklasse aufgestiegenen Arbeiterschichten in ihrem Lebensstandard und ihren sozialen Sicherheiten erschütterte. Nicht nur waren und sind sie einer gewaltigen Umstrukturierung und Deregulierung der Arbeitsverhältnisse ausgesetzt, auch der Konkurrenzdruck der Billiglohnkonkurrenz aus den NICs setzte den sozialen Errungenschaften, die Gewerkschaften und Arbeiterparteien den Unternehmern in den Jahren der Wiederaufbaukonjunktur abringen konnten, ein Ende. Während flexibilisierte Berufskarrieren neue soziale Aufsteiger produzierten, erlebten die Mittelschichten der alten Arbeiterklasse deutliche Einbußen an Einkommen, Sicherheit und Teilhabe. Als klare Gewinner der gesellschaftlichen Veränderungen in den alten Zentren macht Milanović die reichen 10 %, vor allem aber das superreiche 1 % aus, die seit 1980 einen immer größeren Anteil des sozialen Kuchens an sich ziehen konnten (Milanović 2016:18–22). So verstärkte sich die soziale Schere auch in den alten, nunmehr ehemaligen Industrieländern.

Da Unsicherheit, Privatisierung der Sozialleistungen, steigende Lebenshaltungskosten und sinkende Kaufkraft den bisherigen Lebensstil in Frage stellen, entsteht soziale Unruhe. Die alten Mittelschichten erleben den Abstieg als Verlust und es beruhigt sie keineswegs, dass das Einkommensniveau der aufsteigenden Armen in den NICs deutlich unter ihrem eigenen liegt. Die nach wie vor bestehende Einkommensdifferenz zwischen Nord und Süd ist allerdings ein Grund dafür, dass sowohl Marginalisierte und Ausgegrenzte, aber auch Mittelschichten aus dem globalen Süden, die sich am Lebensstil der alten Zentren orientieren, die Migration in die alten Industrieländer als ein Mittel ansehen, um dem Elend zu entkommen bzw. ihre persönliche Lebenssituation und die ihrer Familien zu verbessern. Aus der Perspektive des Kapitals sind diese Zuwandernden willkommen, weil sie mit ihrer Bereitschaft zur Flexibilität dazu beitragen, Deregulierung und Prekarisierung gegenüber bestehenden Belegschaften durchzusetzen bzw. Erwerbsarbeitslose zur Annahme prekärer Arbeitsverhältnisse zu motivieren. Diese erleben die MigrantInnen als KonkurrentInnen und folgen deshalb oft rassistischen Bewegungen und Parteien, die diese als Ursache für ihren Abstieg darstellen.

Diese mannigfaltigen sozialen Auf- und Absteigenden überschreiten dabei soziale Grenzen. Unter den Bedingungen globaler Güterketten, in denen die Beschäftigten der verschiedenen Standorte gegeneinander ausgespielt werden, nehmen sie die eigene Situation weniger in Hinblick auf ihre Unternehmensleitungen, sondern im Rahmen des von diesen in Gang gesetzten Unterbietungswettbewerbs wahr. Beim sozialen Abstieg wird ein hohes Ausmaß an Unzufriedenheit freigesetzt, das für politische Radikalisierung sowie politische Instrumentalisierung anfällig ist.

Gentrifizierung und gated communities

Soziale und regionale Ungleichheiten treffen nicht nur im Rahmen statistisch messbarer Auf- und Abwärtsmobilität zusammen, die Aufstiegsdynamik und Abstiegsängste produzieren, sondern auch im Mikrouniversum der Städte. Mit den Verschiebungen in Kaufkraft und Wohlstand erfahren ganze Stadtviertel europäischer Großstädte einen Bedeutungswandel. Bisherige BewohnerInnen können sich Wohnungspreise und Mieten in gut situierten zentralen Lagen oft nicht mehr leisten und weichen in billigere Massenquartiere aus. Unter den Bedingungen eines deregulierten Wohnungsmarktes, der die Voraussetzung für diesen Austausch der Wohnbevölkerung darstellt, bereiten Immobilieninvestoren die alte Bausubstanz für den Bedarf aufsteigender Neureicher auf. Da diese aufgrund ihres demonstrativen Konsums als eine Art *gentry* angesehen werden, wird dieser Vorgang auch als Gentrifizierung bezeichnet. Mit der Neuordnung der sozialen Grenzen auf- und absteigender Bevölkerungsgruppen erfährt auch der städtische Raum eine Umwertung, die sich für Eigentümer in der Abstufung der Grundrente, für die Mieter im Gefälle der Mietpreise niederschlägt. Gentrifizierte Bezirke entwickeln sich dabei zu sozialen Anziehungspunkten, die auch über die Bewohnerschaft hinaus reichende Geschäfte, Gastronomie und kulturelle Dienstleistungsbetriebe bieten.

Anders verhält es sich mit *gated communities* (Dimmel 2017). Dort lebt in den europäischen Städten nicht die aufsteigende Mittelschicht, sondern das eine Prozent, das seinen Reichtum nicht zur Schau stellen, sondern von begehrlichen Blicken und potenziellen Dieben abschotten will. Wo die absolute Armut größer und das Wohlstandsgefälle stärker ausgeprägt ist, wie in den USA oder den *global cities* weltweit, weitet sich das Prinzip der abgeschlossenen Bezirke auch auf breitere Kreise aus. *Gated communities* zeichnen sich durch eine Ummauerung mit bewachten Eingangstoren aus. Nur registrierte BewohnerInnen und angemeldete BesucherInnen sind zum Eintritt (meistens handelt es sich um eine Einfahrt mit dem PKW) berechtigt. Hier deckt sich die räumliche exakt mit der sozialen Grenze. Es handelt sich um eine *no-go area* für alle Außenstehenden; die Überschreitung der sozialen Grenze ist – jedoch unter Sicherheitsmaßnahmen – lediglich jenen Bediensteten aus den unteren Schichten gestattet, die hier putzen, kochen, Gärten pflegen und Kinder betreuen.

Die Kehrseite der *gated community* der Reichen ist die *township*, der *slum* oder die *favela* der Armen. Auch hier gibt es, wenn auch unter anderen Vorzeichen, das Phänomen der bewachten Eingänge und der privaten Sicherheitskräfte. Nicht alles Dienstpersonal in den Häusern und Communities der Reichen wohnt in solchen *no-go areas*, in die Fremde praktisch keinen Zutritt haben. Doch bewirkt die Zunahme des Wohlstandsgefälles und die Häufung sozialer Problemlagen die Herausbildung von Stadtbezirken, die BesucherInnen nicht mehr ausreichend persönliche Sicherheit gewährleisten können. So segregiert sich die Stadt auch über die *gated communities* der Reichen und Armen hinweg.

3. Grenzregime und Politik der Grenze

Hier wird das Potenzial des Trennens, Verbindens und Unterscheidens, das sich in spezifischen Grenzregimen manifestiert, in vier Bereichen diskutiert: Waren- und Kapitalverkehr, Personenverkehr, Auf- und Abstiegsbewegungen über soziale Grenzen sowie kulturelle Zugehörigkeit und Zuordnung. Es geht somit um die Politik der Grenze, wie sie im Umgang verschiedener Akteure mit Grenzen und Grenzregimen zum Ausdruck kommt. Die Akteure sind weit gefasst: Sie schließen jene ein, die sich über Grenzen hinweg bewegen, ebenso wie jene, die als Ansässige von diesen Bewegungen betroffen sind; dazu kommen Interessenartikulation, Gesetzgebung und Institutionen in den entsprechenden Bereichen. Die Gliederung folgt im Wesentlichen den Veränderungen, die die Übergänge vom europäischen Hoch- und Spätmittelalter (11.–15. Jh.) über die Frühe Neuzeit (16.–18. Jh.), die Neuzeit (19. Jh.), die Moderne (20. Jh.) und die Postmoderne (21. Jh.) prägen, wie sie bereits dem Kapitel »Chronologie der Territorialität« zugrunde lagen.

3.1. Waren- und Kapitalverkehr

Interessenkonflikte: örtliche versus überörtliche, einheimische versus fremde, verschiedene Brancheninteressen, Groß- und Kleinbetriebe.
Instrumente: Infrastruktur und Rechtsrahmen, Ein- und Ausfuhrverbote und -zölle, Marktregeln, internationale Handelsregeln (z. B. Meistbegünstigung, Diskriminierungsverbot), Freihandel und Protektionismus im Waren- und Kapitalverkehr.
Orte: Zollstätten, Stadtmauern, Stadttore, Grenzstationen.
Dokumente: Marktprivilegien, Zollregister, Frachtbriefe, Zolltarife, Handelsverträge.
Exekutive: Wächter, Zöllner, Grenzbeamte, Finanzwache, Finanzamt.

Dass Gesetze und Verordnungen zur Regulierung des Warenverkehrs so alt sind, wie es Handel über die Grenzen des eigenen Gemeinwesens gibt, zeigt eine Steininschrift von der griechischen Insel Thasos aus dem 4. Jahrhundert v. u. Z.: »Kein Schiff von Thasos soll fremden Wein importieren innerhalb (des Gebiets) von Athos und (Kap) Pacheie, sonst soll er (der Schiffseigner) dieselben Bußbeträge zahlen wie derjenige, welcher dem Wein Wasser beimischt ...« (Salviat

1986:147–150). Ein klares Verbot zum Schutz einheimischen Weines gegenüber ortsfremder Konkurrenz. Die Landwirtschaft war offenbar schon in antiker Zeit ein sensibles Feld der Regulierung, in dem lokale mit überregionalen Produzenten konkurrierten und der Transport einen zentralen Hebel darstellte.

Mittelalter: Zollstätten, Städte, Messen

Entsprechend der durchbrochenen und überlappenden Territorialität der Herrschaft zielte auch die Kontrolle von Waren- und Kapitalverkehr nicht auf die Erfassung der Fläche, sondern auf strategische Punkte entlang der Verkehrswege: Brücken, Pässe, Flussengen, Verkehrsknoten. Zoll- und Mautstätten wurden an geeigneten Nadelöhren errichtet. Eine frühe, immer wieder zitierte Quelle einer an der mittleren Donau gelegenen Maut ist z. B. in der Raffelstettener Zollordnung (903/906) erhalten, die über die Zusammensetzung der Händler (»Juden« und »sonstige Händler«), der Handelsgüter und der Zolltarife Auskunft gibt (Dilcher 1996:16). In Frankreich stellte die Rhone eine zentrale Verkehrsachse dar, an deren Ufern die ersten Zoll- und Mautstellen errichtet wurden (Dictionnaire 1996:434, 972, 1122). Das vorhandene Wegenetz sowie die schiffbaren Flüsse führten die Waren quasi automatisch der Verzollung zu. Zoll/Maut stellte vor allem eine fiskalische Maßnahme dar, eine der wichtigsten Einnahmequellen für den Fürsten, solange dieser keinen direkten Zugriff auf Abgaben und Steuern der Untertanen hatte, um die Staats- und Kriegskassen zu füllen. Das ursprünglich dem König vorbehaltene Recht (Regal) konnte an Lehensnehmer übertragen oder an Zollpächter verpachtet werden. Zwar boten verschiedene Nebenstraßen die Möglichkeit, die Mautstätten zu umgehen, allerdings mit Zeitverlust. Zudem unterlag der Fernhandel einem gesetzlichen Straßenzwang: Händler und Spediteure waren also dazu verpflichtet, die Mautstellen zu passieren. Zoll und Maut lassen sich in dieser frühen Phase begrifflich nicht trennen: Sie setzten sich unter unterschiedlichsten Bezeichnungen aus einer Vielzahl von Rechten zusammen, die im Zusammenhang von Warenverkehr, Straßenbenutzung und Steuereinhebung zu diversen Abgaben und Gebühren berechtigten.

Auch die entlang überregionaler Fernhandelsrouten gelegenen Städte hatten aufgrund der im Stadtrecht verliehenen Privilegien das Recht, die durchziehenden Händler dazu zu verpflichten, ihre Ware auf städtischen Märkten anzubieten, sie durch städtische Beamte mittels Qualitätsvorschriften zu überprüfen und dafür Beschaugebühren einzuheben sowie örtlichen Händlern oder dem örtlichen Publikum unter Umständen ein Vorkaufsrecht gegenüber fremden Händlern einzuräumen. Die Straßenführung war derart gestaltet, dass Händler die Stadttore passieren mussten und so auf den Markt gelangten, wo der Niederlagszwang Platz griff. Darunter verstand man das Recht der Stadt, nach dem durchfahrende Händler ihre Waren auf dem Markt zum Verkauf anbieten mussten. Auch Einkehrgasthöfe, Pferdewechselstationen, Schmiede, Fragner, Wagner sowie Transportunternehmer, die der Händler für jeden Streckenabschnitt bestellen musste, verursachten Kosten und Zeitaufwand. Fernhandel war also ein mühsamer, kostenintensiver Prozess. Über die Straßen-, Markt- und Transportordnungen wurden die Einnahmen dabei relativ gleichmäßig im Raum verteilt. Eine Grenze im Sinne einer Staatsgrenze oder einer Zollgrenze gab es nicht. Es zählten allein der Mautort und die Stadtgrenze. Mit Freihandel hatte der kleinteilig, durch Stadtrechte, Handels- und Transportprivilegien strukturierte Fernhandel nichts zu tun. Dieser konstituierte ein Netzwerk mit ausgehandelten Teilnahmebedingungen für eine überregional tätige Gruppe von Kaufleuten und Bankiers. Das Netzwerk unterlag keiner expliziten räumlichen Beschränkung: Es konnte in fremdes Staatsgebiet hineinreichen und es dünnte an seinen Rändern allmählich aus. Kriege konnten es vorübergehend außer Kraft setzen oder auf andere Wege lenken. So störten die Kriege zwischen österreichischen Habsburgern und Osmanischem Reich im 16. und 17. Jahrhundert den Handel und unterbrachen vorübergehend die Baumwollzufuhr nach Zentraleuropa.

Fernhandelsnetze bestanden in der Regel aus Punkten und Knoten unterschiedlicher Rangordnung, deren Märkte zwischen lokalem und überregionalem Warenangebot vermittelten. Der den Marktordnungen inhärente Protektionismus wirkte als Verteilungsmechanismus, der Städten und Handwerksunternehmen am Weg die Partizipation als lokale Dienstleister rechtsverbindlich einräumte, während der staatliche Fiskus über den Zoll (zunächst gleichbedeutend mit Maut) an den Zollstätten sowie über Straßenbenützungsgebühren Einnahmen abschöpfte.

Auf großen Überlandverbindungen gelegene bedeutende Städte besaßen kraft landesfürstlicher Privilegien oder eigener stadtstaatlicher Kompetenzen das Recht, Messen abzuhalten. Die ersten Messen wurden in Frankreich bereits im 9. Jahrhundert abgehalten und waren in gewissem Sinn »Städte auf Zeit« (Braudel 1986, Bd. 2:81). Messen stellten regelmäßig stattfindende mehrwöchige Markttage statt, in denen die teilnehmenden Händler besondere Vergünstigungen genossen und daher zahlreich erschienen. Sie zogen Marktteilnehmer an und verhalfen den veranstaltenden Städten dabei zu erhöhter zentralörtlicher Bedeutung. Es gab eine große Zahl von Messen unterschiedlicher Größe, Häufigkeit, Dauer und Spezialisierung.

Herausragend unter den mittelalterlichen Messestädten waren die Messen der Champagne, die den Mittelmeerraum im 12. und 13. Jahrhundert über Venedig mit Flandern und den Niederlanden verbanden (Braudel 1986, Bd. 3:116). Sie fanden sechs Mal jährlich für jeweils zwei Monate in Troyes, Bar-sur-Aube, Provins und Lagny statt und bildeten damit einen permanenten Markt. Neben dem Warenhandel ging es um Geldhandel, Kredit sowie Wechselgeschäfte, in denen Italiener Ton angebend waren. Mit dem Ausbau der direkten Schiffsverbindung zwischen Mittelmeer und Nordsee über die Straße von Gibraltar büßten sie ihre Funktion ein. Danach waren die Messen von Lyon Ausschlag gebend für die zentrale Rolle der Stadt als Zollstätte (*Dictionnaire* 1996:434). Gleichzeitig wurden die Alpenübergänge zwischen Venedig und Genua in Richtung Oberdeutschland ausgebaut und deutsche Kaufleute dehnten ihren Einfluss im Handel zwischen Mittelmeer und Osteuropa aus. Die italienischen Wechsler folgten mit ihrem Geschäftsnetz (Braudel 1986, Bd. 3:120f). Frankfurt am Main und Leipzig lagen an der zentralen europäischen West-Ost-Achse, der *Via Regia*, die in Leipzig die in Süd-Nord-Richtung verlaufende *Via Imperii* kreuzte (Johanek/Stoob 1996; Middell 2000).

Auch das Messegeschehen unterlag der genauen Regulierung, z. B. in Bezug auf die Händlergruppen, die zur Teilnahme berechtigt und die Gebühren, die dafür zu entrichten waren. Aufgrund des regen Besuchs und Austauschs entwickelten sich die Messen auch zu Bankplätzen, wo Kredit-, Wechsel- und Warentermingeschäfte abgewickelt wurden. Eine zentrale Rolle im Fernhandel, die sich auch im Messebesuch widerspiegelte, spielten Juden. Der hohe Informationsbedarf, der zur Durchführung solcher Geschäfte notwendig war, brachte schon früh gedruckte Berichte hervor, die als Keimzelle des Pressewesens angesehen werden können.

Landesfürstliche Residenzstädte, auch wenn diese – wie z. B. Wien oder Dresden – ein differenziertes Marktgeschehen aufwiesen, besaßen in der Regel keine derartigen Messeprivilegien. Der Handel fand hier ganzjährig statt und verband sich mit anderen urbanen Aufgaben, wie Handwerk, Repräsentation, Politik.

Frühe Neuzeit: Handel im Korsett des Staates

Der Übergang zur flächenhaften Territorialität stellte den Warenverkehr vor große Herausforderungen. Fernhändler sahen sich seit dem 17. Jahrhundert mit der Tatsache konfrontiert, dass die zentralstaatlichen Bemühungen, die Einnahmen zu steigern und den Handel zu vereinfachen, zur Herausbildung von Zollgrenzen entlang von Ländern und Provinzen innerhalb des

Staates sowie gegenüber dem Ausland führten. Dabei entwickelte sich ein Verzollungsmodus, bei dem die Ware an den Landes- und Provinzgrenzen durch Stempelung registriert wurde, bevor in einer nächstgelegenen größeren Stadt mit Zollamt der Zoll tatsächlich entrichtet wurde. Transitgüter waren in der Regel vom Zoll ausgenommen. Die flächenhafte Arrondierung des Zollgebiets umfasste, außer bei Stadt- und Kleinststaaten, meist nicht sogleich das gesamte Staatsgebiet, sondern entwickelte sich in mehreren Etappen: Zunächst vereinigten die Zollgrenzen jenes Kerngebiet der historisch gewachsenen Länder, das für die staatliche Identität die höchste Bedeutung aufwies, und umgab es mit neuen Zollstationen. Die alten Zoll-, Maut- und Stapelrechte waren damit nicht aufgehoben, sodass der unbeabsichtigte Effekt eintrat, dass anstelle einer Vereinfachung eine Multiplizierung von Zoll und Maut eintrat. Zu den punktuellen Zoll- und Mautstätten entlang des Weges kamen neue Grenzzölle zwischen Provinzen und Staaten. Schrittweise wurden die kleineren Zollgebiete in der Folge zu einem größeren, tendenziell den Gesamtstaat umfassenden Zollgebiet vereinigt.

In England waren die Binnenzölle bereits seit dem 13. Jahrhundert zugunsten einer Verzollung an der Außengrenze zurückgedrängt worden. Dies betraf zunächst nur ein relativ kleines Gebiet; die Vereinigung mit Wales erfolgte 1542, mit Schottland 1701 und mit Irland im Jahr 1800. Zudem war in England die Agrarverfassung nicht durch das System der Rentengrundherrschaft, sondern durch einen Agrarkapitalismus geprägt, der feudale Ansprüche auf Zollrechte im Binnenhandel schon früh durch ein System von Straßenbenützungsgebühren ersetzt und die Binnenzölle beseitigt hatte (Wallerstein 1998, Bd. 2:83). Die Insellage erleichterte die Errichtung eines Außenzolls. Auf Fremde machte dieser großen Eindruck, wie der Franzose Gabriel-François Coyer 1749 bei der Einreise vermerkte:

> »Als ich Euch die Straßen schilderte, vergaß ich zu erwähnen, dass man hierzulande weder Zollhäuser noch Zöllner sieht. Kommt man auf diese Insel, wird man in Dover hochnotpeinlich visitiert, kann dafür aber anschließend ohne jede weitere Behelligung ganz England bereisen. Solcherart verfährt man mit dem Fremden und erst recht mit dem Bürger. Der Zoll ist an die Grenze des Königreichs verbannt, wo man ein für alle Mal kontrolliert wird.« (zit. in Braudel 1986, Bd. 3:318)

Fernand Braudel relativierte die Bedeutung der Zollvereinigung jedoch; er führt den wirtschaftlichen Aufstieg Großbritanniens vielmehr darauf zurück, dass es durch Kontrolle der Seefahrt, des Handels und der Sklavereiwirtschaft in der Lage war, sein staatliches Territorium und seinen Binnenmarkt mit der Weltwirtschaft zu verbinden (ebd.:324). England war in seiner merkantilistischen Zoll- und Handelspolitik primär auf die Kontrolle der internationalen Handelsströme ausgerichtet, während in Frankreich und im habsburgischen Länderkomplex die Binnenmärkte im Vordergrund standen. Den Auftakt zum Anspruch auf Kontrolle der globalen Handelsströme bildete die Navigationsakte (1651), ein Monopol der englischen Handelsmarine für sämtliche Ein- und Ausfuhren von und nach England.

Frankreich zeichnete sich im 17. Jahrhundert durch ein Steuersystem aus, in dem der König auf einflussreiche Adelshäuser setzte, die als Steuerpächter die Staatseinnahmen mehren sollten. Reichte das von ihnen aufgebrachte Steueraufgebot nicht aus, gaben sie dem König Kredit, sodass der königliche Haushalt zu einem hohen Maße von diesen mächtigen Familien abhängig war (Braudel 1983, Bd. 3:595f; Dictionnaire 1996:542). In seinen Bemühungen, die staatliche Kontrolle über dieses unübersichtliche System zu erhöhen, schuf der französische Finanzminister Colbert um 1680 die sogenannte *ferme générale*, eine Gesellschaft, der die Oberaufsicht über die zahlreichen Steuerpächter und die Verwaltung der Steuereintreibung überantwortet wurde. Dies umfasste auch die Einhebung der Zölle, der Abgaben auf Salz, der Konsumsteuern auf Getränke sowie aus dem Tabakmonopol. Das System Colbert unterteilte die Provinzen, die der französischen Krone unterstanden, in drei verschiedene Zollgebiete: die *cinq grosses fermes* (fünf einträgliche Steuerpachtgebiete) mit Paris, dem Norden und Südwesten des Königreichs, die *provinces réputées étrangères* (die sogenannten ausländischen Provinzen) von der Bretagne bis zur Provence, und die *provinces de l'étranger effectif* (die tatsächlichen ausländischen Provinzen), also Elsass, Franche-Comté und Lothringen, die dem Königreich erst seit kurzem angehörten (Dictionnaire 1996:1221). Die Fünf Steuerpachten bildeten seit 1664 den Kern des französischen Binnenmarkts. Ihre Größe entsprach in etwa jenem von England: Zölle zwischen ihnen wurden aufgehoben, Außenzölle eingeführt. Die zweite Zone der sogenannten ausländischen Provinzen umfasste 21 Zollgebiete, die untereinander und nach außen Zoll einhoben. Überhaupt nicht ins französische Zollgebiet eingeschlossen waren die Neuerwerbungen: Sie waren von den zwei Binnenzonen durch eine Zollmauer getrennt, unterlagen in ihrem Außenhandel aber gar keinen französischen Zollansprüchen. Zu dieser Dreiteilung kamen noch die alten Zoll- und Mautrechte, umgekehrt gab es für verschiedene Personen- und Warengruppen Ausnahmen und

Sonderbestimmungen. Weder zentrale Regierung noch Händler und einfache Bevölkerung, deren Lebenshaltungskosten sich durch diese Mehrfachbesteuerungen erhöhten, waren mit dem System zufrieden. Es stand im Zentrum der Proteste, die sich in der Französischen Revolution entluden und wurde mit dieser abgeschafft (ebd:542).

Das habsburgische Zollsystem wies große Parallelen zu Frankreich auf. Die Bemühungen zur Vereinheitlichung setzten etwas später ein: Erst ab 1725 wurden einzelne Länder zu Zollgebieten ohne Binnenzoll und mit gemeinsamem Außenzoll umgeformt (Beer 1893:235ff). Allerdings setzte der österreichische Kameralismus nicht auf adelige Steuerpächter, sondern begann relativ früh und in zügigen Schritten, die Kernprovinzen in einer Zollunion mit gemeinsamem Zolltarif zu vereinigen: 1775 umfasste die Zollunion die österreichischen und die böhmischen Erbländer, 1784 wurde das eben erst annektierte Galizien in das Zollgebiet eingeschlossen, 1725/1726 Tirol und Lombardo-Venetien. Das Argument, dass diese Kronländer Drehscheiben des überregionalen Handels waren, der durch einen Außenzoll stark belastet wurde, konnte sich gegenüber dem Wunsch der habsburgischen Industrieregionen, einen geschützten Absatzmarkt zu gewinnen, nicht durchsetzen. So blieben nur die Länder der ungarischen Krone (bis 1851) in der Rolle der französischen »tatsächlichen ausländischen Provinzen«: Sie wurden weder in die Zollunion einbezogen noch untereinander zu einem Zollgebiet vereinigt. Um die unterschiedlichen Steuersysteme auszugleichen, wurden ungarische Einfuhren zudem durch einen hohen Einfuhrzoll belastet, während der österreichische Export einen begünstigten Tarif genoss (Komlosy 2003:133–138).

Wie in Frankreich ging die schrittweise Vereinheitlichung der Länder zu Zollgebieten mit dem Fortbestehen älterer Zoll- und Mautrechte einher: In der Zurückdrängung dieser alten Rechte war der habsburgische Reformabsolutismus jedoch ziemlich effektiv, sodass am Ende des 18. Jahrhunderts Zoll und Maut zwei deutlich voneinander unterschiedene Einnahmenkomplexe darstellten: Zölle als Grenzzölle bei der Besteuerung des Warenverkehrs, Mauten als Gebühren, die für die Benützung von Straßen und Brücken eingehoben wurden (Bowman 1950:126–128). Der wesentliche Unterschied zwischen dem französischen und dem österreichischen Modell liegt freilich in der Tatsache, dass im habsburgischen Kaiserreich des 19. Jahrhunderts eine Kontinuität zu den Reformen des 18. Jahrhunderts bestand, während in Frankreich die Revolution eine klare Zäsur in Richtung Zentralstaat setze.

Im Heiligen Römischen Reich waren von der Vereinheitlichung der Zollgebiete lediglich die größeren Flächenstaaten wie der habsburgische

Länderkomplex, Bayern, Sachsen und Preußen betroffen; die deutschen Klein- und Stadtstaaten verlegten ihren Zoll zwar ebenfalls von Kontrollpunkten entlang der Wege an die Staatsgrenze, aufgrund ihrer geringen Größe entstand daraus jedoch kein großer Binnenmarkt: Die Vereinigung zu einem Staaten übergreifenden Markt setzte erst mit der Gründung des Deutschen Zollvereins 1834 ein (Koch 1989).

Die Territorialisierung und Vereinheitlichung des Zolls stieß auf starken Widerstand von Seiten des adeligen Grundbesitzes, der Zünfte und der Städte, die die vielfältige Staffelung der Zollschranken als Schutz für die Konkurrenzfähigkeit ihrer Marktprodukte bzw. Marktplätze ansahen. Großgrundbesitzer fanden durch die hohen Kosten, die weit gereiste Waren gegenüber örtlichen verteuerten, einen geschützten Absatzmarkt für ihre Produkte vor. Auf den Punkt gebracht hat den Widerstand gegen die Aufhebung der Binnenzölle im Vorfeld der Schaffung der habsburgischen Zollunion (1775) der böhmische Großgrundbesitzer Graf Karl Friedrich Hatzfeld zu Gleichen, der auch die Position des Finanzministers bekleidete:

> »Wer würde wohl das theure und geringere böhmische Eisen kaufen, wenn das steirische, wohlfeilere und bessere, einen freien Zug darin erhielte? Wohin würde der beträchtliche böhmische Weinbau kommen, wenn der mährische und österreichische Wein dahin frei ziehen würde?« (zit. in: Beer 1893:266)

Hatzfeld prognostizierte, mit dem Fall der Binnenmauten würden

> »die böhmischen Eisenhämmer aufhören oder vermindert werden müssen, und böhmische Weinberge unbrauchbare Ödungen werden, weil man die daselbst erzeugten Weine entweder gar nicht oder nur zu einem sehr geringen Preis wegzugeben gezwungen wäre, wodurch die Erzeugniskosten nicht hereingebracht werden dürften. Die dermaligen inländischen Mauten verschaffen böhmischem Eisen und Wein Verschleiß im Lande, und das bessere steirische Eisen und die besseren österreichischen Weine finden auswärts ihren Absatz. Das eine oder andere Land würde den Reichthum der Monarchie an sich reißen und die übrigen würden verarmen.« (ebd.)

Den regionalen Interessen, die den Binnenzoll als Schutz für ihre weniger konkurrenzfähigen Produkte ins Treffen führte, stellte Mitregent Joseph II. in einer Denkschrift das übergeordnete Interesse des Hofes gegenüber:

> »Einige Gebirgsgegenden in Böhmen, hundert Fabrikanten in Wien werden zugrunde gehen, dies sei jedoch einer Betrachtung nicht würdig, denn jetzo sehen diese Fabrikanten, diese Leinwandhändler nur auf sich, jeder Herr nur auf seine Herrschaft, jeder Kreishauptmann nur auf seinen Kreis, jedes Land auf sein Wohl und kein Mensch auf das Ganze der Monarchie.« (zit. in: Beer 1893:274)

Die habsburgische Zollunion, die gegen alle vorgebrachten Einwände 1775 umgesetzt wurde, war in ihrer Art sehr weitreichend. Der Verstaatlichung des Zolls und der Überführung der Warenkontrolle in die Hände staatlicher Instanzen folgte alsbald der Entzug städtischer Niederlagsrechte und Marktprivilegien (Bowman 1978:124–128). Diese Kompetenzen und Einnahmen waren zwar kein Zoll im engeren Sinn, ihr Verlust traf die Städte jedoch schwer. Landeshauptstädte erhielten stattdessen zentralstaatliche Einrichtungen wie Zollämter, kleinere Städte hingegen gingen leer aus. Die kleineren Städte büßten mit der überregionalen Anziehungskraft ihrer Märkte auch ihre zentralörtliche Bedeutung ein. Die Fernhändler passten sich den Veränderungen in der Regulierung des Handels an; tief greifende Auswirkungen auf ihre Tätigkeit hatte erst die merkantilistische Wirtschaftspolitik, die auf die Substitution von Importen durch Waren aus einheimischer Produktion zielte und das Industriekapital gegenüber dem Handelskapital favorisierte.

Mit der Abschaffung der Zollgrenzen und der Zusammenführung von separaten Zollgebieten zu größeren Binnenmärkten, die in der zweiten Hälfte des 18. Jahrhunderts einen allgemeinen europäischen Trend darstellten, stieg die Bedeutung der Zolleinhebung an den Außengrenzen. Zoll auf Ein- und Ausfuhren einzuheben, bedeutete für die Herrscher weiterhin eine Einnahme. Darüber hinaus erwies sich Zollpolitik als ein wirtschaftspolitisches Regulativ, das mehrere Ziele gleichzeitig verfolgte: erstens, wenn der Zoll niedrig gehalten wurde, als Stimulus für die Versorgung der einheimischen Bevölkerung mit benötigten Importwaren; zweitens als ein Schutzschild, der bestehende einheimische Produzenten durch hohe Zölle vor ausländischer Konkurrenz schützte; drittens konnte dieser Schild auch den notwendigen Schutz für den Aufbau einheimischer Industrien in Produktbereichen bereitstellen, die bisher aus dem Ausland eingeführt wurden. Zollpolitik brachte eine Unmenge an Gesetzen und Verordnungen hervor: Es entstand ein kompliziertes Set an verbotenen Waren, in Österreich etwa aus »außer Handel gesetzten Waren« (Waren, die nur von Privatkunden, nicht aber von Händlern eingeführt werden durften) sowie Zolltarifen für einzelne Produktkategorien und Verarbeitungsstufen, je nachdem, in welchem Bereich die Einfuhr von bestimmten Rohstoffen oder Halbfertigwaren als Vorleistung benötigt wurde oder wo Importprodukte zugunsten einheimischer Erzeugnisse zurückgedrängt werden sollten. Um inländische von ausländischen Waren zu unterscheiden, erlangte die Produktkennzeichnung eine neue Bedeutung.

Da jedes Verbot den Wunsch nach Umgehung beflügelt, erreichte mit der Systematisierung der Warenkontrolle an den Staatsgrenzen auch der Schmuggel ungeahnte Blüten. Vor allem in Gebieten an Staatsaußengrenzen entstand mit der unerlaubten bzw. unverzollten Ein- und Ausfuhr eine Verdienstmöglichkeit für Fahrende, ländliche Unterschichten sowie Gewerbetreibende (Saurer 1989:383ff). Gleichzeitig entstanden neue Berufe, die Registrierung, Kontrolle und Bekämpfung des Schmugglerwesens zur Aufgabe hatten – etwa die »Numeranten«, die Weber in ihren Werkstätten aufsuchten, den Anfang und das Ende einer Stoffbahn mit schwarzer Ölfarbe markierten, fortlaufend nummerierten und mit ihren sowie den Initialen des Webers versahen. Auf diese Weise war das Stück als »einheimisch« gekennzeichnet. Die Numeranten legten Protokolle an, die einem »Stempelkommissar« vorgelegt wurden. Vor dem Vertrieb verband dieser die beiden Enden der Stoffbahn mit einem Bleisiegel und stempelte auch dieses ab. Gelangte die Ware ins Ausland, fügte das Mautamt eine Bolette an. In den Textilregionen der Habsburgermonarchie, die an das Ausland grenzten – Vorarlberg, Lombardei, Böhmen –, gehörte diese Prozedur, die 1784 eingeführt wurde, bis in die Mitte des 19. Jahrhunderts zum textilgewerblichen Alltag (Weitensfelder 2001:128).

Die Schmuggler, denen damit das Handwerk gelegt werden sollte, agierten idealtypischer Weise bei Nacht, die in der Gaunersprache des Rotwelsch als »Schwärze« bezeichnet wurde. Sie machten ihr Gesicht durch schwarze Farbe unkenntlich. Neben Stoffen bildeten Salz und Tabak, die dem staatlichen Handelsmonopol unterlagen und mit Konsumsteuern belastet waren, beliebte Schmuggelwaren. Der aus dem Niederdeutschen stammende Begriff »Schmuggel« fand in die hochdeutsche Sprache erst im 18. Jahrhundert Eingang und löste ältere Bezeichnungen für die Umgehung von Zöllen und Gefällen (Abgaben an den Staat) – Schwärzen, Schieben, Paschen – allmählich ab (Grimm 1999, Bd. 15:1131).

England erließ bereits um 1700 Einfuhrzölle und Importverbote gegen ostasiatische bedruckte Baumwollstoffe (Kalikos), unter deren Schutz englische Industrielle zuerst eine einheimische Textildruckindustrie aufbauten und seit den 1770er-Jahren die Baumwollspinnerei und Weberei mechanisierten. Damit war die britische Baumwollindustrie zu jenem Industriezweig geworden, den andere europäische Staaten in ihren Bemühungen um Industrialisierung als Konkurrenz betrachteten. Die habsburgische Zollunion stand ab 1780 im Zeichen einer hochprotektionistischen Schutzzollpolitik: diese wandte sich nicht nur gegen Einfuhren aus englischer Produktion, sondern auch gegen ostasiatische Waren, die als britische Reexporte auf den europäischen Kontinent kamen (Komlosy 2007:27).

Am schärfsten wurde der europäische Handelskrieg in der Folge zwischen England und Frankreich ausgetragen. Frankreich war in der Entwicklung seiner Industrie im Laufe des 18. Jahrhunderts gegenüber England ins Hintertreffen geraten. Dennoch hatte die Regierung im Eden-Vertrag von 1786 einem Freihandelsvertrag mit Großbritannien zugestimmt, der Frankreich für englische Textilien und England für französischen Wein öffnete (Wallerstein 2004, Bd. 3:124). Er entsprach den Interessen französischer Weinproduzenten; die Textilindustrie jedoch, die mit der fortgeschrittenen englischen Konkurrenz zu kämpfen hatte, erlebte durch die englischen Exporte auf dem französischen Binnenmarkt deutliche Einbrüche; dies schlug sich auch in geringeren Verdienstmöglichkeiten für die ländlichen und städtischen Unterschichten nieder, die in der Industrie tätig waren. Immanuel Wallerstein erklärt den Ausbruch der Französischen Revolution daher maßgeblich aus dem britisch-französischen Konflikt um industrielle Marktführerschaft (ebd.:141). Es kann daher nicht verwundern, dass eine der zentralen Maßnahmen des Konvents in der Aufhebung des Eden-Vertrages bestand. Damit einher ging die Aufhebung der Binnenzölle. 1793 wurde die französische Navigationsakte beschlossen – eine Kampfansage an den englischen *Navigation Act* von 1651, der den Warenverkehr mit dem Ausland nur durch englische Reeder zuließ. Napoleon trieb den Protektionismus 1806 mit der Ausrufung der Kontinentalsperre noch weiter voran: Diese diente nicht nur dem Schutz des französischen Binnenmarktes gegenüber britischen Importen, sondern zielte durch Aufbau eines französisch beherrschten europäischen Marktes darauf, Großbritannien gänzlich vom Kontinent zu verdrängen (ebd.:169). Tatsächlich begünstigte die Ausschaltung der englischen Konkurrenz durch die Kontinentalsperre die Mechanisierung der Textilindustrie in einer Reihe von europäischen Staaten. Frankreich schnitt seine Industrie durch die Blockade jedoch auch von Rohstoffen und vom Technologietransfer aus England ab, während England verstärkt auf außereuropäische Märkte setzte (Wallerstein 2004, Bd. 3:177).

Zwangsläufige Folge der Einhegung der Zollgebiete war auch in Friedenszeiten der Ausbau der Staatsgrenze als überwachte Linie. Wo bisher Karten und Grenzsteine ausgereicht hatten, musste nun eine durchgängige

Markierung und Überwachung eingerichtet werden, mit den erforderlichen baulichen Einrichtungen, Institutionen, Aufgabenabgrenzungen und dem Personal (vgl. am habsburgischen Beispiel Korntheurer 1930). Dabei spielten auch die Kennzeichnung und Identifizierung der Waren durch Warenpässe, Frachtbriefe und Lieferscheine eine Rolle.

Als Ausgleich zur Eingliederung des Zolls in die flächenhafte Ausgestaltung des Staatsgebiets wurden in Grenz- und Hafenstädten Zollfreizonen eingerichtet: zum Beispiel die Freihäfen Triest und Fiume (Rijeka) 1719 an der österreichischen Adria oder die galizische Handelsstadt Brody, wo Ostsee-, Schwarzmeer- und Russlandhandel zusammenliefen. Das Land Tirol bildete aufgrund seiner Alpenübergänge einen zentralen Nord-Süd-Korridor und wurde deshalb (vorerst) 1775 nicht in die habsburgische Zollunion einbezogen. Mitunter waren diese Ausnahmen nur als vorübergehende Maßnahmen bis zur Umorientierung der Handelsströme in die Grenzen der Staaten gedacht, wie etwa im Fall Tirol, das 1825/1826 an die Zollunion angeschlossen wurde. Hamburg besaß als Stadtstaat einen Sonderstatus, der alle in der Stadt gelagerten und weiterverarbeiteten Waren vom Zoll befreite: Nach der Eingliederung ins Deutsche Reich 1871 konnte die Stadt dem Druck aus Berlin nicht lange standhalten und unterzeichnete 1881 den Zollanschlussvertrag: Auch dieser sah einen nunmehr verkleinerten Freihandelsbezirk, den Zollfreihafen, vor.

Kolonien fungierten in der Arrondierung der Staaten zu Zollgebieten als Bestandteile des Kolonialstaates. Ihr Anschluss war freilich ein einseitiger, denn der Sinn und Zweck der Kolonisierung bestand ja für das Mutterland gerade darin, exklusiven Zugang zu den Beschaffungs- und Absatzmärkten der Kolonie zu besitzen und damit die Diversität der metropolitanen Verarbeitungsindustrien bzw. Exportkapazitäten zu unterstützen. Eine wirtschaftliche Entwicklung der kolonialen Besitzungen nach dem Vorbild der Mutterländer stand nicht zur Debatte, und wenn lokale Herrscher eine eigene industrielle Entwicklung anstrebten, wie etwa der Statthalter Mehmet Ali in der osmanischen Provinz Ägypten in der ersten Hälfte des 19. Jahrhunderts, wurde dies mithilfe der Großmächte rasch unterbunden (Reinold 2014). Das Gegenteil war beabsichtigt: Jene Wirtschaftszweige, in denen außereuropäische Regionen selbst führend waren, wurden durch ungleiche Handelsverträge oder direkte Intervention von ihren ehemaligen Exportmärkten abgeschnitten. Stattdessen sollten koloniale und abhängige Gebiete die Industrien der Metropolen mit Rohstoffen versorgen.

»Geschlossener Handelsstaat« versus internationaler Freihandel (19. und 20. Jahrhundert)

Das Hochziehen von Zollmauern an den Grenzen der Staaten war eine entscheidende Voraussetzung für den Übergang eines von Händlern und städtischen Märkten bestimmten Fernhandels zum modernen Flächenstaat. In dem Maße, wie dieser zur Nation wurde und seinen Untertanen Bürgerrechte, soziale Sicherheit und politische Partizipation einräumte, kamen die Früchte des Zolls in gewissen Maßen auch bei der Bürgerschaft an. Johann Gottlieb Fichte kreierte für ein solches, am Wohlergehen der Nation orientiertes Handels- und Grenzregime den Begriff des »geschlossenen Handelsstaates« (Fichte 1800). Auch wenn der Begriff antiquiert klingt, steht er bis heute für die Souveränität eines Staates, den Außenhandel an seinen Grenzen und die wirtschaftliche Entwicklung im Inneren mithilfe von Zöllen, Ein- und Ausfuhrbeschränkungen sowie diversen Förderungen steuern zu können. Kolonien und Erweiterungsräume sind, ohne diesen Mitbestimmung und Entwicklung zuzugestehen, in diese Vorstellung eingeschlossen. Es versteht sich daher von selbst, dass »geschlossene Handelsstaaten« nur im Zentrum der damaligen Weltwirtschaft – bei den europäischen Großmächten Großbritannien, Frankreich, Deutschland, Österreich und Russland, die seit dem Wiener Kongress das sogenannte Europäische Konzert bildeten – existierten; aber auch kleinere Nationen orientierten sich an diesem Muster.

Schon in der Mitte des 19. Jahrhunderts, als Großbritannien durch die Kombination aus Protektionismus, Kolonialreich und informeller Kontrolle des Welthandels eine hegemoniale Rolle in der Weltwirtschaft erlangt hatte, erstand mit der britischen Freihandelsdoktrin ein alternatives Modell der Handelspolitik. Es setzte alle anderen Modelle unter erheblichen Druck. Bis heute konkurrieren »geschlossener Handelsstaat« und Freihandelsregime um die Gestaltungsmacht der Grenze für Waren- und Kapitalverkehr. Letztendlich lassen sich Nützlichkeit bzw. Überlegenheit einer der beiden Varianten nicht auf dem Feld der Ideologie, sondern nur im Kontext von internationalen Kräfteverhältnissen, sozioökonomischen Bedingungen sowie Interessenstandpunkten im jeweiligen Land und den daraus resultierenden Chancen beurteilen.

Im 19. Jahrhundert kristallisierten sich in der staatlicher Zoll- und Handelspolitik der europäischen Industriestaaten unterschiedliche Entwicklungswege heraus, die – je nach Größe, Entwicklungsstand und Zeitpunkt – ganz auf Geschlossenheit (Dissoziation) oder Offenheit (Assoziation) setzten oder auf Kombinationen bzw. Abfolgen dieser beiden Instrumente. Dieter Senghaas und Ulrich Menzel identifizierten dabei folgende Typen wirtschaftlicher

Entwicklung: das dissoziativ-binnendynamische Modell (Belgien, Frankreich, Deutsches Reich, Österreich-Ungarn, USA), das assoziativ-exportorientierte Modell (Schweiz, Niederlande), das zuerst assoziative, dann dissoziative Modell (Schweden, Dänemark, Finnland), das auch in den britischen Dominien Kanada, Australien und Neuseeland praktiziert wurde, sowie das binnenorientiert-staatskapitalistische Modell (Russland, Japan) (Senghaas 1982:25–110; Menzel 1988:9–30). In diese Tradition reihten sich im Maße ihrer Unabhängigwerdung im 20. Jahrhundert auch postkoloniale Staaten und andere Entwicklungsländer ein, deren Bemühungen um nachholende Entwicklung dem kapitalistischen Weg folgten oder die einen binnenorientiert-staatssozialistischen Weg (Sowjetunion, China, osteuropäische Volksdemokratien, Jugoslawien, sozialistische Dritte-Welt-Staaten) einschlugen.

In allen Fällen wurde mit der Einhebung oder Abschaffung, der Art und der Höhe von Zöllen Politik gemacht, entweder auf der Ebene des Einzelstaates oder im Rahmen von Zollunionen (EG, EFTA, RGW, zahlreiche regionale Handelsabkommen), die Zölle zwischen den Mitgliedern aufhoben, um sie gemeinsam an der Außengrenze ihres Zollraums aufzurichten. Auch der Eiserne Vorhang umgab eine solche Handelsunion. Er fungierte zudem als eine Grenze, an der zwei unterschiedlich verfasste politische, sozioökonomische und monetäre Systemen aufeinander trafen und beide – der Westen durch Handelsembargo, Kredit- und Investitionsboykott, der Osten durch staatliches Handelsmonopol und Kapitalverkehrskontrollen – an dieser Linie ihre je spezifische Politik der Grenze praktizierten (Komlosy 2001:50).

Wie wurde der Freihandel von einem Instrument der nationalökonomischen Entwicklung zu einem Instrument der Hegemonie über andere souveräne Staaten? Im Fall von Großbritannien können wir eine deutliche Abfolge beobachten: Bis 1850 gab es für Getreide, Fleisch, Butter und Holz noch Zölle, um die englische Land- und Forstwirtschaft zu schützen. Ihre Aufhebung korrespondierte mit der Spezialisierung Kanadas, Australiens, Neuseelands auf Getreide-, Vieh- und Holzexporte, die aufgrund der schnelleren Dampfschifffahrt nun auch nach Europa geliefert werden konnten. Nicht nur britische Dominien schlugen eine assoziative Politik als Rohstoffexporteur ein, sondern auch unabhängige Staaten wie Argentinien (Getreide, Kraftfutter, Rindfleisch) oder Dänemark (Bacon, Butter). Aufgrund dieser Arbeitsteilung konnte sich Großbritannien verstärkt der Industrieproduktion zuwenden (Menzel 1988:163, 182, 272). Die erforderlichen Exportmärkte wurden nicht bloß durch die Überlegenheit britischer Waren, sondern auch mit politischem und/oder militärischem Nachdruck erschlossen.

Im Fall des Anglo-Türkischen Handelsabkommens 1840 stimmte die Hohe Pforte dem ungleichen Vertrag, der den osmanischen Markt für britische Industriewaren öffnete, während Großbritannien osmanische Importe nur selektiv zuließ, deshalb zu, weil sie von Großbritannien weiterhin militärische Rückendeckung erwartete. Im Fall von China wurde das Einfuhrverbot für britisch-indisches Opium 1842 und 1860 einfach per Intervention weggeschossen und der militärische Sieg in einen ungleichen Vertrag gegossen, der nicht nur den chinesischen Markt, sondern auch diverse hoheitliche Befugnisse wie Post, Währung und Zolleinnahmen in den sogenannten *treaty ports* unter Großbritannien und seinen Verbündeten aufteilte. Persien verkaufte seine Fischereikonzessionen am Kaspischen Meer an Russland und erteilte Ölkonzessionen, Steuereinnahmen und Tabakmonopol an britische Unternehmen (Kerber 2010:65). Indien, 1857 zur britischen Kronkolonie erklärt, bildete ohnehin einen geschützten Markt, der es über den Transfer der Gebühren für die Kolonialverwaltung – die sogenannten *home charges* – auch erlaubte, die aus dem Export indischen Opiums und anderer *cash crops* nach China lukrierten Gewinne ins Mutterland zu überführen (Rothermund 1978; Frank 2015:118). Die Bedeutung Indiens für das Vereinigte Königreich war so groß, dass sich Königin Victoria 1876 zur Kaiserin von Indien krönen ließ.

Die britische Hegemonie beruhte jedoch nicht nur auf der industriellen Exportkapazität; als hoch spezialisierte Ökonomie wies Großbritannien im 19. Jahrhundert vielmehr ein Handelsbilanzdefizit mit all seinen Handelspartnern auf. Andre Gunder Frank zeigte auf, wie es dennoch gelingen konnte, die eigenen Handelsdefizite in ein Surplus zu verwandeln, das eine hegemoniale Position begründete (Frank 2015). Großbritannien verfügte mit dem Goldstandard, der das Pfund zur Welthandelswährung machte, mit der führenden Position im Bankwesen, im Schiffsbau, in der Handelsmarine und der Telegraphie über die entscheidenden Dienstleistungsbranchen, die die Kontrolle von und die Einnahmen aus Verkehr und Kommunikation ermöglichten. Diese auch als *invisibles* bezeichneten Dienstleistungen der globalen Waren- und Kommunikationsflüsse waren das Geheimnis für den britischen Erfolg. Sie erlaubten, dass Großbritannien als Drehscheibe und Knotenpunkt des internationalen Handels zur Clearingstelle werden konnte, die aus dem Ausgleich der verschiedenen Defizite und Überschüsse die eigene Vormachtstellung entwickeln konnte. "Greatness is not an internal, but a systemic category", folgerte Frank (2015:89).

Diese Drehscheiben- und Schaltfunktion der globalen Waren-und Kapitalflüsse musste Großbritannien seit den 1870er-Jahren mit den USA teilen (ebd.:122), bis deren Nationalökonomie mit der Dollar-Goldbindung, militärischer und technologischer Führerschaft in der zweiten Hälfte des 20. Jahrhunderts zur Funktion der globalen Hegemonie wurde. Mehr als Großbritannien, das ja mit den eigenen Kolonien ein Sicherheitsnetz besaß, das sich nach der Weltwirtschaftskrise 1929/1930 auf den geschützten Binnenraum seines Kolonialreichs zurückzog, beruhte die Hegemonie der USA auf multilateralen Handelsbeziehungen. Der Kriegsverbündete Großbritannien wurde schon während des Zweiten Weltkrieges mittels *Lend-lease*-Krediten in die Lage versetzt, US-Kriegsgüter anzukaufen; zerstörte Industrieländer wurden nach dem Krieg mittels Marshall-Plan wieder als Partner in den internationalen Handels- und Zahlungsverkehr eingegliedert, und Entwicklungsländern kam dabei die Rolle als Zulieferer von Rohstoffen zu (Hofbauer 1992:48, 67).

Die Bedingungen des sogenannten freien Handels wurden in den von Industrieländer-Konsortien bestimmten internationalen Organisationen und Abkommen so definiert, dass Warenströme ihren Interessen nach Fertigwarenabsatz und Rohstoffbezug entsprachen. In den 1970er-Jahren war es den Afrika-Karibik-Pazifik-Staaten (AKP) gelungen, mit dem Lomé-Abkommen eine Vereinbarung mit den Europäischen Gemeinschaften zu schließen, die ihren Rohstoffen zollfreien Zugang zu deren Märkten gewährte; im Gegenzug durften sie im Sinn der von der UNCTAD propagierten Neuen Internationalen Wirtschaftsordnung ihre Märkte durch Zölle vor Fertigwarenimporten aus den Industrieländern schützen (Taylor/Smith 2007).

Das Fenster, von dessen Öffnung sich die AKP-Staaten eine Diversifizierung der Wirtschaftsstruktur und eine nachholende Industrialisierung erhofften, schloss sich bereits seit der Lomé-Nachfolgevereinbarung in den 1980er-Jahren. Das Abkommen von Cotonou (2000) erklärte die präferentielle Behandlung der Entwicklungsländer schließlich für unvereinbar mit dem freien Welthandel. Stattdessen wurden sie unter dem Motto von Reziprozität und Gleichbehandlung verpflichtet, im Gegenzug für den Zugang ihrer Exporte – überwiegend Rohstoffe – in die Staaten der Europäischen Union, ihre Märkte den europäischen Exporten zu öffnen. Diese bestehen einerseits aus Fertigwaren, die die einheimische Industrie vom Markt verdrängen, andererseits aus Agrarprodukten, die aufgrund der EU-Agrarsubventionen die einheimische Landwirtschaft ruinieren. Ein viel zitiertes Beispiel ist die Teilung von Hähnchen in Filets und Keulen, die im Norden verspeist werden, während die minderwertigen Teile nach Afrika gelangen und dort die einheimische Geflügelzucht unterminieren. Gleichzeitig wurden die Entwicklungsländer zum Abschluss von sogenannten Partnerschaftsabkommen (EPA) verpflichtet, die einen Hebel zur Durchsetzung von Strukturanpassungen im Geiste des Neoliberalismus darstellen (Asche/Engel 2008). Die Umsetzung stößt allerdings in vielen afrikanischen Staaten auf massiven Widerstand.

Die Grenzen des freien Handels werden auch am Multifaserabkommen (1960) deutlich (Ferenschild/Wick 2004). Es handelte sich um einen Bestandteil des Allgemeinen Zoll- und Handelsabkommens (GATT) und sollte verhindern, dass Entwicklungsländer ihre Textilfasern, insbesondere Baumwolle, im Zuge ihrer nachholenden Industrialisierung nun nicht mehr als Rohstoff, sondern als Fertigware in die Industrieländer exportierten. Um die eigene Textilindustrie in den Zentrumsländern zu schützen, wurden Mengenbeschränkungen (Quoten) eingeführt und die Höhe der Zölle zudem nach dem Verarbeitungsgrad gestaffelt – das heißt umso höhere Zollschranken, je höher der Verarbeitungsgrad. Das nachfolgende Welttextilabkommen (1974) trug bereits der Neuen Internationalen Arbeitsteilung Rechnung, wonach arbeitsintensive Komponentenfertigung in Entwicklungsländer verlagert wurde. Passive Lohnveredelung, also die Auslagerung in ein Niedriglohnland, sollte nicht durch Zölle belastet werden; um zu gewährleisten, dass die wertschöpfungsintensiven Glieder der Güterkette in den Industrieländern verblieben, wurde allerdings die Ursprungsregel eingeführt. Wenn die Auslagerung nicht mehr als zwei Komponenten im Verarbeitungsprozess betraf, konnte die Ware zollfrei ins Konzernsitzland (Ursprungsland) rückgeführt werden; Textilien aus Entwicklungsländern, die dort bis zum Endprodukt gefertigt wurden, waren von dieser Zollbefreiung ausgenommen. Erst als 2004 die textile Massenproduktion weitgehend in Entwicklungsländer abgewandert war, wurde das Welttextilabkommen aufgekündigt. Auch jetzt ist der Marktzugang nicht unbeschränkt möglich, sondern durch die allgemeinen WTO-Regeln bestimmt, die den Industrieländern im Fall von Lohndumping oder Wettbewerbsverzerrungen das Recht einräumen, höhere Zölle einzuheben oder Importverbote zu verhängen.

21. Jahrhundert: Doppelte Standards in der Politik der Grenze

Auch das 21. Jahrhundert ist durch zwei gegenläufige Bewegungen im Handelsregime gekennzeichnet. Einerseits steht die Umsetzung von Freihandelspostulaten ganz oben auf der Agenda der internationalen Organisationen. Es sind nun nicht mehr nur die westlichen Industrieländer, die freien Waren- und Kapitalverkehr im Interesse der Globalisierung der Güterketten und Finanzströme fordern. Der Aufstieg von Entwicklungsländern in die wertschöpfungsintensiveren Bereiche, die sogenannten *high ends* der globalen

Güterketten, lässt die neuen Industrieländer zu Verfechtern des Freihandels werden. In der globalen Verteilung von Marktführerschaft, Forschung, Entwicklung und Technologie stehen sie dennoch weiterhin im Schatten der westlichen Welt. Ihre Vorstellungen von Freihandel sind daher nicht mit jenen der alten Industrieländer identisch.

Das Postulat des Freihandels wird durch die supranationale Blockbildung durch Freihandelsabkommen, Handelsblöcke und Unionen unterlaufen. Während weiterhin der Freihandel proklamiert wird, ist die politische Praxis durch Protektionismus gekennzeichnet: Einerseits den supranationalen Protektionismus der Blöcke gegenüber Drittstaaten, der über den Hebel der WTO-Regeln deren wirtschaftspolitische Maßnahmen im Dienste größerer Eigenständigkeit zu Wettbewerbsverzerrungen erklärt, die Schutzmaßnahmen rechtfertigen. Dieser Hebel wird vor allem in jenen Branchen eingesetzt, in denen Entwicklungs- und Schwellenländer in klarer Konkurrenz zu westlichen Produzenten stehen, etwa bei Sonnenkollektoren, Fahrrädern oder Stahl aus China. Andererseits wächst der staatliche Protektionismus einzelner Mitgliedsstaaten, wenn diese das nationale Interesse nicht mehr im gemeinsamen Blockinteresse verkörpert sehen und bei der Abwehr der Konkurrenz aus dem globalen Süden bestimmte Bereiche ihrer Wirtschaft aus dem globalen Waren- und Kapitalverkehr ausnehmen wollen. Als Beispiel sei die um die Jahrtausendwende einsetzende Diskussion in den USA und einzelnen EU-Staaten angeführt, ob und bis zu welchem Grad Beteiligung oder Übernahme durch neue Anleger aus Russland, China oder anderen Staaten des globalen Südens erwünscht sind (Arrighi 2007:284–302; Nolan 2012). Der freie Kapitalverkehr, der in den Beziehungen mit der »Dritten Welt« eingefordert wird, wird dann in Frage gestellt, wenn diese »Dritte Welt« in ihrem Bemühen um gleichberechtigte Teilnahme an der Weltwirtschaft die Besitzstände und Privilegien der »Ersten Welt« in Frage zu stellen beginnt.

Während sich der Westen, ob supra- oder einzelstaatlich, jederzeit die Aktivierung protektionistischer Politik vorbehält, werden die Schwellenländer unter Bezugnahme auf das volatile Postulat des Freihandels mit Handelsblockaden, Übernahmemoratorien und Sanktionen belegt, wenn sie dessen Prinzipien nicht entsprechen. So gegensätzlich Freihandel und Protektionismus als Ideologie auch scheinen möglichen: Durch ihre flexible, gleichzeitige Anwendung ergänzen sie einander bei der Verteidigung westlicher Zentralität. Auf diese Weise nehmen die vom Abstieg bedrohten westlichen Akteure ganz selbstverständlich eine Politik der Grenze für sich in Anspruch, die sie ihren Konkurrenten im Süden nicht zugestehen.

3.2. Personenverkehr

Interessenkonflikte: bleiben können (Lebensgrundlage vor Ort haben) versus gehen müssen; gehen wollen (Lebensgrundlage durch Migration verbessern) versus kommen dürfen
Instrumente: Mobilisierung durch Entwurzelung, Anwerbung; Einwanderungs- und Arbeitsmarktgesetze, Selektion, Kontrolle, Verbote, Abschiebung
Orte: Stadtmauern, Tore, Grenzübertrittstellen, Melde- und Einwanderungsämter, ubiquitäre Personenkontrollen
Dokumente: private Geleitbriefe, staatliche Pässe, Visa, Aufenthaltsdokumente, Arbeitsdokumente
Exekutive: Grenzbeamte, Polizei, Einwanderungs-, Melde- und Arbeitsmarktbehörden

Im Zusammenhang mit der Regulierung des Personenverkehrs, bei der politischen Grenzen eine zentrale Funktion bei Selektion und Kontrolle zukommt, stellt sich zuallererst die Frage: Inwieweit ist Sesshaftigkeit die Regel und Mobilität die Ausnahme? Wir haben gesehen, dass in nomadischen Gesellschaften Ortsveränderung zur Normalität gehört; auch frühe Ackerbauern wandern nach der Erschöpfung der Böden in neue Gebiete; Überschusspopulationen erschließen neue Räume; Krisen und Kriege bewirken den Abzug von Gruppen oder die Wegwanderung ganzer Populationen (sogenannte Völkerwanderungen). Heiratsregeln sehen die Übersiedlung eines Ehepartners, meistens der Braut, an den Wohnort der Schwiegerfamilie vor. Urbanisierung ist die Folge einer Bevölkerungsbewegung vom Land in die Stadt; Handwerker haben das Wandern als Teil der Ausbildung normalisiert. Es sieht so aus, als ob Migration ein allgegenwärtiger Bestandteil menschlicher Existenz wäre.

Das stimmt so nur zum Teil. Der größte Teil der Bevölkerung lebte im Zeitenlauf aus drei Gründen relativ stabil und stationär: Erstens waren Menschen in Familien-Haushalte eingebunden, in denen alle Mitglieder gebraucht wurden, um zum gemeinsamen Einkommen beizutragen. Zweitens legten ihnen die patriarchalische Gewalt des Haushaltsvorstandes sowie die herrschaftliche Verfügungsgewalt über ihre Arbeitskraft Reise- und Mobilitätsbeschränkungen auf. Drittens stellte das Reisen, solange das Wegenetz schlecht ausgebaut und die Verkehrsmittel langsam waren, große Mühsal, Kosten und Aufwand dar. Selbstverständlich gab es in allen drei Bereichen Möglichkeiten, die Beschränkungen zu überwinden und mobile Menschen ergänzten die Gemeinschaft der Sesshaften auf vielfältige Weise. Dennoch nehmen MigrantInnen auch in Zeiten erhöhter Mobilität, Reise- und Niederlassungsfreiheit – von besonderen großen Migrationsschüben, kurzfristigen und kleinräumigen Wanderungen abgesehen – immer nur einen relativ kleinen Anteil an der Gesamtheit der in einer bestimmten Region Anwesenden ein.

Das Interesse an den vielfältigen Formen der Mobilität hat die Sesshaftigkeit, obwohl sie für den größeren Teil der Bevölkerung die Regel war, in den Hintergrund des wissenschaftlichen und öffentlichen Interesses gedrängt. Dies führte zu der in der Migrationsforschung weit verbreiteten Ansicht, Migration sei der Normalfall menschlicher Existenz. Das Gehen wird positiv mit Aufbruch und Ausbruch aus örtlichen Beschränkungen assoziiert; das Bleiben demgegenüber negativ mit Enge und Stillstand in Verbindung gebracht. Im Folgenden soll Bleiben – Gehen – Zurückkehren (aus der Perspektive einer Abwanderungsregion), Kommen – Bleiben – Wieder-Weggehen (aus der Perspektive einer Zuzugsregion) im Gesamtzusammenhang betrachtet werden. Migration ist ein vielschichtiger, langfristiger Prozess, der mobile und nichtmobile Bevölkerungsgruppen an den verschiedenen Stationen des Geschehens einschließt. Je nach ihrer Rolle in diesem Prozess haben diese unterschiedliche Vorstellungen davon, was sie als Zuhause (Heimat) oder als Fremde ansehen.

Die Gründe für Personenverkehr sind vielschichtig und umfassen Arbeitsmigration, Liebes- und Heiratsmigration, Flucht und Vertreibung, Zwangsmigration, Armutsmigration, Siedlungsmigration, einander oft überlappend, häufig temporär, um schließlich doch zurückzukehren, weiter zu ziehen oder sich dauerhaft anzusiedeln.

Jede dieser Migrationen braucht einen Anlass und eine Ermächtigung. Alle stoßen auf Grenzen – bei der Ausreise, auf dem Weg, bei der Einreise und der Aufenthaltsgenehmigung, und dann bei der Zulassung zu Arbeitsmarkt, sozialer Versorgung, gesellschaftlicher Integration und politischer Partizipation am neuen Aufenthaltsort.

Mittelalter und Frühe Neuzeit: Ortsbindung und Bewegungsfreiheit im Korsett der Stände

Die Möglichkeit zur Ortsveränderung (Reisen, Übersiedlung, Umherziehen) hing vom Stand einer Person in der Familie und in der Gesellschaft sowie von den Rechten ab, die den unterschiedlichen Mitgliedern in der Familien-, der Herrschafts-, der Stadt- und der Landesverfassung eingeräumt wurden. Grob und über regionale Unterschiede hinweg gesprochen hieß dies, dass Adel und Klerus sich frei bewegen konnten, Bauern – außer sie waren frei – an den Adel, Frauen und Dienstboten an den Haushaltsvorstand gebunden waren. Bürger genossen im Rahmen ihrer Berufsvereinigungen Mobilität. Bettler und Vagabunden waren als Vogelfreie rechtlos und daher von Strafen, oft in Verbindung mit Ausweisung gefährdet. Wenn Abhängige auf Reisen geschickt wurden, z. B. als Soldaten oder Wanderarbeiter, standen sie unter dem Schutz ihres Herren; fielen sie als Gefangene, Verschleppte oder Geraubte in die Jurisdiktion einer anderen Macht, konnte diese über sie verfügen. Eine allgemeine Regelung von Bewegungsfreiheit gab es im Mittelalter und in der Frühen Neuzeit ebenso wenig wie staatliche Oberhoheit und systematische Kontrolle. Passierscheine, Geleitbriefe, Kundschaften und wie die Reisedokumente sonst noch genannt wurden, entsprangen keiner Vorschrift, sondern dienten als Empfehlungs-, Schutz-, Gewährs- und Identifizierungsschreiben (Nordman 1987; Reisen 2012). Es waren Pass-Worte, die Schutz boten und Türen öffneten. So floss der Begriff des (Reise-)Passes langsam in die Rechtssprache eine. Diese Reisedokumente wurden anlassbezogen ausgestellt, sie wiesen den Reisenden bei Bedarf am Weg, vor allem aber am Ziel der Reise, beim Gastgeber, aus. Um sich die Versorgung verarmter Untertanen zu ersparen, wiesen Herrschaften und Magistrate diese einfach aus ihrem Gebiet oder statteten sie mit Bettelpässen oder Pässen zum Musizieren aus: Diese rechtfertigten Aufenthalt und Tätigkeit auf fremdem Gebiet und konnten unter Umständen vor Strafverfolgung und Ausweisung schützen (Schwerhoff 2006:58ff).

Passdokumente wurden für ganz konkrete Reisen ausgestellt; ihre Wirksamkeit hing vom Status und Bekanntheitsgrad der ausstellenden Person bzw. Institution aus. Außer für Abgesandte des Fürsten oder Königs gab es keine staatliche, Pass ausstellende Behörde, keine Passkontrolle. Zwar war die Ortsveränderung hochgradig reguliert, jedoch abhängig von den handelnden Personen. Landesgrenzen spielten dabei keine Rolle. Maut- und Zollstationen dienten der Warenkontrolle, Händler wiesen sich dabei durch ihre Tätigkeit aus; Mauteinnehmer waren nicht dazu da, Reiselegitimationen zu kontrollieren. Die wichtigste Grenze war die Herrschaftsgrenze: Herrschaften verfügten über die Bewegungsfreiheit ihrer Untertanen: Die Untertänigkeit band diese an die Herrschaft bzw. die Scholle; eine Übersiedlung bedurfte der Bewilligung, eine Verehelichung (im und außerhalb des Herrschaftsgebietes) eines Ehekonsenses. Es war mangels systematischer Kontrollen jedoch nicht unmöglich, sich darüber durch Flucht hinwegzusetzen, dann verkehrte man allerdings außerhalb des Schutzes der ständischen Gesellschaft.

17./18. Jahrhundert: Die Entstehung des staatlichen Pass-Systems

In dem Maße, wie Fürsten durch die Zurückdrängung der herrschaftlichen Verfügungsgewalt direkten Zugriff auf die Untertanen gewannen, begannen sie, sich für deren Aufenthalt und Tätigkeit zu interessieren. Umherziehende Bettler wurden kriminalisiert, kaserniert und zur Arbeit eingesetzt. Der Prozess der Sozialdisziplinierung und Erziehung zu geregelter Arbeit, Fleiß und Pünktlichkeit (Industriosität) systematisierte sich und führte dem expandierenden Manufaktur- und Verlagssystem die erforderlichen Arbeitskräfte zu. Dazu bedurfte es Institutionen und einer Exekutive, die in Frankreich stärker vom Staat, in England von der Armenhilfeadministration der Pfarrgemeinden und im Heiligen Römischen Reich von den Herrschaften gestellt wurde. Die englischen Armenhilfe-Gesetze (1662 *Act for the Better Relief of the Poor* oder *Settlement Act*) sicherten den Angehörigen einer Pfarrgemeinde soziale Versorgung im Fall ihrer Verarmung zu. Wer kein Mitglied der Gemeinde war, das heißt über kein Heimatrecht oder *settlement* verfügte, war von Abschiebung bedroht. Die Gemeindeverwalter waren befugt, die für Saisonarbeiter und temporäre Arbeitskräfte vorgeschriebenen Reisezertifikate ihrer Heimatpfarren zu überprüfen (Torpey 2000:18).

In Frankreich verhaftete die armenpolizeiliche Truppe der Maréchaussée Umherziehende als Vagabunden von der Straße weg und wies sie in das *Hôpital général* in Lyon (1613) oder in Paris (1665) ein; bald darauf wurden landesweit staatliche *dépots de mendicité* eingerichtet, Arbeitsanstalten, in denen die Insassen vornehmlich zu Textilarbeiten eingesetzt wurden. Vor dem Ausbruch der Französischen Revolution schätzte man die Zahl der Insassen auf 210 000 Personen (Stekl 1978:59).

Das *Handbuch der administrativen Polizey für österreichische Polizei- und Herrschaftsbeamte* aus dem Jahr 1829 benannte die Zielgruppen der polizeilichen Beobachtung wie folgt:

> »Menschen-Classen welche der Landessicherheit bereits gefährlich sind: 1) Müßiggänger, Landstreicher und Raumgesindel, 2) Bettler, 3) Inquisiten und Verbrecher, 4) Aus dem Arbeitshause getretene Leute, 5) Ausreißer.
>
> Menschen-Classen welche der Landessicherheit gefährlich werden könnten: Müssige a) Kinder und Knaben, b) Studenten, c) Handwerksgesellen, d) Bräuknechte, e) dienstloses Gesinde, f) Hausierer, Strazzensammler, herumziehende Musikanten, g) im Lande herumziehende Israeliten, h) Bärenführer und dergl., i) vacierende

Komödianten, k) Tabakschwärzer, l) Zigeuner, m) Raubgesindel und dergl.« (Barth-Bartenstein 1829, Bd. 1:281, 289)

Öffentliche Zwangsarbeitsanstalten, die sicherheits-, sozial- und arbeitsmarktpolitische Anliegen zusammenführten, waren etwa das *Bridewell* in London (1555), das *Rasphuis* (für Männer) und das *Spinhuis* (für Frauen) in Amsterdam (1595/97), die Zuchthäuser in Hamburg und Lübeck (1613/14), das *Hôpital de la Salpêtrière* in Paris (1665); das Zucht-und Arbeitshaus in Breslau (1668) und Wien (1671) oder die *Charité* in Berlin (1710) (Stekl 1978:51–66). In Russland übernahm Peter der Große nicht nur die Institution sondern auch die Bezeichnung: *Spinnhaus, Arbeitshaus*.

Der disziplinierende Druck auf die Bewegungsfreiheit der ungebundenen Unterschichten setzte sich allerdings nur zäh, mit Gewalteinsatz und gegen Widerstand durch. Wälder, lückenhafte Kontrolle sowie die Nachfrage der Sesshaften nach mobilen Gelegenheitsdiensten boten ihnen Rückzugsgebiete und Überlebensmöglichkeiten. Rückschläge erlebte die Sozialdisziplinierung auch durch die zahlreichen Invaliden und Deserteure der Kriege des 18. und frühen 19. Jahrhunderts, die das Heer der Unsteten verstärkten. Staat und Behörden setzten alle Hebel in Gang, um sie mit Zigeuner- und Vagabundengesetzen, Heimatrecht, Anstaltseinweisung und dem Aufbau von Exekutive in geregelte Bahnen zu bringen.

Ein zentrales Instrument stellte die Verstaatlichung der Passpolitik dar. Eine Vorreiterrolle spielte Frankreich, wo ein königliches Edikt 1669 einen Reisepass zur Voraussetzung für die Ausreise aus dem Land machte; außerdem durften sich Untertanen auch im Land nur mit einem Reisedokument bewegen (Torpey 2000:21; 2003:75). Im Zuge der Französischen Revolution wurde die Passpflicht 1791 abgeschafft. Sechs Jahres später erließ das Direktorium ein neues Passgesetz, das die Binnenpässe wieder einführte und insofern bahnbrechend war, als nun erstmals klar zwischen Staatsbürgern und Ausländern unterschieden wurde (ebd.:80–82). Die Staatsmacht war bestrebt, die Bewegung der Untertanen und die zahlreichen Dokumente, die als Ausweise, Empfehlungsschreiben und Pässe dienten, durch Gesetze, Behörden und Verwaltungsordnungen zu vereinheitlichen.

In Preußen wurde das staatliche Passsystem unter König Friedrich Wilhelm um 1750 eingeführt (Torpey 2000:58). Ausländer benötigten Pässe, die von preußischen Behörden ausgestellt wurden und auf der Reise täglich beim Quartiergeber oder Polizeistationen vidiert werden mussten. Die Emigration war streng reglementiert, da die Regierung den Verlust von Humankapital fürchtete. Reisen im Inland bedurften je nach Stand, Beruf, Ziel und Zweck der Reise eines Binnenreisedokuments.

In der Habsburgermonarchie dienten die um 1750 eingerichteten staatlichen Kreisämter als Passämter, die Pässe für Reisen in andere Länder der Monarchie ausstellten; Pässe für Reisen ins Ausland mussten bei den Landesbehörden beantragt werden. Staatliche Passerteilung ermächtigte die Untertanen gegenüber der Grundherrschaft; gleichzeitig unterstellte es diese der Kontrolle durch den Staat. Die Behörden waren oft unsicher, ob sie die Passgesuche positiv oder negativ behandeln sollten. Arbeitsfähigkeit, Bedürftigkeit, überregionale Nachfrage nach Arbeitskräften sprachen dafür, der örtliche Bedarf, der Zugriff der Militärbehörden und die Belastung, die mittellose MigrantInnen den Städten aufbürdeten, dagegen. Mit einer Flut von Rundschreiben versuchten die Zentralbehörden, die Entscheidungen der Kreisämter auf eine sichere Grundlage zu stellen, vermochten aber lange Zeit nicht, ein einheitliches System in die Passerteilung zu bringen. Übertretungen, Rekurse, Korrekturen höherer Instanzen waren die Folge (Komlosy 2003:311ff).

Verkompliziert wurde das Passwesen auch durch die Tatsache, dass es neben den staatlichen Passämtern lange Zeit auch andere Pass ausstellende Institutionen gab, etwa die Zünfte, die ihren reisenden Mitgliedern Kundschaften ausstellten. Zudem konnten verschiedene Dokumente als Passdokumente verwendet werden, etwa zur Reise vidierte Heimatscheine, Wander-, Hausier-, Arbeits- oder Dienstbotenbücher. Auch Herrschaftsämter versahen ungeliebte Untertanen weiterhin mit Bettel- und Musikantenpässen, obwohl ihnen dies mit der Einrichtung der staatlichen Passbehörden untersagt worden war. Das Passwesen zeichnete sich also weiterhin durch eine Vielfalt von Behörden und Dokumenten aus; Pässe hatten je nach Person und Destination unterschiedliche Reichweiten. Eine Verallgemeinerung des Verfahrens und eine Egalisierung der Behandlung auf Basis einheitlicher Kriterien, Formulare und Personenbeschreibungen kristallisierte sich im österreichischen Kaiserstaat erst in der ersten Hälfte des 19. Jahrhunderts heraus (Burger 2000:8).

Am Beispiel Österreichs soll auch die Praxis der Passkontrolle dargestellt werden. Das Gros der Pässe bestand aus Binnenpässen, die in der Regel für eine bestimmte Reise innerhalb des Staatsgebiets ausgestellt und nach der Rückkehr wieder abgegeben wurden. Sie mussten bei Fuhrwerksunternehmen, Gasthöfen und Quartiergebern vorgewiesen werden, deren Betreiber in das System der Passkontrolle einbezogen wurden. Fixe Kontrollpunkte gab es lediglich an den Linienämtern der geschlossenen Städte (im Wesentlichen die Landeshauptstädte), wo der Pass abgegeben und durch einen Aufenthaltsschein ersetzt wurde. Es war also außer in den Hauptstädten nicht schwer, Passvorschriften zu umgehen; regelmäßige Streifungen, zu denen die Beamten der Herrschaften verpflichtet wurden, sollten unbefugt Aufhältige – »passlose Elemente« – zu Tage fördern. Dementsprechend schien das Delikt der »Passlosigkeit« in den Akten häufig als Abschiebungsgrund auf. Wie viele Menschen ohne Pass reisten und ob sich diese ihrer Verstöße gegen Passvorschriften überhaupt bewusst waren, ist unbekannt (Komlosy 2003:376).

Auslandspässe wurden, sobald internationale Grenzübertrittstellen existierten, an diesen vorgelegt; Botschaften im Ausland vidierten die Pässe für die Rückreise. Dasselbe Verfahren galt für Fremde im Inland. Die Passkontrolle galt in erster Linie der Kontrolle der eigenen Untertanen. Sie sollten durch restriktive Bestimmungen und Verbote daran gehindert werden, ins Ausland abzuwandern; dementsprechend stand auch die Anwerbung und Unterstützung der Auswanderung durch Agenten unter Strafe. Wenn in bestimmten Fällen die Übersiedlung ins Ausland im Interesse des Staates lag, wie bei der Exulierung von Protestanten, der Ausweisung politisch Verdächtiger oder bei der Auswanderung verarmter Unterschichten, wurde das Verbot außer Kraft gesetzt. Es war auch möglich, eine befristete oder unbefristete Auswanderungsbewilligung zu beantragen, die Vermögenstransfers und Sorgepflichten genau regelte. Wer etwa das vereinbarte Rückkehrdatum nicht einhielt und auch den dreimaligen Rückruf nicht beachtete, verlor die Staatsbürgerschaft und sein zurückgelassenes Vermögen verfiel dem Staat (Burger 2000:138). Untertanen wurden als Reichtum des Staates betrachtet; sie sollten den Besitzstand nicht einfach durch Auswanderung schmälern.

Umgekehrt erfolgte die Kontrolle der Einreise vor allem aus sicherheitspolitischen Erwägungen. Während und nach der Französischen Revolution motivierte die Revolutionsangst die österreichischen Behörden zu besonderer Aufmerksamkeit. Ein zweiter Bereich galt der Verhinderung von Seuchengefahr, die durch die Einrichtung von Desinfektionsstationen – sogenannte Kontumaz-Stationen – vor allem an den Grenzen zum Osmanischen Reich errichtet wurden. Händler, Handelsgut und Reisende mussten dort eine gewisse Zeit verbringen, bevor sie die Reise in die Monarchie fortsetzen konnten (vgl. Kapitel 2.3. Habsburgische Militärgrenze).

Zweite Hälfte 19. Jahrhundert: Massenmobilisierung

Ungleichgewichte zwischen Zentren und Peripherien, Urbanisierung und Industrialisierung sowie der flächendeckende Ausbau der Verkehrsinfrastruktur innerhalb und zwischen den Staaten verstärkten die Push- und die Pull-Motive, die Menschen dazu veranlassten, ihre Heimat zu verlassen und anderswo Erwerb zu suchen. Zunächst überwog die vorübergehende Arbeitsmigration in der Hoffnung, mit dem Ersparten die Familie oder die kleine Landwirtschaft zu unterstützen. Die Nachfrage der Städte und Industrieagglomerationen und die zunehmenden Schwierigkeiten der ländlichen Gewerbebetriebe, mit diesen zu konkurrieren, setzten – vermittelt über die erste Generation der ArbeitsmigrantInnen – eine Migrationskette in Gang, die auf dauerhafte Übersiedlung setzte. Die Wanderungsziele erweiterten sich mit der Verbesserung der Verkehrsverhältnisse auf größere Reichweiten. Eine zentrale Rolle bei der Multiplikation von Reise, Besuch und Arbeitswanderung spielte die Eisenbahn, deren Netze seit den 1830er-Jahren ausgebaut wurden, seit den 1870er-Jahren wurde auch das Dampfschiff für Normalsterbliche zunehmend erschwinglich.

Wir können das Reise- und Wanderungsgeschehen nach der Destination in Wanderungen im Inneren der Staaten, Wanderungen zwischen europäischen Staaten und Übersee(aus)wanderung untergliedern. Das System der Binnenpässe stieß mit der Beschleunigung, der Vereinfachung und der Häufung der Reisen durch die Eisenbahn rasch an administrative Grenzen. Binnenreisen und Binnenwanderungen bildeten insbesondere in den großen bevölkerungsreichen Staaten das Gros der Ortsveränderung. Es wurde schier unmöglich, für jede einzelne Fahrt ein Passerteilungsverfahren zu eröffnen. In England ließ die Nachfrage nach Arbeitskräftemobilität die Ausweispflicht bei Binnenwanderungen bereits 1795 fallen, während die Auswanderung im *Passenger Act* 1803 weiterhin restriktiv geregelt war (Torpey 2000:67).

Mitte des 19. Jahrhunderts war die Passpflicht für Binnenreisen in fast in allen europäischen Staaten an die Grenzen der Administration und Kontrolle gestoßen. Für kurze Zeit wurde etwa in der Habsburgermonarchie, wo die Binnenpässe bis 1857 beibehalten wurden, noch ein sogenannter Jahrespassierschein geschaffen, ein Reisepass, der ein Jahr lang für eine unbegrenzte Anzahl von Fahrten auf einer bestimmen Bahnlinie galt (Komlosy 2003:317). In den Staaten des Deutschen Bundes ging die Abschaffung der Binnenpässe mit Passkartenverträgen von 1850 und 1865 einher, die zur Herausbildung von gemeinsamen Reiseräumen führte. Es war nur ein kleiner Schritt von der gegenseitigen Akzeptanz von Reisepässen bis zur generellen Aufhebung der Passpflicht auf dem Gebiet der Passunion bzw. – nach 1871 – des Deutschen Reiches (Torpey 2000:75–88). Die Schweiz setzte die Passpflicht 1862 außer Kraft (ebd.:76).

Die Freizügigkeit der Bewegung wurde zu einem Grundrecht, das in den Verfassungen festgeschrieben wurde: sie bezog sich sowohl auf Binnen- und auf Auslandsreisen. Ein Recht auf dauerhaften Aufenthalt ergab sich aus der

Reisefreiheit nicht: Unerwünschte Fremde konnten abgeschoben werden. In Österreich-Ungarn, wo die öffentliche Armenhilfe weiterhin an das Heimatrecht gebunden war, wurden Staatsbürger, die am Aufenthaltsort kein Heimatrecht besaßen, im Verarmungsfall in ihre Heimatgemeinde abgeschoben. Sie galten als fremd. Das Heimatrecht erlaubte es, die Zuwanderung – und indirekt auch das Wohlverhalten am Arbeitsplatz und in der Öffentlichkeit – auch ohne Binnenpässe zu regulieren (Komlosy 2003:99ff). In den meisten westeuropäischen Staaten sowie im Deutschen Kaiserreich war die Armenversorgung seit Mitte des 19. Jahrhunderts vom Heimat- auf das Wohnsitzprinzip umgestellt worden, sodass Zugewanderte bei Bedarf vor Ort versorgt und nicht mehr in ihre Heimatgemeinde abgeschoben wurden. Abschiebungen betrafen damit nur mehr Staatsfremde, die im Land keinen Anspruch auf Armenhilfe hatten (Komlosy 2006:94ff).

Die staatspolitische Separierung des österreichischen Kaiserreichs vom ehemaligen Heiligen Römischen Reich hatte zur Folge, dass sich auch die Wanderungsströme in den Grenzen der neuen Staaten entfalteten. Dies bedeutete, dass das Wanderungsgeschehen zwischen österreichischen Ländern und deutschen Staaten, das bis dahin die höchste Intensität aufwies, zurückging, während die Zuwanderung in die böhmischen und österreichischen Städte und Industrieregionen sich in Hinkunft vor allem aus böhmischen und alpenländischen MigrantInnen speiste (Weigl 2000:131ff). Deutsche Industriereviere, etwa die Gruben und Eisenwerke des Ruhrgebiets, griffen neben Zuwandernden aus ländlichen deutschen Regionen vor allem auf PolInnen aus dem an Deutschland angeschlossenen polnischen Teilungsgebiet zurück (Conrad 2006:127f; von Saldern 1996:107).

Zwischen einigen west- und zentraleuropäischen Staaten bildeten sich nach dem Wegfall der Binnenpässe sehr schnell gemeinsame Reiseräume heraus, die die Passkontrollen an ihren Staatsgrenzen aussetzten. Die europäische Passunion umfasste das Deutsche Reich, Großbritannien, Frankreich, Belgien, Luxemburg, die Niederlande und Italien (Torpey 2003:82). Stefan Zweig brachte seine persönliche Erinnerung an diese Zeit kurz vor seinem Freitod 1942 im brasilianischen Exil zu Papier. Seine Nostalgie speiste sich nicht zuletzt aus dem Kontrast mit den leidvollen Erfahrungen, die er und andere Flüchtlinge und Vertriebene des Nationalsozialismus später mit Visa-, Einreise- und Kontrollbestimmungen gemacht hatten:

> »Vor 1914 hatte die Erde allen Menschen gehört. Jeder ging, wohin er wollte und blieb, solange er wollte (…) Ich ergötzte mich immer

> wieder neu an dem Erstaunen junger Menschen, sobald ich ihnen erzählte, daß ich vor 1914 nach Indien und Amerika reiste, ohne einen Paß zu besitzen oder überhaupt je gesehen zu haben. Man stieg ein und aus, ohne zu fragen und gefragt zu werden, man hatte nicht ein einziges von den hundert Papieren auszufüllen, die heute abgefordert werden. Es gab keine Permits, keine Visen, keine Belästigungen; dieselben Grenzen, die heute von Zollbeamten, Polizei, Gendarmerieposten dank des pathologischen Mißtrauens aller gegen alle in einen Drahtverhau verwandelt sind, bedeuteten nichts als symbolische Linien, die man ebenso sorglos überschritt wie den Meridian in Greenwich.« (Zweig 1975:294)

Diese Erleichterung für westliche Bürger ging mit der Verstärkung der Außengrenzen gegenüber Russland, dem Osmanischen Reich und dessen Nachfolgestaaten in Südosteuropa einher. Andreas Fahrmeir hat zudem die Klassengrenzen herausgearbeitet, die das freie Reisen nur für eine kleine Schicht von Europäern erschwinglich machte (Fahrmeir 2008; vgl. auch Komlosy 2011:88). Auch die kolonialen Untertanen der europäischen Staaten waren aus dem gemeinsamen Reiseraum ausgeschlossen, was Stefan Zweig völlig entging.

Die massenhafte Überseewanderung setzte in den 1870er-Jahren ein. Eine Vorhut bildeten die politischen Flüchtlinge der 1848er-Revolutionen, die nach der Restauration aus Ungarn, den österreichischen Ländern und den deutschen Staaten in den USA Zuflucht fanden (Hahn 2006). Die Massenauswanderung im letzten Drittel des 19. Jahrhunderts erfolgte indes aus wirtschaftlichen Gründen. Sie resultierte aus der Agrarkrise, die die Bauern in sämtlichen europäischen Staaten stark unter Druck setzte, einerseits durch die Verschuldung, die aus der im Gefolge von 1848 realisierten Abschaffung von Leibeigenschaft und Untertänigkeit entstand, andererseits durch die geringere Nachfrage nach temporären Arbeitskräften aufgrund der Mechanisierung der großen Güter. Die Binnenwanderung reichte in kinderreichen Familien nicht mehr aus, für alle ein Auskommen zu finden. Dazu kam die Konkurrenz des billigeren Getreides aus Übersee, wo umgekehrt Nachfrage nach LandarbeiterInnen und SiedlerInnen entstand. Sobald in dieser Situation die Auswanderung legal und erschwinglich wurde, setzte die Zeit der großen Überseewanderung ein. Betroffen waren davon vor allem ländliche Regionen in Irland, Italien, Russland, Österreich-Ungarn und in den südosteuropäischen Nachfolgestaaten des Osmanischen Reiches am Balkan (Brunnbauer 2016; Steidl u. a. 2017). Innerhalb Österreich-Ungarns, wo das Auswanderungsverbot 1867 fiel, waren insbesondere die nicht-deutschsprachigen Regionen von der Überseewanderung erfasst. Tschechische MigrantInnen aus den böhmischen Ländern hatten schon seit der ersten Hälfte des 19. Jahrhunderts Wien und österreichische Industriezentren als Ziele der Binnenwanderung erkoren, die eine Kette des Nachzugs eröffnete. Die Netzwerke der Wiener Tschechen machten es späteren MigrantInnen aus anderen Kronländern schwer, sich im Zentrum der Monarchie zu verankern. Sie wandten sich daher einerseits anderen europäischen Agrarregionen zu, etwa der ostelbischen Landwirtschaft, die jedes Jahr Hunderttausende SaisonarbeiterInnen aus Galizien beschäftigte, oder der Auswanderung nach Übersee (Komlosy 2003:177).

Seitens der Einwanderungsländer bestand hohe Nachfrage nach ArbeitsmigrantInnen und SiedlerInnen. Zwischen westeuropäischen Staaten herrschte regelrechte Konkurrenz um Saisonarbeitskräfte für die Landwirtschaft sowie DienstbotInnen und Facharbeiter für die Industrie (Olsson 1996). Für die USA war der Zuzug europäischer Einwanderer die Voraussetzung zur Erschließung und Besiedlung der *frontier*. Darüber hinaus brauchte die rasante Industrialisierung, deren Tempo im letzten Drittel des 19. Jahrhunderts Großbritannien in den Schatten stellte, die Zufuhr von Arbeitskräften. Zunächst mit offenen Armen, bald jedoch mit Hilfe eines ausgeklügelten Einwanderungsmanagements wurden zwischen 1870 und 1914 ca. 35 Millionen europäische Auswandernde in den USA aufgenommen (Bacci 2015: Tab. 4; Bade 2000:142f). Über Aufnahmezentren wie Ellis Island, das durch seine Insellage die Isolierung und Kasernierung der Ankommenden erleichterte, wurde Herkunft, Gesundheit und politische Verlässlichkeit überprüft. Dabei verschob sich die Herkunft der MigrantInnen von West- und Nordeuropa nach Ost,- Südost- und Südeuropa, wobei Juden und Jüdinnen eine besondere Bedeutung erlangten (Brinkmann 2013). Kanada, Argentinien und Brasilien warben ihrerseits um Zuwandernde und hießen europäische SiedlerInnen willkommen.

Die Amerikawanderung stellte die europäischen Transitstaaten vor eine besondere Herausforderung. Neben Frankreich, Belgien und den Niederlanden war dies insbesondere Deutschland mit den Hafenstädten Hamburg und Bremen. Aus der massenhaften Durchreise ergaben sich zahlreiche Verdienstmöglichkeiten in der Versorgung, Beherbergung, Ausrüstung und Beratung der Auswandernden aus Russland, Galizien und der Bukowina, die von den Anforderungen ihrer großen Reise oftmals überfordert waren. Die kurzfristig auch von Deutschland gegenüber russischen Reisenden ausgesetzte Passkontrolle und Visapflicht wurde 1879 mit dem Argument der Seuchengefahr wieder eingeführt (Brinkmann 2010; Wüstenbecker 2003:227).

Deutsche, britische und niederländische Schifffahrtsgesellschaften konkurrierten um das Geschäft im Auswanderertransport. Sie entsandten ihre Agenten in die Herkunftsregionen und warben um den Zuschlag. In Österreich-Ungarn war die Auswanderung zwar legalisiert worden, die Anwerbung jedoch strafbar, weil die Auswanderung nicht so sehr als Entlastung, sondern als Verlust von Humankapital angesehen wurde; vor allem die Anwerbung von jungen Frauen als Prostituierte wurde als Gefahr angesehen, und es kam zu einer Reihe von Skandalen und Prozessen, in die Mädchenhändler und Angehörige verschiedener Auswanderungsagenturen und Hilfsvereine verwickelt waren (Janik-Freis 2016). Die Schifffahrtsgesellschaften standen nicht nur unter der behördlichen Aufmerksamkeit der Entsendestaaten. Auch die USA bedienten sich ihrer zur Vorselektion der Auswandernden. Entsprachen die Ankommenden den Kriterien der US-Einreisebehörden nicht, waren die Schifffahrtsgesellschaften verpflichtet, sie auf ihre Kosten wieder zurückzutransportieren (Karlsberg 1922:14).

Die Passagiere reisten entsprechend ihrer Kaufkraft in drei Klassen, was sich in der Abwicklung des Transits und der Unterbringung am Schiff niederschlug. Während die erste und die zweite Klasse relativ unbürokratisch die Einreisekontrolle nach Deutschland und die Kontrollen vor Betreten des Dampfers hinter sich brachten, musste die Masse der Reisenden, die sich nur einen Zwischendeckplatzleisten konnte, eine komplizierte Prozedur über sich ergehen lassen. Dies verschärfte sich, als 1892 in Hamburg eine Cholera-Epidemie ausbrach. Als Reaktion darauf setzte sich der Hamburger Senat für die Schließung der deutsch-russischen Grenzen für Personen ein, die über kein oder nur ein Dritte-Klasse-Schifffahrtsticket verfügten. Den beiden großen Schifffahrtslinien, HAPAG und Lloyd, die um ihre Passagiere bangten, gelang im Verein mit der Preußischen Regierung eine bis zum Ersten Weltkrieg beibehaltene Kompromisslösung: Sie errichteten an der preußisch-russischen Grenze fünf Grenzkontrollstationen, wo Emigranten dritter Klasse Gesundheitsuntersuchungen und Desinfektionen unterzogen wurden, bevor sie in geschlossenen Transporten in eine zentrale Kontrollstation in Ruhleben bei Berlin befördert wurden. Damit übernahmen die Schifffahrtslinien bei der Selektion und Kontrolle der Einreisenden quasi hoheitliche Agenden. Aufgenommen wurden nur die Passagiere der beiden deutschen Unternehmen, was diesen de facto einen Monopolstatus für die russische Übersee-Emigration verschaffte. Reisenden ohne Schifffahrtstickets, die nicht über ausreichende finanzielle Mittel, Einladungen oder Arbeitsgenehmigungen verfügten, blieb die Einreise nach Deutschland auf diese Art und Weise verwehrt (Brinkmann 2010; Wüstenbecker 2003:229).

Aus den routinemäßigen Kontrollen von Pässen, Reisedokumenten und Bargeldguthaben entwickelte sich mit der Einrichtung der Registrierstationen ein regelrechtes Transitmanagement und Transitgeschäft. Dasselbe wiederholte sich in den Quarantänebaracken in Hamburg, in Bremerhaven, in Amsterdam oder Rotterdam unter der Ägide deutscher bzw. niederländischer Behörden und Auswanderungsgesellschaften. Nach der Ankunft übernahm die amerikanische Einwanderungsbehörde das Kommando.

Der Erste Weltkrieg brachte sowohl das Auswanderungsgeschehen als auch das passlose Reisen innerhalb der europäischen Passunion schlagartig zum Erliegen. Die Mobilisierung der Massen konzentrierte sich nun – fein nach Staatsangehörigkeit geordnet – auf die Einberufung in die Armeen, Rüstungsindustrien und kriegswichtigen Betriebe, wo im Zuge des Arbeitskräftemangels zunehmend Frauen, Dienstverpflichtete sowie Kriegsgefangene zum Einsatz kamen. Soldaten aus den Kolonien, die gemeinsam mit jenen aus den Mutterländern zum Einsatz kamen, erlebten – sofern sie überlebten – eine Aufhebung der Zugangsbarrieren – eine Erfahrung, die ihre späteren Forderungen nach nationaler Selbstbestimmung unterstützte (Reinwald 2005).

Nach dem Ersten Weltkrieg blieb der Nationalstaat der Bezugspunkt für Pass- und Migrationskontrolle. Ein Wiederaufleben der Passunionen stand nicht zur Debatte. Aufbruchsstimmung herrschte lediglich in den neuen Staaten, die aus dem Zerfall der Reiche hervorgegangen waren: Sie setzten auf maximale Gebietszuerkennung, was massive Grenzkonflikte untereinander sowie mit den ehemaligen Mutterländern hervorrief, die wiederum Krieg, Vertreibung und Umsiedlung zur Folge hatten und den Einfluss der Großmächte neu ordneten. In der Bevölkerungspolitik setzten die jungen Nationalstaaten nicht zuletzt auf die Repatriierung ihrer Minderheiten bzw. durch Abwanderung verlorenen Bürger und warben um deren Einsatz im Aufbau des neuen Staates. Die Tschechoslowakei konnte nach 1918 etwa 150 000 TschechInnen aus Österreich zur Rückkehr bzw. zum Staatsbürgerschaftswechsel motivieren (Weigl 2000:134). Der Umgang mit Nationalitäten, die sich im Gefolge der Neuordnung in einem Staat mit anderem Nationalbekenntnis wiederfanden, setzte komplizierte Klärungen von Aufenthaltsrecht, Staatsbürgerschaft und Vermögenstransfer sowie Umsiedlungen in Gang, die für die Betroffenen die Bedeutung des ethno-nationalen Staates unterstützte, auch wenn gerade der Anspruch, die staatlichen mit den Nationalitäten-Grenzen in Übereinstimmung zu bringen, die Konflikte befeuerte (Grandner 1995).

Der europäischen Auswanderung in die USA war durch die Einführung von Einreisequoten ein Riegel vorgeschoben worden. Die Quote orientierte sich an der Zusammensetzung der bereits im Land befindlichen Einwanderer. Während zunächst der Zensus von 1910 herangezogen wurde, berechnete man die Quote 1924 nach dem Zensus von 1890 – ein Zeitpunkt, als die Migration aus Osteuropa noch nicht voll angelaufen war. So war gewährleistet, dass Nord- und WesteuropäerInnen gegenüber OsteuropäerInnen begünstigt waren (Torpey 2000:119). Es setzte eine Wettfahrt der MigrantInnen nach New York ein, um dort anzukommen, solange die Quote noch nicht erschöpft war. Der *Immigration Act* von 1924 setzte diesem Treiben ein Ende, indem der Auswahl- und Einreisecheck in die Konsulate der Auswanderungsländer ausgelagert wurde.

Der nationalstaatliche Bezugsrahmen wurde durch die Weltwirtschaftskrise 1929/1930 weiter verstärkt, zumal die westlichen Großmächte ihre Ambitionen auf freien Welthandel zugunsten eines verstärkten Austauschs mit ihren Kolonialimperien beschränkten. Die jungen Nationalstaaten in Osteuropa, die durch die Kooperation mit britischen und französischen Banken die Abhängigkeit von altösterreichischem und deutschem Einfluss zu vermindern suchten, gaben in dieser Situation dem deutschen Drängen um Anbindung an den deutschen Großraum nach – eine Ausnahme bildete die Tschechoslowakei, die erst durch das Münchner Abkommen vom September 1938 dazu veranlasst wurde (Teichova 1988).

Der Zweite Weltkrieg brachte erneut eine Zwangsmobilisierung an die Fronten und in die Industrie, bei der um geopolitischen Einfluss, Land und Arbeitskräfte konkurriert wurde. Dazu kam bereits im Vorfeld des Krieges die Emigration bzw. Flucht von Juden und Jüdinnen und politisch Verfolgten, die hektische und oft vergebliche Bemühungen um Aufnahme in sicheren Drittstaaten nach sich zog. Einen exzessiven Höhepunkt erreichte die Zwangsbewirtschaftung von Arbeitskräften im NS-System. Die Arbeitskräfte, die dem Arbeitsmarkt durch Internierung, Vertreibung und Vernichtung von Unerwünschten sowie den Kriegsdienst entzogen wurden, wurden durch allgemeinen Arbeitsdienst, Anwerbung und Zwangsverpflichtung von ausländischen Zivilarbeitskräften sowie den Einsatz von KZ-Häftlingen und Kriegsgefangenen ersetzt. Mit Fortdauer des Krieges wurde die Mobilisierung durch Zwang verschärft. Insgesamt arbeiteten während des Zweiten Weltkrieges etwa 12 Millionen ausländische Zivilarbeiter und Kriegsgefangene für die deutsche Wirtschaft. Von den 8 Millionen ZivilarbeiterInnen kamen 1,6 Millionen aus Polen und 2,8 Millionen aus der Sowjetunion, von denen mehrere Hunderttausend starben (Nolte 2009:332; Herbert 1985). Die Ausweisdokumente, die für die verschiedenen Typen von Arbeitskräften entwickelt wurden, um

Kategorie, Bewegungsspielraum, Einsatzgebiet und zukünftiges Schicksal festzulegen, haben in dieser Zeit eine enorme Variationsbreite erfahren. Nach Kriegsende wurden noch im Jahr 1945 über 5 Millionen »Ostarbeiter« und Kriegsgefangene in die Sowjetunion zurücktransportiert. Andere schlugen sich als *displaced persons* durch. Zur gleichen Zeit waren die großen Bevölkerungsverschiebungen im Gefolge von Grenzverschiebungen sowie Flucht, Vertreibung und Umsiedlung von Deutschen, Ungarn und Polen im Gange.

Personenverkehr in Zeiten des Kalten Krieges (1947–1989)

Die gegenseitige Abschottung des westlichen und des staatssozialistischen Bündnisses, die die Kooperation der Kriegsalliierten USA, Großbritannien und Frankreich auf der einen sowie der UDSSR auf der anderen Seite seit 1947 ablöste, leitete in Europa und in der Welt die Periode des Kalten Krieges ein. Von westlicher Wiederaufbauhilfe und Sicherheitsarchitektur ausgeschlossen, nahmen die realsozialistischen Staaten den Wiederaufbau und die nachholende Entwicklung unter protektionistischen Vorzeichen selbst in Angriff. Dabei schützten sie nicht nur ihre Märkte vor westlicher Konkurrenz, sondern erließen Reise- und Auswanderungsverbote für ihre BürgerInnen. Sie wussten, dass aufgrund des West-Ost-Gefälles im Lohn- und Lebensniveau eine große Zahl an Menschen die sozialistischen Länder in Richtung Westen verlassen würden. Der Exodus von Ost- nach Westberlin in den 1950er-Jahren bestätigte die Furcht – als Antwort wurde die Berliner Mauer hochgezogen. Eine derartige Einschränkung verstieß klar gegen das Recht auf Freizügigkeit, dem auch die sozialistischen Staaten in der Allgemeinen Erklärung der Menschenrechte (1948) zugestimmt hatten. Die Menschenrechtserklärung hatte freilich ein Manko, beschränkte sie sich doch auf politische Rechte, während soziale und ökonomische Rechte wie das Recht auf Erwerbsarbeit, Wohnung und soziale Sicherheit keinen Eingang in das Dokument fanden. Ohne soziale Rechte und ohne den Kontext der ökonomischen Kräfteverhältnisse zwischen dem entwickelten Westen und den von Entwicklungsstand, Kriegszerstörungen und Handelsembargo benachteiligten osteuropäischen Staaten wirkten die Menschenrechte als ein Instrument des Westens, den Systemgegensatz mit den Ostblockstaaten auszutragen.

Eine direkte politische Einmischung in die realsozialistische Sphäre war aufgrund des Eisernen Vorhangs nicht möglich: Dieser gab den realsozialistischen Anrainerstaaten und ihrer Schutzmacht, der Sowjetunion, ein Instrument in die Hand, Handel, Kapital- und Reiseverkehr zu unterbinden bzw. ihrer Logik zu unterstellen. Indirekt stellte die Handhabung von Asylrecht und Flüchtlingsaufnahme, mit dem kapitalistische Staaten Ausreisewilligen eine Perspektive im Westen eröffneten, eine Ermunterung zur Flucht dar, die im Normalfall jedoch die wenigsten wünschten und wagten. Zum Tragen kam dieses Ventil vor allem bei den großen Fluchtbewegungen im Gefolge der Niederschlagung des ungarischen Aufstands 1956, des Prager Frühlings 1968 sowie bei der Aufnahme individueller Flüchtlinge oder verhandelter Gruppenübersiedlungen (z. B. sowjetische Juden, Russland- und Rumäniendeutsche). Es gab jedoch auch individuelle Versuche, die Sperranlagen des Eisernen Vorhangs zu überwinden. Je nach Berechnungsmethode fanden dabei 270 bis 1000 Menschen an der deutsch-deutschen sowie rund 390 Menschen an der Grenze der Tschechoslowakei mit Österreich und der BRD den Tod.

Der Mechanismus des Eisernen Vorhangs stellte eine Sonderform von Grenze dar (Komlosy 1999). Von wenigen Begegnungsformen abgesehen (Sport-, Kultur- Wissenschaftskontakte, organisierter Tourismus, Verwandtenbesuche), gab es in den 1950er- und 1960er-Jahren keinen Reiseverkehr und keine Arbeitsmigration zwischen West und Ost. Dies lockerte sich seit den 1970er-Jahren, als mit manchen Ost-Staaten auch Handel, Kreditvergabe und Unternehmenskooperation stattfanden. Das Niveau des Personenverkehrs blieb jedoch sehr niedrig, nicht zuletzt deshalb, weil die staatssozialistischen Staaten für eine Reise in den Westen einen dazu bestimmten Reisepass, ein Ausreisevisum sowie eine Devisenzuteilung zur Voraussetzung machten – eine Bedingung, die für Reisende aus dem Westen wegfiel, sodass Individualreisen in RGW-Staaten häufiger wurden.

Abgesehen von diesen kleinen Öffnungen spielte sich der Personenverkehr im politischen Westen und im politischen Osten in zwei getrennten Verkehrsräumen ab. Nachdem sich die Verhältnisse nach dem Krieg normalisiert hatten, reiste man in Westeuropa visumfrei mit einem Reisepass, der an den Staatsgrenzen kontrolliert wurde. Arbeitsmigration erforderte Visum und Arbeitserlaubnis; Asyl wurde im Sinne einer politischen Parteinahme für Flüchtlinge aus dem Staatssozialismus gehandhabt; auch außereuropäische Staatsangehörige wurden in der Regel nur dann aufgenommen, wenn gegenüber ihrem Staat keine westlichen Bündnisverpflichtungen zu berücksichtigen waren. Der Auslandstourismus verwandelte sich von einem Luxus, den sich in den Nachkriegsjahrzehnten nur Gutverdienende leisten konnten, zu einem Massenkonsumgut. Dabei konzentrierten sich die Urlaubsreisen auf wenige Regionen am Meer, die mit Bahn, Bus oder PKW erreichbar waren, bis in den 1980er-Jahren auch Flugreisen für breitere Bevölkerungskreise leistbar wurden.

Die großen Migrationsbewegungen waren in Deutschland und Österreich in den Jahren 1945 bis 1950 durch die Aufnahme der Heimatvertriebenen aus der Tschechoslowakei, Polen und Ungarn und die Rückkehr der unter dem NS-Regime politisch und rassisch verfolgten EmigrantInnen geprägt. 1960 bis 1973 stand in allen entwickelten westlichen Staaten im Zeichen der Gastarbeiteranwerbung: im Fall der ehemaligen Kolonialmächte kamen diese aus dem Gebiet der afrikanischen, asiatischen und karibischen Kolonien; in Zentraleuropa waren die traditionellen osteuropäischen Bezugsregionen für Arbeitsmigration durch den Eisernen Vorhang blockiert, weshalb hier vor allem MigrantInnen aus Italien, Spanien, Jugoslawien und der Türkei mobilisiert wurden. 1973 wurde ein Aufnahmestopp beschlossen, die GastarbeiterInnen teilweise zurückgeschickt und die weitere Zuwanderung durch ein Quotensystem und ein Inländerprimat eingeschränkt (Bade 2000:320; Herbert 1986:188). In Österreich markierte das Ausländerbeschäftigungsgesetz 1975 den Übergang von der Massenanwerbung zur Regulierung (Parnreiter 1994:170f).

Im Gegensatz zum Westen verlief der internationale Reiseverkehr im politischen Osten in stärker gelenkten Bahnen (Schultz 2001). Ein Massenphänomen war es trotzdem. Teilnehmer waren StudentInnen und Arbeitskräfte, die in anderen RGW-Staaten Studium, Ausbildung und Training absolvierten. Aufgrund der Größenverhältnisse und der politischen Rangordnung war die Sowjetunion das größte Aufnahmeland für Reisende, Studierende und temporäre MigrantInnen aus den kleineren europäischen RGW-Staaten. Innerhalb der UDSSR überwog die Binnenmigration: neben der freiwilligen Arbeitsmigration zur Erschließung und Besiedlung rohstoffreicher nordischer und sibirischer Regionen gab es hier auch das System der Arbeitslager, das politische Gefangene für solche Projekte als ZwangsarbeiterInnen einsetzte. Solange es Kriegsgefangenen-Lager gab, wurden auch diese für schwere Arbeiten eingesetzt. Urlaub gehörte nach Ende der Jahre des Wiederaufbaus und der forcierten Industrialisierung zu den besonderen betrieblichen Sozialleistungen, die je nach Status und Leistung in Wohnheimen und Ferienkolonien vergeben wurden; die Ostsee, die russischen, rumänischen und bulgarischen Schwarzmeerküsten waren dicht mit Ferienheimen ausgestattet, die den BewohnerInnen der Binnenregionen für den Sozialtourismus zur Verfügung standen. Seit den 1970er-Jahren fanden auch individuelle Urlaubsreisen statt; außerhalb des RGW stellte Jugoslawien eine beliebte Destination für Reisende aus der DDR, der ČSSR und Ungarn dar. Asyl für Verfolgte, die spiegelbildlich wie im Westen nach politischen Kriterien aufgenommen wurden (z.B. im griechischen Bürgerkrieg verfolgte KommunistInnen und ihre Kinder), ebenso wie der Austausch mit verbündeten Entwicklungsländern brachte auch eine Vielzahl von nichteuropäischen StudentInnen und Arbeitskräften in die RGW-Staaten sowie osteuropäische EntwicklungsexpertInnen in die »Dritte Welt« (Burton 2017; Unfried 2017).

Ein dem Westen vergleichbares Gastarbeiter-System zwischen Zentrums- und Peripherieländern gab es im politischen Osten nicht. Arbeitskräfte wanderten vor allem, um temporär Ausbildung und Training zu bekommen, nicht aber zur regelmäßigen Einkommensergänzung in ein Land mit höherem Lohnniveau.

Als in den ostdeutschen Städten entlang der Oder von Guben/Gubin bis Görlitz/Zgorzelec, die seit den 1950er-Jahren eine rasante Industrialisierung erlebten, in den 1970er-Jahren Arbeitskräftemangel auftrat, wurden polnische ArbeiterInnen angeheuert. Da es keinen freien Arbeitsmarkt gab, bedurfte es der zwischenstaatlichen Vereinbarung eines solchen Arbeitskräftetransfers. Die Genehmigungen bezogen sich auf bestimmte Betriebe und waren von beschränkter Dauer (Schultz/Nothnagle 1996; Stokłosa 2003). Bei der Lieferung von Anlagen, Maschinen und Industrieerzeugnissen an sozialistische Entwicklungsländer akzeptiert man im Gegenzug Arbeitskontingente, die von entsandten Arbeitskräften über einen bestimmten Zeitraum hinweg tätig waren. So kamen vietnamesische, kubanische, angolanische u. a. KontraktarbeiterInnen in die europäischen RGW-Staaten. Eine dauerhafte Integration war nicht vorgesehen und passierte erst, als sich diese nach dem Zusammenbruch des RGW teilweise um eine ständige Aufenthaltsgenehmigung bemühten (Roesler 2012).

Zentrale Unterschiede in der Arbeitsmigration und im Reiseverkehr bestanden darin, dass im Westen der Marktmechanismus wirkte, während im Osten Arbeitskräfte und Ferienplätze durch ein politisches Zuteilungssystem vermittelt wurden. Das Gastarbeiterregime der 1960er-Jahre wies allerdings gewissen Ähnlichkeiten mit der Arbeitskräftebewirtschaftung im Staatssozialismus auf. Was Ost und West ebenfalls gemeinsam hatten, war die Migration vom Land in die Stadt, die Bildungsmigration sowie der selektive Umgang mit Asyl als Instrument im Kalten Krieg. All dies erfolgte in weitgehend getrennten Migrationskreisen, die lediglich über Diplomatie, Bildungs- und Kulturreisen sowie Flucht und Asyl miteinander verbunden waren.

Als der Eiserne Vorhang 1989 fiel und die Lohndifferenz einen unkontrollierten Schwarzmarkt hervorzubringen drohte, ersetzten westliche Nachbarn die Reisebeschränkungen und Kontrollen des obsolet gewordenen Eisernen Vorhangs durch eigene Maßnahmen. Entlang der deutschen und österreichischen

Grenzen wurde militärische Assistenz zur Eindämmung illegaler Übertritte eingeführt und die lokale Bevölkerung zur Kooperation in der Grenzüberwachung aufgerufen (Pudlat 2009:294). Österreich etwa, das die Visapflicht für über Ungarn ausreisende DDR-BürgerInnen im Sommer 1989 noch außer Kraft gesetzt hatte, kehrte nach dem Fall des Eisernen Vorhangs für Polen, Rumänen und Bulgaren zur Sichtvermerkpflicht zurück (Komlosy 2001:77).

Schengen: Festung Europa (1985–2015)

Der gemeinsame Binnenreiseraum, der mit dem Kürzel »Schengen« angesprochen wird, entstand als ein zwischenstaatliches Projekt einer kleinen Gruppen von Staaten (Benelux, Frankreich, Deutschland), die im luxemburgischen Ort Schengen das Schengener Regierungsübereinkommen schlossen, das den Abbau der Grenzkontrollen zwischen diesen Staaten vorsah. Es wurde 1990 zum Schengener Durchführungsabkommen (SDÜ), das 1993 in Kraft trat und das mit Ausnahme von Großbritannien und Irland sämtliche damaligen EU-Mitgliedsstaaten (mit einer Sonderbestimmung für Dänemark) unterzeichneten. Im Vertrag von Amsterdam (1997, in Kraft seit 1999), der die Gemeinsame Außen- und Sicherheitspolitik (GASP) in den EU-Vertrag aufnahm, wurde das Schengener Vertragswerk als Teil der »polizeilichen und justiziellen Zusammenarbeit« in den EU-Rechtsrahmen eingegliedert (Komlosy 2011:96; Mrozek 2013; Kunnert 2009:222f).

Die Erweiterungsrunden der Europäischen Union in den Jahren 1995, 2004, 2007 und 2013 waren nicht unmittelbar mit der Aufnahme der neuen Mitglieder in den Schengen-Vertrag verbunden, sondern erst in dem Maße, wie die einzelnen Staaten ihre Überwachungstechnologien dem Schengener Informationssystem (SIS) angepasst hatten. So gehören im Jahr 2018 neben Großbritannien und Irland auch Zypern, Rumänien, Bulgarien und Kroatien nicht zum Schengen-Raum. Dem Schengener Abkommen gehören weiter Island und Norwegen an, die keine EU-Mitglieder sind, mit Dänemark, Finnland und Schweden jedoch die Nordische Passunion bilden. Die Schweiz und Liechtenstein übernahmen das Schengener Informationssystem, die gemeinsame Kontrolle und den Datenaustausch an der Außengrenze der Teilnehmerstaaten, 2008 im Rahmen der mit der Europäischen Union abgeschlossenen Bilateralen Verträge II.

Die Europäische Union verfügt somit über eine mehrfache Außengrenze: Diese verläuft einerseits entlang der Grenzen der Mitgliedsstaaten. Ein engerer Kreis dieser Mitglieder bildet mit einigen Drittstaaten eine Sicherheitsgemeinschaft, die die gemeinsame Überwachung ihrer Außengrenze betreibt.

Ein weiterer *cordon sanitaire* entsteht durch die Kooperation mit Nachbarstaaten, die für die Union vorgelagerten Grenzschutz durch Personenkontrolle, Visa-Abwicklung, Flüchtlingsregistrierung und -rückführung erfüllen. Solange die neuen Mitglieder der Erweiterungsrunde 2004 noch nicht dem Schengen-Vertrag beigetreten waren, nahmen sie diesen Sicherheitscheck für Einreisende in die Schengen-Staaten an ihren Grenzen, aber auch in Eisenbahnen, auf Flughäfen und Straßen vor: Überprüfung der Pässe, der Visa, der Rückfahrkarten und der Bargeldguthaben, die die Voraussetzung für eine Einreise in den Schengen-Raum als Tourist darstellen (Kaufmann 2006). Mit ihrem Schengen-Beitritt verlagerte sich diese Aufgabe in Osteuropa vor allem auf die Nicht-Schengen-Mitglieder Rumänien und Bulgarien, im Mittelmeerraum auf Libyen (bis zur Zerstörung des Staates im Jahr 2011) und Marokko als willige Partner bei der Vorkontrolle der Reisenden und Asylsuchenden (Jakob/Schlindwein 2017). Dabei bedient sich die Europäische Union z. B. in Marokko privater Unternehmen, die die Abwicklung der Einreisekontrollen vor Ort übernehmen. Eine Studie zeigt auf, dass es immer die selben Agenturen sind, die im Auftrag westlicher Staaten ausgelagerten Grenzschutz betreiben (Infantino 2016). Dabei werden hoheitliche Aufgaben auf private Dienstleister übertragen.

Seit 2005 koordiniert eine von allen EU-Staaten beschickte Agentur für Grenzschutz (Frontex) mit Sitz in Warschau die Zusammenarbeit der nationalen Grenzschutzaktivitäten, Risikoanalyse, Ausbildung, operative Einsätze sowie die Kooperation mit den Vorfeldstaaten. Seit 2007 stehen Frontex-Soforteinsatzteams (*Rapid Border Intervention Teams*, RABIT) zur Verfügung, sie stehen unter der Leitung jenes Staates, in dem der Einsatz stattfindet (Pflüger 2008). Frontex-Jahresbudget, Zahl der Einsatzfälle und Mitarbeiter haben sich zwischen 2006 und 2015 verzehnfacht. Mit den Operationen »Triton« (2014) und »Sophia« (2015) wurden EU-Marineeinsätze zur Überwachung der Seegrenzen über das Hoheitsgebiet der Mitgliedsstaaten hinaus autorisiert. Anlässlich der Schwierigkeiten der griechischen Behörden, den Flüchtlingsandrang im Herbst 2015 zu bewältigen, wurde 2016 die EU-Grenz- und Küstenwache geschaffen: eine Interventionsklausel ermächtigt diese, unter Umständen auch gegen den Willen eines Mitglieds einzugreifen – eine umstrittene Regelung, die im Fall Griechenland deshalb nicht zum Konflikt führte, weil die Regierung dem Einsatz in griechischen Gewässern zustimmte (Mrozek 2016:153–156).

Die Hochrüstung und Militarisierung der EU-Außengrenze verlangt einen hohen Blutzoll. Bei den Todesursachen wird zwischen Ertrinken, Ersticken in

Containern, Erfrieren im Frachtraum, Unfall, Erschöpfung, Hitze und Minen, Selbstmord, unterlassener Hilfeleistung und Gewaltanwendung von Ordnungskräften unterschieden. Auf den Kanarischen Inseln und an den strategischen Meerengen im Mittelmeerraum – Straße von Gibraltar, Libyen–Malta, Straße von Otranto und in der Ägais – stiegen die Todeszahlen seit Inkrafttreten des Schengener Durchführungsabkommens 1994 kontinuierlich an. Die Gründung von Frontex und die Verlagerung der Kontrolle in nordafrikanische Staaten brachte erneute eine Zunahme (*Atlas der Globalisierung* 2011:51). Die Zahl der beim Versuch, die EU-Außengrenze zu überwinden, zu Tode Gekommenen, wird für den Zeitraum von 2000 bis 2013 auf 23 000 geschätzt, davon 3840 im Mittelmeer Ertrunkene (https://www.proasyl.de/news/neue-schaetzung-mindestens-23-000-tote-fluechtlinge-seit-dem-jahr-2000, 31. Dezember 2017) – eine alarmierende Opferbilanz beim Bemühen, den »Raum der Freiheit, der Sicherheit und des Rechts« zu erreichen. Danach stieg die Opferzahl stark an. Von 2014 bis 2017 wurden weitere 15 327 Tote im Mittelmeer gemeldet, die unbekannt Verstorbenen nicht mitgerechnet (https://missingmigrants.iom.int, 31. Dezember 2017). Während sich der Schwerpunkt der Fluchtbewegung 2015/2016 auf das östliche Mittelmeer und die Balkanroute verschoben hatte, rückten im Jahr 2016 die älteren Routen von Afrika nordwärts wieder in den Vordergrund.

Im Schengen-Binnenraum verpflichtet der Schengen-Vertrag die Mitglieder zum Aussetzen der Grenzkontrollen im zwischenstaatlichen Reiseverkehr. »Die Binnengrenzen dürfen an jeder Stelle ohne Personenkontrollen überschritten werden«, hieß es im SDÜ 1990. Dies hindert die Staaten nicht daran, die Kontrolle in Ausnahmesituationen zu reaktivieren, etwa wenn politische Großereignisse, Sportveranstaltungen oder sonstige als Gefahren für die Sicherheit eingestufte Ereignisse ein »Aussetzen der Kontrollfreiheit« angebracht erscheinen lassen. Nicht nur zu diesen Anlässen können für spezifische Zielgruppen, z. B. als gefährlich angesehene PolitaktivistInnen oder »Fußballrowdies«, Kontrollen oder Reisebeschränkungen verhängt sowie gezielte Personen- und Fahrzeugkontrollen in Grenzzonen vorgenommen werden. Der Flüchtlingsandrang im Herbst 2015 war der bisher größte Anlassfall, der das Schengener Vertragswerk in seiner bisherigen Form zusammenbrechen ließ.

Die Staatsgrenze bleibt auch dann, wenn sie nicht regelmäßig kontrolliert wird, die Linie, die dem Aufenthaltsrecht von Staatsfremden zugrunde liegt. Zwar besteht laut EWG-Vertrag 1957 grundsätzliche Niederlassungsfreiheit für EG/EU-Angehörige, die ihre Lebensinteressen in einen anderen EU-Staat verlegen möchten. Diese gilt allerdings nur unter der Bedingung, dass der oder die

Betreffende über Einkommen oder Unterhalt verfügt, krankenversichert ist und keine Gefahr für Ordnung, Sicherheit und Gesundheit darstellt. Andernfalls riskiert diese Person auch als EU-Angehörige Ausweisung oder – als schärfere Maßnahme im Zusammenhang mit Straftaten oder Verwaltungsübertretungen – Aufenthaltsverbot (Komlosy 2004:113). Die Handhabung differiert allerdings beträchtlich.

Das Nichtdiskriminierungsverbot beim Zugang zu Beschäftigung gewährt EU-Angehörigen Freizügigkeit am Arbeitsmarkt. Ein Staatsangehöriger eines EU-Staates, der in einem andere Mitgliedsstaat arbeitet, ist genauso zu behandeln wie die Staatsangehörigen dieses Staates selbst; dieses Kernstück der EU-Integration ist durch EG-Vertrag (Artikel 39) sowie zahlreiche Verordnungen abgesichert und gilt in der Zwischenzeit auch für den öffentlichen Dienst; ausgenommen sind lediglich gewisse Tätigkeiten mit hoheitlichen Befugnissen. Mit dem Arbeitsverhältnis verbunden ist der Anspruch auf soziale Rechte wie Unfall- und Krankenversorgung, Arbeitslosigkeit und Alterssicherung für ArbeitnehmerInnen und ihre Familienangehörigen. Diese Rechte sind grundsätzlich auch für die Angehörigen eines anderen EU-Staates gültig (EG-Vertrag Artikel 42). Als Maßstab gelten Lohnniveau, Arbeits- und Sozialgesetzgebung des Arbeitsortes. EU-Angehörige genießen dieselben steuerlichen und sozialen Vergünstigungen wie Staatsbürger vor Ort. Begeben sie sich in einen anderen Mitgliedsstaat, können sie – bereits nach einem Beschäftigungstag – Versicherungsvorzeiten ebenso wie Versicherungsleistungen mitnehmen. Ursprünglich für unselbständig Beschäftigte entwickelt, wurden diese Rechte später auf Selbständige, Studierende sowie sämtliche Bürger (mit Versicherungsschutz) während eines vorübergehenden Aufenthaltes in einem anderen EU-Mitgliedsstaat ausgeweitet. Bilaterale Sozialversicherungsabkommen regeln die Anerkennung der Versicherungsleistungen im Detail. Spezielle Regelungen bestehen für PendlerInnen und GrenzgängerInnen (Komlosy 2004:114; http://www.europarl.europa.eu/workingpapers/soci/w16/summary_de.htm, 31. Dezember 2017).

Eine Umgehungsmöglichkeit der einzelnen staatlichen Standards stellt die Entsenderichtlinie von ArbeiterInnen in einen anderen EU-Staat im Rahmen der Dienstleistungsfreiheit dar. Bis 1995 arbeiteten die entsandten Arbeitskräfte zu Tarifen und nach dem Sozialversicherungsrecht des Landes, in dem das entsendende Unternehmen seinen Sitz hatte. 1995 waren in Deutschland beispielsweise 150 000 bis 200 000 Bauarbeiter aus anderen EU-Mitgliedsstaaten, hauptsächlich aus Portugal, Irland und Großbritannien beschäftigt, während 300 000 deutsche Bauarbeiter arbeitslos waren (Kollmeier 2001:22). In der Folge setzte Deutschland – gegen die Stimmen von Großbritannien und

Portugal – die »Entsenderichtlinie« (EG 96/71) durch, nach der der Produktionsort die Bedingungen der Arbeitsleistung bestimmt. Diese Richtlinie sollte verhindern, dass Subunternehmer und Leiharbeitsfirmen die bestehenden Differenzen bei den Arbeitskosten ausnützen können (Komlosy 2004:114). Dies war durch die Richtlinie jedoch keineswegs gewährleistet. Abgesehen von Umgehungsmöglichkeiten und den Schwierigkeiten der Überprüfbarkeit blieb auch bei gleichem Lohn aufgrund der unterschiedlichen Sozialversicherungssysteme eine erhebliche Kostendifferenz bestehen, die das Thema regelmäßig als »Auswüchse« in die Tagespresse bringt.

Eine praktische Einschränkung der Freizügigkeit stellt Arbeitslosigkeit dar. Erworbene Arbeitslosengeldzeiten gelten im Prinzip nur für den Arbeitsort, der Bezug ist an die Verfügbarkeit für den Arbeitsmarkt gebunden, kann also nicht ins Ausland mitgenommen werden. Ein – allerdings schwerfälliges – Schlupfloch bietet die Möglichkeit, das Arbeitslosengeld während der Arbeitsuche in einem anderen EU-Land drei Monate lang dorthin mitzunehmen (ebd.:114). Eine viel fundamentalere Einschränkung stellt die Umgehung der Sozialversicherung durch freie Dienstverträge und Scheinselbständigkeit dar, die keinen oder nur beschränkten Zugang zu sozialen Leistungen eröffnen. Wo kein Anspruch auf Leistungen besteht, kann auch nichts ins Ausland mitgenommen werden. Dies gilt in ganz besonderem Maße für öffentliche Sozialleistungen, die nicht auf einem Beschäftigungsverhältnis und der damit verbundenen Pflichtversicherung beruhen. Sie dienen zur allgemeinen Sicherung des Lebensunterhalts, des Wohnbedarfs und der Krankenhilfe bzw. in besonderen Lebenslagen und werden subsidiär zu sonstigen Zahlungen aus der Sozialversicherung oder Arbeitslosenunterstützung ausbezahlt. Niveau und Anspruchsberechtigung klaffen aufgrund unterschiedlicher nationaler Traditionen und Entwicklungsniveaus in den einzelnen EU-Staaten weit auseinander.

Während in den Agrarstaaten Südeuropas traditionell die Familie im Vordergrund stand, verfügen die west-, zentral- und nordeuropäischen Industriestaaten über differenzierte Systeme, in denen Kommunen und Länder meist eine größere Rolle spielen als der Zentralstaat (Deppe 2001). Dementsprechend variieren die Leistungen und die Anspruchsberechtigung, die grundsätzlich immer nur dann gegeben ist, wenn alle anderen Stricke gerissen sind. Sie gelten dort, wo jemand lebt und können nicht – wie etwa Renten – an einen anderen Ort mitgenommen werden. Diese Regelungen sollen ausschließen, dass jemand in einen anderen EU-Staat übersiedelt, um dort das höhere Niveau der Sozialhilfe in Anspruch zu nehmen. Dies setzt der Mobilität von

SozialhilfebezieherInnen klare nationale Grenzen. Wer allerdings als ausländischer Staatsangehöriger eine bestimmte Zeit lang ein reguläres Beschäftigungsverhältnis in einem EU-Staat hatte, die dem Versicherten und seinen Familienmitgliedern Anspruch auf Leistungen aus der Sozialversicherung gewährt, erwirbt im Bedarfsfall auch im Ausland Anspruch auf Sozialhilfe. So eröffnet sich über die Freizügigkeit am Arbeitsmarkt auch das Tor zur Teilnahme am zweiten sozialen Netz. Inwieweit diese Leistungen auch Familienmitglieder miteinschließen, die im Herkunftsland verblieben sind, ist Gegenstand der politischen Debatte. Die aktuellen Positionen reichen vom Gleichbehandlungsgrundsatz für jeden EU-Angehörigen bis zum Argument, dass Sozialhilfeleistungen an den Ort des Aufenthalts und die dort vorherrschenden Lebenshaltungskosten gebunden sind und daher nicht in andere EU-Staaten transferiert werden können.

Die Reisefreiheit und der Wegfall der Grenzkontrollen ermöglichen es verarmten EU-Bürgern, sich in einem reicheren Staat durch Gelegenheitsarbeiten, private Wohltätigkeit, Betteln oder auch Stehlen durchzubringen. Der Umgang mit diesen Menschen variiert nach Mitgliedsstaat, Gesetzes- und Verwaltungspraxis. Wer sich mittellos und unversorgt im EU-Ausland aufhält, muss jedenfalls – Schengen hin, Schengen her – damit rechnen, in sein Heimatland ausgewiesen oder abgeschoben zu werden.

Für einreisende Drittstaatsangehörige hat ein Visum für einen Schengen-Mitgliedsstaat den großen Vorteil, dass ihm alle anderen Schengen-Staaten ebenfalls offen stehen; diese Schengen-weite Reisefreiheit kann zwar beschränkt werden; solange die Kontrollen ausgesetzt sind, ist dies allerdings nicht überprüfbar. Damit erhöht der gemeinsame Reiseraum die Schwelle für die Visumserteilung.

Die Aufenthalts- und Arbeitsgenehmigung für Nicht-EU-BürgerInnen hat mit der Abkehr von der Gastarbeiteranwerbung und der Quotierung der Arbeitsmigration seit Mitte der 1970er-Jahre eine erste Modifikation erfahren. Aufgrund der fortgesetzten Familienzusammenführung kam es zu keinem Rückgang des Anteils ausländischer Wohnbevölkerung in Deutschland und Österreich. Im Gegenteil: Während der Ausländeranteil an der Beschäftigung nach den Aufnahmestopps 1973/1975 kurzfristig leicht zurückging (1980 BRD 9,1 %, Österreich 6,1 % der unselbständig Beschäftigten), erhöhte sich der Anteil an der Wohnbevölkerung sogar (Herbert 1986:188; Parnreiter 1994:180). Ausländische Arbeitskräfte arbeiteten nun nicht mehr in der Industrie, sondern in Gastronomie, Tourismus, Pflege, Reinigung und im Baugewerbe. Es wurden verstärkt Frauen nachgefragt. Mit dem Fall des Eisernen

Vorhangs veränderte sich die Angebotsstruktur auf dem Arbeitsmarkt: Menschen aus Osteuropa, die von den höheren Verdienstmöglichkeiten im Westen angezogen wurden, stellten vor allem für die Angehörigen der älteren Gastarbeiter-Generation aus Jugoslawien und der Türkei eine neue Konkurrenz dar. Da eine legale Arbeitsbewilligung nur schwer zu bekommen war, kamen OsteuropäerInnen nach Aufhebung der Visa-Bestimmungen als Touristen vor allem nach Deutschland und Österreich und eröffneten einen Unterbietungswettbewerb auf dem Schwarzmarkt.

Aufenthalts- und Ausländerbeschäftigung bedurften einer neuen Regelung. In sämtlichen EU-Staaten setzte eine Flut an Reformen ein, die einen leicht den Überblick verlieren lassen. Am Beispiel Österreich, einem Land in großer räumlicher Nähe und mit alten Verbindungen zu den osteuropäischen Staaten, deren Reaktivierung in der österreichischen Außenpolitik vor dem EU-Beitritt (1995) eine hohe Priorität besaß, sollen die Entwicklungen hier in groben Zügen zusammengefasst werden(König/Stadler 2003). Der allgemeinen Euphorie nach dem Fall des Eisernen Vorhanges folgte eine Phase, in der sicherheitspolizeiliche Maßnahmen die Beschäftigungspolitik dominierten – die sogenannte Sekuritisierung (Horvath 2014). Mit dem Ausländerbeschäftigungsgesetz (AuslBG 1990) wurden die Zuwanderungsquoten gesenkt. Aufenthalts- und Fremdenrechtsgesetz (AufG 1992, FrG 1992) verlangten etwa die Deklaration des Aufenthaltszwecks vor der Einreise, den Nachweis einer ortsüblichen (also für ausländische Arbeitskräfte kaum erschwinglichen) Unterkunft. Die streng begrenzte regulierte Zuwanderung stieß nicht nur bei Menschenrechts- und MigrationsaktivistInnen auf Widerstand, sondern wurde auch von Unternehmensseite als zu starr und restriktiv empfunden: Die Gesetzesnovellen aus dem Jahr 1997 spiegeln den Übergang zu einer regulierten Flexibilisierung – eine Kombination aus quotenfreier und quotierter Zuwanderung gemäß Fremdengesetz (FrG 1997), die Führungs- und Spezialkräften Priorität vor sonstigen Erwerbstätigen und Familiennachzug einräumte; auch das novellierte Ausländerbeschäftigungsgesetz sah Vereinfachungen und Ausnahmen vor. Eine weitere Reformwelle 2002 vollendete den Übergang zur Verbindung von Sicherheit und Flexibilität. Neuzuwanderung wurde darin auf kontingentierte Schlüsselkräfte im gehobenen Einkommensbereich beschränkt, die mit einer Rot-Weiß-Rot-Card angeworben wurden. An die Stelle der Familienzusammenführung trat die Integration bereits Anwesender.

Um die flexible Verfügbarkeit billiger Arbeitskraft nicht zur Gänze zu kriminalisieren, wurden verschiedene Ausnahme-Regelungen für Saisoniers,

ErntehelferInnen, GrenzgängerInnen und *Au-pair*-Arbeitskräfte erlassen, die eine dauerhafte Niederlassung verhindern sollten. Zumindest bewirkten sie eine Unübersichtlichkeit der Arbeits- und Aufenthaltsrechte, die für ein stets ausreichendes Angebot im legalen und illegalen Niedriglohnbereich sorgte. Der Arbeitsmarkt für ausländische Arbeitskräfte war damit klar in die abgesicherten Fachkräfte auf der einen Seite und die austauschbaren befristeten Beschäftigungsverhältnisse auf der anderen Seite getrennt.

Für OsteuropäerInnen endete die weit verbreitete Illegalität der Beschäftigung mit den EU-Beitritten 2004 und 2007, die allerdings in den meisten EU-Staaten (Ausnahmen: Großbritannien, Irland, Schweden) mehrjährige Übergangsfristen bis zur Einführung der vollständigen Freizügigkeit vorsahen. Umgehungsmöglichkeiten bot die Arbeitskräfteentsendung im Rahmen der Dienstleistungsfreiheit sowie die rechtliche Neufassung besonders nachgefragter Tätigkeiten, vor allem in der 24-Stunden-Pflege, als selbständige Beschäftigung (Bachinger 2009). Angehörige der neuen Mitgliedsstaaten erhielten zudem nach zwölf Monaten ununterbrochenen Aufenthalts den freien Zugang zum österreichischen Arbeitsmarkt, was ihre Position gegenüber Drittstaatsangehörigen erheblich verbesserte. Seit dem Fallen der Übergangsfristen, die Deutschland und Österreich sieben Jahre nach EU-Beitritt in Anspruch nahmen (also bis 2011 bzw. 2014 für Rumänien und Bulgarien), waren sie den anderen EU-Angehörigen gleichgestellt. MigrantInnen aus anderen EU-Mitgliedsstaaten decken mithin den Bedarf an legaler qualifizierter und unqualifizierter Arbeitsmigration in den reichen EU-Staaten weitgehend ab.

Der statistische Nachweis über das Ausmaß der Zuwanderung wird dadurch erschwert, dass diese Migration über einen langen Zeitraum außerhalb der gesetzlichen Vorschriften verlief oder verschiedene Lücken ausnützte, sowohl von der Angebots- als auch von der Nachfrageseite oft nur als vorübergehend konzipiert war oder zur Rückkehr führte (Wolburg 1999:66). Zudem wurde das Ausmaß des demographischen Verlusts, der in manchen osteuropäischen Staaten – wie etwa Bulgarien von 1990 bis 2012 – bis zu 20 % der Wohnbevölkerung ausmachte, in den westlichen Medien so klein wie möglich geschrieben; auch offizielle Stellen und wissenschaftliche Studien spielten die Ost-West-Migration herunter, um keinen Schatten auf die Transformation fallen zu lassen.

Der regulären Arbeitsmigration aus Drittstaaten war durch die Zuwanderung aus den neuen EU-Mitgliedsstaaten ein Riegel vorgeschoben: dies lenkte die Nachfrage in die Halb- und Illegalität und aktivierte das Asylrecht als einen Weg, ein Aufenthaltsrecht zu erwirken.

Das Recht auf Asyl ist ein in der allgemeinen Erklärung der Menschenrechte (1948, Art. 14) verankertes Recht, in anderen Staaten Schutz zu suchen. Genauer definiert ist der Schutz für Flüchtlinge in der Genfer Flüchtlingskonvention 1951. Ein Flüchtling ist gemäß Konvention eine »Person, die aus der begründeten Furcht vor Verfolgung wegen ihrer Rasse, Religion und Staatszugehörigkeit, der Zugehörigkeit zu sozialen Gruppen oder wegen politischer Überzeugung« den Schutz eines anderen Staates sucht. Asylberechtigte und Flüchtlinge erhalten zunächst eine Aufenthaltserlaubnis für drei Jahre, die bei Wegfall der Begründung widerrufen werden kann.

Keine Berechtigten in diesem Sinn sind Kriegs- und Bürgerkriegsflüchtlinge. In einzelnen Staaten wurde in solchen Fällen darüber hinaus die Möglichkeit eröffnet, Menschen vorübergehend als »subsidiär Schutzberechtigte« aufzunehmen, denen aus »willkürlicher Gewalt« in einem Krieg oder Bürgerkrieg »ernsthafte Gefahr« droht. Dieser »subsidiäre Schutz« wurde 2004 in EU-Recht übernommen (EU-Verordnung zum subsidiären Schutz 2004/83/EC). Das Prozedere sieht vor, dass das Asyl- oder Schutzansuchen im nächsten sicheren Staat gestellt wird, das ist in aller Regel ein Nachbarstaat. Ist dieser überfordert, springt die UNO in Form ihres Flüchtlingshilfswerks UNHCR bei der Unterbringung und Versorgung ein. Wer aus einem sicheren Drittstaat kommt, genießt kein Recht auf Flüchtlingsschutz und Asyl. Für Arbeits- und Armutsmigration bieten Asyl und subsidiärer Schutz keine Handhabe.

Der Antrag auf Asyl muss laut Völkerrecht individuell geprüft werden, eine Zurückweisung ist nicht zulässig. Wie allerdings kommen die Asyl- und Schutzsuchenden in die Lage, ihren Antrag zu stellen? Für diese Fälle gibt es in der Europäischen Union mit dem Übereinkommen von Dublin eine Verfahrensregelung, die die bisherigen, Asylansuchen betreffenden Artikel des Schengener Durchführungsübereinkommen ersetzt (Schmid/Bartels 2001). 1990 als zwischenstaatlicher Vertrag geschlossen und seit 1997 in Kraft, wurde das Dubliner Übereinkommen mit dem Inkrafttreten des Vertrags von Amsterdam 1999 Unionsrecht, es folgten Präzisierungen in Form der Dublin-II- (2003) und der Dublin-III-Verordnung (2013). Da die Europäische Union alle sie umgebenden Staaten als sichere Drittstaaten klassifiziert hat, Asylanträge in Botschaften unzulässig sind und Flugreisen nur mit gültigen Einreisedokumenten angetreten werden können, ist das Problem zunächst einmal in die weite Ferne geschoben. Frontex und Frontstaaten erschweren die Erreichbarkeit. Gelangt ein Flüchtling doch auf EU-Gebiet, ist laut Dubliner Verfahrensrichtlinie der erste EU-Staat zuständig, dessen Boden der Antragsteller betritt. Dort wird sein Gesuch registriert und abgewickelt; reist er oder sie dennoch in ein anderes EU-Land weiter, ist seine oder ihre Rückführung als Dublin-Fall in den Erstantragsstaat vorgesehen. Wie die EU-Mitgliedsstaaten in Süd- und Osteuropa, die an der Außengrenze liegen, einem solchen Deal zustimmen konnten, ist ein eigenes Kapitel in Sachen innerer Kräfteverhältnisse der Union. Jedenfalls tragen diese die Verantwortung, während Asylwerber und Schutzsuchende in jene Mitgliedsstaaten zu gelangen trachten, die bessere Verpflegung, Integrationshilfen und im Fall der Anerkennung ein höheres Lohn- und Lebensniveau aufweisen. Dies erklärt, wieso Asylwerber Identität, Herkunft und Fluchtroute mitunter verschweigen, um keine Dublin-Rückführung zu riskieren. Es werden damit komplizierte Anerkennungs-, Dublin-Rückführungs- und Ausweisungsverfahren in Gang gesetzt, die Geflüchtete, Schlepper, Betreuungsorganisationen und Rechtsberatung oft jahrelang in Trab halten (Kasparek 2017; laufende Dokumentation in der Zeitschrift *asyl aktuell*). Die Kernstaaten der Europäischen Union können aufgrund dieser Rückführungs-Konstruktion in die Randstaaten behaupten, ihrer Verpflichtung zur Wahrung des Asylrechts gerecht zu werden.

Was kommt nach Schengen?

Die Situation im Jahr 2018 ist höchst angespannt. Auslöser für den außergewöhnlich hohen Andrang von Flüchtlingen in den Jahren 2015 und 2016 war der Krieg in Syrien, eine Mischung aus Wirtschaftskrise, Hungersnot, Bürgerkrieg und Stellvertreterkrieg. In dieser Situation signalisierten die EU-Kernstaaten Deutschland und Österreich das Aussetzen der Schengen- und der Dublin-Regelung. Sie veranlassten die Aufhebung der Grenzkontrollen an den eigentlichen EU-Außengrenzen und gestatteten den Flüchtlingen die freie Durchreise zum Antragsland ihrer Wahl. Mit dieser Praxis, die sich wie ein Lauffeuer in den sozialen Medien verbreitete, lösten die Verantwortlichen einen bisher ungekannten Flüchtlingsandrang aus, angeführt von Flüchtlingen aus Syrien, Afghanistan und dem Irak. Der weitere Prozess kann in zwei Phasen untergliedert werden.

September 2015 bis Februar 2016: Willkommensphase

Die EU-Staaten entlang der Balkanroute – in dieser Flüchtlingsbewegung die Hauptroute – agierten ihrer geographischen Lage, ihrer politischen Stärke und ihrer ökonomischen Position in der internationalen Arbeitsteilung rollen-gemäß. Griechenland konnte und wollte den Schutz der Außengrenze nicht gewährleisten; Not in den Lagern erzeugte Druck. Die Nicht-Schengen-Mitglieder Bulgarien und Kroatien sowie Mazedonien wurden überrannt;

sie hatten weder Interesse noch Mittel, die Flüchtenden im Land zu halten. Slowenien kann schon aufgrund seiner Größe keine große Rolle spielen, es orientierte sich am österreichischen und ungarischen Nachbarn. So wurden Ungarn und Österreich de facto zu Ersteinreisestaaten, ihre Grenzen verwandelten sich demgemäß in EU-Außengrenzen. Die Haltung der beiden Regierungen zur Flüchtlings- und Migrationsfrage konnte allerdings unterschiedlicher nicht sein. Die Regierung Viktor Orbán handelte im Rahmen der bestehenden EU-Vereinbarungen: Nachdem in Ungarn mit 174 177 Anträgen (Eurostat 2015, davon die meisten zwischen Juli und September: *Der Standard* 8. März 2016) die EU-weit höchste Anzahl von Asylanträgen eingebracht wurde, wurde im September 2015 ein 150 Kilometer langer Grenzzaun zu Serbien als bauliche Schutzmaßnahme gegen unautorisierte Einreisende an der ungarischen EU-Außengrenze errichtet. Bereitschaft und Kapazitäten für die Aufnahme weiterer Asylverfahren fehlten; da kaum ein Flüchtling am Verbleib in Ungarn interessiert war, löste sich dieses Problem von selbst, als Deutschland und Österreich am 31. August 2015 Aufnahmebereitschaft signalisierten. An diesem Tag verkündete die deutsche Kanzlerin Angela Merkel mit der vielzitierten Formel »Wir schaffen das« die Öffnung der deutschen Grenzen für Kriegsflüchtlinge (https://www.bundesregierung.de/Content/DE/Mitschrift/Pressekonferenzen/2015/08/2015-08-31-pk-merkel.html, 29. Dezember 2017).

Die österreichischen Grenzbehörden stellten sich erst nach wochenlangem Chaos der Aufgabe der Personenregistrierung. An den Hotspots der Grenzübergänge zu Ungarn und Slowenien im Burgenland und in der Steiermark wurden ab Dezember 2015 Grenzzäune, Registrierstellen, Versorgungsbaracken aufgebaut – mit dem Ziel einer geordneten Aufteilung auf Quartiere, in denen die Flüchtlinge ihr Asylverfahren erwarten konnten. Der größte Teil der Flüchtlinge war an der Weiterreise nach Deutschland interessiert; da Deutschland auch an ihnen interessiert war, wurde ein geordneter Transport in Bus und Bahn zwecks Übergabe an deutsche Grenzorgane organisiert. Die österreichische und die deutsche Regierung signalisieren »Willkommen«. Im Jahr 2015 wurden in der EU insgesamt 1 252 015 Asyl-Erstanträge gestellt, davon die meisten zwischen August und November, rund doppelt so viele wie im Jahr zuvor. Umgerechnet auf 10 000 Einwohner waren das im EU-Durchschnitt 25 Personen, in Ungarn 177, in Schweden 159, in Deutschland 58 und in Österreich 99 (*Der Standard* 8. März 2016). Die Zahl der Untergetauchten entzieht sich jeder Kenntnis. Ob die Flüchtlinge aus Syrien, Afghanistan und dem Irak überhaupt einen realistischen Asylgrund und damit eine Chance auf Anerkennung hatten, wurde vorerst beiseitegeschoben. Alle Beteiligten gingen davon aus, dass sie, einmal im Land, wenn nicht als anerkannte Flüchtlinge, so zumindest als Schutzberechtigte dauerhaft bleiben würden. Sie wurden einfach als MigrantInnen betrachtet.

Die örtliche Bevölkerung spaltete sich unterdessen in Begeisterte und Skeptiker. Wer sich keiner Gruppe zuordnete, riskierte, der jeweils anderen zugeschlagen zu werden. Während die einen in den Flüchtlingen die große Chance sahen, ihre Hilfsbereitschaft unter Beweis zu stellen, ja vielleicht ein gewisses Schuldgefühl abzutragen, das in der Wohlstandsdifferenz zutage tritt, sahen andere in der Mobilisierung der Flüchtlingsströme eine Destabilisierung der gesellschaftlichen Ordnung und des sozialen Gleichgewichts im Aufnahmeland. Die Skepsis richtete sich im Allgemeinen gegen die Aufnahmepolitik der Regierung, dementsprechend waren die Flüchtlinge zwar unerwünscht, jedoch nur ein kleiner Teil sah sie als Feinde. Während die Suppenküchen florierten, Quartiere zur Verfügung gestellt wurden und alte Kleidung neue TrägerInnen fand, kam es in Deutschland auch zu Brandattacken auf Flüchtlingsheime. Ein tiefer Riss durch die Gesellschaft bahnte sich an. Seit dem Höhepunkt der Flüchtlingswelle, die die einen als Krise, die anderen als Chance wahrnahmen, zieht er sich durch sämtliche Wahlkämpfe, Parteien und Bündnisse und mischt die bestehenden politischen Lager auf.

Was alle über die politischen Grenzen hinweg eint, ist die Nützlichkeitserwägung aus der Perspektive der eigenen Gruppe. Nützen sie uns, oder schaden sie uns? Und zwar hier. Hier bei uns. Was dort, wo die Flüchtlinge herkommen, passiert, ob die Menschen dort gebraucht werden, was ihre Flucht bewirkt und welche Bedeutung ihre Rückkehr zum (Wieder-)Aufbau der dortigen Gesellschaft hätte, ist in dieser Auseinandersetzung vollständig ausgeblendet. Der Beitrag europäischer Akteure – Regierungen, Unternehmen, Militär, KonsumentInnen, HelferInnen – beim Entwurzeln und In-die Flucht-Treiben wird ebenso wenig thematisiert wie die Instrumentalisierung der Flüchtlinge für die westliche Einmischung in den Herkunftsländern.

Der Riss hat eine weltanschauliche Grundlage: ein Bekenntnis zu Multikulturalismus, Kosmopolitismus, Weltoffenheit und zu einer Welt des *global village* charakterisiert die einen; demgegenüber steht die Welt des tatsächlichen Dorfes, der Kleinstadt, das Bekenntnis zu Heimat, Tradition und überschaubaren Verhältnissen. Der Riss verläuft allerdings auch entlang konkreter Interessen und Motive. Da beide Gruppen heterogen sind, ist auch die Interessenlage ein komplexes Phänomen. Das Sprachrohr der Willkommenskultur waren die Helfer und ihre Organisationen, sie leisteten ihre Arbeit als Beruf und Berufung, viele ehrenamtlich. Viele dieser Menschen verstanden sich als Kritiker einer Gesellschaft, die auf sozialer Ungleichheit und einer Dominanz des globalen Nordens über den globalen Süden beruht. Sie haben eine positive Einstellung zur Solidarität und zum Teilen. Sie sind bereit, auf Wohlstand zu verzichten und treten für fairen Handel ein. Ihre Allianz mit jenen Marktliberalen, die schon seit langem für eine Deregulierung des Arbeitsmarkts plädieren und eine, auch irreguläre Reservearmee von bereitwilligen Arbeitskräften als ein Instrument zur Überwindung bestehender Arbeitsrechte ansehen, erscheint auf den ersten Blick unerwartet. Sie kam zustande, weil die neoliberalen Advokaten der Deregulierung sich in der Flüchtlingsfrage bedeckt gaben und wenn überhaupt, die humanitären über die arbeitsmarkt- und sozialpolitischen Argumente für eine offene Aufnahme und einen raschen Zugang zum Arbeitsmarkt stellten. Die Regierungen, die mit ihrer Entscheidung, die Grenzen zu öffnen, den Flüchtlingsandrang in dieser Größenordnung überhaupt erst ausgelöst hatten, ernteten Dankbarkeit. Die gesellschaftskritische Opposition entwickelte Sympathie für das Establishment und wurde staatstragend. Ihre eigene berufliche Situation war von der Ankunft der Flüchtlinge nicht betroffen; im Gegenteil, viele sind in Sozial-, Bildungs- und Hilfsberufen tätig. Persönlich bringen sie aufgrund von Bildungsniveau, Erfahrungen im interkulturellen Kontakt und Neugier auf andere Kulturen eine positive Einstellung zur multikulturellen Zuwanderung auf.

Das Lager der Skeptiker, dem die Aufnahmebegeisterten AusländerInnenfeindlichkeit nachsagen, gehört nicht zu den sozial Privilegierten. Sie sind besonders im ländlichen Raum ansässig und arbeiten oft in Verhältnissen, in denen sie Flexibilisierung und Deregulierung am eigenen Leib erfahren hatten. Im bundesdeutschen West-Ost-Gefälle sind sie stärker, aber keineswegs ausschließlich in den ostdeutschen Ländern anzutreffen. Ihre Erfahrung mit der weiten Welt und im Umgang mit anderen Kulturen ist gering; ein positives Multikulti-Gefühl hatte sich in ihren Lebenswelten nicht herausbilden können. Fremde und Ausländer spielten dort eine geringe Rolle. Wenn solche nun über Quartierzuweisungen in ihre Dörfer, Städte und Schulen gelangten, erweckte dies Befremden. Eine unmittelbare Konkurrenz am Arbeitsmarkt für deutsche und österreichische Staatsbürger war durch die Asylbewerber, die kaum Deutsch sprachen und auf dem Arbeitsmarkt noch keine Rolle spielten, nicht gegeben. Unter jenen, die die Sicherheit lebenslanger Anstellung und sozialer Versorgung in vertrauten Milieus verloren hatten, entstand jedoch das Gefühl einer Bedrohungslage. Objektiv betrachtet kann diese nicht in der Person des Flüchtlings selbst bestehen, sondern aus dessen Instrumentalisierung als

– zukünftiges – Flexibilisierungspotenzial für Arbeitsmarkt und soziale Leistungen. Dennoch entlud sich die subjektive Angst oft gegenüber dem Flüchtling – im persönlichen Umgang, in der Kontaktvermeidung, aus der sicheren Distanz des Stammtisches. Auch in diesem Lager gibt es Menschen, deren Ausländerfeindlichkeit sich nicht aus ihrer persönlichen Betroffenheitslage erklären lässt: Sie vertreten rechtes, rassistisches Gedankengut, und die Flüchtlingskrise erweist sich als günstige Gelegenheit, daraus politisches Kapital zu schlagen. Dies gelingt besonders gut, wenn große Teile der Bevölkerung in ihren sozialen, aber auch in ihren kulturellen Ängsten sich von sonst niemandem verstanden fühlen, sondern als xenophob, hinterwäldlerisch, provinziell diffamiert werden. Im Prinzip handelt es sich bei den Migrationsskeptikern um kleinbürgerlichen oder proletarischen Mittelstand, sie sind im – oft unpolitischen – Mainstream der Gesellschaft zu Hause. Unter der Erfahrung von Regierungen, die über ihre Haltung in der Migrations- und Flüchtlingsfrage eine offen deregulierende, soziale Sicherheiten aufs Spiel setzende Politik betreiben, werden sie vielfach zu Regierungskritikern. Die Gesellschaftskritik wechselt die Seite.

Da linke und gesellschaftskritische Parteien wenig Verständnis für die Probleme der verängstigten Kleinbürger aufbringen, suchen viele nach Alternativen – bis hin ins ultrarechte Lager. Die Erfahrung des deutschen Faschismus lehrt, dass dieses gegenüber dem autoritären Kapitalismus keine Berührungsängste kennt. Es handelt sich freilich um einen Trugschluss, wenn Verlierer der Deregulierung auf rechte Politik setzen; deren Anziehungskraft zu erklären, wird nicht ohne psychologische Faktoren auskommen; mangelnde Schulbildung, mediale Aufklärung und Weiterbildung im Rahmen von Parteien und Vereinen vergrößern zweifelsohne die Anfälligkeit für eine Propaganda, die das eigene Ich und die eigene Kultur gegenüber anderen Nationen und Kulturen aufwertet.

März 2016 und folgende: Migrationsmanagement für die Festung Europa

Die Aufnahmebereitschaft der reichen EU-Staaten hatte einen Flüchtlingszustrom in Gang gesetzt, der den Fortbestand der öffentlichen und der sozialen Sicherheit in Frage stellte. Theoretisch hätte das Problem durch eine Umverteilungspolitik, die die Vermögenden in die Pflicht genommen hätte, entschärft werden können. Das Gegenteil war der Fall. Und je mehr der Eindruck entstand, dass die Situation aus den Fugen geriet, desto größer war die Bereitschaft der politisch Verantwortlichen sowie der BürgerInnen, Austeritätsmaßnahmen und ein neues Flüchtlings-und Migrationsmanagement umzusetzen bzw. zu akzeptieren. Die Willkommensphase im Herbst und Winter

2015/2016 erwies sich vor dem Hintergrund der seit Frühjahr 2016 vorgenommenen Kehrtwende nachträglich als Test. Aus der Bewältigung im Transport, in der Unterbringung und Versorgung von Flüchtlingsmassen lernten nicht nur die Behörden und die Exekutive, sondern auch die Flüchtlingsindustrie, in deren Hände die Administration zunehmend ausgelagert wurde.

Flüchtlinge waren in den Krisenregionen der Welt schon längst Testpersonen für digitalisierte, biometrische Formen der Registrierung, Kontrolle und Verwaltung (Agier 2014). Die erste Anwendung biometrischer Erfassung durch Scannen der Iris wurde 2002 in afghanischen und pakistanischen Flüchtlingslagern eingeführt, wie der französische Journalist und Dokumentarfilmer Nicolas Autheman aufzeigte (*Le monde diplomatique* Mai 2017), und 2017 zum Regelfall der Personenregistrierung in Afghanistan. Der UNHCR praktiziert seit 2002 die biometrische Registrierung für die Insassen der von ihm geführten Lager. Konkret wird dabei z. B. im jordanischen Flüchtlingslager Zaatari seit 2016 mit Einkaufsguthaben experimentiert, die dem Flüchtling auf den Körper gebucht und per Iris-Scan automatisch bei einem Einkauf bei jenem Monopolisten abgebucht werden, der den Zuschlag für den Lagersupermarkt bekommen hat. Wenn der Test erfolgreich läuft, kann die Technologie dann auch in den regulären Zahlungsverkehr übernommen werden. Dabei erweist sich das Flüchtlingshochkommissariat nicht nur im Bereich der Erkennungstechnologie als Vorreiter der Hilfsindustrie. UNO-Gipfel zu Migrations- und Flüchtlingsthemen, so etwa beim humanitären Weltgipfel in Istanbul am Höhepunkt der Flüchtlingskrise im Mai 2016, beinhalten Messen, auf denen Drohnen, Überwachungstechnologie, Lagerinfrastruktur, Nahrungs- und Hygienepakete sowie Finanzlösungen angeboten werden. Die entsprechenden Privatfirmen sponsern den UNHCR und erhalten den entsprechenden Auftrag. Der größte Spender im Jahr 2016 war Ikea; im Gegenzug lieferte der schwedische Einrichtungsmulti 30 Millionen Zelte. Der Augen-Scanner für das Zaatari-Camp wird von einem Unternehmen geliefert, das seine Erfahrungen in US-Gefängnissen, in Flüchtlingslagern und Grenzübertrittstellen sammelt. Von jedem Einkauf, den ein Flüchtling tätigt, geht ein Prozent an die Firma IrisGuard, deren Sitz steuersparend auf den Caiman-Inseln liegt. Europäische Staaten erlebten durch die Herausforderung massenhafter Flüchtlingsregistrierung und Unterbringung im Herbst und Winter 2015/2016 ebenfalls eine Testphase – auch in Hinblick auf die Reaktionen der Bevölkerung. Ab März 2016 wurden daraus Konsequenzen gezogen.

Es folgte Schlag auf Schlag. Die Balkanroute wurde medienwirksam »geschlossen«: Mazedonien sperrte auf Drängen der zentraleuropäischen

EU-Kernstaaten unter Federführung des damaligen österreichischen Außenministers Sebastian Kurz seine Grenze gegenüber Griechenland; der griechische Protest blieb unerhört – stattdessen erhielt es Versprechen zur Rücknahme von Flüchtlingen durch die Türkei und geordnete Umsiedlungen innerhalb der Europäischen Union und es musste Frontex-Einsätzen in seinen Gewässern zustimmen. Ungarn sollte weiter so agieren wie bisher, mit dem Unterschied, dass die Regierung dafür nicht bis zur Verächtlichkeit kritisiert, sondern belobigt wurde und von EU-Partnern für die Kontrolle der Grenze logistische und personelle Unterstützung erhielt. Die Reaktivierung der Grenzkontrollen an den Staatsgrenzen Österreichs, Deutschlands, Dänemarks, Schwedens und Frankreichs wurde bis zur Drucklegung des Buches mehrmals verlängert. Damit war die Schengen-Versprechung des Reisens ohne Passkontrollen obsolet. Die Zahl der Flüchtlinge, die über das östliche Mittelmeer nach Europa kamen, ging rapide zurück. Waren es 2015 noch über eine Million, die diesen Fluchtweg wählten, wurden im Folgejahr nur noch 200 000 Menschen gezählt. Auch die Zahl der Asylanträge fiel im Jahresschnitt 2016 auf 8,7 in Deutschland, 4,5 in Österreich und 2,8 Anträge pro 1000 EinwohnerInnen (*Die Presse* 17. März 2017). Allerdings stieg die Zahl der Flüchtlinge, die über die zentrale oder westliche Mittelmeerroute nach Europa strebten, 2016 wieder an.

Die neue Außengrenze wurde nicht anstelle der Binnengrenzen, sondern als deren letzter Wall aufgebaut. Neben der Türkei wurden die nordafrikanischen Staaten verstärkt in die Vorfeldkontrolle einbezogen: mangels funktionierender Polizei, in Libyen mangels funktionierender Staatlichkeit überhaupt, entschloss sich die Europäische Union, die Sicherung der Südgrenze durch Überwachung der afrikanischen Küsten zunehmend selbst zu organisieren, zu übernehmen bzw. an private Unternehmen auslagern. Italienische Marineschiffe, Flugzeuge, Hubschrauber und Drohnen, die im Einvernehmen mit der libyschen Küstenwache Flüchtlingsboote zur Rückkehr anhielten, gerieten dabei im Sommer 2017 in Konflikt mit den von Hilfsorganisationen bereit gestellten Booten, die in Seenot geratene Flüchtlinge nach Italien brachten. Nachdem ihnen Zusammenarbeit mit Schleppern vorgeworfen wurde, zogen sich letztere vorerst aus den afrikanischen Küstengewässern zurück. Damit ging auch die Zahl der über das Meer in Südeuropa anlandenden Bootsflüchtlinge 2017 maßgeblich zurück.

Wie mit den bereits in der Europäischen Union aufhältigen Flüchtlingen umzugehen sei, sorgte für Verwirrung und Konflikt. Die vom EU-Zentrum gewünschte anteilige Aufteilung (*relocation*) der in südeuropäischen Lagern

Gestrandeten auf alle EU-Staaten scheiterte kläglich. Der größte Widerstand ging von osteuropäischen Mitgliedsstaaten aus, die eine Verantwortung für den Zustrom abstritten; Ansätze der Zuweisung scheiterten zeitweise am vehementen Widerstand der Flüchtlinge, wie der Fall einer geplanten Verlegung von 500 Flüchtlingen von Österreich in eine Unterkunft in der slowakischen Stadt Gabčíkovo im Juli 2015 verdeutlicht. Die Reduktionen im Leistungsniveau der Grundversorgung, die in Deutschland und Österreich im Gange sind, sollen den Anreiz für den Aufbruch reduzieren. Aufgrund der kommunalen Zuständigkeit konnte hier bisher keine einheitliche Vorgangsweise entwickelt werden, sodass AsylwerberInnen nach Möglichkeit Gemeinden mit dem höchsten Versorgungsniveau anpeilen. Leistungskürzungen treiben die anwesenden Flüchtlinge jedenfalls verstärkt in den Schwarzmarkt. Umgekehrt wird ihnen durch Zuweisung sogenannter gemeinnütziger Tätigkeiten der Weg in einen besonderen Arbeitsmarkt für Flüchtlinge eröffnet. Eine klare Strategie lässt sich hier nicht erkennen.

Klar absehbar ist jedoch die steigende Bereitschaft zur Abschiebung all jener, deren Asylgesuch nicht positiv beschieden wird. Wie in Deutschland schon lange üblich, wurde auch in Österreich im Rahmen der Fremdengesetznovelle vom November 2017 die Residenzpflicht eingeführt, d. h. Asylwerber dürfen während des Verfahrens das Bundesland ihres Aufenthaltsortes nicht verlassen. Die Prüfung der Asylgründe lässt nach wie vor große Interpretationsspielräume offen; der Rechtsbeistand von Asylberatungsstellen und Anwälten eröffnet zahlreiche Rekursmöglichkeiten. Wer kein Asyl erhält, wird auf der Basis verschärfter Fremdengesetze zum Verlassen des Landes aufgefordert und bei Weigerung zwangsweise abgeschoben. Als problematisch erwies sich die Herstellung eines Einvernehmens mit den Herkunftsstaaten zur Übernahme, weshalb die Rückführung oft unterbleibt. Ohnehin begibt sich ein mehr oder weniger großer Teil der Asylwerber und Schutzbedürftigen in die Illegalität, wo besonders prekäre Überlebensbedingungen herrschen. Trotz des Bekenntnisses zur Reduktion der Flüchtlingszahlen ist eine effektive Verringerung nicht in Sicht – aus Unfähigkeit, aufgrund von Widerständen, aber auch aufgrund der für viele Unternehmen und Haushalte angenehmen und nützlichen Tatsache, dass irreguläre Arbeit von Flüchtlingen besonders kostengünstig ist.

Um die Lage zu beruhigen, wird Integration zum geflügelten Allheilmittel hochgeredet. Am besten gleich nach der Ankunft und als genau geregelte, verpflichtende Abfolge von Sprachkursen, Arbeitstraining und Wertekursen, durch die sich der Gesetzgeber erhofft, das Entstehen von Parallelgesellschaften zu verhindern. Die kulturellen Traditionen der MigrantInnen haben darin höchstens als Folklore Platz.

Eine Stabilisierung der Lage ist nicht in Sicht. Die Experimente sind im Gange und in welche Richtung sie gehen, ist ungewiss. Einander widersprechende, chaotische, ihren Versprechungen nicht gerecht werdende Maßnahmen sind zu erwarten, gepaart mit Gegenmaßnahmen, Widerstand und Umgehungsstrategien.

Zu befürchten ist einerseits eine massive Repressionswelle im Inneren, die eine Zunahme von Personenkontrollen an einer Vielfalt von Binnengrenzen mit sich bringt: an Staatsgrenzen, Lagergrenzen, Aufenthaltsgrenzen für Residenzpflichtige, auf Arbeitsmärkten für unterschiedliche Gruppen von Arbeitskräften, an den Hotspots für Personenkontrollen: Bahnhöfe, Parks, Flüchtlingsquartiere. Alternativ dazu, unter Umständen auch als Ergänzung würde die Abschiebung des Außengrenzschutzes in Drittstaaten mit Sicherheitsabstand ein rigoroses Flüchtlings- und Migrationsmanagement erlauben, das sich außerhalb der Wahrnehmung der EU-Europäerinnen befindet. Die Vorbereitungsmaßnahmen sind in vollem Gange, quer durch die politischen Lager zeichnet sich Zustimmung zur Optimierung der EU-Außengrenze als unüberwindlicher Schutzwall ab. Diesmal wirklich. Der Zusammenbruch der Außengrenze im Krisenfall 2015/2016 könnte so als Katalysator gewirkt haben, der die Festung nun erst richtig stärkt.

Auch diese Perspektive steht eindeutig in der Tradition der westlichen Überlegenheit, der Absicherung ihres aus der historischen Dominanz der Weltwirtschaft durch Kolonialismus und postkoloniale Freihandelsregime angehäuften Wohlstands einschließlich der auf diesem Fundament gewachsenen Rechts- und Sozialstaatlichkeit.

3.3. Sozialer Auf- und Abstieg

Interessenkonflikte: Anwärter auf sozialen Aufstieg und gesellschaftliche Integration versus Vermeidung von sozialem Abstieg durch Verteidigung bestehender Rechte und Privilegien
Instrumente: Konkurrenzvorteile, Bildung und berufliche Qualifizierung, Netzwerke und Seilschaften, Heirat, Übersiedlung an einen Ort mit besseren beruflichen Möglichkeiten
Orte: an keinen spezifischen Ort gebunden, allgegenwärtig, allerdings verbinden sich soziale mit räumlichen und politischen Grenzorten und deren räumlichen Ein- und Ausschlussmechanismen
Dokumente: Zeugnisse, Freibriefe und Privilegien für bestimmte Bevölkerungsgruppen, Mitgliederbescheinigungen (u. a. Stadt- und Staatsbürgerschaft)
Exekutive: Im Fall von formalisierten Zugehörigkeiten Aufsichtsorgane sozialer Ereignisse und Organisationen, Portiere, Polizei

Die Möglichkeiten, Standes-, Berufs- und Herkunftsgrenzen zu überwinden, um die Position eines Individuums oder einer Gruppe im gesellschaftlichen Gefüge zu verändern, variieren nach dessen Sozialverfassung. Vormoderne Stammes- oder ständische Gesellschaften bieten dafür einen anderen Rahmen als moderne Klassengesellschaften. In einer ständischen Gesellschaft legen Geburt, Herkunft, Abstammung und Stellung im Familienverband die Rolle eines Individuums in der Gemeinschaft fest und lassen wenig Spielraum, aus dieser auszubrechen. Alter, Erfahrung und gesellschaftliche Krisen hingegen eröffnen Chancen zur Veränderung oder gar Überwindung dieser Rolle. Stand und Kaste gehören damit zu den fixen Parametern; was Männern und Frauen, Jungen und Alten zusteht, richtet sich darüber hinaus aber nach Übereinkünften, die bei Bedarf auch durchbrochen werden können; die berufliche Stellung hingegen ist eine durch Ausbildung, Können und Erfahrung erworbene Rolle, der Zugang zur Ausbildung und Berufsausübung ist konkreten Personen in der Regel aber oft durch Standes- und Geschlechtergrenzen versperrt. Im Vergleich dazu weisen moderne Gesellschaften keine rechtlichen und formalen Einschränkungen zur Bekleidung beruflicher, politischer und gesellschaftlicher Positionen aufgrund von Abstammung, Geschlecht, Alter oder Religion auf. Es kann im Gegenteil unter Umständen sogar Gebote zur Gleichbehandlung und Quotenregelungen zu deren Durchsetzung geben. Allerdings beeinflussen trotz dieser formalen Gleichheit ererbte Stellung sowie Eigentum,

Herkunft, Geschlecht, Beruf und weltanschauliches Bekenntnis die Position einer Person in der Gesellschaft und schränken deren Aufstiegsmöglichkeiten ein. Die Durchlässigkeit sozialer Grenzen bleibt in einer Klassengesellschaft ein Schein, der die bestehenden Unterschiede verhüllt.

Die folgenden Momente haben im Laufe der Geschichte das Überschreiten bestehender sozialer Grenzen befördert und benachteiligten Personen oder Bevölkerungsgruppen sozialen Aufstieg ermöglicht; im Gegenzug stellt sich die Frage, ob und inwieweit soziale Inklusion der einen mit dem sozialen Abstieg von anderen Gruppen einher ging. Da alle diese Momente je nach Sozialstruktur und Kontext sehr unterschiedliche Formen annehmen, werden sie hier nur taxativ in der Reihenfolge aufgezählt, wie sie historische Relevanz erlangten.

Mittelalter

- Charakteristische Aufstiegsstrategien für Unfreie in mittelalterlichen Gesellschaften waren Militär- und Fürstendienst.
- Die Professionalisierung des Handwerks eröffnete eine Ausbildungsschiene, die zur Bekleidung einer Meisterstelle berechtigte, in manchen Gewerben auch für Frauen; als Witwen überschritten sie die Geschlechtergrenze des Handwerkerstandes allemal.
- Urbanisierung brachte eine gesellschaftliche Differenzierung mit sich, die Stadtbürger sozial und rechtlich über die untertänigen Bauern, aber auch über die städtischen Unterschichten erhob, die ihrem Hausherrn und Dienstgeber untertänig blieben. Als Händler und Handwerker bildeten sie einen eigenen Stand mit verbrieften Rechten.
- War die Stadtbürgerschaft mit einem Akt der Siedlungskolonisation verbunden, wie im Fall der deutschen Ostsiedlung oder der Mittelmeerkolonisation aus den italienischen Stadtstaaten oder aus Frankreich, ging der soziale Aufstieg mit politischen Vorrechten sowie einem kulturellen Überlegenheitsgefühl gegenüber der einheimischen Bevölkerung einschließlich deren lokalen Eliten einher. Dies betraf auch bäuerliche Siedler, die mit wirtschaftlichen und politischen Freiheiten ausgestattet wurden und auf diese Weise einen privilegierten Stand erreichten.

Frühe Neuzeit

- In der Frühen Neuzeit bot die Aufnahme in die Beamtenschaft sowie den Dienstadel eine Kompensation für die Einschränkung adeliger Autonomie und eröffnete neue Formen des sozialen Aufstiegs bei Hof.

- Eine Alternative zum Fürstendienst stellte der Übergang vom feudalen Herren zum Agrarunternehmer, Industriellen oder Fernhändler dar.
- Die koloniale Expansion eröffnete auch niedrigen Chargen des Adels sowie Untertanen die Teilnahme, die ihnen in der Siedlergesellschaft u. U. einen steilen sozialen Aufstieg zum (adeligen) Landbesitzer erlaubte. Die ständische Hierarchie von Herr und Knecht reproduzierte sich allerdings auch in den Kolonien, mit der Einschränkung, dass Weiße auf jeden Fall durch eine kulturelle Grenze über den Einheimischen und mit noch größerem Abstand über den Sklaven rangierten.
- Ein Weg zur Statusveränderung waren Revolutionen, in denen sich eine minder privilegierte Gruppe selbst ermächtigte und im Fall des Erfolgs ihre neuen Rechte verfassungsmäßig verankern konnte. Jede relative Verschiebung in der gesellschaftlichen Rangordnung entprivilegierte höhere Stände und motivierte diese, gegen die Ausweitung der Berechtigten vorzugehen. Scheiterte die Revolution, mussten die Revolutionäre mit Zurücksetzung, Hinrichtung, Strafe oder Vertreibung rechnen.
- Ein anderer Weg zur Statusveränderung waren, oft auf Druck bestimmter Gruppen, von oben eingeführte Reformen, die für entsprechend Betroffene neue Rechte und Aufgaben eröffneten. Im 17. und 18. Jahrhundert konnten dies z. B. Patente und Fabrikprivilegien sein, die gewerblichen Produzenten wirtschaftliche Freiräume jenseits zünftischer Regulierung ermöglichten; oder ländliche Unterschichten, die durch die Genehmigung zur Heirat und Haushaltsgründung einem selbständigen Erwerb z. B. als Handwerker und Heimarbeitskräfte im Verlagswesen nachgehen konnten.
- Sobald die Mechanisierung und Zentralisierung der gewerblichen Produktion in Fabriken die ländlichen Handwerker und Hausindustriellen jedoch überflüssig machte, erlebten diese eine Proletarisierung: sie wanderten den Arbeitsplätzen in die Fabriksorte nach und waren damit – in der Terminologie von Karl Marx – »doppelt freie Lohnarbeiter«: erstens frei von der Versorgungsbasis, die sie als Kleinbauern, Dienstboten oder ländliche Hausindustrielle genossen hatten, und zweitens frei, ihre Arbeitskraft an einen Fabrikanten, Bauunternehmer oder Dienstherren zu verkaufen. Ob es sich dabei um einen sozialen Aufstieg oder einen Abstieg handelte, hängt von der Perspektive ab. Die Arbeitsverhältnisse in der frühen Fabrikindustrie lassen jedenfalls wenig Interpretationsspielraum für sozialen Aufstieg der ArbeiterInnen, die die Ausbeutung oft nicht lange durchhielten. In dem Maße, wie im 19. Jahrhundert Sozialpolitik und Arbeitsgesetze die Arbeits- und Lebensbedingungen des Proletariats verbesserten, trat

zumindest für einen Teil der Arbeiterklasse wieder ein gewisser sozialer Aufstieg ein.

- Für Frauen eröffneten die Verdienstmöglichkeiten im ländlichen Verlagswesen, das in eine häusliche Familienwirtschaft eingebettet war, selbständige Beschäftigung und eigenes Einkommen: Zeitgenössische Quellen berichten von ihrem ausgeprägten Selbstbewusstsein. Die Verlagerung der Produktion in die Fabrik brachte nur manchen von ihnen einen Fabrikarbeitsplatz und selbst dann zu meist erbärmlichen Bedingungen, die nur wenige Jahre durchzuhalten waren. Die Verdrängung von Kleinhäuslerinnen, Kleinbäuerinnen und ländlichen Gewerbetreibenden in einen Arbeiterhaushalt muss wohl eher als Abstieg angesehen werden, machte sie doch landwirtschaftliche und gewerbliche Produzentinnen zu Hausfrauen, deren Hausarbeit nun nicht mehr als Arbeit galt und deren Lohnarbeit zu einem Zuverdienst degradierte wurde (Komlosy 2014:21).

19. und 20. Jahrhundert

- Das 19. Jahrhundert sah – mit einer deutlichen Abschwächung von West- nach Osteuropa – die Überführung der von oben gewährten sowie der in Revolutionen erkämpften Rechte in bürgerliche Gesetzbücher und Verfassungen. Besitzende wurden dabei gegenüber Besitzlosen bevorzugt. Allerdings sorgten das staatliche Bildungssystem, die Ausweitung von Sozialleistungen sowie die Zulassung von Interessenvertretungen und Parteien dafür, dass auch Angehörige der Unterschichten sozialen Aufstieg erleben konnten.
- Als Staatsbürger von Industriestaaten hatten sie Rechte, die kolonialen Untertanen und Staatsfremden nicht zugestanden wurden. Im deutschen Faschismus wurde diese In- und Exklusion über die rassistische Trennung in Arier und Juden sowie andere als minderwertig klassifizierte Bevölkerungsgruppen als ein Spaltkeil in die Institution Staatsbürgerschaft getrieben und diese damit zugunsten von sogenannter Rasse und politischer Gefolgschaft entwertet.
- Nach dem Ersten und Zweiten Weltkrieg forderten weitere Teile der Weltbevölkerung soziale Teilhabe ein. Im Westen wurden neue Bevölkerungsgruppen in Bildung und Sozialpolitik einbezogen, bis der Aufstieg des Faschismus im Gefolge der Weltwirtschaftskrise diesen Trend wieder umkehrte bzw. rassistisch pervertierte; in Russland eröffnete die Oktoberrevolution trotz aller Rückschläge und Interventionen sozialen Aufstieg für Bauern und ArbeiterInnen. Im Globalen Süden eröffnete erst die

Dekolonisierung nach dem Zweiten Weltkrieg die soziale Emanzipation breiterer Bevölkerungsschichten; in vielen Fällen verband sie sich mit Revolutionen und Programmen zu sozialer Ermächtigung. Im Westen brachten die erhöhten Anforderungen an Qualifikation, Motivation und Kaufkraft der Arbeitskräfte nach dem Zweiten Weltkrieg mehr soziale Partizipation durch Bildung, Arbeitsschutz, sozialpartnerschaftlich institutionalisierte Mitsprache und Sozialgesetzgebung.

- Seit den 1970er-Jahren fanden – weitgehend unabhängig von der politischen Ausrichtung der Regierungen – Verbesserungen der Situation der Frauen im Erwerbsleben, im Eherecht und in der Vereinbarkeit von Familie und Beruf statt. Auch dies wurde von vielen als sozialer Aufstieg und das Überschreiten von Grenzen erlebt.

In einer Zeit der Hochkonjunktur mussten Verbesserungen für unterprivilegierte Gruppen in einem Land keine Nachteile für andere mit sich bringen, sondern konnten als gesellschaftlicher Fortschritt für alle begriffen werden. Die breitere Inklusion von unteren Schichten relativierte freilich die Rechte von bisher Privilegierten sowohl in Hinblick auf Klasse und auf (männliches) Geschlecht. Im globalen Sinn stellte der Anspruch auf breitere Partizipation von ehemaligen Kolonien die bisherige ungleiche Verteilung der Ressourcen in Frage. Es gab deshalb zu allen Zeiten Bemühungen der Arrivierten, den sozialen Aufstieg anderer gesellschaftlicher Gruppen hintan zu halten, auf jeden Fall nur soweit zuzulassen, wie er mit dem Fortbestand der eigenen führenden Position vereinbar war. Es war aufgrund der Eigentumsverhältnisse und der ererbten Klassenstruktur nicht immer notwendig, die hierarchische Schichtung offensiv zu verteidigen. Wurden die Unterschichten den Etablierten zu dreist oder maßten sie sich im Gefolge von Regierungsbeteiligung von Arbeiterparteien oder über gewerkschaftliche Mitsprache gleiche Rechte oder sogar Kompensation für vergangene Benachteiligungen an, waren seitens der Herrschenden schnell ständische und rassistische Argumente bei der Hand, die bestehende Hierarchien als Ausdruck des allgemeinen Interesses verteidigten. Überschreitungen sozialer Grenzen waren also, wenn der politische Machtwechsel nicht mit einem Systemwechsel verbunden war, wie in realsozialistischen Staaten, nur in beschränktem Maße möglich. Auch im Staatssozialismus entwickelten die herrschenden Schichten Mechanismen, das Sozialprodukt nicht in jener Gleichheit zu verteilen, die die Verfassung einer klassenlosen Gesellschaft proklamierte.

Im 21. Jahrhundert verlor soziale Gleichheit in den alten Industrieländern als Ziel des gesellschaftlichen Aufstiegs an Bedeutung. Dies hat mit der

Heterogenisierung und Prekarisierung der Arbeitsverhältnisse und Lebensentwürfe in einer von Flexibilisierung und Polarisierung geprägten Gesellschaft zu tun. Jeder und jede trachtet danach, den Erfordernissen segmentierter Arbeitsmärkte gerecht zu werden und so nach oben zu kommen oder zumindest nicht abzusteigen. An die Stelle kollektiver Maßnahmen ist die individuelle Person getreten. Die Profilierung der Persönlichkeit hat ein Lebensgefühl hervorgebracht, das Diversität über Gleichheit stellt. Diese Diversität verbindet die Erfordernisse nach flexibler Einpassung in die Segmente des Arbeitsmarktes mit dem Bedürfnis nach persönlicher Identität. Diejenigen, die sich im sozialen Aufstieg vermeinen (was nicht immer der Realität entspricht), drücken ihre Identität im Wunsch aus und fordern das Recht ein, diese Identität nach eigenen Vorstellungen maßzuschneidern. Das kann bedeuten, dass der Überschreitung kultureller Grenzen, wie der Grenzen von Geschlechterdualität, Weltanschauung, Körperlichkeit oder Ortsgebundenheit, höhere Priorität eingeräumt wird als sozialer Gleichheit. Auch diejenigen, die sich im sozialen Abstieg vermeinen (nicht immer sind sie so schlecht dran, wie sie glauben machen), formieren sich entlang identitärer Merkmale: Sie greifen nach Werten und Kennzeichen, die der schwindenden Stabilität Halt versprechen, wie das Bekenntnis zu einem Geschlecht, einer Ethnizität, einer Nation, einer Leitkultur, einer Heimat.

Uns interessieren im Folgenden soziale Grenzen, insoweit sie sich mit räumlichen Grenzen verbinden. Innerhalb der Staaten zwischen Stadt und Land, zwischen armen und reichen Regionen, zwischen wohlhabenden Vierteln und Armutsbezirken, in denen sich sozialer und physischer Raum überlagern. Aus dieser geographischen Anordnung des Wohlstands gibt es nur schwer ein Entrinnen. Dies gilt auch für die Ungleichheit zwischen Staaten (vgl. Kapitel 2.8.) Hier fügt sich die soziale Ungleichheit innerhalb eines Staates in die ungleiche internationale Ordnung ein. Staatsgrenzen und Staatsbürgerschaft kommen dabei eine zentrale Rolle bei der hierarchischen Zuordnung zu – ebenso wie beim Bemühen, dieser Zuordnung zu entkommen. Staatsgrenzen und Staatsbürgerschaft fixieren Ungleichheit, und sie können dazu beitragen, diese zu überwinden. Diese doppelte Funktion kommt sowohl in der Migration wie im Kapitalverkehr zum Ausdruck.

Migration und soziale Grenzen

Staatliche Migrations- und Aufenthaltsgesetze zielen darauf ab, Menschen jenem Raum zuzuordnen, an dem sie aufgrund von Arbeitsmarkt-, demographischen und Sicherheitserfordernissen gebraucht werden. Das kann in einem Fall darin bestehen, dass sie an den Staat bzw. ihren Aufenthaltsort gebunden bleiben, in einem anderen Fall darin, dass sie an einen anderen mobilisiert oder jedenfalls nicht daran gehindert werden, zu migrieren. Migrationsgesetze spiegeln die Interessenlagen einer Gesellschaft und können bei Interessenkonflikten dementsprechend widersprüchlich sein; auch Sende- und Empfängerland haben unterschiedliche Interessen. Grenzen weisen die Menschen in die entsprechenden Segmente des Arbeitsmarktes ein (Mezzadra/Breit 2013:87–93).

Migration kann seitens der Migrierenden aber auch als Klassenkampf genützt werden. Auswandern kann für die Betreffenden unter Umständen sozialen Aufstieg bedeuten. Am vielversprechendsten ist dies bei der Heiratsmigration, bei der die Hierarchie des Geschlechts in der Regel dem Wohlstandsgefälle entspricht. Auch die Wanderung vom Land in die Stadt sowie die Teilnahme an kolonialen Siedlungsprojekten platziert Menschen in bestimmten beruflichen Positionen, die ihnen Aufstieg vor Ort, Rücküberweisung an die zu Hause verbliebene Familie oder – nach der Rückkehr – mit dem Ersparten einen Neuanfang zu Hause erlaubt. Das Ausnützen von Lohn- und Wohlstandsgefällen kann sich individuell also durchaus bezahlt machen. Aufstrebende Mittelschichten aus dem globalen Süden bemühen sich in den letzten Jahren vermehrt, ihren materiellen Wohlstand durch Kauf einer Staatsbürgerschaft in einem entwickelten Land mit den dort (noch) üblichen sozialen und rechtlichen Annehmlichkeiten und Sicherheiten zu verbinden, die sie in ihrer Heimat vermissen (Boatcă 2017).

Der Import ortfremder Arbeitskräfte, wie bei den (Binnen-)Wanderungen des 19. Jahrhundert oder bei der sogenannten GastarbeiterInnen-Migration nach dem Zweiten Weltkrieg, war immer auch mit neuen sozialen Grenzziehungen verbunden. Am Arbeitsort sorgten dafür die geringe Kenntnis der örtlichen Gepflogenheiten und die daraus resultierende Verletzlichkeit, die rechtliche Benachteiligung durch Aufenthalts-, Fremden-, Heimat- und Staatsbürgerschaftsgesetze, die Zugewanderte nicht nur bei der Integration, sondern auch am Arbeitsplatz benachteiligen. Auch wenn die härtesten Diskriminierungen der ersten Neuankömmlinge oft nach einiger Zeit gemildert wurden, blieben doppelte Standards im Aufenthaltsstatus, in der Erwerbsarbeit, beim Wohnen, beim Konsum, im Freizeitverhalten und bei der Akzeptanz durch Einheimische oft bis in die nächste und übernächste Generation bestehen. Schaffen sie die Integration oder Assimilation und werden selbst zu Einheimischen, wird die nächste Welle von ArbeitsmigrantInnen mobilisiert. Wir haben uns in der westlichen Welt daran gewöhnt, dass die schwere, unangenehme, schlecht bezahlte Erwerbsarbeit von Menschen verrichtet wird, die keine vollen Bürgerrechte besitzen. Auch in den Herkunftsregionen der GastarbeiterInnen bewirkt die Wanderung soziale Differenzierung. Je nach Entfernung, wirtschaftlichem Hintergrund und Arbeits- und Migrationsregime praktizieren die ArbeitsmigrantInnen familiäre Trennung, Pendelwanderung, Familiennachzug oder Mischformen im Zeiten- und Generationenlauf. Dies zieht auch in die im Herkunftsland verbliebenen Familien Trennlinien in solche, die mit Geldsendungen, regelmäßigem Besuch und Mithilfe rechnen können, und solche, die auf sich alleine gestellt bleiben. Der individuelle soziale Aufstieg produziert stets auch Absteigende und er bewirkt durch die Überlagerung inner- und zwischenstaatlicher Gefälle eine Multiplizierung der Grenze.

Kapitalbewegung und soziale Grenzen

Auch der Kapitaltransfer über Staatsgrenzen, als Steuerflucht, als Kredit oder Direktinvestition, als Zinszahlung, Gewinnrückführung oder als Geldwäsche steht mit der Schaffung oder der Überwindung sozialen Aufstiegs in einem ursächlichen Zusammenhang. Die Triebkraft, die Kapital zur Investition an einem bestimmten Ort motiviert, ist die Rendite. Politische Grenzregime zur Ermunterung oder Vermeidung der Kapitalmobilität können deren Sogkraft nicht außer Kraft setzen: Sie können die Kapitalbewegung durch Verbote, Auflagen und Anreize allerdings sehr wohl beeinflussen. Theoretisch halten einander in einer ausgeglichenen Volkswirtschaft die ein- und die ausgehenden Kapitalflüsse die Waage, wobei Handels-, Dienstleistungs-, Investitions- und Finanzkapitalbilanz in unterschiedlichem Maße zur Gesamtleistungsbilanz beitragen. Im Ergebnis regionaler Unterschiede und ungleicher historischer Entwicklung zeichnen sich periphere Staaten durch Kapitalmangel aus; gelingt es ihnen, Auslandsinvestitionen oder Kredite anzuziehen, riskieren sie eine sehr einseitige Branchenstruktur sowie den Abfluss der Gewinne und Zinsen an die Stammsitze bzw. Steuersitze der ausländischen Konzerne. Sie können selbst anstreben, ein solches Steuerparadies zu werden, was ohne die Mitwirkungen ausländischer Banken und Schutzmächte nicht möglich ist.

Entwickelte Staaten zeichnen sich durch Kapitalüberschuss aus und haben Interesse, diesen durch ausländische Direktinvestitionen zu verwerten; das Gros dieser Kapitalexporte und Auslandsinvestitionen geht in andere, entwickelte Staaten. Produktionstechnische Erfordernisse, zyklische Verwertungs- und Profitkrisen legen den Kapitaleignern jedoch einerseits die Investitionen in den Finanzmarkt (die Finanzialisierung) nahe, was das Kreditvolumen für

Schwellenländer erhöht, andererseits neue räumliche Arrangements in Form von globalen Güterketten, die die Kostenvorteile unterschiedlicher Beschaffungs-, Produktions- und Absatzmärkte kombinieren.

So wie Grenzen den Einsatzort von Arbeitskräften beeinflussen, spielen Grenzen auch bei den Standortkombinationen globaler Güterketten eine zentrale Rolle. Damit die einzelnen Fertigungsschritte genau entlang von Kosten-, Steuer- und Qualifikationsmerkmalen der Standorte platziert werden können, braucht es ein spezifisches regulatorisches Umfeld, in dem alle Beteiligten in der auf sie zugeschnittenen Rolle mitspielen: Die *High-end*-Standorte, die die höchste Wertschöpfung erzielen, aufgrund des hohen Lohnniveaus jedoch auch den Verlust eben dieser attraktiven Arbeitsplätze verkraften müssen, auf der einen Seite. Die *Low-end*-Standorte in Schwellenländern mit niedriger Wertschöpfung, aber für die globalen Auftraggeber attraktiven niedrigen Lohn- und Sozialkosten, die auf diese Weise die industrielle Massenproduktion in zunehmendem Maße in ihre Territorien ziehen, auf der anderen Seite. Können sie ihre Position in der Kette durch *upgrading* verbessern, zieht dies Verlagerungen an neue Billiglohnstandorte nach sich. Die Differenz der Standorte bietet der Kapitalverwertung die besten Bedingungen: Grenzen sind also essenziell, um diese Unterschiede zu schaffen, aufrechtzuerhalten und den sich ständig verändernden Erfordernissen anzupassen. Dies ist nur möglich, wenn die Kapital- und Warenströme nicht von der einen oder anderen Seite behindert werden. Dieses Schmiermittel gibt den Regierungen im Prinzip auch die Möglichkeit, auf die Nutzen- und Gewinnverteilung entlang der Ketten Einfluss zu nehmen. Sie müssen nicht unbedingt im Sinn der globalen Investoren und Auftraggeber agieren, sondern können durch eine Politik der Grenze auch das Ziel autozentrierter Entwicklung verfolgen.

Auf- und Abstieg wurde hier aus der Perspektive von Erfolg oder Scheitern nachholender Entwicklung betrachtet – eine Perspektive, die sich keineswegs direkt auf den sozialen Aufstieg einzelner BürgerInnen oder sozialer Gruppen im Einzelstaat umlegen lässt. Indirekt besteht der Zusammenhang dennoch, denn der nationalökonomische Erfolg begünstigt die Schaffung und die qualitative Beschaffenheit von Arbeitsplätzen, die wiederum Aufstiegsmöglichkeiten bieten und dem Migrationsdruck und der Armutsmigration entgegenwirken. Solange die globale Ungleichheit auch die Mittelschichten aufstrebender Schwellenländer als Armutsmigranten und Kapitalanleger in den globalen Norden mobilisiert, kann dieser Trend allerdings nur schwer gebrochen werden. Verkehren sich die Ansichten, wo man – als Reicher, als

Mittelstand, als Unterschicht – am besten und mit den besten Aufstiegsmöglichkeiten lebt, können sich jedoch auch die Richtungen der globalen Migrationsströme umkehren, oder die Migration erschöpft sich, weil man überall gut leben kann.

3.4. Kulturelle Grenzen: Identifizierung, Zuschreibung, Überschreitung

Interessenkonflikte: Es kann davon ausgegangen werden, dass Menschen wünschen, ihre kulturelle Identität zu behalten. Unter bestimmten Umständen wird jedoch auch eine neue kulturelle Identität angestrebt. Kulturwechsel stößt sowohl bei der alten als auch bei der neuen Kulturgemeinschaft auf Irritation, mitunter auch auf Ablehnung und Widerstand. So entstehen hybride oder dritte Räume, in denen die alte und die neue Kultur ein Mischungsverhältnis eingehen.
Instrumente: Instrumente der Akkulturation sind Spracherwerb, Berufswechsel, Annahme einer anderen Religion, Weltanschauung, Habitus. Abwehrmechanismen gegen die Aufnahme neuer Mitglieder in eine Gruppe sind Verbote, Tabus, Integrationsbarrieren aller Art.
Orte: an keinen spezifischen Ort gebunden, allgegenwärtig, allerdings verbinden sich kulturelle mit räumlichen und politischen Grenzen und deren räumlichen Ein- und Ausschlussmechanismen
Dokumente: Mitgliederbescheinigungen
Exekutive: Im Fall von formalisierten Zugehörigkeiten Aufsichtsorgane kultureller Ereignisse und Organisationen, Portiere, Polizei

Grenzüberschreitung durch Wechsel von Identitäten nachzuzeichnen, würde den vorliegenden Rahmen sprengen. Wir konzentrieren uns daher auf die Rolle kultureller Zugehörigkeit bzw. Zuschreibung in Hinblick auf Migrationsbewegungen und Kapitalverkehr.

Migration und Kulturwechsel

Migration hat einen kulturellen Hintergrund. Die wandernden Personen sind keine neutralen Arbeitskräfte, Brautleute oder Flüchtlinge, sondern überschreiten beim Überqueren politischer Grenzen immer auch kulturelle Grenzen zwischen Heimat-, Transit- und Zielland. Sie sprechen in aller Regel eine andere Sprache und gehören einer anderen Ethnie oder Religion an als die Menschen vor Ort, sie kommen aus unterschiedlichen naturräumlichen, politischen, wirtschaftlichen und sozialen Umgebungen und treffen auf unterschiedliche Lebensweisen, Wertesysteme und soziale Praktiken. Weitere Trennlinien entstehen durch die Bilder, die sie von den neuen Umgebungen, und die Bilder, die die Ansässigen von den Neuankömmlingen haben und die Begegnung durch Stereotype und Vorurteile erschweren. So bauen sich im Prozess der Migration zu den kulturellen Grenzen, die durch die unterschiedliche Herkunft bedingt sind, neue kulturelle Grenzen auf, die Missverständnisse auslösen. Im täglichen Leben sind all diese Grenzen präsent und in manchen Fällen werden sie auch überwunden.

Ethno-religiöse Netzwerke im Fernhandel und Handwerk

Die Netzwerke des mittelalterlichen Fernhandels beruhten auf verwandtschaftlichen Banden (Aust 2013; Johanek/Stoob 1996; Middell 2000). Bestimmte Routen, Handelsplätze und Warengruppen waren fest mit einzelnen Familienunternehmen verknüpft. Durch Unternehmenskooperationen und Heirat innerhalb derselben Ethnie oder Religion wurden Netze geknüpft, die sich durch kulturelle Homogenität auszeichneten. Außenstehende fanden keinen Zugang; Mitgliedern vermittelten die Netze Kontakte, Vertrauen, Kredit und Schutz. Durch ihren Ausschluss von Grundbesitz und vielen bürgerlichen Berufen waren Juden durch die konfessionellen Bande in diesen Netzwerken stark vertreten. Es gab aber auch andere Nationalitäten, wie z. B. Italiener (Braudel 1986, Bd. 3:120f) oder Schotten (Kossert 2007), die im europäischen Geld- und Handelsgeschäft verwandtschaftliche und landsmannschaftliche Netze bildeten. Aufgrund der ethno-religiösen Sonderbehandlung nicht-muslimischer Untertanen in islamischen Gesellschaften nahmen Griechen (Griechisch-Orthodoxe), Serben (Serbisch-Orthodoxe), Armenier (Armenische-Apostolische) sowie Juden im Handel und im Handwerk eine zentrale Position ein. Als Fernhändler gelangten sie auch nach Europa, wo ihre spezifischen kulturellen Milieus entstanden. Aufgrund ihrer wirtschaftlichen Bedeutung räumten römisch-katholische Herrscher diesen Fernhändlern die Ausübung ihrer Religion und Alltagsgepflogenheiten ein, allerdings räumlich auf bestimmte Viertel begrenzt und vielfach in diskreter Verborgenheit. Die griechisch-orthodoxe Kirche in Wien, ein Umschlagplatz des Handels aus dem Osmanischen Reich mit Zentraleuropa, durfte etwa kein von außen sichtbares Portal haben. Ähnlich erging es auch den katholischen Kirchen in den calvinistischen Niederlanden.

Im mittelalterlichen und frühneuzeitlichen Handwerk beruhten die Verbindungen vor allem auf der Zugehörigkeit zu einer Berufsgruppe. Die

Berufsvereinigungen ermöglichten Wanderschaft, Ausbildung und Kooperation. Die handwerkliche Spezialisierung wies allerdings auch ethnische, manchmal auch ethno-religiöse Merkmale auf. Dies hängt mit der besonderen Entwicklung bestimmter Regionen zusammen, deren Spezialisten überregional nachgefragt waren: So waren etwa italienische Bauhandwerker im 16. Jahrhundert europaweit nachgefragt: Bauelemente sowie die Sgraffito-Fassaden und Motive an Schlössern und Bürgerhäusern zeugen davon; auch in der Ingenieurstechnik, die in der Architektur, im Damm- und Teichbau zur Anwendung kam, waren Italiener viel gefragt. Im 19. Jahrhundert begründeten Italiener zudem die bis heute fest in italienischen Händen befindlichen Eisdielen in vielen nördlichen Ländern.

Im Fall der nach der Aufhebung des Edikts von Nantes (1685) einsetzenden Vertreibung der Hugenotten verband sich Calvinismus mit der französischen Herkunft. Als begehrte Handwerker fanden die französischen Hugenotten Aufnahme in protestantischen Staaten, allen voran in Brandenburg, wo bis heute französische Toponyme und Familiennamen weit verbreitet sind.

Im 18. Jahrhundert entstand mit den Freimaurern eine weitere kulturelle Gruppe, die sich durch ihr Bekenntnis zu wissenschaftlichem Fortschritt, religiöser Toleranz und Überwindung feudaler und absolutistischer Herrschaft zu einer eigenen Geheimgesellschaft mit spezifischen Aufnahmeprüfungen und Ritualen entwickelte. Im Wesentlichen handelte es sich um aufgeklärte Beamte, Grundbesitzer und Unternehmer, die zünftische Regulierung und adelige Vorrechte als Hindernisse beim Aufbau moderner Staatlichkeit und Unternehmen begriffen (Vocelka 2001:273f). Sie bildeten ein laizistisches, reformorientiertes Netzwerk, das über wissenschaftliche Gesellschaften auch in die Staatsspitzen hineinreichte. Dieses unterstütze und protegierte Unternehmer zum Zeitpunkt, als die technische und organisatorische Modernisierung von Handwerk, Manufaktur und staatlicher Industrieförderung im Gange war, bei der Durchführung ihrer Projekte und schwor sie über die spiritistischen Praktiken ihrer Zusammenkünfte auf eine neue Industrie-, Arbeits- und Unternehmenskultur ein.

Zum Teil existieren die verwandtschaftlichen, landsmannschaftlichen und ethno-religiösen Netzwerke bis heute und stehen ihren Mitgliedern bei Karriere und wirtschaftlichen Projekten zur Seite. Zu den alten Organisationen traten viele neue, und man kann Thinktanks aller Couleurs, Berufsnetzwerke und akademische Verbindungen als zeitgenössische Ausprägungen kultureller Netzwerke ansehen, die ihren Mitgliedern helfen, ihre gesellschaftliche Stellung zu verbessern. Sie öffnen ihnen Tore und schlagen Brücken. Handelt es sich dabei um alteingesessene Cliquen, die über Seilschaften und Patronagesysteme danach trachten, gesellschaftlichen Reichtum und Aufstiegschancen in den Reihen ihrer Mitglieder zu belassen? Stehen heute neue Formen transnationaler kultureller Netzwerke im Vordergrund? Etwa jene kosmopolitischen Netze, die durch transnationale Finanz- und Beratungsgeschäfte, durch die Experten der internationalen Hilfsorganisationen, durch die Manager von Banken und Großunternehmen, die Beamtenschaft inter- und supranationaler Organisationen oder die mobile Intelligenzija im Universitäts- und Medienbereich gebildet werden? Auch hier kristallisieren sich kulturelle Milieus mit spezifischen Umgangsformen, Lebensweisen und Wertesystemen heraus, die auf der einen Seite Staatsgrenzen und deren Loyalitäten überschreiten, andererseits neue Trennlinien zu jenen Menschen entstehen lassen, die in die kosmopolitischen Netze nicht eingebunden sind.

Eine spezifische rechtliche Ausprägung erfuhr die abgehobene transnationale Existenz von ExpertInnen im Allgemeinen Abkommen über den Handel mit Dienstleistungen (GATS) der WTO, das die Liberalisierung des grenzüberschreitenden Handels mit Dienstleistungen zum Ziel hat. Es verpflichtet die Mitgliedsstaaten, ausländische Anbieter inländischen gleichzustellen. Ausgenommen sind lediglich Dienstleistungen, »die in hoheitlicher Gewalt erbracht werden« (GATS Art. 1 Abs. 3). Der sogenannte *Mode 4*, der die Dienstleistungserbringung durch natürliche Personen im Ausland regelt, nimmt das mobile Personal explizit von örtlichen Aufenthalts- und Arbeitsgesetzen aus. So entstehen exterritoriale Rechtsräume, deren Angehörige losgelöst von nationaler Gesetzgebung agieren (Panizzon 2010; Sassen 2013:32). GATS steht damit der – im Oktober 2017 reformierten – Entsenderichtlinie der Europäischen Union entgegen, die für entsandte Arbeitskräfte die Vergütung nach denselben Vorschriften vorsieht wie für einheimische (allerdings zu den Sozialversicherungskosten des Herkunftslandes). GATS leistet damit, je nach beruflicher Position, entweder einer transnationalen Klasse von hochqualifizierten Expats oder von prekarisierten temporären ArbeitsmigrantInnen Vorschub, denen die rechtliche Gleichstellung mit InländerInnen verwehrt wird (https://de.wikipedia.org/wiki/Allgemeines_Abkommen_über_den_Handel_mit_Dienstleistungen, 18. Dezember 2017).

Die kulturelle Prägung der Arbeitsmigration

Wenn es sich nicht um hochqualifizierte SpezialistInnen handelt, gehören ArbeitsmigrantInnen meist ärmeren und einkommensschwachen Bevölkerungsgruppen an. Ihre Wanderungen orientieren sich am Lohngefälle, das der jeweiligen Position ihrer Herkunfts- und Zielregion in der überregionalen Arbeitsteilung entspricht. Sie wandern von Niedriglohnregionen in Orte mit höherem Einkommen, reihen sich dort in der Regel in die niedrigen Einkommenssegmente ein und sorgen (ungewollt) für einen Druck auf das bestehende Niveau von Lohn- und Sozialleistungen. Die Wandernden folgen auf ihren Routen historischen Verbindungen, die ihre Herkunftsgebiete über koloniale oder imperiale Erschließung oder Eroberung an die Ziele ihrer Wanderung gebunden haben. Die daraus entstandenen Abhängigkeiten und Prägungen wirken nach der Dekolonisierung weiter und erneuern sich durch aktuelle Formen der wirtschaftlichen Ausbeutung und Einbindung. Ob sich Menschen zum Aufbruch in die Arbeitsmigration entschließen, hängt mit spezifischen Ereignissen im Herkunfts- und im Zielland zusammen, wie Kriege, Hungersnöte, Konjunkturen und Nachfrage. Mit einem Wort: Wer wohin wandert, ist weder ein Zufall noch ein Automatismus, sondern dies hängt von ganz spezifischen Umständen ab. Vor diesem Hintergrund werden die Wandernden in die Arbeitsmärkte und Sozialstrukturen der Zielländer eingepasst. Bei diesem Einpassen dienen Grenzregime dazu, die richtigen Personengruppen im richtigen Moment an die richtigen Orte zu vermitteln (Mezzadra/Breit 2013:102). Kultur spielt bei der Auswahl eine zentrale Rolle.

Betrachten wir dies anhand von Beispielen aus verschiedenen Zeiten und Orten. Die Kleinbauern aus dem norddeutschen Emsland, die in ihrer Heimat nur schwer überleben konnten, erzielten im 17. und 18. Jahrhundert durch Ernte- und Deichbauarbeiten in Holland ein Zusatzeinkommen, mit dem sie Familien und kleine Wirtschaften zu Hause erhalten konnten. Um möglichst viel nach Hause zu bringen, packten die Saisonarbeiter ihre Rucksäcke mit Nahrungsmitteln voll. Diese »Hollandgänger« wurden in Holland als »Moffen« bezeichnet (Bölsker-Schlicht 1996). Arme Leute vom Land, die sich in der Stadt nicht entsprechend bewegen konnten, ernteten überall Spott, der sich in verächtlichen, herablassenden Bezeichnungen niederschlug. Sie wurden zum Gegenstand besonderer Witzkulturen: Ostfriesen-, Burgenländer- oder Belgierwitze beruhen auf der gleichen kulturellen Überheblichkeit.

Im 19. Jahrhundert wurden die Leute aus dem Emsland von der Nachfrage im Bergbau ins Ruhrgebiet mobilisiert. Dorthin zog es auch Polen aus dem von Deutschland annektierten polnischen Teilungsgebiet: die »Ruhrgänger«, die verächtlich als »Polaken« bezeichnet wurden, begründeten dort polnische Viertel und Vereine und zogen über die Generationen hinweg weitere Familienangehörige und Nachbarn in die deutschen Bergwerke und Fabriken (von Saldern 1996). Sie gingen nun in der ostelbischen Landwirtschaft, wo sie bis dato als Taglöhner, Knechte und Mägde gearbeitet hatten ab: als Ersatz wurden UkrainerInnen (RuthenInnen) aus dem von Österreich annektierten polnischen Teilungsgebiet – Galizien – als SaisonarbeiterInnen angeworben: Sie schienen den deutschen Behörden als Garant, dass sich in Ostdeutschland keine polnischen Mehrheiten bilden konnten. Einer dauerhaften Ansiedlung schoben die deutschen Anwerbestellen durch das Verbot des Familiennachzugs und die zeitliche Begrenzung der Aufenthaltsgenehmigung sicherheitshalber einen Riegel vor. So sparten die galizischen LandarbeiterInnen ihren Lohn an, steckten ihn in ihre Häuser und Höfe daheim und kehrten im nächsten Jahr zur Aussaat und Ernte nach Deutschland zurück.

Auch bei der Auswanderung nach Übersee bildeten sich Wanderrouten und Ziele heraus, die durch bestimmte Herkunftsregionen und Nationalitäten bestimmt waren. Mundpropaganda, Briefe, Heimkehrende und Auswanderungsagenten trugen dazu bei, dass die Nachkommenden immer wieder aus derselben Ecke kamen. Tamara Hareven zeigt am Beispiel neuenglischer Industriestädte im 19. Jahrhundert auf, dass familiäre Netzwerke im Nachzug und in der Arbeitsvermittlung zur Folge hatten, dass einzelne Orte, ja sogar einzelne Unternehmen eine ganz spezifische sprachliche, religiöse und auf die Herkunftsregionen und -kulturen ausgerichtete Arbeiterschaft aufwiesen, die es den MigrantInnen leichter machte, sich in der neuen Heimat zurechtzufinden (Hareven 1993:16).

Die nationalsozialistische Bevölkerungspolitik zielte einerseits auf die Herstellung geschlossener deutscher Siedlungsgebiete durch Umsiedlung von Auslandsdeutschen (Deutsche aus Südtirol, Bessarabien, der Bukowina, der Gottschee u. v. m.) ins Reich; gleichzeitig lag der Zwangsrekrutierung von ausländischen Arbeitskräften eine klare rassistische Rangordnung zugrunde, die von »Eindeutschungsfähigen« über »rassisch Minderwertige« bis zu solchen reichte, die der »Vernichtung durch Arbeit« preis gegeben wurden (Herbert 1986:153).

Die organisierte Arbeitsmigration in der zweiten Hälfte des 20. Jahrhunderts erfolgte ebenfalls entlang ethnisch-sprachlicher Rekrutierungs- und Nachschublinien. Zwar trug eine große Zahl von postkolonialen und südeuropäischen Nationen zur Entsendung bei: Wer woher wohin gelangte, hing allerdings stets von den historisch vorgegebenen Beziehungen zwischen Sende- und Empfängerstaat ab, die sich in Anwerbeabkommen, Aufenthalts- und Fremdengesetzen abbildeten: So gelangten die Menschen aus den ehemaligen Kolonien in ihre ehemaligen Mutterländer und die Menschen aus den südeuropäischen Peripherien (Portugal, Spanien, Italien, Jugoslawien sowie

Türkei) in die zentraleuropäischen Industriestaaten. Ihrem Image als ländliche, rückständige, faule, ein wenig einfältige Arbeitskraft gemäß wurden sie verächtlich als »Tschuschen« (in slawischen Sprachen = fremd) bezeichnet. Erst nach dem Zusammenbruch der realsozialistischen Staaten wurde der Niedriglohnsektor mit ArbeitsmigrantInnen aus Osteuropa besetzt, die an die alten Verbindungen aus Habsburg-österreichischen oder reichsdeutschen Zeiten anknüpfen konnten. Die ethnische Einpassung in die prekären Niedriglohnsektoren ergab sich wie von selbst – auch dann, wenn die MigrantInnen über eine Ausbildung in anderen Berufen verfügten: Slowakinnen und Polinnen in der Pflege und Reinigung, Slowaken und Polen in der Bau- und Transportwirtschaft, UngarInnen in der Gastronomie, RumänInnen in der Landwirtschaft u. s. w.

Noch viel deutlicher und schärfer als im europäischen Westen und in den USA, wo die ArbeitsmigrantInnen in der zweiten Hälfte des 20. Jahrhunderts vor allem aus Lateinamerika bezogen wurden, lässt sich das Muster der ethnischen bzw. ethno-religiösen Basis der Rekrutierung in den Arabischen Emiraten beobachten (Liebig 2007): Dort ist die einheimische, ursprünglich beduinische Bevölkerung durch großzügige fürstenstaatliche Unterstützung vom Zwang zur Lohnarbeit weitgehend befreit und erfreut sich eines hohen, aus der Erdöl-Extraktionsökonomie finanzierten Lebensstandards, während der allergrößte Teil der Erwerbsarbeit von ausländischen ArbeitsmigrantInnen besorgt wird. Als sogenannte *expats* aus anderen arabischen Staaten oder aus Europa sowie als Händler und Dienstleistungsunternehmer aus Indien nehmen einige qualifizierte Positionen ein, die Familiennachzug einschließt, allerdings keine dauerhafte Niederlassungsfreiheit beinhaltet. Alle anderen Arbeiten sind unter klaren ethnischen Vorgaben MigrantInnen aus Indien, Pakistan und Bangladesch (Bau, Transport, Reinigung) sowie Südostasien (Pflege, Gesundheit) zugewiesen. Wie im westeuropäischen Gastarbeitersystem der 1960er- und 1970er-Jahre gibt es keinen freien Arbeitsmarkt, sondern eine befristete Einweisung in einen Arbeitsplatz. An diesen ist die Aufenthaltsgenehmigung gebunden. Die Einheimischen, die sich u. a. durch strenge Einhaltung der islamisch-beduinischen Bekleidungsvorschriften bereits von ihrer Erscheinung her gegenüber den FremdarbeiterInnen unterscheiden, zeichnen sich durch ganz besondere Überheblichkeit aus. Zur Begegnung kommt es nur im Dienstleistungssektor, denn die Lebenswelten, angefangen von den Wohnvierteln und Behausungen über Verkehrsmittel bis zu den Restaurants, Geschäften oder Schulen sind durch eine ethno-religiöse Klassentrennung streng voneinander geschieden.

Eine wichtige Rolle beim Einpassen in die jeweiligen Erfordernisse des Arbeitsmarktes stellen Einwanderungs-, Aufenthalts- und Beschäftigungsgesetze dar. Bei näherer Betrachtung weisen diese – in Kombination mit Höhe der Entlohnung, Dauer und Ansprüchen auf soziale Sicherheit – stets eine ethnische, religiöse oder ethno-religiöse Prioritätensetzung auf, mit der eine bestimmte Arbeitskraft für ein bestimmtes Aufgaben- und Beschäftigungsprofil ausgewählt wird. Zum Beispiel kannten die US-Behörden im 19. Jahrhundert lange Zeit keine Einwanderungsbeschränkungen. Trotzdem waren nicht alle willkommen: Kranke, Untaugliche, politisch Unzuverlässige oder Menschen, die der sozialen Fürsorge zur Last fallen würden, wurden an den Schranken der Kontrollstationen rausgefiltert. Der *Immigration Act* von 1882 legte schließlich fest, welche Kategorien von Einwandernden in den USA unerwünscht waren.

Dieser soziale Filter wurde mit dem im gleichen Jahr verabschiedeten *Chinese Exclusion Act* um ethno-kulturelle Komponenten erweitert. Es wurde ein Zehn-Jahres-Moratorium für die Einwanderung von ChinesInnen verhängt, das während des Ersten Weltkriegs auf Japan, Korea und Indien ausgedehnt wurde (Torpey 2000:98, 117). Die Maßnahmen gegen die chinesische Einwanderung bewirkten eine Diskriminierung bereits im Land anwesender chinesischer GastarbeiterInnen und setzten komplizierte Mechanismen der Kontrolle und Registrierung von Aufenthalt, Ausreise und Familienzusammenführung in Gang, die unter den asiatischen MigrantInnen zu großer Verunsicherung führten.

Zu Beginn der 1920er-Jahren wurde das gesamte Einwanderungssystem auf Länder-Quoten umgestellt, die den Zuzug limitierten und dabei die ethnische und soziale Zusammensetzung der Einwandernden erneut veränderten (Bade 2000:258).

Ein Beispiel für die Steuerung bei der Ausreise stellte der Eiserne Vorhang dar: Er sperrte die Industrieländer im europäischen Westen zwischen 1948 und 1989 von ihren potenziellen Arbeitskraftreserven in Osteuropa ab. Daher wurden MigrantInnen aus anderen Herkunftsregionen mobilisiert, was zu einer ethno-kulturellen Neuzusammensetzung der Arbeitsbevölkerung führte, bei der der Zusammenhang zwischen Herkunft, Ethnizität, Branche und Lohnniveau neu etabliert werden musste; der Status veränderte sich erneut im Zuge von Rationalisierung, Digitalisierung und Verlagerung der Produktion in *Newly Industrializing Countries* seit den 1970er-Jahren (Bade 2000:322). Nach dem Fall des Eisernen Vorhangs und dem Ende des Staatssozialismus 1989 standen osteuropäische ArbeitsmigrantInnen wieder für den Einsatz im

Westen zur Verfügung (für Österreich: Fassmann 2000:198; aktuelle Zahlen: Migrationsrat 2017:20ff).

Zusammenfassend lässt sich beobachten: Das sozioökonomische Gefälle zwischen den Regionen, das die Einsatz- und Verdienstmöglichkeiten der Arbeitsbevölkerungen auf örtlichen und überörtlichen Arbeitsmärkten bestimmte, führte im Laufe der Konjunktur-, Technologie- und Nachfrageentwicklung zu unterschiedlichen Mustern der Regulierung. Einheimische und gewanderte Arbeitskraft wurde in die Segmente des Arbeitsmarktes eingepasst und erhielt aus dieser ungleichen Arbeitsteilung mehr oder weniger Einkommen, Sicherheit und Prestige. Verwandtschaft, Landsmannschaft, migrantische Milieus und Parallelgesellschaften begleiteten die ethnische Prägung und Segmentierung der Arbeitsmärkte (Balibar/Wallerstein 1990). Diese Zugehörigkeiten erleichterten die Arbeitsvermittlung und ermöglichten gegenseitige Unterstützung. Sie verstärkten gleichzeitig die ethno-kulturelle Stereotypenbildung – so als ob die Verbindung von Nationalität und Eignung für eine bestimmte Tätigkeit aus natürlichen Eigenschaften resultiere. Geopolitische Bündnis- und Klientelsysteme, die ihre Grenzen für bestimmte Herkunftsgruppen öffnen und für andere schließen, machen deutlich, dass die ethno-professionellen Prägungen nicht in Stein gemeißelt sind: Die Einführung von Ein- und Ausreiserestriktionen ebenso wie deren Aufhebung können bestehende Zuordnungen unterbrechen und die sozio-kulturelle Hierarchie der Beschäftigten neu gruppieren.

Die kulturelle Prägung des Kapitals

An einigen Beispielen soll verdeutlicht werden, dass auch Handelsgüter und Kapitalinvestitionen keine neutralen Ströme darstellen, sondern kulturell geprägt sind. Einerseits durch die Personen der Eigentümer, die einer bestimmten Nationalität und/oder Religion angehören, also z. B. Schotten, Griechen, Franzosen; Katholiken, Juden, Calvinisten; einer Rechtskultur der Gewohnheit, des Vertrags, des Gesetzes oder des Vertrauens; einem Wertesystem und einer Lebensweise des Gebens, des Sparens, des Überflusses – mit vielen, aber keineswegs allen Möglichkeiten der Kombination.

Die Regulierung von Waren- und Kapitalbewegungen verfolgt sehr oft auch kulturelle Zielsetzungen, also die Bevorzugung, Benachteiligung oder Blockierung spezifischer Nationalitäten oder ethno-religiöser Gruppen. Dies war keineswegs auf den Nationalsozialismus beschränkt, der den Ausschluss der Juden zuerst aus dem Wirtschaftsleben und dann vom schieren Überleben besonders radikal und systematisch umsetzte. Nach dem Zerfall der Habsburgermonarchie im Jahr 1918 kam es in den Nachfolgestaaten zu Eigentumstransfers. In der jungen Tschechoslowakei zielten Landreformen auf eine Sozialisierung, sprich die Umverteilung vom Großgrundbesitz zu größeren und mittleren Bauernstellen. Da der Großgrundbesitz deutsch und der bäuerliche Kleinbesitz tschechisch geprägt war, hatte die Sozialisierung auch eine nationalitätenpolitische Schlagseite (Teichova 1988:45). Beim Eigentum an Banken- und Industrieunternehmen wurden sogenannte Nostrifizierungen vorgenommen: Hier ging es darum, deutsch-österreichisches Kapital, das mit der Abhängigkeit von Wien gleichgesetzt wurde, zu ersetzen, und mangels tschechischem Kapital die Anlagen und Aktien an britische und französische Eigentümer zu übergeben (ebd.:61). Ähnliche, wenn auch nicht so weitgehende Nostrifizierungen deutscher, österreichischer oder magyarischer Eigentümer gab es auch in Polen, Ungarn und Rumänien. Im Zuge der Rückbesinnung der westlichen Großmächte bei Handel und Investitionen auf ihre imperialen Wirtschaftsräume im Gefolge der Weltwirtschaftskrise 1929/1931 orientierten die meisten osteuropäischen Staaten (Ausnahme: Böhmen und Mähren) ihren Außenhandel *nolens volens* auf den ab 1933 NS-deutschen Großraum, obwohl dieser sie vor allem als Absatzgebiet für deutsche Fertigwaren, als Rohstoffreservoir und nach Kriegsbeginn als Verbündete favorisierte (ebd.:189). Nach der Niederlage des Nationalsozialismus folgte mit der Vertreibung der Deutschen die kollektive Rache für diese Instrumentalisierung. Ihr Eigentum wurde nationalisiert.

Auch die bipolare Ordnung des Kalten Krieges ruhte auf einem antagonistischen kulturellen Verständnis. Bei der atlantischen Orientierung des europäischen Westens, der auf US-Kredit und Wiederaufbauhilfe, der westeuropäischen Integration in die Weltwirtschaft mit dem Dollar als Leitwährung beruhte, handelte es sich um einen Werteblock. Dasselbe galt für die Ostorientierung des europäischen Ostens, dessen blockinterner Austausch auf einem Barter-System des Transferrubels basierte. Der kulturelle Unterschied zwischen West und Ost ließ sich nicht in erster Linie an der Nationalität festmachen, obwohl der *American way of life* und der *sowjetskij mir* auch nationalpolitische Prägungen aufwiesen. Viel wichtiger waren allerdings Merkmale wie Privateigentum, parlamentarische Demokratie und christliche Werte auf der westlichen, Staatseigentum, Primat der Kommunistischen Partei und Atheismus auf der östlichen Seite. Die aus Schuldenkrise und dem Verlust des politischen Primats resultierende politische Wende und der Systemwechsel 1989/1991 erfassten als kulturpolitische Festlegung auf westliche Werte zwar den gesamten Ostblock. Es kam im Zuge der Transformation jedoch zu einer Hinwendung zur nationalen Identität, die sich entlang der unterschiedlichen Fähigkeit zur Westintegration im Fall der Tschechoslowakei, der Sowjetunion und Jugoslawiens auch in Staatszerfall und neuen Grenzziehungen niederschlug.

Die MigrantInnen, die aufgrund der von IWF und Weltbank eingeforderten Schocktherapie bei der Liquidierung und Privatisierung der Staatsbetriebe Erwerbsarbeit und Einkommen verloren hatten und sich auf Arbeitsuche in den Westen aufmachten, wurden dort nicht mehr als Kommunismusflüchtlinge wahrgenommen, sondern im Lichte alter und neuer nationaler Stereotype über ihre Qualifikation und Leistungsbereitschaft in den AusländerInnen-Arbeitsmarkt eingeordnet. Ebenso geschah es den Kapitaleigentümern, allen voran den sogenannten Oligarchen aus der ehemaligen Sowjetunion, die unabhängig von ihrer Nationalität im Westen als russisch angesehen wurden. Um keinen Zweifel aufkommen zu lassen: Es gibt gute Gründe, Personen, die ihre Stellung in der Kommunistischen Partei und im Management eines Staatsunternehmens dazu ausnützen konnten, sich gesellschaftliches Eigentum privat anzueignen, es also zu rauben (*privare*), als Kriminelle anzusehen. Im Zeitgeist der Wende galten sie jedoch als flexible, innovative, aufbruchsbereite Unternehmer – ganz im Sinne, nur andersrum konnotiert, wie Karl Marx die ursprüngliche Akkumulation definiert hatte. Diese Neureichen waren also der Inbegriff des Kapitalisten und gerierten sich als »neue Russen«, *nowyje russkije* (vgl. Nolte/Schalhorn/Bonwetsch 2014:497ff). Sobald sie ihr Geld auf der Suche nach sicherer Veranlagung in den Westen transferierten, stießen russländisches Kapital und russländische Kapitalisten auf Skepsis und Ablehnung. In vielen Fällen wurde ihre Beteiligung als feindliche Übernahme abgelehnt. Kurzum, oligarchisch akkumuliertes Kapital galt als Konkurrenz. Zur Rechtfertigung etikettierte man es in typisch orientalisierender Weise – angeblich im Gegensatz zu westlichen Gepflogenheiten – als »korrupt« oder »kriminell« und nahm die Globalisierungsstrategien russländischer Kapitalisten zum Anlass für die Einführung strenger Nachweisprüfungen über die Herkunft von Kapital.

Auch die Pläne zur Abschaffung des Bargeldes zielen auf die Transparenz der Geldflüsse. Das Zurschaustellen ihres Reichtums und der oft ausschweifende Lebensstil wurde den reichen Russen als besonderes nationales Laster auf den Leib geschrieben.

Als seit der Jahrtausendwende die chinesische Reform ebenfalls Milliardäre hervorbrachte und staatliche und private Unternehmen seither Investitionsfelder im Westen suchen, hat sich das kulturelle Überheblichkeitsgefühl westlicher Staaten und medialer Öffentlichkeiten auch auf »die Chinesen« übertragen. Ihre Importwaren werden des sozialen und ökologischen Dumpings und des Plagiats verdächtigt, ihre Übernahmen und Beteiligungen gelten als Spionage sowie Trojaner, die zur Destabilisierung westlicher Volkswirtschaften verwendet werden können. Es kam deshalb zu einer Reihe von Zurückweisungen von chinesischen Investitionen mit dem Argument, ein Verkauf strategischer Unternehmen einer Volkswirtschaft an chinesische Eigentümer schade der nationalen Souveränität (Nolan 2012:98f). Der Rekurs auf Leistungsbereitschaft, Genügsamkeit, Fleiß im Dienste der Gemeinschaft, die üblicherweise als positive Eigenschaften hoch gehalten werden, verkehren sich bei Asiaten ins Gegenteil und gerinnen zu kulturellen Stereotypen, die in der Tradition des »asiatischen Despotismus« gegen ihre Träger gerichtet werden.

Diese Frontstellung spiegelt die Angst des Westens, seine führende Rolle in der Weltwirtschaft an neue aufsteigende Zentren zu verlieren. Deutlicher Ausdruck dieses Umbruchs ist die Verkehrung der westlichen und der ost-und südasiatischen Rolle in der internationalen Arbeitsteilung in Hinblick auf Protektionismus und Freihandel. Während die alten Industrieländer auf Protektionismus einschwenken, um ihren wirtschaftlichen Abstieg abzuwenden, nehmen die neuen Industrieländer das Versprechen von den Segnungen des Freihandels beim Wort und kombinieren es mit nationalen Entwicklungsstrategien.

Vom Gebrauch der Grenze: Rückblick und Ausblick

Grenzregime hängen maßgeblich von der Territorialität der politischen und wirtschaftlichen Interaktion und den Möglichkeiten der beteiligten Akteure ab, das Überschreiten von Grenzen in ihrem Interesse zu steuern. Welche Grenzregime sich im jeweiligen Zeithorizont durchsetzen, ist Ausdruck von politischen Kräfteverhältnissen und spiegelt die Interessen der herrschenden Machtgruppen bzw. die ihnen abgerungenen Kompromisse mit anderen politischen und sozialen Kräften wider. Grenzregime werden aber auch durch ökonomische Konkurrenz, Produktionsverhältnisse, technologische Entwicklungen und Kapitalverwertungserfordernisse von Unternehmern bestimmt, die bei den politischen Machthabern um Realisierung der für sie günstigsten Bedingungen im Kapital-, Waren- und Personenverkehr sowie in der Verteilung des gesellschaftlichen Produkts werben; auch hier liegen Interessenkonflikte zwischen unterschiedlichen Branchen und Unternehmenstypen sowie zwischen Unternehmern und Lohnabhängigen vor, aus denen widersprüchliche, die Interessen unterschiedlicher Gruppen berücksichtigende Arrangements in den Grenzregimen resultieren.

Die zeitliche Achse des Buches wurde durch die vier Territorialitätsordnungen gebildet, nämlich (1) das mittelalterliche Kaleidoskop überlappender Territorialitäten, (2) den frühneuzeitlichen Flächenstaat mit imperialer bzw. kolonialer Erweiterung, (3) die Souveränitätsordnung der Nationalstaaten im 19. und 20. Jahrhundert und (4) das System der durch die *Global Governance* entnationalisierten Staatlichkeit an der Wende vom 20. zum 21. Jahrhundert. Die vier Ordnungen lösten einander nicht einfach im Zeitenlauf ab; vielmehr bildete sich die neuere Ordnung bereits im Schoße der älteren heraus, ebenso wie die ältere Ordnung in den neueren Zeithorizont hineinreicht (vgl. Sassen 2008:30) – in Hinblick auf bestimmte Bereiche der Interaktion, aber auch in Hinblick auf die räumliche Differenzierung der Übergänge.

Das mittelalterliche Kaleidoskop war durch Dynastien, Adel und Kirche, bürgerliche Stadtkultur, Fernhändler und fahrende Unterschichten geprägt, die netzwerkartig und patchworkartig untereinander verbunden waren. Im 16. Jahrhundert setzte eine Tendenz zur flächenhaften Ausgestaltung der politischen und sozialen Ordnung ein, die die europäischen Mutterländer, ihre

Erweiterungsgebiete und kolonialen Besitzungen einschloss. Während die europäische Welt weit über das Mittelalter hinaus Impulse aus der außereuropäischen Welt aufnahm und deren führende Stellung im Bereich von politischer Verwaltung, Handel und Produktionstechnologie anerkannte, schob der europäische Kolonialismus einen Keil in den überregionalen Austausch und hebelte die Multipolarität innerhalb der Alten Welt durch einen Herrschaftsanspruch europäischer Mächte aus: Sukzessive wurden zwischen dem 16. und dem 19. Jahrhundert weite Teile der ost- und außereuropäischen Welt in ein westeuropäisch dominiertes Weltsystem einbezogen (Wallerstein 1980–2012, Bde. 1–4). Das Recht der kolonisierten und abhängigen Weltregionen, eine ihren – ebenfalls widerstreitenden – Interessen entsprechende Politik der Grenze umzusetzen, wurde dabei eingeschränkt bzw. außer Kraft gesetzt. Die kolonialstaatliche Ordnung verwandelte sich im Zuge der Transformation der Reiche in nationale bzw. multinationale Verfassungsstaaten (19. Jahrhundert) sowie durch die schrittweise Entkolonialisierung (19. und 20. Jahrhundert) in eine internationale Staatenordnung. Diese Transformation verlief in den einzelnen Weltregionen höchst ungleichzeitig ab.

Die postkoloniale und postimperiale völkerrechtliche Ordnung konnte das Fortwirken der Kolonialität nicht außer Kraft setzen (Mignolo 2000). Sie schuf jedoch über internationale Verträge und Organisationen (Bandung-Konferenz, UN-Organisationen wie z. B. UNCTAD und regionale Entwicklungskommissionen) einen Rahmen für nachholende nationalstaatliche Entwicklung und deren internationale Koordination. Mit der Transformation der zentralisierten, vertikal entlang des *work-flow* organisierten Fabrik in globale Güterketten mit über den Globus aufgespannten Fertigungsstandorten geriet diese Ordnung in Widerspruch zur nationalstaatlichen Souveränität und ihrer völkerrechtlichen Institutionalisierung (Fröbel/Heinrichs/Kreye 1977:61–65). Obwohl die Staaten und die internationalen Institutionen nach wie vor bestehen, befinden sich diese seit den 1980er-Jahren im Umbruch zu einer *Global Governance*, in der die Interessen der Staaten und der Interessenausgleich in ihren demokratischen Institutionen zugunsten einer globalen Ordnung im Interesse des Kapitals zurücktreten. Die westlichen Staaten entwickeln sich dabei vom Wohlfahrtsstaat zum Wettbewerbsstaat (Hirsch 2002), engagieren sich für den Umbau der auf das Gemeinwohl ausgerichteten Institutionen im Interesse der Kapitalverwertung (Sassen 2008) und nehmen zunehmend autoritäre Form an (Mies/Wernicke 2017).

Das Abrücken vom Grundsatz der staatlichen Souveränität und ihrer völkerrechtlichen Absicherung trat in einem Moment auf, in dem Schwellenländer des Globalen Südens aufgrund von Erfolgen ihrer nachholenden wirtschaftlichen Entwicklung Ansprüche auf eine gleichberechtigte Mitwirkung in der internationalen Ordnung erhoben. Die geforderte Demokratisierung der internationalen Beziehungen im Sinne einer multipolaren Ordnung scheiterte bisher an der Vehemenz, mit der die westlichen Großkonzerne die von ihnen Freihandel genannte Freiheit des ungehinderten Kapital- und Warenverkehrs mit dem Schutz ihrer eigenen Märkte gegenüber Schwellenländer-Konkurrenz verbinden und diesen sie schützenden Freihandel zur Bedingung für die Teilnahme an der Weltwirtschaft machen.

Nach Durchsicht der Chronologie der Territorialität, der Typologie der Grenze und den in den einzelnen Bereichen grenzüberschreitender Bewegungen errichteten Grenzregimen liegt der Fokus der folgenden abschließenden Darstellung auf der Politik der Grenze – im Rückblick und im Ausblick.

Welche Grenzen sind im Spiel?

Zunächst geht es um politische Grenzen, die bei der Gründung, dem Zerfall, der Abspaltung, der Neugründung von Staaten und der Neuzusammensetzung zu Staatenbünden oder Blöcken gezogen werden. Sie unterliegen im Zeitenlauf unterschiedlichen Ausformungen der Territorialität. Festlegungen der Außengrenzen korrespondieren mit politisch-administrativen Unterteilungen im Inneren. Diese politischen Grenzen interagieren mit sozialen, ökonomischen und kulturellen Grenzen: Status, Wohlstand und kulturelle Identität dienen nicht nur als Begründung für In- und Exklusion bei der Bildung gesellschaftlicher Gruppen, sondern liefern auch Begründungen für räumliche Grenzziehungen: Wunsch nach Einheit, nach Verbleib, nach Abspaltung, Separation, Abstoßung von Teilregionen oder Vereinigung mit anderen Staaten oder Regionen.

Die historische Entwicklung zeigt die Gewordenheit von Territorialität, staatlichen Gemeinwesen und der Art ihrer Grenzsetzung. Obwohl die Beharrungskraft des Faktischen bestehende Ordnungen konserviert, erleben wir die Vergänglichkeit gesellschaftlicher ebenso wie internationaler Ordnung. Einflussfaktoren für die Veränderung staatlicher Räume und Grenzen sind auf der einen Seite sozio-ökonomische Anforderungen an eine bestimmte Art von Territorialität und Staatlichkeit, auf der anderen Seite sozio-kulturelle Vorstellungen, was in diesen Räumen Zusammengehörigkeit stiften soll (Gruppenidentität, Berufs- und Standesnetze, National-, Regional- und Klassenbewusstsein, transnationale Identitäten und Netze) und wer sich daran beteiligen darf.

Die Gestaltbarkeit von Grenzen

Eine Politik der Grenze geht über die Bildung von Staaten und ihre Grenzziehung hinaus. Sie findet ständig in allen Bereichen statt, in denen Grenzen aufrechterhalten, überschritten, abgeschafft oder in ihrer Wirkungsweise verändert werden. Dies betrifft nicht nur den räumlichen Aspekt von Grenze, sondern auch soziale, ökonomische und kulturelle Grenzen. Politik der Grenze manifestiert sich in bestimmten Grenzregimen, verstanden als Normen, Regeln und Gepflogenheiten bei der Pflege von und dem Umgang mit Grenzen. Politik der Grenze, Grenze als Politik bedeutet mehr als die Veränderbarkeit von Territorium, staatlicher Souveränität und den damit einhergehenden Typen von Grenze. Grenze als Politik verweist auf Grenze als Prozess, als Aufgabe, als Aktivität. Handelnde Akteure sind nicht nur Regierungen der verschiedenen Ebenen von Staatlichkeit, sondern auch all jene Personen und Institutionen, die die vielfältigen und einander vielfältig überlagernden und ergänzenden Grenzen gebrauchen.

Regierungen garantieren Staatlichkeit, wobei diese unter verschiedenen Territorialitätsregimen unterschiedliche räumliche bzw. rechtliche Form annimmt, das heißt entweder die gesamte Fläche und die gesamte Bewohnerschaft eines Rechtsraums erfassen kann oder sich die staatliche Autorität die Macht mit anderen Herrschaftsinhabern teilt: Was im Mittelalter der Adel und das Kaufmannskapital war, repräsentieren heute multinationale Großkonzerne, Banken und Kommandozentralen globaler Güterketten. Regierungen stellen im jeweiligen Rahmen jedoch auch die rechtlichen Voraussetzungen bereit, um den Umgang mit allen Arten von Grenzen innerhalb des Staates zu regeln und nach Möglichkeit zu kontrollieren. Die betroffenen Menschen gestalten die vorgefundenen Grenzen durch ihren Umgang damit aus: durch Akzeptanz, Unterlaufen, Übertretung, Überwindung oder auch das Bemühen, auf die Grenzen bzw. die Regeln für den Umgang damit neu zu gestalten. Ihr Spielraum ist eingeschränkter als jener der Regierung, nichtsdestotrotz gebrauchen auch sie Grenzen im jeweiligen Interesse.

Grenzen zeigen sich damit als ein vielseitig gestaltbares Phänomen, in dem unterschiedliche Gruppen und Interessen aufeinander treffen. Im Sinne der Stabilität werden sie gerne als etwas Gegebenes dargestellt. Zu bestimmten Zeiten mag das zutreffend sein, weil der gewordene Zustand nicht durch bloßen Voluntarismus überwunden werden kann. Grenzen zu verändern bzw. zu überwinden, bedarf bestimmter Gelegenheiten, neuer Anforderungen aus der Perspektive bestimmter Interessen sowie Akteurskonstellationen. Die Gewordenheit prädestiniert zugleich die Endlichkeit von Grenzen und

Grenzregimen und die Möglichkeit ihrer Veränderung – im Sinne des revolutionären Umsturzes einer Trennlinie (politische und soziale Neuordnung), aber auch im alltäglichen Gebrauch (durch Subversion oder Ausnützen).

Grenzen haben in Hinblick auf ihre Aufgabe des Trennens und Verbindens zumindest zwei Seiten. So wie es in der Landschaft Drei- oder Vierländerecken gibt, trifft dies auch auf soziale, ökonomische und kulturelle Trennlinien zu: Soziale Schichtung umfasst mehr als zwei Klassen, ökonomische Spezialisierung mehr als zwei Branchen, Größenordnungen oder Geschäftsmodelle von Unternehmen, kulturelle Vielfalt lässt sich in ethnischer, sprachlicher, religiöser und alltagspraktischer Hinsicht in unzählige Untergruppen differenzieren. Jede Grenze hat also mehrere Seiten. Sie kann von jeder Seite anders konzipiert und gebraucht werden. Politik der Grenze ist demnach kontrovers, Grenzkonflikte können konfrontativ oder kompromissbereit bearbeitet werden. Sie bestehen keineswegs nur aus räumlichen Konflikten. Es gibt Interessenkonflikte in Grenzfragen, die nicht räumlich definiert sind (Klasse, Ethnizität, Geschlecht, Weltanschauung). Wenn soziale, ökonomische und kulturelle Räume, wie dies die Regel ist, oft nicht miteinander übereinstimmen, ergibt sich daraus eine besondere Schwierigkeit politischer Grenzziehung und Sprengkraft für Grenzkonflikte.

Der Standpunkt des Globalen Südens

Wie der Begriff nahelegt, sind Standpunkte an eine bestimmte geographische Position, eine Lokalität oder Gegend, im übertragenen Sinn aber auch an eine bestimmte soziale, kulturelle oder weltanschauliche Verortung gebunden. Es ist nichts dagegen einzuwenden, die eigenen Interessen in der Politik und im Gebrauch der Grenze zu verfolgen. Eine Lösung im Konfliktfall setzt allerdings voraus, der anderen Seite bzw. den anderen Seiten ihren Standpunkt zuzugestehen, und anzuerkennen, dass auch diese Grenzen in ihrem Sinn gebrauchen wollen.

Im Zugang zur Konfliktlösung kommt ein weltanschaulicher Aspekt ins Spiel. Will ich zur Durchsetzung meiner Interessen die andere Seite diesen unterwerfen und sie zu meinen Gunsten instrumentalisieren? Oder bin ich prinzipiell bereit, beiden (allen) Seiten ihren Standpunkt zuzugestehen – das heißt, die Einmischung zu meinen Gunsten hintanzustellen und einen Interessenausgleich anzustreben, mit dem beide Seiten leben können? Das Völkerrecht bietet in Bezug auf die zwischenstaatlichen Beziehungen souveräner Staaten dafür gewisse Handhaben, auch wenn diese durch Angriffskriege und militärische Intervention regelmäßig unterlaufen werden. Während es dafür Foren, Gerichtshöfe und Sanktionen gibt, bietet das Völkerrecht für das Unterlaufen und Ausnützen der ökonomischen Souveränität anderer Staaten durch die Intervention des ausländischen oder transnational agierenden Kapitals (das immer mit der staatlichen Rückendeckung des Stammsitz-Landes agiert) keine Handhabe. Im Gegenteil: Bestehende internationale Vereinbarungen im Rahmen der Welthandelsorganisation und der internationalen Finanzorganisationen sowie Handels- und Partnerschaftsverträge zwischen entwickelten Staaten und Entwicklungsländern unterbinden die Möglichkeit von nicht-dominierenden peripheren und semiperipheren Staaten zu einer Politik der Grenze. Sie verbieten sie unter dem Deckmantel der Wettbewerbsfreiheit und des freien Welthandels und setzen das Verbot mit der Androhung durch, dass Förderung und Schutz für einheimische Unternehmen und Wirtschaftsentwicklung den Ausschluss aus internationalen Handels- und Kapitalflüssen nach sich ziehen würden. Auch im Bereich der innerstaatlichen und internationalen Verteilungspolitik sind umverteilende Politiken umstritten und die ordnungspolitischen Regelungen widersprüchlich, zum Beispiel was die Legalität bzw. die internationale Anerkennung von sozialer Revolution sowie Maßnahmen zur Beförderung von sozialer Gerechtigkeit, sozialer Gleichstellung, Geschlechtergerechtigkeit oder Antirassismus anlangt.

Grenzen wurden in diesem Buch aus einer europäischen Perspektive behandelt. Die Autorin hat sich gleichwohl bemüht, die historischen Einflüsse aus außereuropäischen Weltregionen sowie die Folgen der europäischen Expansion als wesentliche Grundlagen für die Herausbildung moderner imperialer oder kolonialer (west-)europäischer Staatlichkeit darzustellen – ebenso wie die internationale Ordnung, die diese europäische bzw. westliche Ordnung absichert. Ein zentrales Anliegen war es insbesondere, dem universalistischen eurozentrischen Anspruch entgegenzutreten, demgemäß dieser Typus von Staat und diese Ordnung wert- und interessenneutrale Institutionen wären, die erstens alternativlos und zweitens dem Wohl der Weltgesellschaft dienlich wären. Die Auseinandersetzung mit Grenzen ist nicht nur Thema, sondern auch eine Methode zum Erkennen globaler Ungleichheit, die nach dem Ende der Kolonialära in der Schieflage der internationalen Beziehungen fortlebt.

Hie und da wurden Grenzen auch aus der Perspektive der anderen Seite betrachtet – jener anderen, benachteiligten Seiten, die auch innerhalb Europas in Form von Erweiterungsgebieten, Protektoraten und inneren Peripherien existierten und in den postimperialen und postkolonialen Ordnungen weiterhin existieren. In den globalen Peripherien formierten sich immer wieder

Bewegungen und Regierungen, die der Politik der Grenze im Interesse der dominierenden Zentren Selbstbestimmung entgegenhielten – in Bezug auf Rohstoff- und Ernährungssouveränität, Waren- und Kapitalverkehr, Migration, revolutionären Umbruch oder weltanschauliche Alternativen. Auch dabei spielen Grenzen eine zentrale Rolle. Diese Perspektiven und die daraus resultierenden politischen und sozialen Entwürfe, ihre Erfolge und ihr Scheitern, wurden hier nur am Rande gestreift. Zum Schluss sollen der Standpunkt und die Perspektive des Globalen Südens in den Mittelpunkt gerückt werden.

Die heute in den westlichen Zentren vorherrschenden Diskurse über globale Ungleichheit sind aufgrund ihrer Fixierung auf den nördlichen/westlichen Standpunkt nicht geeignet, die historischen sowie die täglich durch die Strukturen und Institutionen der Weltwirtschaft reproduzierten Destabilisierungen und Verwerfungen zu erkennen. Die dadurch hervorgerufene Verelendung und Entwurzelung großer Teile der Weltbevölkerung wird zwar als Gefahr für den sozialen Frieden in Europa wahrgenommen, die europäische bzw. westliche Verantwortung für ihre Lage jedoch nicht oder nur unzureichend zu Kenntnis genommen (Böröcz 2010). Meist werden daraus in Verkennung oder Leugnung der Ursache-Wirkung-Zusammenhänge zudem falsche Schlussfolgerungen gezogen, indem mehr von dem, was Hunger, Elend, Flucht und Aufbruch verursacht, als Abhilfe verordnet wird – nämlich mehr internationaler Warenhandel (ungleicher Tausch), mehr Kredite, mehr Direktinvestitionen, mehr sogenannte Entwicklungszusammenarbeit, mehr sogenannte Partnerschaftsabkommen, mehr Militärhilfe.

Sich auf örtliche Bedürfnisse im globalen Süden einzulassen, ist im Norden ganz und gar unüblich. Es geht lediglich darum, den eigenen Wohlstand, auch wenn dieser durch Austerität, Finanzialisierung und Arbeitsplatzverlagerung an Billiglohnstandorte für die breite Masse längst in Frage gestellt ist, hinter Mauern zu bewahren – ob Unionsgrenzen, Staatsgrenzen oder *gated communities*, ist da nur eine Nuance. Aber auch diejenigen, die gerne mehr, alle oder zumindest möglichst viele Flüchtlinge und ArmutsmigrantInnen aufnehmen wollen, verlassen ihren Standpunkt selten: Die multikulturelle Einwanderung soll uns bereichern, die höhere Fertilität unsere Altersversorgung gewährleisten; ihre Arbeitskraft und ihre Nachfrage das Wirtschaftswachstum anregen; was in den Heimatländern passiert, wo die MigrantInnen abgehen, bleibt ausgeblendet.

Schließen wir mit einem Plädoyer, den Menschen, den sozialen Bewegungen und den Regierungen im globalen Süden den Gebrauch der Grenze im eigenen Interesse zu gestatten. Dies heißt nicht mehr und nicht weniger als ein

Ende der Einmischungen, die einen selbstbestimmten Gebrauch verunmöglichen, zu fordern und zu fördern. Dies darf nicht erst in dem Moment ansetzen, wo sich Söhne und manchmal auch Töchter, Väter, ja sogar ganze Familien, jedenfalls die Robustesten und Durchsetzungsfähigsten unter der Bevölkerung, auf den beschwerlichen Weg ins Zentrum machen, um dem Elend zu entkommen oder die Daheimgebliebenen mit Geldsendungen zu unterstützen. Es muss dort solidarisch ansetzen, wo in den Ländern des Südens in lokalen Projekten, staatlichen Programmen und internationalen Süd-Süd-Kooperationen eine eigenständige regionale Entwicklung mit Hilfe von *delinking* und einer autozentrierten Wirtschafts- und Sozialpolitik in Angriff genommen wird – eine Politik der Grenze, die im Umgang mit Handel, Auslandsinvestition, Kredit, Gesetzen, Anreizen und Auflagen für ausländische Investoren die Interessen der einheimischen Gemeinwesen, örtlicher Unternehmer, Arbeitskräfte und der breiten Bevölkerung von Jung bis Alt verfolgt. Und es muss dort ansetzen, wo den Einheimischen Möglichkeiten des Erwerbs, des Überlebens und der Versorgung im eigenen Land eröffnet werden, anstatt sie der Flucht und Arbeitsmigration zu überantworten. Flüchtlinge und ArmutsmigrantInnen sind in den allermeisten Fällen Menschen, die zu Hause fehlen. Konfliktlösung bedeutet, für ihre sichere Rückkehr in die Heimat zu sorgen.

Die Ausgangspositionen und Entwicklungspfade im Globalen Süden unterscheiden sich je nach Größe, Geschichte, politischem System und Position eines Staates in der internationalen Arbeitsteilung stark voneinander. Es gibt keine Standardrezepte und Patentlösungen. Große Schwellenländer stellen die Dominanz der westlichen Staaten und ihrer Institutionen längst in Frage und entwickeln eigene Interessen nicht nur gegenüber dem Norden bzw. Westen, sondern auch gegenüber Entwicklungsländern.

Es sind Zeiten angebrochen, in denen Grenzen verstärkt zur Disposition stehen und es darauf ankommt, wer welche Politik der Grenze in Angriff nimmt, um aus dem sich abzeichnenden Chaos eine – die Hoffnung stirbt zuletzt – sozial gerechtere Weltordnung erstehen zu lassen.

Literaturliste

Agamben Giorgio (2004): *Ausnahmezustand.* Frankfurt/Main (ital. 2003).

Agier Michel, Hg. (2014): *Un monde de camps.* Paris.

Anderson Benedict (1988): *Die Erfindung der Nation. Zur Karriere eines folgenreichen Konzepts.* Frankfurt – New York (engl. 1983).

Anderson Malcolm (1996): *Frontiers. Territory and State Formation in the Modern World.* Cambrigde.

Andruchowytsch Juri, Hg. (2014): *Euromaidan – Was in der Ukraine auf dem Spiel steht.* Berlin.

Arrighi Giovanni (1994): *The Long 20th Century. Money, Power, and the Origins of Our Time.* London – New York.

Arrighi Giovanni (2007): *Adam Smith in Beijing. Lineages of the 21st Century.* London.

Asyl aktuell. Zeitschrift der Asylkoordination Österreich. Wien, Jg. 2016 und 2017.

Atlas der Globalisierung (2011): Hg. *Le Monde Diplomatique* und *taz.* Berlin.

Aust Cornelia (2013): Between Amsterdam and Warsaw: Commercial Networks of the Ashkenazic Mercantile Elite in Central Europe, in: *Jewish History,* Vol. 27 (1): 41–71.

Autheman Nicolas (2017): Les réfugiés, une bonne affaire, in: *Le Monde Diplomatique,* Mai 2017: 14–15.

Babones Salvadore (2016): From World-Market to World-Empire. The Political Economy of the Third Millenium, in: Nolte Hans-Heinrich / Boatcă Manuela / Komlosy Andrea, Hg.: *Worldregions, Migrations and Identities.* Gleichen: 145–157.

Bacci Livi Massimo (2015): *Kurze Geschichte der Migration.* Berlin (ital. 2010).

Bachinger Almut (2009): *Der irreguläre Pflegearbeitsmarkt. Zum Transformationsprozess von unbezahlter in bezahlte Arbeit durch die 24-Stunden-Pflege.* Dissertation Universität Wien.

Bade Klaus J. (2000): *Europa in Bewegung. Migration vom späten 18. Jahrhundert bis zur Gegenwart.* München.

Bade Klaus J. u. a., Hg. (2010): *Enzyklopädie Migration in Europa: Vom 17. Jahrhundert bis zur Gegenwart.* Paderborn – Wien – München.

Bairoch Paul (1982): International Industrialization Levels from 1750 to 1980, in: *The Journal of European Economic History* 11, 2: 269–334.

Balibar Étienne / Wallerstein Immanuel (1990): *Rasse – Klasse – Nation. Ambivalente Identitäten.* Hamburg (franz. 1988).

Barth-Bartenheim Johann Ludwig Ehrenreich von (1829): *System der österreichischen administrativen Polizey mit vorzüglicher Rücksicht auf das Erzherzogthum Oesterreich unter der Enns,* 2 Bde. Wien.

Bassin Mark / Catriona Kelly, Hg. (2012): *Soviet and Post-Soviet Identities.* Cambridge.

Bauer Markus / Rahn Thomas, Hg. (1997): *Die Grenze. Begriff und Inszenierung*. Berlin.

Becker Joachim (2002): *Akkumulation. Regulation. Territorium. Zur kritischen Rekonstruktion der französischen Regulationstheorie*. Marburg.

Beer Adolf (1893): Die Zollpolitik und die Schaffung eines einheitlichen Zollgebietes unter Maria Theresia, in: *Mittheilungen des Instituts für oesterreichische Geschichtsforschung* Bd. XIV: 237–326.

Benedikt Heinrich (1965): *Als Belgien österreichisch* war. Wien – München.

Bennoune Mahfoud (1990): *The making of contemporary Algeria 1830–1987. Colonial upheavals and post-independence development*. Cambridge.

Boatcă Manuela (2017): Kapital aus Staatsbürgerschaft und die globale Strukturierung des Nationalen, in: Dimmel Nikolaus / Hofmann Julia / Schenk Martin / Schürz Martin, Hg.: *Handbuch Reichtum*. Innsbruck: 330–342.

Bölsker-Schlicht Franz (1996): Deutsche Saisonarbeiter in den Niederlanden bis zum 19. Jahrhundert, in: Nolte Hans-Heinrich, Hg.: *Deutsche Migrationen*. Münster: 52–66.

Böröcz József (2010): *The European Union and Global Social Change. A critical geopolitical-economic analysis*. London – New York.

Bötig Klaus (2002): *Zypern*. Bonn.

Bowman Benjamin (1950): *Das Mautwesen des 18. Jahrhunderts im heutigen Niederösterreich*. Dissertation Universität Wien.

Braudel Fernand (1986): *Sozialgeschichte des 15.–18. Jahrhunderts* Bd. 2: *Der Handel*, Bd. 3: *Aufbruch zur Weltwirtschaft*. München.

Breeze David J. / Jilek Sonja / Kuttner Eva / Schwarcz Andreas / Thiel Andreas (2011): *Grenzen des Römischen Reiches. Der Donaulimes in Österreich*. Wien: Central Europe Project "Danube Limes – UNESCO World Heritage".

Breitenfellner Helene (2016): Limes, frontière, granica, border. Semantische und etymologische Betrachtungen zum Phänomen »Grenze«, in: Breitenfellner Helene / Crailsheim Eberhard / Köstlbauer Josef / Pfister Eugen, Hg.: *Grenzen – Kulturhistorische Annäherungen*. Wien: 17–33.

Brinkmann Tobias (2010): Why Paul Nathan Attacked Albert Ballin: The Transatlantic Mass Migration and the Privatization of Prussia's Eastern Border Inspection, 1886–1914, in: *Central European History*, Vol. 43, 1: 47–83.

Brinkmann Tobias, Hg. (2013): *Points of passage: Jewish transmigrants from Eastern Europe in Scandinavia, Germany, and Britain 1880–1914*. New York.

Brubaker Rogers (1994): *Staats-Bürger. Frankreich und Deutschland im historischen Vergleich*. Hamburg.

Bruckmüller Ernst (1985): *Sozialgeschichte Österreichs*. Wien – München.

Brunnbauer Ulf (2016): *Globalizing Southeastern Europe: Emigrants, America, and the State since the Late Nineteenth Century*. Lanham.

Budnikova Natalja (2009): Sprachorientierung der frühen Russophilen anhand von Beispielen aus der galizischen Presse in der zweiten Hälfte des 19. Jahrhundert, in: DK Galizien, Hg.: *Galizien. Fragmente eines diskursiven Raumes*. Wien: 113–130.

Burger Hannelore (2000): Paßwesen und Staatsbürgerschaft, in: Heindl Waltraud / Saurer Edith, Hg.: *Grenze und Staat. Paßwesen, Staatsbürgerschaft, Heimatrecht und Fremdengesetzgebung in der österreichischen Monarchie (1750–1867).* Wien – Köln – Weimar: 3–172.

Burton Eric (2017): Socialisms in Development: Revolution, Divergence and Crisis, 1917–1991, in: *Journal für Entwicklungspolitik* XXXIII, 3: 4–20.

Calomiris Charles W. (2000): *U.S. Bank Deregulation in Historical Perspective.* New York.

Chakrabarty Dipesh (2010): *Europa als Provinz. Perspektiven postkolonialer Geschichtsschreibung.* Frankfurt am Main. (engl. 2000)

Chomsky Noam (2006): *Imperial Ambitions. Conversations on the Post-9/11 World* (American Empire Project). London.

Conrad Sebastian (2006): *Globalisierung und Nation im Deutschen Kaiserreich.* München.

Debray Régis (2016): *Lob der Grenzen.* Hamburg.

Deppe Frank (2001): Vom keynesianischen Wohlfahrtsstaat zum neoliberalen Wettbewerbsregime. In: Appelt Erna / Weiss Alexandra, Hg.: *Globalisierung und der Angriff auf den europäischen Wohlfahrtsstaat.* Hamburg – Berlin: 21–46.

Dictionnaire de l'Ancien Régime. Royaume de France XVI–XVIIIe siècle (1996): Bély Lucien, Hg. Paris.

Diener Alexander C. / Hagen Joshua (2012): *Borders. A Very Short Introduction.* Oxford.

Dilcher Gerhard (1996): *Bürgerrecht und Stadtverfassung im europäischen Mittelalter.* Köln – Wien – Weimar.

Dimmel Nikolaus (2017): Gated Communities – Festungen der Reichen, in: Dimmel Nikolaus / Hofmann Julia / Schenk Martin / Schürz Martin, Hg.: *Handbuch Reichtum.* Innsbruck: 448–460.

Edelmayer Friedrich (2005): Die spanische Monarchie und Amerika im 16. Jahrhundert, in: Edelmayer Friedrich / Hausberger Bernd / Potthast Barbara, Hg.: *Lateinamerika 1492–1850/70.* Wien: 39–61.

Fahrmeir Andreas (2008): Klassen-Grenzen: Migrationskontrolle im 19. Jahrhundert, in: *Rechtsgeschichte* 12: 125–138.

Fassmann Heinz (2000): Ost-West-Wanderung. Reale Entwicklungen und zukünftige Erwartungen, in: Husa Karl / Parnreiter Christoph / Stacher Irene, Hg.: *Internationale Migration. Die globale Herausforderung des 21. Jahrhunderts.* Frankfurt am Main – Wien: 191–206.

Febvre Lucien (1988): »Frontière« – Wort und Bedeutung, in: ders., *Das Gewissen des Historikers.* Berlin (erstmals 1953): 27–38.

Ferenschild Sabine / Wick Ingeborg (2004): *Globales Spiel um Kopf und Kragen. Das Ende des Welttextilabkommens verschärft soziale Spaltungen.* Siegburg-Neuwied.

Fichte Johann Gottlob (1800): *Der geschlossene Handelsstaat. Ein philosophischer Entwurf als Anhang zur Rechtslehre und Probe einer künftig zu liefernden Politik.* Wien.

Fischer Karin / Reiner Christian / Staritz Cornelia, Hg. (2010): *Globale Güterketten.*

Weltweite Arbeitsteilung und ungleiche Entwicklung. Wien.
Frank Andre Gunder (2015): *ReOrienting the 19th Century. Global Economy in the Continuing Asian Age*, Denemark Robert, Hg. Boulder – London.
Friesinger Herwig / Vacha Brigitte (1982): *Die vielen Väter Österreichs. Römer – Germanen – Slawen. Eine Spurensuche*. Wien.
Fröbel Volker / Heinrichs Jürgen / Kreye Otto (1977): *Die neue internationale Arbeitsteilung*. Reinbek bei Hamburg.
Fukuyama Francis (1989): The End of History? in: *The National Interest* 16: 3–18.
Fürber Holden (1976): *Rival Empires of Trade in the Orient, 1600–1800*. Minneapolis 1976.
Galtung Johan (2014): *The Fall of the US Empire – And Then What?* Oslo.
Gassert Michael (2001): *Kulturtransfer durch Fernhandelskaufleute: Stadt, Region und Fernhandel in der europäischen Geschichte. Eine wirtschaftshistorische Untersuchung der Beziehungen zwischen wirtschaftlichen Vorgängen und kulturellen Entwicklungen anhand von Karten, 12. bis 16. Jahrhundert*: Frankfurt am Main – Wien.
Geiss Immanuel (1993): *Europa – Vielfalt und Einheit. Eine historische Erklärung*. Mannheim.
Grandner Margarete (1995): Staatsbürger und Ausländer. Zum Umgang Österreichs mit jüdischen Flüchtlingen nach 1918, in: Heiss Gernot / Rathkolb Oliver, Hg.: *Asylland wider Willen. Flüchtlinge in Österreich im europäischen Kontext seit 1914*. Wien: 60–85.
Greverus Ina (1969): Grenzen und Kontakte. Zur Territorialität des Menschen, in: Foltin Hans Friedrich / Greverus Ina u. a., Hg.: *Kontakte und Grenzen. Probleme der Volks-, Kultur- und Sozialforschung. Festschrift für Gerhard Heilfurth zum 60. Geburtstag*. Göttingen 1969: 11–26.
Grimm Jacob und Wilhelm (1999): *Deutsches Wörterbuch*. Reprint München – Stuttgart, Bde. 9, 10, 15.
Guenée Bernard (1986): Des limites féodales aux frontières politiques, in: Pierre Nora, Hg.: *Les Lieux de Mémoire II: La Nation*. Paris: 11–33.
Häberlein Mark (2001): Die englischen und französischen Kolonialbestrebungen in Nordamerika im 17. Jahrhundert, in: Edelmayer Friedrich / Grandner Margarete / Hausberger Bernd, Hg.: *Die Neue Welt. Süd- und Nordamerika in ihrer kolonialen Epoche*. Wien 2001: 171–194.
Hahn Sylvia (2006): »... über die Grenze getrieben«. Politische Emigration und Exil im 19. Jahrhundert, in: Hahn Sylvia / Komlosy Andrea / Reiter-Zatloukal Ilse, Hg.: *Ausweisung – Abschiebung – Vertreibung. Europa 16.–20. Jahrhundert*. Innsbruck: 115–139.
Halecki Oskar (1957): *Grenzraum des Abendlandes: eine Geschichte Ostmitteleuropas*. Salzburg.
Halwachs Christina (2017): *Manifest Destiny und die Indigenenpolitik der USA. Vom Indian Removal Act 1830 zum General Allotment Act 1887*. Wien.
Hareven Tamara K. (1993): *Family Time & Industrial Time. The Relationship between*

the Family and Work in a New England Industrial Community. Lanham – New York – London.
Hautmann Hans (1995): Kriegsgesetze und Militärjustiz in der österreichischen Reichshälfte 1914–1918, in: *Justiz und Zeitgeschichte* Bd. 1, Weinzierl Erika u. a., Hg. Wien: 73–95.
Herbert Ulrich (1985): *Fremdarbeiter: Politik und Praxis des »Ausländer-Einsatzes« in der Kriegswirtschaft des Dritten Reiches*. Berlin – Bonn.
Herbert Ulrich (1986): *Geschichte der Ausländerbeschäftigung in Deutschland 1880 bis 1980. Saisonarbeiter, Zwangsarbeiter, Gastarbeiter*. Berlin – Bonn.
Hirsch Joachim (2002): *Herrschaft, Hegemonie und politische Alternativen*. Hamburg.
Hirschhausen Béatrice von / Grandits Hannes / Kraft Claudia / Müller Dietmar / Serrier Thomas, Hg. (2015): *Phantomgrenzen. Räume und Akteure in der Zeit neu denken*. Göttingen.
Hoensch Jörg K. (1992): *Geschichte Böhmens von der slavischen Landnahme bis ins 20. Jahrhundert*. München.
Hofbauer Hannes (2007): *EU-Osterweiterung. Historische Basis – ökonomische Triebkräfte – soziale Folgen*. Wien.
Hofbauer Hannes (2001): *Balkankrieg. 10 Jahre Zerstörung Jugoslawiens*. Wien.
Hofbauer Hannes (2014): *Die Diktatur des Kapitals. Souveränitätsverlust im postdemokratischen Zeitalter*. Wien.
Hofbauer Hannes / Komlosy Andrea (2009): Peripherisierung und nachholende Entwicklung in Osteuropa in historischer Perspektive, in: *Zeitschrift für Weltgeschichte* 10, 2: 99–117.
Hoffmann Georg / Goll Nicole-Melanie / Lesiak Philipp (2010): *Thalerhof 1914–1936: Die Geschichte eines vergessenen Lagers und seiner Opfer*. Herne.
Hollstein Walter (1984): *Kein Frieden um Israel. Zur Sozialgeschichte des Palästina-Konflikts*. Wien.
Holzer Anton (2014): *Das Lächeln der Henker. Der unbekannte Krieg gegen die Zivilbevölkerung 1914–1918*. Darmstadt.
Horvath Kenneth (2014): *Die Logik der Entrechtung: Sicherheits- und Nutzendiskurse im österreichischen Migrationsregime*. Göttingen.
Hroch Miroslav (2005): *Das Europa der Nationen: Die moderne Nationsbildung im europäischen Vergleich*. Göttingen.
Huntington Samuel P. (1996): *Kampf der Kulturen. Die Neugestaltung der Weltpolitik im 21. Jahrhundert*. München – Wien.
Infantino Federica (2016): *Outsourcing Border Control. Politics and Practice of Contracted Visa Policy in Morocco*. New York.
Jakob Christian / Schlindwein Simone (2017): *Diktatoren als Türsteher Europas. Wie die EU ihre Grenzen nach Afrika verlagert*. Berlin.
Janik-Freis Elisabeth (2016): Über Myslowitz nach Buenos Aires. Transatlantischer »Mädchenhandel« aus Galizien nach Südamerika um 1900, in: Anderl Gabriele /

Usaty Simon, Hg.: *Schleppen, Schleusen, Helfen. Flucht zwischen Rettung und Ausbeutung.* Wien: 77–94.
Johanek Peter / Stoob Heinz, Hg. (1996): *Europäische Messen und Märktesysteme in Mittelalter und Neuzeit.* Köln – Wien – Weimar.
Johnson Chalmers (2007): *Nemesis: The Last Days of the American Republic.* New York.
Kappeler Andreas (1994): *Kleine Geschichte der Ukraine.* München.
Kappeler Andreas (2013): *Die Kosaken. Geschichte und Legenden.* München.
Karlsberg Bernhard (1922): *Geschichte und Bedeutung der deutschen Durchwandererkontrolle.* Leipzig.
Kaser Karl (1990): Im Schatten der europäischen Weltwirtschaft. Die Verfestigung der Agrarstrukturen und die Peripherisierung Südosteuropas im 16. Jahrhundert, in: *Südosteuropa-Fallstudien. 20 Jahre »Südosteuropäische Geschichte« in Graz.* Graz: 49–82.
Kasparek Bernd (2017): *Europas Grenzen: Flucht, Asyl und Migration. Eine kritische Einführung.* Berlin.
Kaufmann Stefan (2006): Grenzregime im Zeitalter globaler Netzwerke, in: Berking Helmuth, Hg.: *Die Macht des Lokalen in einer Welt ohne Grenzen.* Frankfurt – New York: 32–65.
Kerber Peter (2010): *Iran. Islamischer Staat mit jahrtausendealter Kultur.* Berlin.
Koch Klaus (1989): Österreich und der Deutsche Zollverein (1848–1871), in: *Die Habsburgermonarchie 1848–1918*, Bd. 6/1: *Die Habsburgermonarchie im System der internationalen Beziehungen.* Wien: 537–560.
Kollmeier Yvonne (2001): *Soziale Mindeststandards in der Europäischen Union im Spannungsfeld von Ökonomie und Politik.* Stuttgart.
Komlosy Andrea (1993): Wo die österreichischen an die böhmischen Länder grenzen: Kleinraum – Zwischenraum – Peripherie, in: Winkelbauer Thomas, Hg.: *Kontakte und Konflikte. Böhmen, Mähren und Österreich: Aspekte eines Jahrtausends gemeinsamer Geschichte.* Horn – Waidhofen/Thaya: 491–520.
Komlosy Andrea (1999): Der Marshall-Plan und der Eiserne Vorhang, in: Bischof Günter / Stiefel Dieter, Hg.: *80 Dollar. 50 Jahre ERP und Marshall-Plan in Österreich.* Wien – Frankfurt: 261–296.
Komlosy Andrea (2001): Die Grenzen Österreichs zu den Nachbarn im Rat für gegenseitige Wirtschaftshilfe (RGW), in: Schultz Helga, Hg.: *Grenzen im Ostblock und ihre Überwindung.* Berlin: 37–80.
Komlosy Andrea (2003): *Grenze und ungleiche regionale Entwicklung. Binnenmarkt und Migration in der Habsburgermonarchie.* Wien.
Komlosy Andrea (2004): Binnenmarkt und Freizügigkeit. Die Habsburgermonarchie und die Europäische Union im Vergleich, in: Becker Joachim / Komlosy Andrea, Hg.: *Grenzen weltweit. Zonen, Linien, Mauern im historischen Vergleich.* Wien: 101-124.
Komlosy Andrea (2006): Der Staat schiebt ab. Zur nationalstaatlichen Konsolidierung von Heimat und Fremde im 18. und 19. Jahrhundert in: Hahn Sylvia / Komlosy Andrea / Reiter-Zatloukal Ilse, Hg.: *Ausweisung – Abschiebung – Vertreibung. Europa*

16.–20. Jahrhundert. Innsbruck: 87–114.
Komlosy Andrea (2007): Die österreichische Baumwollindustrie im internationalen Wettbewerb, in: Hokr Leopoldine: *Schwechat – Groß-Sieghart – Waidhofen/Thaya. Das Netzwerk der frühen niederösterreichischen Baumwollindustrie*. Frankfurt am Main: 15–39.
Komlosy Andrea (2011): Zwischen Sicherheit und Verschleierung. Politische Grenzen in Europa im historischen Wandel, in: Kleinschmidt Christoph / Hewel Christine (Hg.), *Topographien der Grenze. Verortungen einer kulturellen, politischen und ästhetischen Kategorie*. Würzburg: 87–106.
Komlosy Andrea (2014): *Arbeit. Eine globalhistorische Perspektive. 13. bis 21. Jahrhundert*. Wien.
Komlosy Andrea (2015): Systemtransformation als Krisenmanagement. Der RGW-Umbruch im globalen Kontext, 40 Jahre danach (1973–2013), in: Adamczyk Dariusz / Lehnstaedt Stephan, Hg.: *Wirtschaftskrisen als Wendepunkte. Ursachen, Folgen und historische Einordnungen vom Mittelalter bis zur Gegenwart* (Deutsches Historisches Institut Warschau 33). Osnabrück: 337–376.
Komlosy Andrea (2016): Kapitalismus als frontier. Die Verwandlung von Kulturen in Rohstofflieferanten, in: Fischer Karin / Jäger Johannes / Schmidt Lukas, Hg.: *Rohstoffe und Entwicklung. Aktuelle Auseinandersetzungen im historischen Kontext*. Wien 2016: 36–51.
König Karin / Stadler Bettina (2003): Entwicklungstendenzen im öffentlich-rechtlichen und demokratiepolitischen Bereich, in: Fassmann Heinz / Stacher Irene, Hg.: *Österreichischer Migrations- und Integrationsbericht*. Klagenfurt: 226–260.
Korntheuer Hermann (1930): *100 Jahre Grenzwache. Ein Beitrag zum Jubiläum der österreichischen Zollwache*. Wien.
Kossert Andreas (2007): Schottische Händler und Kaufleute in Ostmitteleuropa in der Frühen Neuzeit, in: Bade Klaus u. a., Hg.: *Enzyklopädie Migration in Europa*. Paderborn: 945–947.
Krammer Josef / Rohrmoser Franz (2012): *Im Kampf um ihre Rechte. Geschichte der Bauern und Bäuerinnen in Österreich*. Wien.
Kremer Jan-Frederik / Müller Benedikt (2014): SAM: A Framework to Understand Emerging Challenges to States in an Interconnected World, in: dies., Hg.: *Cyberspace and International Relations. Theory, Prospects and Challenges*. Heidelberg: 41–58.
Kunnert Gerhard (2009): Touristen aus EU-Drittstaaten als potenzielle Terroristen? Ein kritischer Blick auf Ursprünge, Entwicklung und aktuelle Tendenzen der EU-Außengrenzpolitik, in: Gehler Michael / Pudlat Andreas, Hg.: *Grenzen in Europa*. Hildesheim – Zürich – New York: 211–268.
Lesky Erna (1957): Die österreichische Pestfront an der k. k. Militärgrenze, in: Stadtmüller Georg u. a., Hg.: *Saeculum. Jahrbuch für Universalgeschichte* Bd. 8. München: 82–106.
Liebig Sabine (2007): Der Traum vom besseren Leben: Migrantinnen und Migranten im

Arabischen Emirat Dubai, in: diess., Hg.: *Migration und Weltgeschichte*. Bad Schwalbach: 79–94.
Liessmann Konrad Paul (2012): *Lob der Grenze: Kritik der politischen Unterscheidungskraft*. Wien.
Lofgren Mike (2016): *The Deep State. The Fall of the Constitution and the Rise of a Shadow Government*. New York.
Mann Michael (2005): *Geschichte Indiens. Vom 18. zum 21. Jahrhundert*. Paderborn.
Mayer-Schönberger Viktor / Ramge Thomas (2017): *Das Digital. Markt, Wertschöpfung und Gerechtigkeit im Datenkapitalismus*. Berlin.
Medick Hans (1993): Grenzziehung und die Herstellung des politisch-sozialen Raumes. Zur Begriffsgeschichte und politischen Sozialgeschichte der Grenzen in der Frühen Neuzeit, in: Weisbrod Bernd, Hg.: *Grenzland. Beiträge zur Geschichte der deutsch-deutschen Grenze*. Hannover: 195–211.
Meisterle Stefan (2008): Country Trade unter kaiserlicher Flagge: William Bolts und die zweite österreichische Ostindienkompagnie. *Zeitschrift für Weltgeschichte* 9.2: 63–88.
Melber Henning (2004): Grenzen des postkolonialen Staates. Von Deutsch-Südwest nach Namibia, in: Becker Joachim / Komlosy Andrea, Hg.: *Grenzen weltweit. Zonen, Linien, Mauern im historischen Vergleich*. Wien: 125–144.
Menzel Ulrich (1988): *Auswege aus der Abhängigkeit. Die entwicklungspolitische Aktualität Europas*. Frankfurt am Main.
Mezzadra Sandro / Neilson Brett (2013): *Border as Method, Or, the Multiplication of Labor*. Durham, NC.
Middell Katharina (2000): Brody, Leipzig, Lyon: Europäische Handelsbeziehungen und ihre Träger, in: Zwahr Helmut u. a., Hg.: *Leipzig, Mitteldeutschland und Europa. Festgabe für Manfred Straube und Manfred Unger zum 70. Geburtstag*. Beucha 2000: 531–544.
Middell Matthias (2004): Revolutionsgeschichte und Globalgeschichte. Transatlantische Interaktionen in der zweiten Hälfte des 18. Jahrhunderts, in: Grandner Margarete / Komlosy Andrea, Hg.: *Vom Weltgeist beseelt. Globalgeschichte 1700–1815*. Wien: 135–160.
Mies Ullrich / Wernicke Jens, Hg. (2017): *Fassadendemokratie und tiefer Staat. Auf dem Weg in ein autoritäres Zeitalter*. Wien.
Mignolo Walter (2000): *Local Histories / Global Designs. Coloniality, Subaltern Knowledge, and Border Thinking*. Princeton.
Migrationsrat für Österreich, Hg. (2017): *Bericht des Migrationsrates. Migration verstehen – Migration steuern*. Wien 2017.
Milanović Branko (2009): *Global Inequality and Global Inequality Extraction Ratio: The Story of the Last Two Centuries*. World Bank Policy Research Working Paper 5044. http://documents.worldbank.org/curated/en/389721468330911675/Global-inequality-and-the-global-inequality-extraction-ratio-the-story-of-the-past-two-centuries (8. Januar 2018)

Milanović Branko (2016): *Die ungleiche Welt. Migration, das eine Prozent und die Zukunft der Mittelschicht*. Frankfurt/Main.
Moore Jason W. (2015): *Capitalism in the Web of Life. Ecology and the Accumulation of Capital*. New York, London.
Mrozek Anna (2013): *Grenzschutz als supranationale Aufgabe*, Baden-Baden.
Mrozek Anna (2016): Same same but different? The European Border and Coast Guard and the "new" Perspective of Joint Border Surveillance at the External Borders of the European Union, in: *ZEuS-Sonderband*: 143–160.
Mussen Paul H. / Conger John J. / Kagan Jerome (1981): *Lehrbuch der Kinderpsychologie*. Stuttgart.
Narr Wolf-Dieter / Schubert Alexander (1994): *Weltökonomie – Misere der Politik*. Frankfurt/Main.
Nolan Peter (2012): *Is China Buying the World?* Malden, MA.
Nolte Hans-Heinrich (2004): Deutsche Ostgrenze, russische Westgrenze, amerikanische Südgrenze. Zur Radikalisierung der Grenzen in der Neuzeit , in: Becker Joachim / Komlosy Andrea, Hg.: *Grenzen weltweit. Zonen, Linien, Mauern im historischen Vergleich*. Wien: 55–74.
Nolte Hans-Heinrich (2005): *Weltgeschichte. Imperien,Religionen und Systeme 15.–19. Jahrhundert*. Wien – Köln – Weimar.
Nolte Hans-Heinrich, Hg. (2008): *Imperien. Eine vergleichende Studie*. Schwalbach.
Nolte, Hans-Heinrich (2009), *Weltgeschichte 20. Jahrhundert*. Wien – Köln – Weimar.
Nolte Hans-Heinrich (2017): *Kurze Geschichte der Imperien*. Wien – Köln – Weimar.
Nolte Hans-Heinrich / Schalhorn Bernhard / Bonwetsch Bernd Hg. (2014): *Quellen zur Geschichte Russlands*. Stuttgart.
Nordman Daniel (1986) : Des limites d'état aux frontières nationales, in: Nora Pierre, Hg.: *Les lieux de mémoire II: La Nation 2*. Paris: 35–61.
Nordman Daniel (1987): Sauf-conduits et passeports, in: Margolin Jean-Claude, Hg.: *Voyager à la Renaissance*. Paris: 145–158.
Nordman Daniel (1998): *Frontières de France. De l'espace au territoire XVI*^{e}*–XIX*^{e} *siècle*. Paris.
Olsson Lars (1996): Labor Migration as a Prelude to World War I, in: *International Migration Review* Vol. 30: 875–900.
Ouzouf-Marignier Marie-Vic (1992): *La formation des départements. La représentation du territoire français à la fin du 18*^{e} *siècle*. Paris.
Panizzon Marion (2010): International Law of Economic Migration: A Menage à Trois? GATS Mode 4, EPAs, and Bilateral Migration Agreements, in: *Journal of World Trade* 44 (6): 1207–1252.
Parnreiter Christof (1994): *Migration und Arbeitsteilung. AusländerInnenbeschäftigung in der Weltwirtschaftskrise*. Wien.
Pešalj Jovan (2012): The Mobility Control of the Ottoman Migrants in the Habsburg Monarchy in the Second Half of the Eighteenth Century, in: Heppner Harald /

Posch Eva, Hg: *Encounters in Europe's Southeast: The Habsburg Empire and the Orthodox World in the Eighteenth and Nineteenth Centuries*. Bochum: 55–64.
Pflüger Tobias, Hg. (2008): *Aufgaben und Strukturen der Europäischen Agentur für die operative Zusammenarbeit an den Außengrenzen*. Tübingen: Informationsstelle Militarisierung.
Piketty Thomas (2014): *Kapital im 21. Jahrhundert*. München.
Pilz Erich (2007): Shanghai: Symbol und Motor für eine chinesische Moderne, in: Linhart Sepp / Weigelin-Schwiedrzik Susanne, Hg.: *Ostasien im 20. Jahrhundert. Geschichte und Gesellschaft*. Wien: 217–232.
Pieper Renate (2005): Die Unabhängigkeit Hispanoamerikas als langfristige Entwicklung, in: Edelmayer Friedrich / Hausberger Bernd / Potthast Barbara, Hg.: *Lateinamerika 1492–1850/70*. Wien: 210–224.
Prescott John Robert Victor (1978): *Boundaries and Frontiers*. London – Totowa, NJ.
Pudlat Andreas (2009): Grenzen ohne Polizei – Polizei ohne Grenze? Überlegungen zu den Ambivalenzen des Schengen-Prozesses, in: Gehler Michael / Pudlat Andreas, Hg.: *Grenzen in Europa*. Hildesheim: 269–304.
Reinold Alexander (2014): *Ägypten und Paraguay im 19. Jahrhundert. Zwei Entwicklungswege im Vergleich*. Wien.
Reinwald Brigitte (2005): *Reisen durch den Krieg : Erfahrungen und Lebensstrategien westafrikanischer Weltkriegsveteranen der französischen Kolonialarmee*. Berlin.
Reisen Andreas (2012): *Der Passexpedient: Geschichte der Reisepässe und Ausweisdokumente. Vom Mittelalter bis zum Personalausweis im Scheckkartenformat*. Baden-Baden.
Jörg Roesler (2012): *Auf dem Weg zum Einwanderungsland. Zur Situation der Vertragsarbeiter in der DDR während der 1970er und 1980er Jahre*. Standpunkte 16. Berlin.
Roman Viorel / Hofbauer Hannes (1996): *Transsilvanien – Siebenbürgen. Begegnung der Völker am Kreuzweg der Reiche*. Wien.
Rothermund Dietmar (1978): *Europa und Asien im Zeitalter des Merkantilismus*. Darmstadt.
Rufin Jean-Christophe (1993): *Das Reich und die neuen Barbaren*. Berlin.
Saldern Adelheid von (1996): Polnische Arbeitsmigranten im Deutschen Kaiserreich – Menschen zweiter und dritter Klasse, in: Nolte Hans-Heinrich, Hg.: *Deutsche Migrationen*. Münster: 102–113.
Salviat François (1986): Le vin de Thasos, amphores, vin et sources écrites, in: Garlan Yvon / Empereur Jean-Yves, Hg.: *Recherches sur les amphores grecques*, Bulletin de Correspondance Hellenique, Supplement 13. Paris : 147–196.
Sassen Saskia (2008): *Das Paradox des Nationalen : Territorium, Autorität und Rechte im globalen Zeitalter*. Frankfurt am Main.
Saskia Sassen (2013): When Territory Deborders Territoriality, Territory, Politics, in: *Governance*, 1, 1, 21–45, http://dx.doi.org/10.1080/21622671.2013.769895 (8. Januar 2018)
Sauer Walter (1993): *Grund-Herrschaft in Wien 1700–1848. Zur Struktur und Funktion intermediärer Gewalten in der Großstadt*. Wien.

Saurer Edith (1989): *Straße, Schmuggel, Lottospiel. Materielle Kultur und Staat in Niederösterreich, Böhmen und Lombardo-Venetien im frühen 19. Jahrhundert*. Göttingen.
Schmid Christian / Bartels Romy (2001): *Handbuch zum Dubliner Übereinkommen*. Baden-Baden.
Schultz Helga, Hg. (2001): *Grenzen im Ostblock und ihre Überwindung*. Berlin.
Schultz Helga / Nothnagle Alan, Hg. (1996): *Grenze der Hoffnung. Geschichte und Perspektiven der Grenzregion an der Oder*. Berlin.
Schulze Reinhard (1994): *Geschichte der Islamischen Welt im 20. Jahrhundert*. München.
Schwerhoff Gerd (2006): Vertreibung als Strafe. Der Stadt- und Landesverweis im Ancien Regime, in: Hahn Sylvia / Komlosy Andrea / Reiter-Zatloukal Ilse, Hg.: *Ausweisung, Abschiebung, Vertreibung in Europa 16.–20. Jh.* Wien: 49–72.
Senghaas Dieter (1974): *Peripherer Kapitalismus. Analysen über Abhängigkeit und Unterentwicklung*, Frankfurt am Main.
Senghaas Dieter (1982): *Von Europa lernen. Entwicklungsgeschichtliche Betrachtungen*. Frankfurt am Main.
Simmel Georg (2006): Der Raum und die räumlichen Ordnungen der Gesellschaft, in: Eigmüller Monika / Vobruba Georg, Hg.: *Grenzsoziologie. Die politische Strukturierung des Raumes*. Wiesbaden: 15–23 (erstmals 1908).
Spannenberger Norbert (2014): Transimperiale Migration zwischen Osmanen und Habsburgern: Die Serben in den Neoacquistica-Gebieten im 16.–18. Jahrhundert, in: Spannenberger Norbert / Varga Szabolcs, Hg.: *Ein Raum im Wandel. Die osmanisch-habsburgische Grenzregion vom 16. bis zum 18. Jahrhundert*. Stuttgart: 87–114.
Steidl Annemarie / Fischer-Nebmaier Wladimir / Oberly James (2017): *From a Multiethnic Empire to a Nation of Nations. Austro-Hungarian Migrants in the US, 1870–1940*. Innsbruck.
Stekl Hannes (1978): *Österreichisches Zucht- und Arbeitshäuser 1671–1920, Institutionen zwischen Fürsorge und Strafvollzug*. Wien.
Stokłosa Katarzyna (2003): *Grenzstädte in Ostmitteleuropa. Guben und Gubin 1945 bis 1995*. Berlin.
Strohmeier Gerhard (2005): Schöpfung, Verklärung, Distanznahme. Zur Wahrnehmung von Natur und Landschaft an der Grenze, in: Komlosy Andrea / Bůžek Václav / Svátek František, Hg.: *Kulturen an der Grenze. Waldviertel–Weinviertel–Südböhmen–Südmähren*. Wien: 17–34.
Strzelczyk Jerzy (2008): Ritterorden und Hanse. Mission und Expansion, in: Komlosy Andrea / Nolte Hans-Heinrich / Sooman Imbi, Hg.: *Ostsee 700–2000. Gesellschaft – Wirtschaft – Kultur*. Wien: 49–60.
Sutterlüti Sabine (2016): *Die Kontumaz in Mehadia: Mobilitätskontrolle und Seuchenprävention im 18. Jahrhundert*. Masterarbeit Universität Wien.
Szűcz Jenő (1990): *Die drei historischen Regionen Europas*. Frankfurt (engl. 1983).
Taylor Ian / Smith Karen (2007): *United Nations Conference on Trade and Development* (UNCTAD). London – New York.

Teichova Alice (1988): *Kleinstaaten im Spannungsfeld der Großmächte. Wirtschaft und Politik in Mittel- und Südosteuropa in der Zwischenkriegszeit*. Wien.
Torpey John (2000): *The Invention of the Passport. Surveillance, Citizenship and the State*. Cambridge.
Torpey John (2003): Passports and the Development of Immigration Controls, in: Fahrmeir Andreas / Faron Olivier / Weil Patrick, Hg: *Migration Control in the North Atlantic World. The Evolution of State Practices in Europe and the United States from the French Revolution to the Inter-War Period*. New York – Oxford: 73–91.
Traboulsi Fawwaz (2007): *A History of Modern Lebanon*. London.
Trimmel Wolfgang (2016): *The Alawi State 1920–1936 – Colonial Policy and Social Mobility in French Mandate Syria*. Masterarbeit Universität Wien.
Turner William Jackson (1947): *Die Grenze. Ihre Bedeutung in der amerikanischen Geschichte*. Bremen (engl. 1893).
Unfried Berthold (2017): A Cuban Cycle of Developmental Socialism? Cubans and East Germans in the Socialist World System, in: *Journal für Entwicklungspolitik* XXXIII, 3: 69–90.
Vocelka Karl (2001): *Glanz und Untergang der höfischen Welt. Repräsentation, Reform und Reaktion im Habsburgischen Vielvölkerstaat*. Wien.
Wackernagel Mathis / Beyers Bert (2016): *Der Ecological Footprint. Die Welt neu vermessen*. Hamburg.
Wallerstein Immanuel (2004a): *Das moderne Weltsystem* Bd. 1: *Die Anfänge der kapitalistischen Landwirtschaft und die europäische Weltökonomie im 16. Jahrhundert*. Wien.
Wallerstein Immanuel (1998): *Das moderne Weltsystem* Bd. 2: *Der Merkantilismus. Europa zwischen 1600 und 1750*. Wien.
Wallerstein Immanuel (2004b): *Das moderne Weltsystem* Bd. 3: *Die große Expansion. Die Konsolidierung der Weltwirtschaft im langen 18. Jahrhundert*. Wien.
Wallerstein Immanuel (2012): *Das Moderne Weltsystem* Bd. 4: *Der Siegeszug des Liberalismus 1789–1914*. Wien.
Weigl Andreas (2000): *Demographischer Wandel und Modernisierung in Wien*. Wien 2000.
Weitensfelder Hubert (2001): *Industrie-Provinz. Vorarlberg in der Frühindustrialisierung 1740–1870*. Frankfurt – New York.
Wendland Anna Veronika (2001): *Die Russophilen in Galizien*. Wien 2001.
Werlhof Claudia von (2011): *Die Verkehrung. Das Projekt des Patriarchats und das Gender-Dilemma*. Wien.
Wolburg Martin (1999): Brain Drain und Brain Exchange? Zur Wirkung der gegenwärtigen und zukünftigen Migration aus Osteuropa, in: Wolter Achim, Hg.: *Migration in Europa. Neue Dimensionen, neue Fragen, neue Antworten*. Baden-Baden: 56–77.
Wüstenbecker Katja (2003): Hamburg and the Transit of Eastern European Emigrants, in: Fahrmeir Andreas / Faron Olivier / Weil Patrick, Hg: *Migration Control in the North Atlantic World*. New York – Oxford: 223–236.

Žemlička Josef (2005): Grenzüberschreitende Loyalitäten. Die Zurückdrängung der Adelsmacht in die politischen Grenzen der Länder, in: Komlosy Andrea / Bůžek Václav / Svátek František, Hg.: *Kulturen an der Grenze. Waldviertel–Weinviertel–Südböhmen–Südmähren.* Wien: 41–45.

Zinn Howard (2005): *A People's History of the United States.* New York.

Zweig Stefan (1975): *Die Welt von gestern. Erinnerungen eines Europäers.* Frankfurt am Main.